KB010125

오성범 감정평가이론

2차 | 물건별 평가 단권화

오성범 편저

박문각

박문각 감정평가사

CONTENTS
이 책의 차례

PART

01

기출문제편

기본목차 연습

I. 기업가치의 의의
1. 의의
2. 부동산평가와의 비교
   1) 공통점
   2) 차이점
      (1) 자산의 성질
      (2) 가치의 성질

II. 기업가치의 구성
1. 자본측면의 구성
   1) 타인자본
   2) 자기자본
2. 자산측면의 구성
   1) 유동자산
      (1) 당좌자산
      (2) 재고자산
   2) 유형자산
      (1) 유형자산
      (2) 무형자산
   3) 투자자산

III. 기업가치평가 시 조사자료
1. 재무적 정보
   1) 과거 재무제표
   2) 추정 재무제표
2. 비재무적 정보
   1) 기업정보
   2) 사업정보

3) 산업정보
4) 경제정보

IV. 기업가치의 평가방법
1. 가치전제
   1) 계속기업
   2) 청산기업
2. 주 방법(수익환원법)
   1) 할인현금흐름분석법
      (1) 현금흐름의 추정
         ① 추정기간의 결정
         ② 추정기간 내 현금흐름
            - 영업이익
            - 법인세
            - 감가상각비
            - 자본적지출/순운전자본증감
         ③ 추정기간 이후 현금흐름
            - 대상 현금흐름
            - 영구성장률
      (2) 할인율의 추정
         ① 주방법(WACC)
            - 자본비중
            - 자기자본비용 :
              CAPM/APM/GM
            - 타인자본비용 : 법인세율
            - 자본비중
         ② 기타방법
      (3) 비영업용자산
         - 초과보유현금
         - 예금, 유가증권

- 투자자산
- 유휴자산
(4) 장/단점

2) 직접환원법
(1) 단일연도 현금흐름
(2) 환원이율
(3) 장/단점

3) 옵션평가모형
(1) 의의
(2) 종류
① 금융옵션
- 콜옵션/풋옵션
- 유러피안옵션/아메리칸옵션
② 실물옵션
- 매입/매각
- 확대/축소
(3) 평가방법
① 기준시점 가치
② 옵션 가치
- 이항옵션/블랙숄즈옵션
- 변동성 파악
- 이항트리 설계
(4) 장/단점

4) 기타 평가모형
(1) 배당금평가법
① 주식가치
- 배당금
- 요구수익률
② 타인자본가치
③ 장/단점
(2) 순이익평가법
① 주식가치
- 당기순이익
- 요구수익률

② 타인자본가치
③ 장/단점
(3) 경제적 부가가치법
① 초과이익
- 세후영업이익
- 투하자본비용
② 자본비용

3. 부 방법
1) 거래사례비교법
(1) 유사기업이용법
① 사례기업 선정
- 사업내용
- 규모성
- 성장성
② 시장배수 선정
- 영업이익
- 순자산
- 매출액
- 영업현금흐름
③ 대상/사례조정
- 회계처리방식 : 재고, 감가
- 비경상항목
- 비영업용자산
④ 부채 가산
(2) 유사거래이용법
(3) 과거거래이용법

2) 원가법
(1) 재무상태표
(2) 부외자산/부채 확정
- 무형자산
- 우발채무
(3) 자산/부채 재평가
- 현금, 예금
- 매출채권, 재고자산 : 순실현가치
- 투자자산

                              　　　　　V. 기업가치평가 시 유의사항
- 유형자산
- 무형자산
(4) 수정재무상태표

　　　　　1. 자료조사 측면
　　　　　2. 가치전제 측면
　　　　　3. 평가방법 측면
　　　　　4. 평가주체 측면

4. 시산가액 조정
1) 대상기업의 특성
2) 평가목적
3) 자료의 양과 질
4) 평가방법의 적절성

감정평가에 관한 규칙 | 제24조(유가증권 등의 감정평가)

③ 감정평가법인등은 기업가치를 감정평가할 때에 <u>수익환원법</u>을 적용해야 한다.

감정평가실무기준 | 600(물건별 감정평가) - 660(유가증권) - 3(기업가치)

3.1 정의
기업가치란 해당 기업체가 보유하고 있는 <u>유·무형의 자산가치</u>를 말하며, <u>자기자본가치와</u> <u>타인자본가치</u>로 구성된다. 기업체의 유·무형의 자산가치는 영업 관련 기업가치와 비영업 자산의 가치로 구분할 수 있다.

3.2 자료의 수집 및 정리
① 기업가치의 가격자료는 해당 기업과 관련된 거래사례, 수익자료, 시장자료 등이 있으며, 해당 기업을 구성하는 자산은 해당 물건의 자료의 수집 및 정리 규정을 준용한다.
② 제1항 이외의 자료로써 관련 산업이나 대상기업활동 등에 영향을 미치는 경제분석자료, 산업분석자료 및 내부현황분석자료를 수집 및 분석할 수 있다.

3.3 기업가치의 감정평가방법
3.3.1 기업가치의 감정평가방법
① 기업가치를 감정평가할 때에는 <u>수익환원법</u>을 적용하여야 한다.
② 제1항에도 불구하고 기업가치를 감정평가할 때에 수익환원법을 적용하는 것이 곤란하거나 적절하지 아니한 경우에는 <u>원가법·거래사례비교법</u> 등 다른 방법으로 감정평가할 수 있다.

3.3.2 수익환원법의 적용

기업가치를 수익환원법으로 평가할 경우에는 <u>할인현금흐름분석법, 직접환원법, 옵션평가모형 등</u>으로 감정평가한다.

3.3.3 거래사례비교법의 적용

기업가치를 거래사례비교법으로 평가할 경우에는 <u>유사기업이용법, 유사거래이용법, 과거 거래이용법 등</u>으로 감정평가한다.

3.3.4 원가법의 적용

① 원가법을 적용할 때에는 대상기업의 <u>유·무형의 개별자산의 가치를 합산</u>하여 감정평가한다.

② 계속기업을 전제로 하여 감정평가를 할 때에는 <u>원가법만을 적용하여 감정평가해서는 아니 된다.</u> 다만, 원가법 외의 방법을 적용하기 곤란한 경우에 한정하여 원가법만으로 감정평가할 수 있으며, 이 경우 정당한 근거를 감정평가서에 기재하여야 한다.

실무기준해설서

I. 기업가치의 정의

1) 규정의 위치

회계적인 관점에서 볼 때 [자산 = 부채 + 자본]이라는 회계방정식에 따라 기업가치를 해당 기업이 소유하고 있는 총자산의 측면에서 본다면, <u>유·무형 자산의 가치의 총합계</u>는 이러한 자산이 어떠한 경로로 유입된 재무적 자원으로 구성되어 있는지를 보여준다. 기업의 자산은 <u>채권 등의 일정한 이자를 발생시키는 부채와 주식과 같이 기업에 투자된 자본으로 구성</u>되며, 그와 같은 부채와 자본의 총계는 기업의 총자산과 일치한다.

2) 주요 내용

기업가치평가는 <u>개별자산 평가액의 단순한 합계가 아니므로,</u> 대상 업체가 가지고 있는 유·무형의 가치를 포함하는 기업 전체의 일괄가치를 구하는 일련의 감정평가 과정이다. 단순한 개별자산의 합계가 아닌 이유는 재무제표상에 열거되어 있는 자산 등의 가치는 할인과 프리미엄 등에 의하여 다르게 영향을 받기 때문이다.

기업가치평가는 기본적으로 재무제표의 분석에서 출발하지만, 기업체의 진정한 경제적 재무상태와 영업성과를 반영하고, 시장가치에 접근하기 위한 기초로 삼기 위해서는 감가상각, 재고자산, 무형자산, 유형자산 등에 대한 조정을 함으로써 경제적 재무제표로 변환하여야 한다.

II. 기업가치평가의 자료

1) 규정의 취지

감정평가 대상물건의 특성, 감정평가목적, 감정평가조건 등에 따라 수집하여야 할 자료는 다양하다. 따라서 기업가치에 대한 적절한 감정평가를 위해 수집하여야 할 가격자료가 어떠한 것인지에 대하여 규정하고 있으며, 기업가치의 경우에는 비상장주식에 관한 규정을 준용하도록 정하고 있다.

2) 기업가치의 감정평가 시 유의사항

기업가치를 감정평가할 때에는 전문가로서 가치평가원칙과 이론에 대한 일정 수준의 지식, 관련 자료를 파악, 수집, 분석할 수 있는 능력, 적절한 가치평가접근법 및 평가방법을 적용할 수 있는 기술, 가치의 추정치를 결정할 때 전문가적 판단을 할 수 있는 자질을 갖추어야 한다. 또한 가치평가업무를 수행할 때 공정, 불편의 자세를 유지하여야 하고, 가치평가업무를 수행하는 과정에서 객관성을 유지해야 한다. 객관성의 원칙이라 함은 편파적이지 않고, 이해관계에 있어 중립적이고, 이해상충이 없어야 함을 의미하며, 정당한 주의의무를 가지고, 성실하게 업무를 수행해야 한다는 것을 말한다. 가치평가자가 재무제표 작성회사 외 제3의 기관일 경우 가치평가업무 수행과정에서 획득한 정보나 가치평가 결과를 정당한 사유 없이 누설하거나 의뢰 받은 목적 이외에 사용하여서는 아니 되며, 성공보수 조건의 감정평가업무 수임은 금지되어야 한다.

3) 비재무적 정보의 분석

비재무적 정보의 분석은 대상기업에 대한 이해를 높이고 이후의 감정평가 절차를 수행하기 위한 기본적 평가근거자료를 마련하기 위하여 대상기업을 둘러싼 경제여건, 해당 산업동향 등에 관한 정보를 수집, 분석하는 것을 말한다. 이 경우, 수집, 분석해야 할 비재무적 정보의 유형, 이용가능성, 상대적 중요도는 감정평가 대상에 따라 결정된다. 일반적으로 고려되는 비재무적 정보는 아래와 같다.

① 조직 형태, 기업 연혁 및 사업배경
② 주요 제품과 서비스
③ 경쟁사 현황, 시장 및 고객현황
④ 경영진의 자질
⑤ 경제, 산업 및 회사에 대한 전망
⑥ 비상장주식의 과거 거래 내역
⑦ 계절적 요인이나 경제 순환적 요인에 대한 민감도 등의 위험요인
⑧ 이용정보의 출처
⑨ 기타 평가대상기업을 이해하기 위해 필요한 정보

4) 재무정보의 분석

재무정보의 분석은 활용되는 회계 및 재무자료의 신빙성을 확보하기 위해 재무제표를 분

석하는 것을 말한다. 이 경우 가치평가에 필요하다고 판단되는 충분한 과거기간의 재무정보, 추정재무제표를 비롯한 예측정보, 소속 산업에 대한 재무정보, 과거 일정기간에 대한 세무조정계산서 등에 관한 재무적 정보를 수집·분석하여야 하며, 재무제표를 분석하는 과정에서 적정한 감정평가를 위하여 필요하다고 판단되면 재무제표 수치에 대한 조정을 하여야 한다.

III. 기업가치 평가방법

1) 규정의 취지

기업가치의 감정평가방법에 대하여 규정하고 있으며, 수익환원법을 주된 방법으로 적용함을 원칙으로 정하되, 다른 방법으로서 원가법 및 거래사례비교법을 적용하여 합리성을 검토하도록 하고 있다.

2) 주요 내용

(1) 원칙

「실무기준」은 기업가치의 주된 감정평가방법으로 수익환원법을 규정하고 있다. 이는 기업의 본질적인 가치는 기업이 향후 창출할 수 있는 미래현금흐름의 현재가치라는 측면에서 기업가치를 감정평가하는 방법이다.

(2) 예외

기업가치를 감정평가할 경우에도 어느 한 가지의 감정평가방법에 의존하는 것은 바람직하지 않다. 기업가치를 감정평가할 때 특별한 이유가 없는 한 수익환원법, 원가법, 거래사례비교법의 3가지 방법을 모두 고려하여야 적정한 기업가치를 산출할 수 있다. 제2항의 의미는 수익환원법을 배제하는 방법으로서 다른 방법의 적용을 의미하는 것보다는 여러 방법을 병용하고, 합리성의 검토 과정을 통하여 전문가적인 판단을 사용하여 대상기업의 특성 등을 고려하여 가장 적합하다고 판단되는 하나 또는 둘 이상의 평가방법을 사용하여 적정한 기업가치를 산출하여야 한다는 것이다.

IV. 수익환원법의 적용

1) 주요 내용

(1) 할인현금흐름분석법

① 개요

할인현금흐름분석법을 적용할 때에는 대상기업의 현금흐름을 기준으로 한 단계별 예측기간의 영업가치와 예측기간 후의 영구영업가치를 합산하여 전체 영업가치를 산정한 후, 비영업용자산가치를 더하여 기업가치를 산정한다.

② 현금흐름의 산정

현금흐름은 기업의 영업활동으로 인하여 발생하는 영업이익을 기준으로 추정재무제표에 의한 실질적인 <u>영업이익</u>에서 <u>법인세</u>를 차감하여 세후영업이익을 산정한 후 다음의 사항을 가감하여 산정한다.

> – 감가상각비 등 비현금항목
> – 영업부문 순운전자본증감액 및 순투자금액

③ 할인율의 산정

할인율은 타인자본과 자기자본에 대한 자본비용을 각 자본의 시장가치를 기준으로 한 <u>가중평균자본비용(WACC)을 적용하는 것을 원칙</u>으로 하되, 필요하면 적절한 다른 방식으로 구하여 적용할 수 있다.

<u>자기자본비용은 자본자산가격결정모형(CAPM)에 의해 산정</u>한다. 다만, 자본자산가격결정모형에 의하여 산정하는 것이 적절하지 아니한 경우에는 자본자산가격결정모형에 별도의 위험을 반영하거나 다른 방법으로 산정할 수 있다. <u>무위험이자율</u>은 국고채의 수익률을 고려하여 산정하고, <u>시장기대수익률</u>은 주식시장의 수익률을 고려하여 산정할 수 있으며, 자기자본비용의 산정을 위한 <u>베타계수</u>는 시장수익률의 변화에 대한 해당기업의 민감도로서 상장기업 중 유사기업의 베타계수를 사용하되, 유사기업이 없는 경우에는 산업별 베타계수를 사용할 수 있다. 이 경우 해당기업의 성격에 따라 KOSPI지수나 KOSDAQ지수를 고려하여 베타계수를 산정할 수 있다.

(2) 직접환원법

<u>직접환원법은 대상기업의 단일 연도의 예상이익 추정액이나 몇 년간의 예상이익이 연평균액을 환원율로 환원하여 기업가치를 감정평가하는 방법</u>이다. 그러나 실무적으로는 단일연도의 예상이익을 추정하기 어렵고, 급변하는 기업의 경영활동에서 몇 년간의 예상이익을 평균화한다는 것은 적정한 기업가치의 평가방법으로 보기 어렵다.

(3) 옵션평가모형

<u>옵션평가모형을 적용할 때에는 환경변화에 의한 경영자의 의사결정에 따라 변동하는 미래현금흐름과 투자비용을 감안하여 대상기업의 가치를 감정평가한다.</u> 옵션평가모형은 경영 혹은 관리상의 의사결정에 따른 유연성을 평가에 반영한다는 논리로서 현실적 불확실성을 감정평가 시 고려하고 이를 기초로 실질적인 기업의 의사결정에 따른 미래의 현금흐름과 투자비용을 감안하게 된다. 이때 각 의사결정 방법의 합리성, 합법성 등에 대한 고려가 이루어져야 한다. 그러나 이 경우 기업의 경영주체 또는 의사결정의 방법에 따라 감정평가금액이 달라지는 문제가 발생하며, 경우에 따라 수 개의 감정평가금액이 존재할 수도 있다.

2) 유의사항

현금흐름을 추정할 때 <u>예측기간</u>은 5년 이상 충분히 길게 하여야 하며, 과거 장기간의 추세분석을 바탕으로 기업이 속한 산업의 경기순환주기를 결정하는 경우 경기순환주기상 중간점에서의 이익수준에 근거하여 <u>영구가치</u>를 산출하여야 한다. 또한 영구가치 산출 시 적용하는 <u>영구성장률</u>은 과거 5년치 평균성장률을 넘지 않도록 추정한다.

<u>환원율이나 할인율</u>은 감정평가 대상으로부터 기대되는 현금흐름이 발생되는 시점, 위험요소, 성장성 및 화폐의 시간가치 등을 종합적으로 고려하여 결정하여야 한다. 자본환원율이나 할인율은 감정평가에 사용되는 이익 또는 현금흐름의 정의와 일관성이 있어야 한다. 예를 들어 세전이익에는 세전 환원율을 적용하여야 하며, 세후이익에는 세후 환원율을 적용하여야 한다. 또한 주주에 귀속되는 잉여현금흐름이나 배당금에는 자기자본비용을, 기업전체에 귀속되는 잉여현금흐름은 가중평균자본비용을 사용하여 할인하여야 한다.

V. 거래사례비교법의 적용

1) 주요 내용

(1) 유사기업이용법

① 평가방법

유사기업이용법은 <u>대상기업과 비슷한 상장기업들의 주가</u>를 기초로 산정된 <u>시장배수</u>를 이용하여 대상기업의 가치를 감정평가하는 방법을 말한다.

② 비교기업의 요건

유사기업이용법으로 감정평가할 때에는 비교기업으로 다음의 요건을 갖춘 기업을 선정하여야 한다.

> - 사업의 유형
> - 규모 및 성장률
> - 자료의 양과 검증 가능성
> - 시장점유율, 경쟁관계, 판매처, 구매처 등 영업환경
> - 영업이익률, 부채비율 등 재무지표

③ 시장배수

시장배수는 시장배수별 특성 등을 고려하여 다음의 비율 중 가장 적절한 둘 이상의 것을 선정하여 산정하되, 기간별로 시장배수의 차이가 클 경우에는 기간별 시장배수에 적절한 가중치를 부여하여 산정할 수 있다.

> - 주가이익비율(PER) = 주식가격 / 주당이익
> - 주가순자산비율(PBR) = 주식가격 / 주당순자산
> - 주가매출액비율(PSR) = 주식가격 / 주당매출액

④ 대상기업과 비교기업 간의 조정

시장배수를 산정하는 경우에는 대상기업과 비교기업 간에 다음의 차이 등을 분석하여 적절한 검토와 조정을 하여야 한다.

> – 비영업용 순자산의 포함 여부
> – 비경상적 항목의 포함 여부
> – 재고자산, 감가상각, 리스 등에 관한 회계처리방식의 차이
> – 비교대상으로 해외기업을 선정한 경우 국가 간 회계기준의 차이

⑤ 최종가치의 산출

유사기업이용법으로 기업가치를 감정평가할 때에는 둘 이상의 시장배수를 각각 적용하여 산정된 결과를 단순평균하거나 가중평균하여 결정한다. 다만, 시장배수 산정 시 비교대상기업의 비영업용 순자산을 제거한 후 적용한 경우에는 대상기업에 시장배수를 적용한 후 대상기업의 비영업용 순자산을 더하여야 한다.

(2) 유사거래이용법

유사거래이용법은 대상기업과 비슷한 기업들의 지분이 기업인수 및 합병거래시장에서 거래된 가격을 기초로 시장배수를 산정하여 대상기업의 가치를 감정평가하는 방법을 말한다. 따라서 이 경우 비교가 된 기업의 배경과 매매금액을 문서로 확인하고, 이를 보정하여 대상기업에 적용을 하여 감정평가하게 되는데, 인수 및 합병의 거래구조와 배경, 거래조건 등에 대한 검토와 조정을 하여야 한다.

(3) 과거거래이용법

과거거래이용법은 대상기업 지분의 과거 거래가격을 기초로 시장배수를 산정하여 대상기업의 가치를 감정평가하는 방법을 말한다. 과거거래이용법으로 감정평가할 때에는 해당 거래가 이루어진 이후 기간에 발생한 상황 변화에 대한 검토와 조정을 하여야 한다. 과거거래이용법은 대상기업의 과거 매매사례를 적용하는 것이므로, 가장 안정적이고 편리한 방법으로 볼 수가 있다. 그러나 과거의 매매환경과 가격시점현재의 매매환경은 유사할 수가 없는데, 이를 보정하는 지수와 과거의 가치를 현재가치로 변형하는 것에 어려움이 있다.

2) 유의사항

거래사례비교법을 적용할 경우 감정평가 과정에서 비교기준의 역할을 충실히 할 수 있는 비교대상의 선정이 가장 핵심이다. 거래사례비교법을 적용할 때 사용되는 유사기업은 대상기업과 동일한 산업에 속하거나, 동일한 경제 요인에 의해 영향을 받는 산업에 속해야 한다. 유사기업의 선정을 위해서는 합리적인 기준이 설정되어야 하며, 선정과정에서 고려해야 할 요소들은 다음과 같다.

① 사업 특성상의 정성적, 정량적 유사성
② 유사기업에 대하여 입수 가능한 자료의 양과 검증가능성
③ 유사기업의 가격이 독립적인 거래를 반영하는지 여부

VI. 원가법의 적용
1) 주요 내용
원가법을 적용할 때에는 <u>대상기업의 유·무형의 개별자산의 가치를 합산하여</u> 감정평가한다. 이때 모든 자산은 기준시점에서의 공정가치로 측정되어야 한다. 만약 매각을 전제로한 감정평가인 경우에는 매각과 관련된 비용이 고려되어야 한다. 원가법을 적용하는 일반적인 절차는 다음과 같다.

① 회계기준에 따라 작성된 재무상태표 입수
② 취득원가로 기록된 자산과 부채의 <u>공정가치 조정</u>
③ 재무상태표에 누락되어 있는 <u>부외자산 및 부외부채의 공정가치 산정</u>
④ 공정가치로 측정된 개별 자산과 부채를 기초로 <u>수정재무상태표</u>를 작성한 후 개별자산의 가치를 합산

2) 유의사항
원가법은 대상기업이 영업활동을 수행하지 않고 부동산이나 타 회사의 지분을 보유함으로써 이익을 얻는 <u>지주회사이거나 청산을 전제로 한 기업인 경우에 적절한 감정평가방법이다. 계속기업을 전제로 한 가치평가에서 원가법만을 유일한 방법으로 적용해서는 안 되며,</u> 만일 원가법을 적용하여 감정평가한 경우에는 그에 대한 정당한 근거를 제시하여야 한다.

기본서 정리 | 〈감정평가론〉 제16장 기업가치의 평가(경응수, 나무미디어, 제6판)

I. 기업자산의 분류
1) 자산
(1) 유동자산
① 당좌자산 : <u>현금, 예금, 유가증권</u>, 매출채권, 선급금, 선급비용, <u>단기대여금, 미수수익, 미수금</u>
② 재고자산 : 상품, 제품, 반제품
(2) 비유동자산
① 투자자산 : <u>장기예금, 투자증권, 장기대여금, 투자부동산</u>
② 유형자산 : 토지, 건물, 구축물, 기계
③ 무형자산 : 영업권, 지식재산권, 임차권

2) 부채

(1) 유동부채 : 매입채무, 선수수익, 선수금, <u>단기차입금, 미지급금, 미지급비용</u>

(2) <u>비유동부채 : 장기차입금, 사채</u>

3) 자본

(1) 자본금 : 보통주, 우선주

(2) 자본잉여금

(3) 이익잉여금

4) 기업자산의 구성

기업자산 = 유동자산 + 비유동자산 = 유동자산 + 투자자산 + 유형자산 + 무형자산

II. 기업수익의 종류

1) 회계 관점의 영업이익

(1) EBIT(Earning Before Interest and Tax, 세전영업이익) : 이자, 세금 지급 전 수익

(2) EBITDA(Earning Before Interest, Tax, Depreciation and Amortization, 감가상각전 영업이익) : 감가(대손)상각, 이자, 세금 지급 전 수익

(3) EBIAT(Earning Before Interest After Tax, 세후영업이익) : 이자 지급 전 수익

2) 현금수지 관점의 영업이익

(1) FCF(Free Cash Flow, 총잉여현금흐름) : 세후영업이익 + (감가상각비 − 운전자본증감 및 자본적 지출)

(2) FCFE(Free Cash Flow on Equity, 자기자본잉여현금흐름) : 세후영업이익 + (감가상각비 − 운전자본증감 및 자본적 지출) − 이자

3) 배분 관점의 영업이익

(1) 순이익 : 기업 전체의 수익(영업이익)

(2) 세금 : 국가에 지급되는 수익

(3) 이자 : 채권자에게 지급되는 수익

(4) 배당금 : 주주에게 지급되는 수익

(5) 경제적 부가가치 : 투하자본 대비 수익

III. 가치전제

1) 가치전제의 종류

(1) 계속기업가치

계속기업가치란 기업의 경영활동이 현재와 미래에 계속되리라는 전제하의 기업가치를 말한다.

(2) 청산가치

청산가치란 대상 자산이 해체된 낱개로 개별적으로 매도되는 것으로 간주하여 감정평가하는 것을 말한다. 대상 자산은 정상적인 처분과정이 아닌 강제적인 청산과정(경매시장)에서 매도된다. 이때 유형자산과 무형자산 간에는 시너지 효과가 없으며, 개별자산은 전체자산에 아무런 기여가치를 지니지 못한다.

2) 가치기준과 가치전제

가치기준은 평가사가 추계해야 할 가치의 유형(공정가치, 시장가치, 투자가치 등)이며, 가치전제는 평가에 적용할 실제적 또는 가상적 상황(기업의 존속 또는 청산)이다. 가치기준이 동일하더라도 가치전제가 달라지면, 기업가치가 서로 달라지게 된다. 예를 들어, 가치기준이 공정시장가치로 동일하다고 하더라도, 존속을 전제했을 경우와 청산을 전제했을 경우의 기업가치는 그 값이 서로 같지 않다. 가치전제가 달라지면 가치결론도 달라지므로, 평가사는 적절한 가치전제를 선택해야 한다.

IV. 이론적 평가방법

1) 수익환원법

(1) 배당금평가법(DVM, Dividend Valuation Model)

① 의의 : 주주에게 지급될 배당금 현금흐름과 장래 주식의 처분 시점에 있어서의 처분가격을 투자자의 요구수익률로 현재가치화하여 주식가치를 평가하는 방법

기업가치 = ∑{배당금 / (1 + 요구수익률)} + 처분가격 / (1 + 요구수익률) + 부채가치

② 장단점 : 배당금평가법은 배당을 전혀 하지 않거나 배당을 아주 작게 하는 경우에는 적용하기가 곤란하며, 배당정책의 변동으로 기업가치가 변동할 수 있다.

(2) 순이익평가법(IVM, Net Income Valuation Method)

① 의의 : 주당순이익을 투자자의 요구수익률로 현재가치화하여 주식가치를 평가하는 방법

$$기업가치 = (주당순이익 \,/\, 요구수익률) + 부채가치$$

② 장단점 : 기업의 회계정책 또는 회계적 결함에 의해 결과가 왜곡될 수 있다.

(3) 경제적 부가가치법(EVA, Economic Value Added)

① 의의 : 투하자본과 영업활동을 통해 창출한 순가치의 증가분으로 기업가치를 평가하는 방법

$$기업가치 = 투자자본 + \sum\{(세후영업이익 - 투자자본^* \times WACC) \,/\, (1 + WACC)\}$$
$$^* \; 투자자본 = (영업용) \; 유동자산 + (영업용) \; 유형자산 - (비이자발생)부채$$

② 장점 : 기업은 투자자들이 제공한 자본비용 이상의 이익을 실현하는 것을 목표로 한다. 세후영업이익에서 자본비용을 차감한 잔여이익을 기업의 최종적 위험부담자인 주주에게 귀속시켜, 기업재무의 궁극적 목표인 주주 부의 극대화로 연결한다.

③ 단점 : 기업의 본질적 활동은 배제되고, 활동의 결과와 주주이익의 배분만 고려된다.

(4) 옵션평가모형

① 의의 : 환경변화에 의한 경영자의 의사결정에 따라 변동하는 미래현금흐름과 투자비용을 감안하여 대상기업의 가치를 감정평가하는 방법

– 신주인수권 : 정해진 금액만 납입하고 새로운 주식을 인수할 수 있는 권리

$$신주인수권의 \; 가격 = MAX(보통주의 \; 가격 - 인수예정가격, \; 0)$$

– 전환사채 : 일정기간 내 사채를 주식으로 전환할 수 있는 권리가 부여된 채권

$$전환사채의 \; 가격 = 일반사채의 \; 가격 + 전환권의 \; 가치^*$$
$$^* \; 전환권의 \; 가치 = MAX(보통주의 \; 가격 - 행사가격, \; 0)$$

② 장점 : 경영 혹은 관리상의 의사결정에 따른 유연성을 평가에 반영하여 실질적인 기업의 의사결정에 따른 미래의 현금흐름과 투자비용을 감안할 수 있다.

③ 단점 : 기업의 경영주체 또는 의사결정의 방법에 따라 감정평가금액이 달라지는 문제가 발생하며, 경우에 따라 수 개의 감정평가 금액이 존재할 수도 있다.

V. 자기자본비용

1) 자본자산가격결정모형(CAPM, Capital Asset Pricing Model)

① 의의 : 주식가치와 주식시장수익률의 관계로부터 자기자본비용을 산정하는 방법

$$자기자본비용 = 무위험이자율 + \sum베타계수 \times (시장위험프리미엄)$$

② 고려요인 : 무위험이자율(국고채의 수익률), 시장기대수익률(주식시장의 수익률), 베타계수(상장기업 중 유사기업의 베타계수 또는 산업별 베타계수)

2) 차익거래모형(APM, Arbitrage Pricing Model)

① 의의 : 주식시장수익률 외 다양한 기업요인, 일반경제요인의 함수로 자기자본비용을 산정하는 방법

> 자기자본비용 = 무위험이자율 + ∑요인별 베타계수 × (요인별 위험프리미엄)

② 고려요인 : 신뢰성위험, 시간대위험, 인플레이션위험, 경기순환위험, 시장위험

③ 장점 : CAPM의 확대개량 모델로서, 주식시장수익률 외 다양한 경제적 요인의 고려

3) 배당성장모형(Gordon Model)

① 의의 : 배당금과 주식가치와의 관계로부터 자기자본비용을 산정하는 방법

> 자기자본비용 = 배당금 / 주식가치 + 배당성장률

② 장점 : 개인기업, 비상장기업 등 CAPM, APM을 사용할 수 없는 기업에 적용

기본서 보충

I. 재무상태표 계정과목

계정과목		내용

자산	유동자산	① 현금 및 현금성자산 : 통화, 통화대용증권(만기 3개월 이내)
		② 은행예금 : 수시 인출 가능 무이자 요구불예금
		③ 금융상품 : 단기금융상품(만기 1년 이내)
		④ 단기매매증권 : 단기예금, 단기증권, 단기대여금
		⑤ 수취채권 : 외상으로 판매 또는 대여할 경우 발생하는 채권
		  – 외상매출금(받을어음) : 일반 상거래의 외상판매
		  – 미수금(대여금) : 특수 거래의 외상거래
		  – 미수수익 : 발생주의 원칙으로 조정된 당기수익
		  – 대손충당금
		⑥ 가지급금 : 계정과목이나 금액을 확정할 수 없는 현금 지출

	비유동자산	① 투자자산 : 투자이익을 얻을 목적으로 보유하는 자산
		  – 투자부동산 : 투자 목적 또는 비업무용으로 소유하는 부동산
		  – 장기금융상품 : 1년 이후에 만기가 도래하는 금융상품

		– 매도가능증권 : 주식 또는 채권
		    – 만기보유증권 : 만기가 확정된 채무증권
		    – 지분법적용투자주식 : 피투자회사에 영향력 행사 주식
		    – 장기대여금 : 특수관계인에 대한 대여금
		② <u>기타비유동자산</u>
		    – 이연법인세 : (납부 법인세 – 장부상 법인세)
		    – 장기성매출채권 : 장기의 외상매출금 및 지급어음
		    – 선급비용, 임차보증금
		③ <u>유형자산</u> : 영업활동 목적으로 보유하는 물리적 자산
		    – 토지, 건물, 구축물, 기계장치, 차량운반구, 선박, 비품
		④ <u>무형자산</u> : 영업활동 목적으로 보유하는 非물리적 자산
		    – 영업권, 산업재산권, 개발비, 기타 무형자산

부채	유동 부채	① <u>단기차입금</u> : 상환예정 차입금(1년 이내) ② <u>미지급법인세</u> : 연간 추정 법인세 – 중간예납세액 ③ <u>부가가치세예수금</u> ④ <u>유동성장기부채</u> : 상환예정 사채, 장기차입금(1년 이내)
	비유동 부채	① 장기차입금 : 차입금(1년 초과) ② 장기성매입채무 : 외상매입금과 지급어음(1년 초과) ③ 퇴직급여충당부채 : 사내적립 퇴직금 ④ 장기제품보증충당부채
자본		① 자본금 : 법정자본금 ② 자본잉여금 : 증자(감자)를 통한 주주 간의 자본거래 ③ 자본조정 : 자본금, 자본잉여금 외 자본거래 ④ 기타포괄손익누계액 : 매도가능증권 등에 대한 평가손익 ⑤ 이익잉여금 : 장부상 손익 + 자본조정 – 주주배당

II. 자산의 분류체계

1) 영업활동 = 영업활동 + 재무활동

    영업용자산 = 유동영업자산(매출채권/재고자산) + 비유동영업자산(유형자산/무형자산)

    영업용부채 = 유동영업부채(매입채무) + 비유동영업부채(차입금)

    투하자본 = 영업용자산 – 영업용부채

2) 단기영업활동 = 영업활동

    단기영업용자산 = 매출채권 + 재고자산

단기영업용부채 = 매입채무
순운전자본 = 매출채권 + 재고자산 − 매입채무

Ⅲ. 비영업용자산

비영업용자산은 영업가치창출활동에 직접적으로 기여하지 못하는 자산으로, 잉여현금흐름을 추정 시 고려되지 않는 자산이다. 현금흐름할인법에 따른 가치평가 시 비영업용자산의 가치는 영업가치에 더하여 전체기업가치를 구한다.

1) 초과보유현금(당좌자산)

초과보유현금은 영업활동을 지원하기 위하여 보유해야 할 적정현금잔고 이상으로 보유하는 현금이다. 기업은 여유자금이 생기면 순수현금, 보통예금, 정기예금, 정기적금 등에 예치하게 되며, 이들은 '단기금융상품', '장기금융상품'으로 표시된다.

2) 유가증권(당좌자산/투자자산)

유가증권은 단기매매증권, 매도가능증권, 만기보유증권 및 지분법투자주식으로 구성된다. 다만, 영업을 위해 불가피하게 보유하는 유가증권, 가령 건설회사가 출자하는 건설공제조합 출자금 등의 유가증권, 지주회사가 보유하는 자회사 주식은 영업용자산으로 보는 것이 적절하다.

3) 운휴자산(유형자산)

유형자산 중 운휴자산이 있고 그 자산이 단기간 내에 처분될 것이며, 처분대가를 수취할 수 있다면 비영업용자산으로 분류할 수 있을 것이다.

Ⅳ. 손익계산서 계정과목

1) 매출원가

계정과목		내용
재료비		직접 제품생산에 소비된 추적가능한 직접재료비와 생산시설 전반에 걸친 간접재료비
노무비	직원급여	종업원에게 지급되는 기본급 및 직책수당(야간, 시간외, 휴일, 연월차, 생리 등)
	상여금	기본급을 기준으로 하여 지급하는 성과급
	퇴직급여	1년 이상 근무한 자에게 지급되는 퇴직보상금
	사회보험	의료보험료, 산재보험료, 국민연금, 고용보험 등

	복리후생비	건강진단비, 의약품비, 기숙사비용 등
	교육훈련비	사내외교육비, 합숙훈련비 등
	잡급	비정규직원에게 지급되는 급여
경비	지급경비	① 판매촉진비 : 판매촉진비 ② 광고선전비 : 광고선전비 ③ 경상연구개발비 : 신제품 개발비, 유지검사비 등 ④ 차량유지비 : 유류비, 차고비, 차량검사 및 수리비 등 ⑤ 수선비 : 수선비 ⑥ 운반비 : 운반 및 보관 관련 비용 ⑦ 소모품비 : 수익적 지출 비용, 사무용 문구비, PC용품 등 ⑧ 도서인쇄비 : 서적구입비, 정기간행물, 장부구입비 등 ⑨ 포장비 : 포장비 ⑩ 용역비 : 용역비
	발생경비	① 대손상각비 : 실현이 불가능한 외상매출금 ② 접대비 : 거래처 접대비용, 요식대 등 ③ 카드접대비 : 거래처 접대비용, 요식대 등 ④ 여비교통비 : 시내교통비, 출장비, 통행료, 주차비 등 ⑤ 사무용품비 : 사무용품비
	측정경비	① 수도광열비 : 상하수도료, 냉난방비, 유류비 등 ② 전력비 : 자가발전비 포함 ③ 통신비 : 전화료, 우편료, 인터넷 사용료, 팩스료 등
	월할경비	① 감가상각비 : 유형자산의 상각비용 ② 무형자산상각 : 무형자산의 상각비용 ③ 세금과공과 : 재산세, 주민세, 자동차세, 협회비 등 ④ 보험료 : 화재보험료 등 ⑤ 지급임차료 : 건물, 기계, 사무실 임차료 등 ⑥ 건물관리비 : 건물관리비 ⑦ 리스료 : 리스료 ⑧ 지급수수료 : 고문료, 송금수수료, 전산정비료 등

2) 판매비 및 관리비

계정과목	내용
급여	근로제공의 대가로 회사의 직원에게 지급하는 급부(임원급여, 급료, 임금, 제수당)

퇴직급여	종업원의 퇴직 시 회사의 규정 내지 근로기준법에 의하여 지급하여야 할 퇴직금 중 당해연도 부담분
복리후생비	사용인에게 직접 지급되지 않고, 기업에서 사용인의 복리후생을 위하여 지출하는 비용
지급임차료	상업용의 토지, 건물, 기계장치, 선박, 차량운반구 등을 타인으로부터 임차한 임차료
감가상각비	건물, 기계장치, 비품 및 차량운반구 등 장기간 영업활동에 사용되는 자산의 취득원가에 상응하는 비용
접대비	사업상의 필요에 따라 거래처나 이해관계자를 위하여 지출하는 비용
수선비	유형고정자산을 취득한 후 물리적 손상을 치유하기 위한 비용
도서인쇄비	도서, 복사, 인쇄비용, 신문구독료 등
차량유지비	업무적으로 사용하고 있는 차량의 유지를 위한 비용(유류대, 엔진오일교환대, 수리비 등)
지급수수료	회사의 업무 일부를 외부에 위탁하고 그 대가로 지급한 용역비
교육훈련비	임직원의 직무교육 등을 위탁한 대가로 지급한 교육비
광고선전비	판매촉진을 위해 지출한 비용
경상연구개발비	제품, 공정 및 설비의 개량 등을 위한 설계, 실험, 연구 등의 활동으로 인한 비용
대손상각비	회수가 불확실한 채권
무형자산상각비	무형자산에 대한 상각비

V. 원가주의와 현금주의

1) 자본적 지출(Capital Expense)

매출액 추정 시 생산능력 이상의 생산량을 기준으로 추정하여서는 안 될 것이고, 이러한 경우 초과 매출액에 대해서는 반드시 생산능력을 증대시키기 위한 유무형자산에 대한 취득이 수반되어야 한다. 매출원가와 판관비의 추정 시 유형자산에 대한 감가상각비를 산출해야 하는데, 이러한 이유 때문이라도 매출 추정 시 먼저 유형자산에 대한 자본적 지출금액을 확정하는 것이 바람직하다. 자본적 지출이 꾸준히 이루어져야 하는 제조업은 자본적 지출액과 매출액이 일정한 관계를 갖는다.

2) 순운전자본증감(Net Working Capital)

운전자본은 경상적인 매출채권, 재고자산 및 매입채무 등의 보유로 인하여 소요되는 자본으로서 통상 매출액의 증감에 따라 변동하는 경향이 있다. 대부분의 기업은 매출액이 증가함에 따라 매출채권과 매입채무가 동시에 비슷한 규모로 늘어나기 때문에 순운전자본의 증감액은 크지 않다.

- 운전자금소요액 = (당기 매출액 − 전기 매출액) × 운전자본소요율
- 운전자본소요율 = (매출채권 + 재고자산 − 매입채무) / 매출액

3) 감가상각비(Deprciation and Amortization)

건물, 기계장치, 비품 및 차량운반구 등 장기간 영업활동에 사용되는 자산의 취득원가에 상응하는 비용

VI. 부동산평가 VS 기업가치평가

「부동산 유동화와 미국감정평가업계의 변화」, 경응수 감정평가사

오늘날 미국의 부동산시장은 증권시장과 떼어놓을래야 떼어놓을 수 없는 깊은 관련을 맺고 있다. 부동산 자체의 실제 성과보다는 증권시장 참가자들의 행동이나 가치평가, 기대 수익률에 더 큰 영향을 받고 있는 것이다. 한 가지 뚜렷한 예를 보자. 바로 지난해 여름 Wall Street를 강타한 브라질, 러시아의 국가부도 사태 당시의 예이다. 당분간 부동산 채권시장이 제대로 작동될 것 같지 않았다. REIT(Real Estates Investment Trusts)의 주가도 무려 25% 폭락하고, 오피스빌딩이나 호텔 투자가 각각 25%, 50%씩 감소했던 것도 이러한 맥락에서 이해할 수 있다. 그러나, 주목할 사실은 각종 부동산 지표들은 당시 정반대로 움직이고 있었다는 점이다. 즉 임대용 사무실에 대한 수요는 미국 각 도시에서 증가 추세였고, '97~98' 상반기 중 임대료 상승률은 28%에 달했던 것이다. 부동산시장의 기초는 전혀 흔들림이 없었다. 이는 결국 부동산 자본시장이 부동산의 수요 공급에 따라 영향을 받은 것이 아니라, 증권시장의 투자자 요구수익률, 위험률, 무위험자산수익률 등 각종 변수에 따라 큰 영향을 받게 되는 것이다. 증권시장의 변수가 즉각 부동산 자본시장에 대한 금융규모, 이자율 등에 영향을 미치고, 이것이 다시 부동산 투자 및 개발활동 자체에 영향을 미치게 되는 것이다. 결국 감정평가사는 증권화의 영향을 제대로 이해하고 이를 가격판정에 반영하여야 하는 상황이 도래한 것이다.

부동산시장은 '국지적 시장'(local market)이라고 한 부동산 원론은 이제 다시 쓰여져야 할 것이다. 왜냐하면 부동산시장은 이미 유동화, 국제화되어 위험률과 수익률의 상충관계(trade-off relationships)를 치열하게 셈하는 월스트리트의 부동산 금융가들의 손에 움직이게 되었기 때문이다. 90년대 중반 이후 월가는 크게 두 가지 방법으로 부동산에 투자를 하여왔다. 첫째는 MBS(Mortgage Backed Securities)의 인수이고 둘째는 REITs에 대한 투자이다. 특히 REIT는 94년 440억 달러 규모이던 것이 지난해 1,400억 달러 규모로 덩치가 커졌다.

일반 투자자들의 장래 부동산시장에 대한 판단이나 인식(perception)이 긍정적이면 이 REIT주식 가치도 높아진다. 결국 증권시장과 부동산시장은 우리와 같이 별개가 아니고 한몸 한 핏줄처럼 더불어 살아 숨쉬는 경제순환의 메커니즘임을 분명히 인식해야 할 것이다. 결론적으로 부동산시장은 유동화·증권화 추세와 함께 더 이상 국지적 시장이 아니며 전국적, 국제적 시장으로 탈바꿈하고 있는 것이다. REITs 주식이나 상업용부동산저당채권(CMBS)이 투자가들에게 인기 있는 이유는 무엇일까? 그것은 이들 채권의 유동성이 높기 때문이다. 이와 같이 증권화된 부동산에 대한 투자의 인기가 높아지자 부동산은 이제 더 이상 부동산이 아니라 유동성자산으로 바뀐 것이다.

이러한 현상은 곧 부동산 투자 의사결정에 대한 신속한 서비스를 요구하게 되었다. 따라서 일정시점의 부동산의 가치, 예컨대 REIT 간 합병시점이라든가 소유 부동산증권의 매각시점의 가치를 즉각 판정하는 서비스를 흔히 감정평가사들에게 의뢰하고 있는 것이다. REITs 간 M&A의사결정을 위한 평가는 물론 소송이나 분쟁, 소수주주 지분가치 산정, 지배주식가치 산정 등의 분야에서 특히 많은 평가의뢰를 보이고 있다. REITs의 평가는 전통적인 평가기법으로는 수행하기 어려울 뿐 아니라, 부수적인 서비스, 예컨대 포트폴리오 분석이라든지, 신용등급 평정, 소송지원 서비스 등이 요구되기도 하여 이외의 업무량 증대도 기대된다. 연금기금(Pension funds)이나 생명보험회사 등은 자금 운용면에서 비교적 장기적 여유자금 비중이 매우 높아 앞으로 우리나라에서 MBS가 활성화될 경우, 감정평가업계의 주요 고객이 될 것으로 보인다.

감정평가이론 기출문제

01 지식정보사회로의 이해 등에 따라 기업가치 중 무형자산의 비중(Portion)이 상대적으로 증가하고 있다. 「감정평가 실무기준」에 규정하고 있는 계속기업가치(going concern value)의 감정평가와 관련하여 다음 물음에 답하시오. 40점 ▶기출 제27회 1번

1) 기업가치의 구성요소를 설명하고, 기업가치의 감정평가 시 유의사항을 설명하시오. 10점

2) 기업가치 감정평가에 관한 이론적 배경과 감정평가방법을 설명하고, 각 평가방법의 유의사항 및 장단점을 설명하시오. 20점

3) 기업가치의 감정평가에 있어서 시산가액 조정에 대하여 설명하고, 조정된 기업가치에 대한 구성요소별 배분방법에 관해 설명하시오. 10점

I. 서설

II. 물음 1 기업가치의 구성요소 및 감정
　　평가 시 유의사항

1. 기업가치의 의의

2. 기업가치의 구성요소
　1) 조달자본 측면의 구성요소
　2) 보유자산 측면의 구성요소

3. 기업가치의 감정평가 시 유의사항
　1) 가치전제 결정 시 유의사항
　2) 감정평가방법의 결정 시 유의사항

III. 물음 2 기업가치의 감정평가방법

1. 기업가치 감정평가의 이론적 배경

2. 기업가치의 감정평가방법 및 장·단점
　1) 개요
　2) 수익환원법
　　(1) 개요
　　(2) 유의사항 및 장·단점

　3) 거래사례비교법
　　(1) 개요
　　(2) 유의사항 및 장·단점
　4) 원가법
　　(1) 개요
　　(2) 유의사항 및 장·단점
　5) 그 외 평가방법

IV. 물음 3 기업가치 시산가액 조정과
　　　구성요소별 배분방법

1. 기업가치 시산가액 조정
　1) 시산가액 조정의 의의
　2) 시산가액 조정기준 및 방법

2. 조정된 시산가액의 구성요소별 배분
　1) 조달자본 측면의 배분
　2) 보유자산 측면의 배분

V. 결어

감정평가실무 기출문제

02 기업가치평가에 있어 잉여현금흐름(FCF; Free Cash Flows) 할인모형을 적용하는 경우 EBITDA를 구하는 방법을 약술하시오. 5점　　　　▶기출 제23회 4번

I. 기업가치평가의 의의

II. EBITDA 산정 방법
1. 영업이익의 산정
2. 감가상각비의 가산

03 감정평가사 甲은 식료품 제조업을 영위하는 (주)A로부터 일반거래(시가참고) 목적의 감
정평가를 의뢰받았다. 관련법규 및 이론을 참작하고 제시된 자료를 활용하여 (주)A의
기업가치를 평가하시오. (단, 기준시점은 2020.01.01.임) 25점   ▸기출 제30회 1번

(자료 1) 대상기업 및 특허권 개요

상호	(주)A
대표자	이○○
설립일자	2012.06.17.
사업자번호	514-87-****
주요제품	과자류

※ 대상기업은 식료품 제조업을 영위함.

(자료 2) 주요 가정

1. 추정기간이란 할인현금수지분석법 적용에 있어 현금흐름을 직접 추정하는 기간으로 대
   상기업의 특성 및 시장상황 등을 고려하여 5년(1기~5기)으로 가정함.
2. 추정기간이 지난 6기부터는 성장률 0%를 적용하며, 5기의 현금흐름이 지속되는 것으
   로 가정함.
3. 대상기업의 결산일은 매년 말일이며, 현금흐름은 편의상 기말에 발생하는 것으로 가
   정함.
4. 대상기업의 현금흐름 추정 시 비영업용자산에 의한 수익, 비용은 제외된 것으로 가정함.

(자료 3) 재무상태표 및 손익계산서 일부 발췌(2019.12.31. 현재)

1. 재무상태표(일부 발췌)

계정과목	금액(원)
자산	
I. 유동자산	
1. 당좌자산	
(1) 단기금융상품	700,000,000
(2) 그 외	500,000,000
2. 재고자산 등	600,000,000
II. 비유동자산	
1. 투자자산	
(1) 장기투자자산	300,000,000

2. 유형자산	
(1) 토지	2,500,000,000
(2) 건물	1,000,000,000
(3) 기계	800,000,000
부채	
I. 유동부채	1,100,000,000
II. 비유동부채	
1. 장기차입금	2,500,000,000

※ 대상기업의 무형자산은 영업권과 특허권만 존재함.
※ 대상기업의 비영업용 항목은 단기금융상품, 장기투자자산임.

2. 손익계산서(일부 발췌)

(단위 : 원)

구분	2017년	2018년	2019년
매출액	2,000,000,000	2,100,000,000	2,205,000,000
매출원가	1,000,000,000	1,050,000,000	1,102,500,000
매출총이익	1,000,000,000	1,050,000,000	1,102,500,000
판매비와 관리비	200,000,000	210,000,000	220,500,000
영업이익	800,000,000	840,000,000	882,000,000

(자료 4) 재무제표 관련 추가 자료

1. 추정기간 동안 매출액은 다음에서 산출한 증가율과 동일한 비율로 증가할 것으로 판단됨.
   1) 매출액 증가율 결정 방법 : 대상기업의 과거 매출액 평균 증가율(2017년~2019년)과 동종 및 유사업종 매출액 평균 증가율의 산술평균으로 결정함.
   2) 동종 및 유사업종 매출액 증가율

항목	단위	2017년	2018년	2019년
매출액 증가율	%	4.92	4.82	5.24

2. 매출원가는 과거와 동일한 매출원가율을 적용함.
3. 판매비와 관리비는 향후에도 과거와 동일하게 매출액의 일정 비율만큼 발생할 것으로 봄.
4. 감가상각비는 2019년에는 110,000,000원이며 추정기간 동안 매년 5,000,000원씩 증가됨.
5. 향후 예상되는 자본적 지출액은 매출액의 3%가 소요될 것임.

6. 순운전자본 증감
   1) 대상기업의 경우 추정 매출액 증감액에 운전자본 소요율을 곱하여 산출함.
      ❖ (추정매출액$_t$ − 추정매출액$_{t-1}$) × 운전자본 소요율
   2) 운전자본 소요율은 한국은행 공시 재무정보를 이용한 회전율 등을 고려하여 대상
      회사의 자료 등을 기준으로 산출하며, 추정기간 동안 동일하게 적용함.
      ❖ 운전자본 소요율 = 1/매출채권회전율 + 1/재고자산회전율 − 1/매입채무회전율

구분	매출채권회전율	재고자산회전율	매입채무회전율
회	8	10	20

7. 법인세 산정 시 세율은 22%를 적용함.

(자료 5) 자기자본비용 관련

1. 본 기업의 자본구조는 자기자본비율 40%, 타인자본비율 60%임.
2. 자기자본의 기회비용은 자본자산가격평가모델(CAPM법 : Capital Asset Pricing Model)
   에 의함.
3. 무위험자산의 수익률(Rf)은 평균 5년 만기 국고채 수익률 등을 고려하여 3.5%, 시장
   의 기대수익률(E(Rm))은 12%로 가정함.
4. β 계수는 최근 3년 유사업종에 속한 기업들의 β 계수의 산술평균으로 함.

(식료품 제조업)

기준연도	기업베타(β)
2017년	0.9654
2018년	0.9885
2019년	0.9763

(자료 6) 타인자본비용 관련

대상기업의 재정상태 및 금융상환 가능성 등을 종합적으로 고려하여 대상기업의 차입 이
자율을 7%로 결정함.

(자료 7) 기타

1. 기업가치는 "기업의 영업가치"와 비영업용자산으로 구성됨.
2. 연도별 매출액과 "기업의 영업가치", 특허권 평가액, 영업권 평가액은 십만 단위에서
   반올림함.
3. 매출액 증가율을 제외한 모든 율은 백분율로 소수점 이하 셋째자리에서 반올림하여 백
   분율로 소수점 이하 둘째자리까지 표시함.

기본목차 연습

감정평가에 관한 규칙 | 제24조(유가증권 등의 감정평가)

① 감정평가법인등은 주식을 감정평가할 때에 다음 각 호의 구분에 따라야 한다.

1. <u>상장주식</u>[「자본시장과 금융투자업에 관한 법률」 제373조의2에 따라 허가를 받은 거래소 (이하 "거래소"라 한다)에서 거래가 이루어지는 등 시세가 형성된 주식으로 한정한다] : <u>거래사례비교법을 적용할 것</u>

2. <u>비상장주식</u>(상장주식으로서 거래소에서 거래가 이루어지지 아니하는 등 형성된 시세가 없

는 주식을 포함한다) : 해당 회사의 자산·부채 및 자본 항목을 평가하여 수정재무상태표를 작성한 후 기업체의 유·무형의 자산가치(이하 "기업가치"라 한다)에서 부채의 가치를 빼고 산정한 자기자본의 가치를 발행주식 수로 나눌 것

감정평가실무기준 | 600(물건별 감정평가) - 660(유가증권) - 1(주식)

1.1 상장주식

1.1.1 정의
상장주식이란 「자본시장과 금융투자업에 관한 법률」에서 정하는 증권상장 규정에 따라 증권시장에 상장된 증권 중 주권을 말한다.

1.1.2 자료의 수집 및 정리
상장주식의 가격자료에는 거래사례 등의 자료가 있으며, 대상 상장주식의 특성에 맞는 적절한 자료를 수집하고 정리한다.

1.1.3 상장주식의 감정평가방법
① 상장주식을 감정평가할 때에는 거래사례비교법을 적용하여야 한다.
② 제1항에 따라 거래사례비교법을 적용할 때에는 대상 상장주식의 기준시점 이전 30일간 실제거래가액의 합계액을 30일간 실제 총 거래량으로 나누어 감정평가한다.
③ 기준시점 이전 30일간의 기간 중 증자·합병 또는 이익이나 이자의 배당 및 잔여재산의 분배청구권 또는 신주인수권에 관하여 「상법」에 따른 기준일의 경과 등의 이유가 발생한 상장주식은 그 이유가 발생한 다음 날부터 기준시점까지의 실제거래가액의 합계액을 해당 기간의 실제 총 거래량으로 나누어 감정평가한다.
④ 상장주식으로서 「자본시장과 금융투자업에 관한 법률」 제373조의2에 따라 허가를 받은 거래소 등의 시세가 없는 경우에는 [660-1.2.3]을 준용한다.

1.2 비상장주식

1.2.1 정의
비상장주식이란 주권비상장법인의 주권을 말한다.

1.2.2 자료의 수집 및 정리
① 비상장주식의 가격자료는 해당 기업과 관련된 거래사례, 수익자료, 시장자료 등이 있으며, 해당 기업을 구성하는 자산은 해당 물건의 자료의 수집 및 정리 규정을 준용한다.
② 제1항 이외의 자료로써 관련 산업이나 대상기업활동 등에 영향을 미치는 경제분석자료, 산업분석자료 및 내부현황분석자료를 수집 및 분석할 수 있다.

1.2.3 비상장주식의 감정평가방법

① 비상장주식은 기업가치에서 부채의 가치를 빼고 산정한 자기자본의 가치를 발행주식수로 나누어 감정평가한다. 다만, 비슷한 주식의 거래가격이나 시세 또는 시장배수 등을 기준으로 감정평가할 때에는 비상장주식의 주당가치를 직접 산정할 수 있다.

② 제1항의 기업가치를 감정평가할 때에는 [660-3]을 따른다.

실무기준해설서

I. 상장주식

1) 주식의 의미

주식회사는 주식의 발행을 통하여 자본을 조달하게 되며, 자본을 납입한 주체인 출자자들은 주식이라는 세분화된 비율적 단위로서 그 권리와 의무를 가지게 된다. 주식이란 주식회사의 자본을 구성하는 금액적 의미와 주주의 권리 및 의무의 단위로서의 주주권의 의미를 가진다. 주식은 주주 1인이 다량을 보유할 수 있고, 그 보유비율에 따라 권한과 의무의 범위가 결정된다. 주식의 수를 주 단위로 나타내며, 주식의 소유자를 주주로 부른다.

2) 상장주식의 개념

상장이란 「자본시장과 금융투자업에 관한 법률」에 따른 허가를 받고 개설된 거래소에서 주권을 매매할 수 있도록 인정하는 것을 의미하며, 상장주식이란 상장된 회사의 주식을 말한다. 회사는 상장을 통하여 자금조달능력을 증대시키고, 기업의 홍보효과 및 공신력을 제고하며, 각종 세제상의 혜택과 경영의 합리화를 도모할 수 있게 된다. 다만, 주권의 상장은 해당 주권이 증권시장을 통하여 자유롭게 거래될 수 있도록 허용하는 것을 의미할 뿐, 해당 주권의 가치를 보증받는 것은 아님에 유의한다.

II. 자료의 수집 및 정리

1) 실지조사의 생략

감정평가 절차 중 조사·확인 절차는 사전조사와 실지조사로 구분할 수 있으나, 상장주식의 경우 실물을 확인할 수 없는 경우가 많고 실물을 확인한다 하더라도 그 증권의 물리적인 측면은 감정평가의 고려대상이 아니므로, 대상물건인 상장주식을 확인할 필요가 없다. 「감정평가에 관한 규칙」 제10조 제2항 제2호에서도 "유가증권 등 대상물건의 특성상 실지조사가 불가능하거나 불필요한 경우"에는 실지조사를 생략할 수 있다고 규정하고 있다. 따라서 「감정평가 실무기준」에서는 상장주식의 조사·확인사항을 규정할 때 사전조사와 실지조사로 구분하고 있지 않다.

2) 조사 · 확인사항

(1) 양도방법과 그 제한

상장주식은 거래소에 등록되어 증권시장에서 자유롭게 거래가 되고, 이에 따라 시장가격이 결정된다. 따라서 감정평가법인등은 해당 상장주식이 특정한 사유 등으로 인하여 거래가 제한되어 있거나, 주식을 양도하는 방법에 제한이 있는지 여부를 면밀히 조사하고 확인하여야 한다.

(2) 지급기간 미도래의 이익 또는 배당권 부착여부

계속기업에 대한 주식의 경우 미래에 얻게 된 현금흐름으로서 배당금 등의 가치에 따라서 주식의 가치가 결정될 수 있다. 주식의 종류에 따라 배당권이 없는 경우가 있으므로 감정평가법인등은 배당권 부착여부 등에 대하여 면밀히 조사하고 확인하여야 한다.

(3) 상장일자, 발행일자

상장주식을 발행한 법인이 실제로 한국거래소에 등록되어 있는지 여부와 해당 주식이 실제로 그 법인에서 발행한 것인지 여부를 확인하기 위해 상장일자와 발행일자는 조사 · 확인한다.

(4) 거래상황

상장주식은 시장에서 거래가 형성되므로 대상 상장주식의 거래상황을 파악해야 한다. 기업의 사정에 따라 일정기간 거래가 정지되어 있는 경우도 있을 수 있으므로 이에 유의하여야 한다.

(5) 실효, 위조, 변조의 여부

해당 증권을 보유하였을 경우 그 증권으로부터 파생되는 권리가 유효한지 여부를 조사해야 한다. 상장폐지가 되어 있는지 여부, 증권 증서의 위조 및 변조 여부에 유의해야 한다. 다만, 대부분의 주식은 시장에서 거래가 되지만, 주권에 대한 증권은 한국예탁결제원이나 증권예탁원에 있는 경우가 많다.

(6) 그 밖에 해당 주식에 관련된 사항

그 밖에 해당 기업의 재무상황과 주식과 관련된 제반 사정을 종합적으로 수집할 필요가 있다.

3) 가격자료

상장주식에 대한 정보는 거래소, 금융감독원 및 증권업협회 등의 전산자료 및 각 증권회사의 상장기업에 대한 재무자료, 일반자료가 있으며, 각 상장주식의 거래내역, 종가, 시가 등의 자료를 열람할 수 있으며, 그 밖에 가격결정에 참고가 되는 자료라 함은 다음과 같다.
- 전체 상장기업 관련 지수
- 동종업종 및 유사업종의 각종 지수

- 외부감사대상법인의 1주당 가격
- 경쟁업종의 종가와 관련된 자료
- 해당기업 및 유사기업 등의 1주당 순자산가치
- 해당기업 및 유사기업 등의 1주당 순이익가치
- 기타 주식 관련 통계자료

Ⅲ. 상장주식의 감정평가방법

1) 원칙

「감정평가에 관한 규칙」 및 「감정평가 실무기준」은 상장주식을 감정평가할 때 거래사례비교법을 원칙으로 적용하도록 규정하고 있으며, 거래사례비교법 적용에 대하여 구체적으로 "대상 상장주식의 기준시점 이전 30일간 실제거래가액의 합계액을 30일간 실제 총 거래량으로 나누는 방법"을 제시하고 있다. 이러한 방법은 [400-3.3.1]에서 규정하는 거래사례비교법의 적용방법과는 다른 과정이나, 상장주식의 경우 주식시장에서의 가격이 형성되어 있는 특성을 반영하여 제3항 또는 제4항에서 규정하는 예외적인 경우를 제외하고는 주식시장에서 형성되는 가격을 시장가치로 인정할 수 있다는 것으로, 넓은 의미에서의 거래사례비교법으로 이해할 수 있다.

$$\text{거래사례비교법에 따른 상장주식} = \frac{\text{기준시점 이전 30일간 실제거래가액의 합계}}{\text{30일간 실제 총 거래량}}$$

2) 예외

상장주식 중 거래소에서 매매가 이루어지지 않거나, 특정한 이유로 인하여 매매가 정지되어 있는 경우가 있다. 이 경우에는 거래사례비교법을 적용하는 것이 곤란하므로, 비상장주식의 감정평가방법에 따라 감정평가한다.

Ⅳ. 비상장주식

1) 비상장주식의 개념

비상장주식은 「자본시장과 금융투자업에 관한 법률」에서 규정하고 있는 주권상장법인을 제외한 법인의 주권을 의미한다. 즉, 증권시장에 상장된 주권을 발행한 법인 또는 주권과 관련된 증권예탁증권이 증권시장에 상장된 경우 그 주권을 발행한 법인을 제외한 법인의 주권이다. 일반적으로 거래소에 상장되지 아니한 법인의 주권을 의미한다.

2) 비상장주식 감정평가의 중요성

자본주의 시장경제에서 기업의 주식가치가 합리적이고 적정하게 결정된다는 것은 매우 중요한 일이다. 주식의 가치가 올바르게 형성되어야 자원의 분배 및 투자를 적정하게 할 수 있기 때문이다. 특히, 비상장주식의 감정평가는 상장주식의 감정평가보다 복잡하고 어렵기 때문에 그 가치를 객관적으로 산정하지 못한 경우에는 많은 문제가 발생한다. 거래소에 상장된 주식은 거래된 가격이 객관적으로 이용될 수 있는 데 비해 비상장주식은 이와 같은 객관적 자료가 없기 때문이다.

비상장주식의 감정평가는 ① 회사 경영권을 매입하는 투자의 경우(투자자/경영자), ② 국유주식의 처분(투자자/정부), ③ 상장을 위해 공개되는 경우의 공모가격(투자자/경영자), ④ 상속세 과세를 위한 경우(정부/경영자) 등에 필요하게 되며, 이러한 경우 투자자, 채권자, 경영자, 정부 등 이해관계인에게는 첨예한 대립이 예상될 수 있다. 경제사회의 발전에 따라 이해관계인 또는 정보이용자는 다양화되고 있는 추세이며, 합리적이고 객관적인 주식가치의 평가의 필요성은 더욱 증대된다고 할 수 있다.

V. 자료의 수집 및 정리
1) 비상장주식의 감정평가 시 조사·확인사항
(1) 계속기업의 전제 확인
기업의 가치는 기업활동을 통한 지속적인 수익이 창출될 때 의미를 가지기 때문에, 비상장주식을 감정평가할 때 특별한 경우를 제외하고는 계속기업을 전제로 하여야 할 것이다. 이와 달리 기업의 부도발생 등으로 더 이상 기업활동을 영위할 수 없는 경우에는 청산을 전제로 하여야 할 것이다. 따라서 비상장주식을 감정평가할 때에는 해당 기업에 대해 적용되는 상황과 환경을 파악하여 계속기업을 전제로 할 것인지 청산기업을 전제로 할 것인지를 확인하여야 한다.

(2) 기업 재무제표의 활용 및 분석
비상장주식을 감정평가할 때 해당 기업에 대한 재무상태표, 손익계산서, 현금흐름표, 자본변동표 등의 각종 재무제표를 활용하여 경영활동의 결과와 재무상태 등을 파악할 수 있다. 이 중에서 특히 비상장주식의 감정평가에서는 재무상태표가 중요하다. 재무상태표는 기업의 재무상태를 명확히 보고하기 위하여 기준일 현재의 모든 자산, 부채, 자본을 적정하게 나타내는 정태적 보고서이며, 재무상태표는 회계주체의 ① 경제적 자원에 대한 정보, ② 지급능력 또는 유동성에 관한 정보, ③ 재무구조에 관한 정보, ④ 장기계획이나 투자의사결정 등에 관한 유용한 정보, ⑤ 투자자들의 청구권에 관한 정보 등을 제공하기 때문이다. 재무제표를 활용할 때 주의할 점은 재무상태표상의 내용은 기업의 역사적 가치를 나타내는 반면, 비상장주식을 감정평가하기 위해 파악해야 할 기업가치는 실제로 해당 기업이 가지는 내재적 가치 또는 시장에서 평가를 받는 실재가치이므로 재무제표를 면밀히 분석하여야 한다.

(3) 소유지분의 비중에 따른 지배력

　　기업의 지배구조와 관련하여 소유지분의 비중은 기업의 전반적인 경영활동에 많은 영향을 미친다. 주주별 소유지분의 비중은 기업의 의사결정에 대한 지배력과 관련되며, 내국인과 외국인 간의 상대적 비율, 개인투자자와 기관투자자 간의 상대적 비율 역시 중요한 참고사항이 될 수 있다.

(4) 그 밖의 조사・확인사항

① 해당 기업의 개요

② 영업권과 지식재산권 등에 대한 검토

③ 주식양도방법

④ 대상 주식의 의결권 여부

⑤ 해당 기업의 신용등급

⑥ 보통주식의 소유관계 등

2) 가격자료의 종류

(1) 거래사례 : 해당 기업의 과거 지분 거래가격, 유사기업의 인수 및 합병 시 거래가격 등

(2) 수익자료 : 재무제표, 현금흐름추정자료 등

(3) 시장자료 : 경제성장률, 물가상승률, 금리, 환율, 코스닥지수, 코스피지수, 유사기업의 주식가격

3) 경제분석자료

(1) 경제성장 및 고용・임금자료 : 경제성장률, 국내총투자율, 제조업평균가동률, 명목임금증감률, 실업률 등

(2) 물가자료 : 생산자물가상승률, 수입물가등락률, 유가등락률 등

(3) 통화와 금융・증권자료 : 어음부도율, 이자율과 할인율, 종합주가지수 등

(4) 국제수지와 무역・외환자료 : 경상수지, 환율, 외환보유액, 수출증감률 등

4) 산업분석자료

(1) 관련 산업의 기술이나 유통과정 또는 재무구조적 특성

(2) 해당 산업의 시장전망과 규모 및 경제적 지위

(3) 제품 및 원재료의 수요, 공급에의 영향요인

(4) 경기변동이나 산업수명주기상의 추정단계

(5) 해당 산업에서의 시장진입의 난이도

(6) 예상되는 행정규제 및 지원 등

5) 내부현황분석자료

비상장주식을 감정평가할 때 무엇보다 중요한 것은 해당 기업의 외부 환경보다도 해당 기업 자체에 대한 분석이다. 다음의 사항은 해당 기업의 현황에 관한 자료들로서, 비상장 주식을 감정평가할 때에는 이들을 수집하여 내부현황분석을 수행한다.

(1) 기업개요사항 : 조직형태, 기업연혁, 계열관계, 주요 주주 및 경영진의 약력, 사업개 요, 주요시장 및 고객과 경쟁사현황 등

(2) 생산·제조활동사항 : 주요 제품과 서비스, 생산설비와 생산능력 및 가동률, 생산라인 의 기술인력, 시설의 리스와 노후화, 유지보수 정도 등

(3) 영업활동사항 : 주요 원재료 및 구입처와 구입현황, 주요 제품별 생산공정 및 매출현 황, 주요 거래처별 매출실적과 채권 회수 및 부실현황, 제품개발 및 영업신장계획 등

(4) 재무·회계 관련사항 : 과거 일정기간의 감사보고서, 결산서, 세무신고납부서류, 운영 계획 및 예산서, 영업보고서 및 주요 비용분석자료, 차입금 및 담보제공현황, 소송 및 지급보증현황 등

Ⅵ. 비상장주식의 감정평가방법

1) 규정의 취지

본 규정은 비상장주식의 감정평가방법에 대하여 규정하고 있다. 비상장주식의 가치는 해 당 기업의 가치와 불가분의 관계를 가지게 되는데, 일반적으로 비상장주식의 가치를 감정 평가하기 위해서는 해당 기업의 가치를 먼저 산정한 후, 부채(타인자본)의 가치를 차감하 여 자기자본의 가치를 구하여 이를 발행주식수로 나누는 방법을 널리 사용하고 있다. 다 만, 시장에서 해당 기업의 재무비율 등과 주가와의 관계를 직접 얻을 수 있는 경우에는 상기 방법처럼 기업가치의 산정과정을 거치지 않고 비상장주식의 주당가치를 직접 산정 할 수 있다.

2) 비상장주식의 감정평가방법

(1) 자기자본가치법(순자산가치법)

해당 회사의 자산, 부채 및 자본항목을 기준시점 현재의 가액으로 평가하여 수정재무상 태표를 작성한 후, 자산총계에서 부채총계를 공제한 기업체의 자기자본가치(순자산가 치)를 발행주식수로 나누어 비상장주식의 주당가액을 평가하는 방법이다. 즉, 자기자 본이란 재무상태표의 총자산에서 총부채를 차감한 금액을 말하는 것으로, 여기서 총자 산과 총부채를 판단함에 있어서는 회계적으로 평가되어 재무제표에 기재되어 있는 가 치를 적용하는 것이 아니라, 각각의 자산과 부채에 대하여 기준시점 현재의 공정가치를 평가하고, 이를 토대로 수정재무상태표를 작성하여 여기서의 총자산에서 총부채를 차 감하여 평가를 하여야 한다.

$$\text{비상장주식의 가치} = \frac{\text{기준시점에서의 자기자본가치(총자산 − 총부채)}}{\text{발행주식수}}$$

(2) 주당가치를 직접 산정할 수 있는 경우

상기 방법은 비상장주식을 감정평가하기 위하여 우선적으로 기업가치를 감정평가한 후, 타인자본의 가치인 부채의 가치를 차감하여 산정된 자기자본의 가치를 발행주식수로 나누는 간접적인 방법이다. 그러나 대상 주식의 거래가격이나 시세 또는 시장배수 등을 파악할 수 있는 경우에는 기업가치의 산정 과정을 거치지 않고, 비상장주식의 가치를 직접 산정할 수 있다.

(3) 기업가치의 감정평가

실무적으로 비상장주식을 감정평가할 때 자기자본가치법(순자산가치법)을 적용하는 경우가 대부분이다. 따라서 비상장주식의 감정평가 시 적정한 기업가치의 감정평가는 매우 중요한 과정에 해당한다. 기업가치를 감정평가하는 방법으로는 수익환원법(할인현금흐름분석법, 직접환원법, 옵션평가모형 등), 거래사례비교법(유사기업이용법, 유사거래이용법, 과거거래이용법 등), 원가법(유・무형의 개별자산의 가치를 합산하는 방법) 등이 있다.

3) 관련 규정

「국유재산법」 제5조(국유재산의 범위)

① 국유재산의 범위는 다음 각 호와 같다.

1. 부동산과 그 종물(從物)
2. 선박, 부표(浮標), 부잔교(浮棧橋), 부선거(浮船渠) 및 항공기와 그들의 종물
3. 「정부기업예산법」 제2조에 따른 정부기업(이하 "정부기업"이라 한다)이나 정부시설에서 사용하는 기계와 기구 중 대통령령으로 정하는 것
4. 지상권, 지역권, 전세권, 광업권, 그 밖에 이에 준하는 권리
5. 「자본시장과 금융투자업에 관한 법률」 제4조에 따른 증권(이하 "증권"이라 한다)
6. 다음 각 목의 어느 하나에 해당하는 권리(이하 "지식재산"이라 한다)
   가. 「특허법」・「실용신안법」・「디자인보호법」 및 「상표법」에 따라 등록된 특허권, 실용신안권, 디자인권 및 상표권
   나. 「저작권법」에 따른 저작권, 저작인접권 및 데이터베이스제작자의 권리 및 그밖에 같은 법에서 보호되는 권리로서 같은 법 제53조 및 제112조 제1항에 따라 한국저작권위원회에 등록된 권리(이하 "저작권 등"이라 한다)
   다. 「식물신품종 보호법」 제2조 제4호에 따른 품종보호권
   라. 가목부터 다목까지의 규정에 따른 지식재산 외에 「지식재산 기본법」 제3조 제

3호에 따른 지식재산권. 다만, 「저작권법」에 따라 등록되지 아니한 권리는 제외한다.

② 제1항 제3호의 기계와 기구로서 해당 기업이나 시설의 폐지와 함께 포괄적으로 용도 폐지된 것은 해당 기업이나 시설이 폐지된 후에도 국유재산으로 한다.

「국유재산법 시행령」 제44조(비상장증권의 예정가격)

① 비상장법인이 발행한 지분증권을 처분할 때에는 그 예정가격은 기획재정부령으로 정하는 산출방식에 따라 비상장법인의 자산가치, 수익가치 및 상대가치를 고려하여 산출한 가격 이상으로 한다. 다만, 기획재정부령으로 정하는 경우에는 수익가치 또는 상대가치를 고려하지 아니할 수 있다.

② 제1항에도 불구하고 국세물납으로 취득한 지분증권의 경우에는 물납재산의 수납가액 또는 증권시장 외의 시장에서 형성되는 시세가격을 고려하여 예정가격을 산출할 수 있다. 다만, 다음 각 호의 요건을 모두 충족하는 지분증권의 경우에는 물납재산의 수납가액과 관리 비용 등을 고려하여 기획재정부령으로 정하는 방법에 따라 예정가격을 산출할 수 있다.

1. 제1항에 따라 산출한 예정가격으로 일반경쟁입찰을 실시했으나 유효한 입찰이 성립되지 않았을 것
2. 제1호에 따른 예정가격의 산출일이 속하는 해의 다음 해에 다시 제1항에 따라 예정가격을 산출하여 일반경쟁입찰을 실시했으나 유효한 입찰이 성립되지 않았을 것
3. 제40조 제3항 제25호에 따라 수의계약의 방법으로 처분하는 경우일 것
4. 수의계약의 상대방이 해당 지분증권을 발행한 법인일 것

③ 비상장법인이 발행한 지분증권을 현물출자하는 경우에는 그 증권을 발행한 법인의 재산 상태 및 수익성을 기준으로 하여 기획재정부장관이 재산가격을 결정한다.

④ 제1항 외의 비상장증권의 예정가격은 기획재정부령으로 정하는 방식에 따라 산정한 기대수익 또는 예상수익률을 고려하여 산출한 가격 이상으로 한다.

「국유재산법 시행규칙」 제26조(자산가치의 산출)

① 영 제44조 제1항의 자산가치는 평가기준일 직전 사업연도의 재무제표(「감사원법」에 따른 감사원의 감사 결과 또는 「주식회사의 외부감사에 관한 법률」 제2조에 따른 외부감사의 대상인 주식회사에 대한 감사 결과 수정의견이 있는 경우에는 그에 따라 수정된 재무제표를 말한다. 이하 "실적재무제표"라 한다)를 기준으로 하여 다음의 계산식에 따라 산출하되, 직전 사업연도가 끝난 후 평가기준일 전에 자본금 또는 자본잉여금의 증감이나 이익잉여금의 수정사항이 있는 경우에는 이를 더하거나 빼야 한다.

> [자산총액 - 무형고정자산(어업권·광업권 등 실질가치가 있는 무형고정자산은 제외한다) 및 부채총액 - 이익잉여금 처분액 중 배당금 등의 사외유출금액] ÷ 발행주식 총수

② 법률에 따라 특별감가상각을 실시한 주식회사의 경우에는 제1항의 계산식 중 자산총액에서 그 누계액을 더할 수 있다.

③ 제1항의 계산식 중 자산총액은 「상속세 및 증여세법」 제4장(제63조 제1항 제1호 다목은 제외한다)을 준용하여 산출한다. 이 경우 "상속개시일 또는 증여일"은 "평가기준일"로, "납세지관할세무서장"은 "중앙관서의 장 등 또는 영 제46조에 따른 평가기관"으로 본다.

「국유재산법 시행규칙」 제27조(수익가치의 산출)

① 영 제44조 제1항의 수익가치는 평가기준일이 속하는 사업연도 및 그 직후 사업연도의 영업전망을 추정하여 작성한 재무제표를 기준으로 다음의 계산식에 따라 산출한 각 사업연도의 1주당 배당가능액을 가중산술평균한 후 이를 자본환원율로 나누어 산출한다.

> [법인세비용 차감 전 순이익 - 법인세(이에 부가되는 법인세분 지방소득세를 포함한다. 이하 같다) - 이월결손금 - 이익잉여금 처분액 중 배당금 외의 사외유출금액] ÷ 발행주식 총수

② 제1항의 가중산술평균에는 평가기준일이 속하는 사업연도의 경우에는 10분의 6의 가중치를 부여하고, 그 직후 사업연도의 경우에는 10분의 4의 가중치를 부여한다.

③ 제1항의 배당가능액을 산출할 때 이미 발생하였거나 법령 등에 따라 발생할 것이 확실한 것으로 예상되는 손익이 있는 경우에는 그 손익을 법인세비용 차감 전 순이익에 더하거나 뺄 수 있다.

④ 제1항의 자본환원율은 「은행법」에 따른 은행의 1년 만기 정기예금의 이자율 등을 고려하여 기획재정부장관이 정한다. 다만, 국세물납으로 취득한 비상장법인이 발행한 지분증권(이하 "물납증권"이라 한다)의 자본환원율은 직전 3년간 매각된 물납증권의 매각가격, 처분대상 물납증권의 수납가액 및 금융시장의 자본조달 금리 등을 고려하여 기획재정부장관이 별도로 정할 수 있다.

「국유재산법 시행규칙」 제28조(상대가치의 산출)

① 영 제44조 제1항의 상대가치는 실적재무제표를 기준으로 하여 다음의 계산식에 따라 산출한다.

> 유사기업의 주가 × {(발행기업의 1주당 순이익/유사기업의 1주당 순이익) + (발행기업의 1주당 순자산액/유사기업의 1주당 순자산액)} × 1/2

② 제1항의 유사기업은 영 제46조에 따른 평가기관이 평가대상 증권의 발행기업과 같은 업종의 상장법인 중에서 매출액 규모, 자본금 규모, 납입자본이익률, 매출액성장률 및 부채비율 등을 고려하여 정한다.

③ 제1항의 계산식 중 유사기업의 주가는 평가기준일이 속하는 달의 전달부터 소급하여 6개월간 매일의 종가(終價)를 평균한 금액과 평가기준일의 전날부터 소급하여 시가가 있는 30일간 매일의 종가를 평균한 금액 중 낮은 금액으로 한다. 이 경우 계산기간에 배당락(配當落) 또는 권리락(權利落)이 있을 때에는 그 후의 매일의 종가를 평균한다.

④ 제1항의 계산식 중 1주당 순이익은 평가기준일 전 2개 사업연도의 법인세비용 차감 전 순이익을 산술평균한 금액을 발행주식 총수로 나누어 산출한다.

⑤ 제1항의 계산식 중 1주당 순자산액의 산출에 관하여는 제26조를 준용한다.

기본서 정리 | 〈감정평가론〉 제17장 각종 물건별 평가방법(경응수, 나무미디어, 제5판)

I. 수익환원법

수익환원법은 대상기업이 주식배당 실적이 있고, 장래 배당가능성이 확실한 경우에 평가할 수 있다.

$$주식가치 = \frac{지분순수익}{지분환원율}$$

II. 기타 제법령에 의한 평가방법

1) 「상속세 및 증여세법」

- 상장주식 : 2개월 동안 공표된 매일의 거래소 최종 시세가액의 평균액
- 비상장주식 : 순손익가치와 순자산가치를 각각 3과 2의 비율로 가중평균한 가액

2) 「유가증권의 발행 및 공시에 관한 규정」

- 상장주식 : 최근 1개월간 평균종가
- 비상장주식 : 수익가치와 자산가치를 각각 1.5와 1로 가중산술평균한 가액

3) 「국유재산법」

- 상장주식 : 최근에 거래된 30일간의 최종 시세가액을 가중산술평균하여 산출한 가액
- 비상장주식 : 자산가치·수익가치 및 상대가치를 고려하여 산출한 가격 이상

기본서 보충

I. 「상속세 및 증여세법」

제63조(유가증권 등의 평가)

① 유가증권 등의 평가는 다음 각 호의 어느 하나에서 정하는 방법으로 한다.

1. 주식 등의 평가

가. 「자본시장과 금융투자업에 관한 법률」에 따른 증권시장으로서 대통령령으로 정하는 증권시장에서 거래되는 주권상장법인의 주식 등 중 대통령령으로 정하는 주식 등(이하 이 호에서 "상장주식"이라 한다)은 평가기준일(평가기준일이 공휴일 등 대통령령으로 정하는 매매가 없는 날인 경우에는 그 전일을 기준으로 한다) 이전·이후 각 2개월 동안 공표된 매일의 「자본시장과 금융투자업에 관한 법률」에 따라 거래소허가를 받은 거래소(이하 "거래소"라 한다) 최종 시세가액(거래실적 유무를 따지지 아니한다)의 평균액(평균액을 계산할 때 평가기준일 이전·이후 각 2개월 동안에 증자·합병 등의 사유가 발생하여 그 평균액으로 하는 것이 부적당한 경우에는 평가기준일 이전·이후 각 2개월의 기간 중 대통령령으로 정하는 바에 따라 계산한 기간의 평균액으로 한다). 다만, 제38조에 따라 합병으로 인한 이익을 계산할 때 합병(분할합병을 포함한다)으로 소멸하거나 흡수되는 법인 또는 신설되거나 존속하는 법인이 보유한 상장주식의 시가는 평가기준일 현재의 거래소 최종 시세가액으로 한다.

나. 가목 외의 주식 등은 해당 법인의 자산 및 수익 등을 고려하여 대통령령으로 정하는 방법으로 평가한다.

시행령 제54조(비상장주식 등의 평가)

① 법 제63조 제1항 제1호 나목에 따른 주식 등(이하 이 조에서 "비상장주식 등"이라 한다)은 1주당 다음의 계산식에 따라 평가한 가액(이하 "순손익가치"라 한다)과 1주당 순자산가치를 각각 3과 2의 비율[부동산과다보유법인(「소득세법」 제94조 제1항 제4호 다목에 해당하는 법인을 말한다)의 경우에는 1주당 순손익가치와 순자산가치의 비율을 각각 2와 3으로 한다]로 가중평균한 가액으로 한다. 다만, 그 가중평균한 가액이 1주당 순자산가치에 100분의 80을 곱한 금액보다 낮은 경우에는 1주당 순자산가치에 100분의 80을 곱한 금액을 비상장주식 등의 가액으로 한다.

$$1주당\ 가액 = \frac{1주당\ 최근\ 3년간의\ 순손익액의\ 가중평균액}{3년\ 만기\ 회사채의\ 유통수익률을\ 고려하여\ 기획재정부령으로\ 정하는\ 이자율}$$

② 제1항의 규정에 의한 1주당 순자산가치는 다음의 산식에 의하여 평가한 가액으로 한다.

$$1주당\ 가액\ =\ \frac{해당\ 법인의\ 순자산가액}{발행주식총수}$$

II. 「자본시장과 금융투자업에 관한 법률」

시행령 제176조의5(합병의 요건·방법 등)

① 주권상장법인이 다른 법인과 합병하려는 경우에는 다음 각 호의 방법에 따라 산정한 합병 가액에 따라야 한다. 이 경우 주권상장법인이 제1호 또는 제2호 가목 본문에 따른 가격을 산정할 수 없는 경우에는 제2호 나목에 따른 가격으로 하여야 한다.

  1. 주권상장법인 간 합병의 경우에는 합병을 위한 이사회 결의일과 합병계약을 체결한 날 중 앞서는 날의 전일을 기산일로 한 다음 각 목의 종가를 산술평균한 가액(이하 이 조에서 "기준시가"라 한다)을 기준으로 100분의 30(계열회사 간 합병의 경우에는 100분의 10)의 범위에서 할인 또는 할증한 가액. 이 경우 가목 및 나목의 평균종가는 종가를 거래량으로 가중산술평균하여 산정한다.

    가. 최근 1개월간 평균종가. 다만, 산정대상기간 중에 배당락 또는 권리락이 있는 경우로서 배당락 또는 권리락이 있은 날부터 기산일까지의 기간이 7일 이상인 경우에는 그 기간의 평균종가로 한다.

  2. 주권상장법인(코넥스시장에 주권이 상장된 법인은 제외한다. 이하 이 호 및 제4항에서 같다)과 주권비상장법인 간 합병의 경우에는 다음 각 목의 기준에 따른 가격

    가. 주권상장법인의 경우에는 제1호의 가격. 다만, 제1호의 가격이 자산가치에 미달하는 경우에는 자산가치로 할 수 있다.

    나. <u>주권비상장법인의 경우에는 자산가치와 수익가치를 가중산술평균한 가액</u>

② 제1항 제2호 나목에 따른 가격으로 산정하는 경우에는 금융위원회가 정하여 고시하는 방법에 따라 산정한 유사한 업종을 영위하는 법인의 가치(이하 이 항에서 "상대가치"라 한다)를 비교하여 공시하여야 하며, 같은 호 각 목에 따른 <u>자산가치·수익가치 및 그 가중산술평균방법과 상대가치의 공시방법은 금융위원회가 정하여 고시한다.</u>

III. 「증권의 발행 및 공시에 관한 규정 시행세칙」

제4조(합병가액의 산정방법)

규정 제5-13조에 따른 <u>자산가치·수익가치의 가중산술평균방법은 자산가치와 수익가치를 각각 1과 1.5로 하여 가중산술평균</u>하는 것을 말한다.

제5조(자산가치)

규정 제5-13조에 따른 자산가치는 분석기준일 현재의 평가대상회사의 주당 순자산가액으로

서 다음 산식에 의하여 산정한다. 이 경우에 발행주식의 총수는 분석기준일 현재의 총발행주식수로 한다. 단, 분석기준일 현재 전환주식, 전환사채, 신주인수권부사채 등 향후 자본금을 증가시킬 수 있는 증권의 권리가 행사될 가능성이 확실한 경우에는 권리 행사를 가정하여 이를 순자산 및 발행주식의 총수에 반영한다.

$$자산가치 = \frac{순자산}{발행주식의\ 총수}$$

제6조(수익가치)

규정 제5-13조에 따른 수익가치는 <u>현금흐름할인모형, 배당할인모형</u> 등 미래의 수익가치 산정에 관하여 일반적으로 공정하고 타당한 것으로 인정되는 모형을 적용하여 합리적으로 산정한다.

제7조(상대가치)

① 규정 제5-13조에 따른 상대가치는 다음 각 호의 금액을 산술평균한 가액으로 한다. 다만, 제2호에 따라 금액을 산출할 수 없는 경우 또는 제2호에 따라 산출한 금액이 제1호에 따라 산출한 금액보다 큰 경우에는 제1호에 따라 산출한 금액을 상대가치로 하며, 제1호에 따라 금액을 산출할 수 없는 경우에는 이 항을 적용하지 아니한다.

1. 평가대상회사와 한국거래소 업종분류에 따른 소분류 업종이 동일한 주권상장법인 중 매출액에서 차지하는 비중이 가장 큰 제품 또는 용역의 종류가 유사한 법인으로서 최근 사업연도말 주당법인세비용차감전계속사업이익과 주당순자산을 비교하여 각각 100분의 30 이내의 범위에 있는 3사 이상의 법인(이하 이 조에서 "유사회사"라 한다)의 주가를 기준으로 다음 산식에 의하여 산출한 유사회사별 비교가치를 평균한 가액의 30% 이상을 할인한 가액

$$상대가치 =$$
$$유사회사의\ 주가 \times \left\{ \frac{대상회사의\ PER}{유사회사의\ PER} + \frac{대상회사의\ PBR}{유사회사의\ PBR} \right\} \times 0.5$$

Ⅳ. 「국유재산법」

시행령 제43조(상장증권의 예정가격)

① 상장법인이 발행한 주권을 처분할 때에는 그 예정가격은 다음 각 호의 어느 하나에 해당하는 가격 이상으로 한다.

1. 평가기준일 전 1년 이내의 최근에 거래된 30일간의 증권시장에서의 최종 시세가액을 가중산술평균하여 산출한 가액으로 하되, 거래 실적이 있는 날이 30일 미만일 때에는

거래된 날의 증권시장의 최종 시세가액을 가중산술평균한 가액과 제44조 제1항의 방법에 따른 가액을 고려하여 산출한 가격. 다만, 경쟁입찰의 방법으로 처분하거나 「자본시장과 금융투자업에 관한 법률」 제9조 제9항에 따른 매출의 방법으로 처분하는 경우에는 평가기준일 전 1년 이내의 최근에 거래된 30일간(거래 실적이 있는 날이 30일 미만인 경우에는 거래된 날)의 증권시장에서의 최종 시세가액을 가중산술평균한 가액과 제44조 제1항의 방법에 따른 가액을 고려하여 산출한 가격으로 할 수 있다.

시행령 제44조(비상장증권의 예정가격)

① 비상장법인이 발행한 지분증권을 처분할 때에는 그 예정가격은 <u>기획재정부령으로 정하는 산출방식에 따라 비상장법인의 자산가치, 수익가치 및 상대가치를 고려하여 산출한 가격 이상</u>으로 한다. 다만, 기획재정부령으로 정하는 경우에는 수익가치 또는 상대가치를 고려하지 아니할 수 있다.

시행규칙 제26조(자산가치의 산출)

① 영 제44조 제1항의 자산가치는 평가기준일 직전 사업연도의 재무제표(「감사원법」에 따른 감사원의 감사 결과 또는 「주식회사의 외부감사에 관한 법률」 제2조에 따른 외부감사의 대상인 주식회사에 대한 감사 결과 수정의견이 있는 경우에는 그에 따라 수정된 재무제표를 말한다. 이하 "실적재무제표"라 한다)를 기준으로 하여 다음의 계산식에 따라 산출하되, 직전 사업연도가 끝난 후 평가기준일 전에 자본금 또는 자본잉여금의 증감이나 이익잉여금의 수정사항이 있는 경우에는 이를 더하거나 빼야 한다.

{자산총액 − 무형고정자산 및 부채총액 − 이익잉여금 처분액 중 배당금 등의 사외유출금액} ÷ 발행주식 총수

시행규칙 제27조(수익가치의 산출)

① 영 제44조 제1항의 수익가치는 평가기준일이 속하는 사업연도 및 그 직후 사업연도의 영업전망을 추정하여 작성한 재무제표를 기준으로 다음의 계산식에 따라 산출한 각 사업연도의 <u>1주당 배당가능액을 가중산술평균한 후 이를 자본환원율로 나누어 산출한다.</u>

{법인세비용 차감 전 순이익 − 법인세(이에 부가되는 법인세분 지방소득세를 포함한다. 이하 같다) − 이월결손금 − 이익잉여금 처분액 중 배당금 외의 사외유출금액} ÷ 발행주식 총수

시행규칙 제28조(상대가치의 산출)

① 영 제44조 제1항의 상대가치는 실적재무제표를 기준으로 하여 다음의 계산식에 따라 산출한다.

유사기업의 주가 × {(발행기업의 1주당 순이익/유사기업의 1주당 순이익) + (발행기업의 1주당 순자산액/유사기업의 1주당 순자산액)} × 1/2

③ 제1항의 계산식 중 유사기업의 주가는 평가기준일이 속하는 달의 전달부터 소급하여 6개월간 매일의 종가를 평균한 금액과 평가기준일의 전날부터 소급하여 시가가 있는 30일간 매일의 종가를 평균한 금액 중 낮은 금액으로 한다. 이 경우 계산기간에 배당락 또는 권리락이 있을 때에는 그 후의 매일의 종가를 평균한다.

감정평가이론 기출문제

04 비상장주식의 평가　5점　▶기출 제17회 5번

I. 비상장주식의 의의

II. 비상장주식의 감정평가방법
1. 순자산가치법
2. 거래사례비교법

---

05 향후 전자제품을 개발, 생산, 판매하기 위하여 설립된 비상장영리법인인 A기업은 설립 후 자본금 전액을 기술개발에 지출하여 당해 금액을 무형자산으로 계상하였다(다른 자산, 부채는 없음). 당해 기업의 주식가치를 평가하고자 한다. 적합한 평가방법 및 근거를 구체적으로 설명하고 장·단점을 설명하시오.　20점　▶기출 제19회 3번

I. 서설

II. 비상장주식의 일반적 감정평가방법
1. 원가방식에 의한 감정평가(순자산가치법)
   1) 기업가치의 평가
      (1) 수익환원법
      (2) 거래사례비교법
      (3) 원가법
   2) 부채의 공제 및 주당가치 산정

2. 비교방식에 의한 감정평가

III. 대상 비상장주식에 적합한 평가방법
1. 대상기업의 특성 검토
2. 대상 비상장주식에 적합한 평가방법
3. 각 평가방법의 장·단점 검토
   1) 원가방식의 장·단점
   2) 비교방식의 장·단점

IV. 결어

06 비상장법인 A주식회사는 특허권을 가지고 전자제품을 제조·판매하는 공장과 임대업에 사용하는 업무용빌딩을 소유하고 있다. A주식회사는 2009년 전자제품부문에서 50억원, 임대업에서 20억원의 당기순이익을 얻었다. A주식회사의 주식을 평가하고자 한다.

▶ 기출 제21회 2번

1) 본건 평가와 관련하여 감정평가에 관한 규칙이 인정하는 2가지 방법 및 그 장·단점을 논하시오. 15점

2) 감정평가에 관한 규칙에서 규정하고 있지 않은 주식평가방법(양 방법을 혼합한 방법 포함)들을 예시하고, 평가이론의 관점에서 동 규칙 외의 방법에 의한 평가의 타당성을 논하시오. 15점

I. 서론

II. [물음 1] 비상장주식의 감정평가방법

1. 비상장주식의 의의 및 평가개요

2. 원가방식에 의한 감정평가(순자산가치법)

   1) 기업가치의 평가

   2) 부채의 공제 및 주당가치 산정

3. 비교방식에 의한 감정평가

4. 각 방식의 장·단점

   1) 원가방식의 장·단점

   2) 비교방식의 장·단점

5. 본건 적용 감정평가방법

III. [물음 2] 기타 비상장주식 평가방법

1. 수익방식

2. 비교방식

3. 원가·수익 병용방식

   1) 「국유재산법」

   2) 「상속세 및 증여세법」

   3) 「증권의 발행 및 공시에 관한 규정」

4. 각 방식의 이론적 타당성

   1) 수익방식의 타당성

   2) 병용방식의 타당성

IV. 결론

---

07 부동산업을 법인형태로 영위하는 경우, 해당 법인의 주식가치 평가방법을 설명하시오. 10점

▶ 기출 제24회 4번

I. 서설

II. 주식가치의 평가방법

   1. 상장주식의 평가방법

   2. 비상장주식의 평가방법

III. 부동산법인의 주식가치 평가방법

   1. 부동산업의 의의

   2. 부동산공급업의 주식가치 평가방법

   3. 부동산임대업의 주식가치 평가방법

감정평가실무 기출문제

08 베스트부동산투자회사는 주식발행과 차입을 통해 회사를 설립하면서 오피스 빌딩 2동을 매입, 임대하여 얻은 소득을 주식소유자에게 배당할 계획이다. 다음 제시 자료를 활용하여 물음에 답하시오. 40점 ▶기출 제17회 1번

1. 각 오피스 빌딩의 예상 매입가격을 결정하시오.

2. 매입부동산의 1차년도 현금흐름을 예상하고 <u>1주당 예상 배당수익률</u>을 산정하시오.

3. 각 오피스 빌딩의 1차년도 <u>지분배당률(equity dividend rate)</u>을 계산하시오.

4. 2차년도의 현금흐름을 경기상황에 대한 시나리오에 기초하여 예상하고, 주당 배당수익률을 1차년도와 동일한 수준으로 유지한다고 가정할 때 2차년도 기초의 <u>이론적 주당가치</u>를 예상하시오. 이때 다른 요인은 모두 변동하지 않는다고 가정한다.

(자료 1) 매입 예정 부동산

구분	대상부동산 A	대상부동산 B
토지면적(m²)	1,500	1,200
건물연면적(m²)	6,000	3,600
잔존 경제적 내용연수(년)	50	45
가격시점	2006.8.27.	

(자료 2) 거래사례부동산

구분	사례 1	사례 2	사례 3	사례 4
토지면적 (m²)	1,600	1,100	1,450	1,350
건물연면적 (m²)	6,500	3,100	5,800	3,800
잔존 경제적 내용연수(년)	48	44	46	43
거래시점	2005.8.27.	2006.2.27.	2006.5.27.	2005.11.27.

구분	사례 1	사례 2	사례 3	사례 4
거래조건	거래대금을 거래시점 3개월 후부터 매 3개월마다 20%, 30%, 30%, 20%로 분할 지불함.	−대출비율 40% −시장 평균 금리보다 2% 낮은 고정금리 −잔여만기 5년	거래 시점에 전액 현금지급	−대출비율 80% −시장 평균 금리보다 2% 높은 고정금리 −잔여만기 3년
거래가격 (원)	9,900,000,000	5,800,000,000	8,000,000,000	4,800,000,000

(자료 3) 대상부동산과 사례부동산 기본자료

1. 유사한 시장지역이라고 판단되는 S시 K구에 소재
2. 이용상황 : 업무용
3. 도시관리계획 : 중심상업지역
4. 인근지역과 유사지역의 전형적인 토지 : 건물 가격비율은 65 : 35임.

(자료 4) 대상부동산과 사례부동산의 요인 비교

구분	대상 A	대상 B	사례 1	사례 2	사례 3	사례 4
지역요인	100	95	105	110	95	90
개별요인	100	100	100	105	105	95

(자료 5) 시장이자율 등

1. 시장할인율 : 8%
2. 시장 평균 이자율 : 6.5%
3. 시장 평균 대출조건 : 만기 5년, 연 1회 이자지급, 만기일시원금상환
4. 인근지역의 지난 1년간 오피스 빌딩 가격 연평균 상승률 : 6%

(자료 6) 부동산 투자회사 설립에 관한 사항

1. 주식발행 : 액면가 5,000원, 1,000,000주
2. 오피스 빌딩 매입가격 중 주식발행으로 부족한 자금은 차입하여 조달
3. 대출조건 : 시장 평균 조건
4. 배당가능금액의 95%를 배당 예정

5. 경비비율 – 총소득 기준

구분	영업경비(%)	위탁수수료(%)	기타 관리비용(%)
대상부동산 A	40	5	2.5
대상부동산 B	35	5	2.0

6. 배당가능금액은 순영업소득에서 지급이자를 차감한 것임.

(자료 7) 대상부동산 시장임대료

1. 시장임대료는 월세 형태로 건축 연면적 기준으로 징수하며, 관리비 등 다른 부대경비는 지불하지 않음.

2. 대상부동산의 공실률은 모두 0%라고 가정하고, 순영업소득 산정 시 자연공실률을 고려하지 말 것

3. 임대사례 : 거래사례와 동일한 부동산으로 임대내역 등은 다음과 같음.

구분	대상 A	대상 B	사례 1	사례 2	사례 3	사례 4
공실률(%)	0	0	2	3	5	4
전용률(%)	68	70	60	70	70	80
지하철역과 거리(km)	1.0	1.0	0.7	0.9	1.3	1.2
월 임대료 (원/m²)	–	–	17,500	17,800	17,100	17,000

4. 인근지역에서 통용되는 시장 월 임대료 산식은 다음과 같음.

구분	공실률 차이	전용률 차이	지하철역과 거리 차이
격차율	0.01	0.03	0.05

※ 월 임대료 = 사례부동산 월 임대료 × (격차율 × 공실률 차이 + 격차율 × 전용률 차이 + 격차율 × 지하철역과 거리 차이)

(자료 8) 2차년도 경기상황에 대한 시나리오

경기상황	발생확률	임대료 변동률(%)	
		대상부동산 A	대상부동산 B
호황	0.4	10	8
보통	0.4	5	3
불황	0.2	−3	−2

(자료 9) 기타사항

1. 대상 오피스 빌딩의 거래사례비교법에 의한 시산가격은 거래가격을 토지면적당 단가와 건축면적당 단가를 비교 단위로 하여 각 오피스 빌딩의 두 시산가격을 평균하여 산정할 것
2. 매입 대상 부동산의 가격 및 임대료를 구할 때 둘 이상의 사례를 사용하는 경우 각 사례에서 구한 시산가격을 평균하여 결정할 것
3. 건물 감가상각은 정액법에 의함.
4. 오피스 빌딩의 지분배당률을 구할 때 종합환원율 공식은 <u>원금을 만기에 일시 상환하는 대출관행을 고려</u>해 Ross의 방법을 적용할 것
5. 각 대상부동산에 대한 지분 및 차입금 투자비율은 동일한 것으로 가정할 것
6. 배당은 매년 8월 27일 실시한다고 가정할 것
7. 배당수익률과 지분배당률은 백분율로서 소수점 이하 셋째자리에서 반올림하여 둘째자리까지 표시할 것

---

09 다음 자료를 활용하여 ○○주식회사의 2008년 12월 31일 현재 비상장주식의 1주당 가격을 평가하시오. 단, 원 미만은 반올림한다. 15점 ▸기출 제18회 4번

(자료 1) 평가대상 주식내용

구분	수권 주식수	발행 주식수	1주의 금액
○○주식회사 비상장주식	500,000주	300,000주	5,000원

(자료 2) 2008.12.31.자 ○○주식회사의 대차대조표 (단위 : 원)

차변		대변	
현금예금	550,000,000	외상매입금	400,000,000
유가증권	150,000,000	지급어음	600,000,000
외상매출금	500,000,000	미지급비용	150,000,000
받을어음	800,000,000	단기차입금	2,000,000,000
재고자산	200,000,000	대손충당금	16,000,000
선급비용	50,000,000	건물감가상각충당금	64,800,000
부도어음	100,000,000	기계기구감가상각충당금	1,606,500,000
토지	945,000,000	퇴직급여충당금	180,000,000

건물	900,000,000	자본금	1,500,000,000
기계기구	3,500,000,000	이익준비금	500,000,000
창업비	20,000,000	당기말미처분이익잉여금	697,700,000
합계	7,715,000,000	합계	7,715,000,000

(자료 3) 기말 정리사항

1) 유가증권은 130,000,000원으로 평가함.
2) 매출채권 잔액에 대하여 2%를 대손충당금으로 설정함.
3) 재고자산은 변동이 없음.
4) 차입금에 대한 미지급이자가 30,000,000원 있음.
5) 이미 지급한 보험료 중 기간 미경과된 금액이 20,000,000원임.
6) 부도어음을 검토한 결과 50,000,000원은 회수 불가능함.
7) 퇴직금 관련 제 규정에 따라 2008.12.31. 현재 퇴직급여충당금을 설정해야 하는 금액은 200,000,000원임.
8) 창업비는 매년 상각하여 왔으며 이번 기에 미상각 잔액 전부를 상각하여야 함.
9) 가격시점 현재 토지의 평가금액은 1,260,000,000원이며, 건물의 평가금액은 1,187,550,000원, 기계기구의 평가금액은 1,763,200,000원임.

기본목차 연습

I. 채권의 의의
1. 채권의 정의
2. 채권의 종류
   1) 발행주체
   2) 이자지급방법
   3) 상환기간
   4) 자금모집방법
   5) 보증유무
   6) 이자율변동유무
3. 부실채권
   1) 정의
   2) 특성
   3) 처분과정

II. 채권 평가의 수집자료
1. 기본자료
   1) 발행주체
   2) 상환조건
   3) 발행일자
2. 사례자료
   1) 거래자료
   2) 수익자료
   3) 시장자료

III. 채권의 평가방법
1. 대상확정
   1) 상장채권
   2) 비상장채권
   3) 부실채권
2. 수익환원법
   1) 추정기간
   2) 현금흐름
   3) 적정수익률
3. 거래사례비교법
   1) 대상기간(전 30일)
   2) 실제거래가액
   3) 거래량
4. 법적 평가방법
   1) 거래소 시세가액(전후 2개월)
   2) 최근 시세가액
   3) 처분예상금액
   4) 평가액
   5) 수익환원법

감정평가에 관한 규칙 | 제24조(유가증권 등의 감정평가)

② 감정평가법인등은 채권을 감정평가할 때에 다음 각 호의 구분에 따라야 한다.
  1. 상장채권(거래소에서 거래가 이루어지는 등 시세가 형성된 채권을 말한다) : 거래사례

비교법을 적용할 것

2. 비상장채권(거래소에서 거래가 이루어지지 아니하는 등 형성된 시세가 없는 채권을 말한다) : 수익환원법을 적용할 것

감정평가실무기준 | 600(물건별 감정평가) - 660(유가증권) - 2(채권)

2.1 정의

채권이란 국채증권, 지방채증권, 특수채증권, 사채권, 기업어음증권 그 밖에 이와 비슷한 것으로서 지급청구권이 표시된 것을 말한다.

2.2 자료의 수집 및 정리

채권의 가격자료에는 거래사례, 수익자료, 시장자료 등이 있으며, 대상 채권의 특성에 맞는 적절한 자료를 수집하고 정리한다.

2.3 채권의 감정평가방법

2.3.1 채권의 감정평가 원칙

2.3.1.1 상장채권
① 상장채권을 감정평가할 때에는 거래사례비교법을 적용하여야 한다.
② 제1항에도 불구하고 거래사례를 수집할 수 없거나 시세를 알 수 없는 경우에는 수익환원법으로 감정평가할 수 있다.

2.3.1.2 비상장채권
① 비상장채권을 감정평가할 때에는 수익환원법을 적용하여야 한다.
② 제1항에도 불구하고 수익환원법을 적용하는 것이 곤란하거나 부적절한 경우에는 거래사례비교법으로 감정평가할 수 있다.

2.3.2 거래사례비교법의 적용
채권을 거래사례비교법으로 감정평가할 때에는 동종채권의 기준시점 이전 30일간 실제거래가액의 합계액을 30일간 실제 총 거래량으로 나누어 감정평가한다.

2.3.3 수익환원법의 적용
① 채권을 수익환원법으로 감정평가할 때에는 지급받을 원금과 이자를 기간에 따라 적정수익률로 할인하는 방법으로 감정평가한다.
② 적정수익률은 거래소에서 공표하는 동종채권(동종채권이 없을 경우에는 유사종류 채권)

의 기준시점 이전 30일간 당일 결제거래 평균수익률의 산술평균치로 한다. 다만, 같은 기간에 당일 결제거래 평균수익률이 없는 경우에는 보통거래 평균수익률 등 다른 수익률을 적용할 수 있다.

실무기준해설서

I. 채권의 감정평가

1) 채권의 정의

채권은 정부, 지방자치단체, 공공기관, 주식회사 등이 자금을 조달하기 위하여 일정한 기간 동안 정기적으로 약정된 이자를 지급하고, 만기일에 원금을 상환할 것을 약정하여 발행한 일종의 차용증서를 말한다. 일반적으로 채권은 상환기간이 정해져 있는 이자가 확정되어 있다. 또한 다른 유가증권에 비하여 상대적으로 안전한 투자수단이 되기도 하며, 주식과 같이 대규모 자금조달수단으로 이용되는 경우가 많다. 다만, 채권은 타인자본으로서 발행기관의 경영상태와는 독립적으로 이자청구권을 갖게 되며, 의결권의 행사에 따른 경영참가권이 없다는 점에서 주식과 다르다.

2) 채권의 종류

(1) 발행주체에 따른 분류

채권은 발행주체에 따라 국채, 지방채, 특수채, 금융채 등으로 분류할 수 있다.

① 국채란 국가가 발행하는 채권으로 국고채권, 국민주택채권, 외국환평형기금채권 등이 있다.

② 지방채는 지방자치단체에서 발행하는 채권으로 지역개발공채, 도시철도채권, 상수도공채, 도로공채 등이 있다.

③ 특수채는 특별법에 의하여 설립된 특별법인이 발행한 채권으로 토지개발채, 전력공사채 등이 있다.

④ 금융채는 특수채 중 발행주체가 금융기관인 채권으로 통화안정증권, 산업금융채, 국민은행채, 종소기업금융채 등이 있다.

⑤ 회사채는 주식회사가 발행하는 채권으로 보증사채, 무보증사채, 담보부사채, 전환사채, 신주인수권부사채, 교환사채, 옵션부사채 등이 있다.

(2) 이자지급방법에 따른 분류

채권은 이자지급방법에 따라 이표채, 할인채, 복리채 등으로 분류할 수 있다.

① 이표채란 채권의 권면에 이표가 붙어 있어 이자지급일에 일정 이자를 지급받는 채권으로, 회사채와 금융채 중 일부가 이에 해당한다.

② 할인채는 액면금액에서 상환기일까지의 이자를 공제한 금액으로 매출하는 채권으로 통화안정증권, 산업금융채권 등 금융채 중 일부가 이에 해당한다.

③ 복리채는 이자가 단위기간수만큼 복리로 재투자되어 만기 시에 원금과 이자가 지급되는 채권으로 국민주택채권, 지역개발공채, 금융채 중 일부가 이에 해당한다.

(3) 상환기간에 따른 분류

채권은 상환기간에 따라 단기채, 중기채, 장기채 등으로 분류할 수 있다.

① 단기채는 상환기간이 1년 이하인 채권으로 통화안정증권 등이 있다.

② 중기채란 상환기간이 1년에서 5년 미만인 채권으로 국고채권, 외국환평형기금채권, 회사채가 있다.

③ 장기채는 상환기간이 5년 이상인 채권으로 국민주택채권, 도시철도채권이 있다. 참고로 미국의 경우 장기채라 하면 10년 또는 20년 이상의 것을 말한다.

(4) 모집방법에 따른 분류

채권은 모집방법에 따라 사모채, 공모채 등으로 분류할 수 있다.

① 사모채란 채권발행회사가 특정 인수자에 대하여 일정조건으로 인수계약을 체결하고 그 발행총액을 인수자가 전액 인수하는 방법으로 발행된 채권으로, 중개인 등을 통하지 않고 발행회사가 제반절차를 직접 수행하는 직접발행 형태의 채권이다.

② 공모채란 채권 발행사가 불특정 다수인에게 채권을 발행하는 방법으로, 채권발행 업무를 전문적인 회사(증권사)에 대행시켜 매각하는 간접발행 형식의 채권이다.

(5) 보증유무에 따른 분류

채권은 보증유무에 따라 보증채, 담보부채, 무보증채 등으로 분류된다.

① 보증채란 정부 또는 금융기관이 원리금 지급이행을 보증하는 채권으로 정부보증채, 일반보증채(시중은행, 보증보험, 신용보증기금 등) 등이 있다.

② 담보부채란 채권에 물상담보권이 붙어 있는 채권으로 금융채, 회사채 중 일부가 이에 해당한다.

③ 무보증채란 발행자의 신용도에 의해 발행되어 유통되는 채권으로 국민주택채권, 상수도공채, 금융채, 회사채 중 일부가 이에 해당한다.

(6) 지급이자율 변동여부에 따른 분류

채권은 이자지급의 변동여부에 따라 확정금리부채권, 금리연동부채권, 물가연동부채권으로 나눌 수 있다.

① 확정금리부채권이란 확정이자율에 의한 일정 금액을 약정기일에 지급하는 채권으로 국공채와 회사채의 대부분이 이에 해당한다.

② 금리연동부채권은 정기예금금리 등 기준금리에 연동되어 지급이자율이 변동되는 조건의 채권으로 금융채와 회사채 중 일부가 이에 해당한다.

③ 물가연동국고채는 국채의 원금 및 표면이자를 물가에 연동시켜 국채투자에 따른 물가변동위험을 제거함으로써 채권이 실질구매력을 보장하는 국채이다. 핀란드, 영국, 미국, 프랑스, 일본, 한국 등 20여 개 국가에서 발행 중이다.

Ⅱ. 자료의 수집 및 정리
1) 채권의 감정평가 시 조사·확인사항
(1) 발행인
채권 발행인의 신용정도는 채권의 가치에 중요한 영향을 미칠 수 있으므로, 채권의 발행인은 매우 중요한 조사·확인사항이다.

(2) 상장여부 및 상장일자, 거래상황
상장여부에 따라 채권의 감정평가방법이 달라질 수 있으므로, 반드시 상장여부를 확인해야 한다. 만일 상장된 채권이라면 그 근거로서 상장일자를 확인하고 거래상황의 조사·확인을 통해 해당 상장채권의 시장동향을 파악할 수 있다.

(3) 매출일자나 발행일자, 상환일자
채권이 발행된 시점(매출채권의 경우 매출일자)과 약속된 금액을 지불하기로 약정한 시점을 확인하기 위한 사항이다.

(4) 상환조건(거치기간 등)
약속된 금액을 채권자에게 지급하는 방식을 확인하기 위한 사항이다. 즉, 채권의 만기에 일시적으로 금액을 지급하는 것인지 또는 채권의 원금을 분할 지급하는 것인지 등을 파악하기 위한 자료이다.

(5) 이율이나 이자율 및 그 지급방법
채권의 만기일까지 채무자가 채권자에게 지급하는 이자를 파악하기 위한 자료로서 이율이나 이자율, 그 지급방법을 조사·확인하여야 한다.

(6) 채권의 양도방법과 그 제한
채권은 자유롭게 양도할 수 있는 것과 양도에 대해 제한이 가하여진 것이 있다. 양도가능여부는 미래현금흐름에 직접적으로 영향을 미치지는 않으나, 채권 보유에 따른 유동성 확보 차원에서 채권의 가치에 영향을 미칠 수 있기 때문에 채권을 감정평가할 때에는 채권의 양도방법과 그 제한에 대하여 조사·확인할 필요가 있다.

(7) 미도래의 이표 부착여부
이표채의 경우 투자자의 이름이나 주소를 채권면이나 발행기관의 장부에 기록하지 않고, 인도만으로 자유로이 양도 이전할 수 있으며 반드시 이표가 첨부된다. 이자는 지급 기일에 소지인이 발행자 또는 발행자의 지급대리인에게 첨부된 이표를 제시하여 지급하게 된다. 따라서 채권을 소유함으로써 만기일까지 지급받을 수 있는 이표가 부착되어 있는지의 여부를 조사·확인하여야 한다.

(8) 실효·위조·변조의 유무

의뢰인으로부터 제시받은 채권의 실효, 위조, 변조의 유무를 파악하는 것은 기본적인 사항이다. 채권증서를 육안으로 확인하는 방법만으로는 해당 채권이 실효, 위조, 변조가 되었는지 판단하기 어려운 경우가 많다. 따라서 대상 채권과 관련된 여러 경로를 통하여 이를 면밀히 확인하는 것이 중요하다.

(9) 그 밖의 채권에 관련된 사항

① 채권의 고유요인(비체계적 위험)

채권을 발행한 주체로 인하여 발생하는 위험으로 만기까지의 잔존기간, 표면금리, 채권의 신용등급, 유동성, 채권에 첨부된 옵션과 같은 발행조건 등이 해당된다.

② 거시경제적 요인(체계적 위험)

거시경제적인 요인의 체계적 위험에는 거시경제변수인 경기, 물가 등이 있는데, 이는 채권발행자가 결정할 수 없는 시장전체적인 위험을 말한다.

③ 채권 수급상황

채권의 매수, 매도 세력인 수급의 동향은 채권수익률 변동에 직접적인 영향을 미치고, 이는 채권의 가격에 직접적인 영향이 있음을 의미한다. 이는 공급측면과 수요측면으로 구분할 수 있다.

2) 채권의 가격자료

채권의 가치를 감정평가하는 방법에는 상장 또는 비상장 여부, 거래소 등 시장가격의 형성 여부 등에 따라서 거래사례비교법, 수익환원법 등이 있다. 다음은 채권의 가격자료들로서, 이들은 채권시장에서 상호 영향을 주는 자료이므로 연관성을 가지고 주의하여 수집하여야 한다.

(1) 거래사례 : 채권의 거래가격 등
(2) 수익자료 : 이율이나 이자율 등
(3) 시장자료 : 거래량, 동종채권 및 유사채권의 평균수익률 등
(4) 그 밖에 감정평가액 결정에 참고가 되는 자료

III. 상장채권의 감정평가방법

1) 상장채권의 정의

상장채권이란 발행된 채권에 대하여 거래소가 개설한 채권시장에서 매매될 수 있는 자격의 부여된 채권을 말하며, 거래소는 채권의 원활한 유통과 투자자 보호를 위하여 일정한 요건을 갖춘 채권에 한하여 상장을 허용하고 있다.

2) 상장채권의 감정평가방법

(1) 원칙

상장채권은 상장주식의 경우와 같이 거래사례비교법을 주된 방법으로 함을 원칙으로 한다.

(2) 예외

채권시장의 특성상 상장채권이더라도 반드시 거래소에서 거래가 이루어지지는 않고, 장외거래가 이루어지는 경우가 많다. 따라서 상장채권 중에서 거래사례를 수집할 수 없거나 시세를 알 수 없는 경우에는 수익환원법으로 감정평가할 수 있다.

IV. 비상장채권의 감정평가방법

1) 비상장채권의 정의

비상장채권이란 거래소에서 개설한 채권시장에 상장되지 않은 채권을 의미한다. 상장과 비상장에 대한 개념은 주식의 경우와 유사하지만, 주식은 거래소에서 개설된 시장에서의 거래 여부에 따라 상장과 비상장을 구분할 수 있는 반면, 채권의 경우 일반적인 거래관행상 상장채권이 장외거래가 많이 이루어진다는 점에서 장내 및 장외거래만으로 채권의 상장 및 비상장 여부를 판단할 수는 없다는 점에 유의하여야 한다.

2) 비상장채권의 감정평가방법

(1) 원칙

비상장채권은 상장채권과는 달리 거래시장에서 가격이 형성되어 있지 않으므로, 거래사례비교법을 주된 감정평가방법으로 적용하기가 곤란하다. 따라서 대상 채권을 보유함으로써 기대할 수 있는 미래현금흐름의 현재가치를 구하는 수익환원법을 주된 방법으로 적용하게 된다.

(2) 예외

비상장채권을 수익환원법을 적용하는 것이 곤란하거나 부적절한 경우에는 거래사례비교법으로 감정평가할 수 있다.

V. 거래사례비교법에 의한 채권평가

실무기준은 상장채권의 감정평가방법으로 거래사례비교법을 주된 방법으로 규정하고 있는데, 상장주식의 감정평가방법에 관한 규정과 동일한 방법으로 제시하고 있다. 따라서 상장채권의 감정평가방법은 거래소 등에서의 거래시세가 있는 경우 상장주식의 경우와 동일한 방법을 적용하되, 동종채권의 기준시점 이전 30일간 실제거래가액의 합계액을 30일간 실제 총 거래량으로 나누어 감정평가한다.

$$\text{거래사례비교법에 따른 상장채권} = \frac{\text{기준시점 이전 30일간 실제거래가액의 합계}}{\text{30일간 실제 총 거래량}}$$

VI. 수익환원법에 의한 채권평가

1) 수익환원법에 의한 채권의 감정평가방법

수익환원법은 채권의 가치가 채권을 보유함으로써 기대할 수 있는 미래현금흐름의 현재가치로 결정된다는 데에 착안하여 채권의 가치를 감정평가하는 방법이다. 채권을 보유함으로써 기대할 수 있는 미래현금흐름에는 매 기간 지급받는 이자와 만기에 상환받는 원금이 있는데, 채권의 이자지급방식에 따라 발생하는 현금흐름의 양상은 다르다. 이표채는 만기까지 매 기간 정기적으로 지급받는 이자와 만기에 상환받는 원금이라는 2가지 종류의 현금흐름이 발생하는 반면, 할인채와 복리채는 현금흐름이 만기에만 발생한다.

$$\text{수익환원법에 따른 비상장채권의 가액} = \sum \frac{CF_t}{(1+r)^t}$$

t : 채권을 보유하는 기간
n : 채권의 만기일
r : 적정수익률
CF_t : t시점에서의 현금흐름(이자 또는 배당금)

2) 적정수익률

적정수익률은 거래소에서 공표하는 동종채권(또는 유사채권)의 기준시점 이전 30일간 당일 결제거래 평균수익률의 산술평균치로 한다. 다만, 같은 기간에 당일 결제거래 평균수익률이 없는 경우에는 보통거래 평균수익률 등 다른 수익률을 적용할 수 있다.
금리연동부채권의 이자산출 시 적용할 변동금리는 기준시점 당일의 1년만기 정기예금이자율을 적용한다.
채무증권의 시장가격은 없으나 미래현금흐름을 합리적으로 추정할 수 있고, 공신력 있는 독립된 신용평가기관이 평가한 신용등급이 있는 경우에는 신용평가등급을 적절히 감안한 할인율을 사용하여 평가를 한다.

기본서 정리 | 〈감정평가론〉 제17장 각종 물건별 평가방법(경응수, 나무미디어, 제5판)

I. 부실채권의 평가

1) 부실채권의 정의

부실채권이란 부도, 경영상태 등의 사유로 통상적인 방법 및 절차만으로는 원리금 전액의 회수가 어려운 채권을 말한다.

2) 부실채권의 특성

① 제한된 유동화 구조조정 시장을 제외하고는 시장형성이 어려워 가격 및 거래 형성이 어렵다.

② 유동성이 적고 거래비용이 높으며, 가치평가 및 정보분석이 어려워 내재가치에 비해 현저하게 저평가된다.

3) 부실채권의 평가방법

부실채권은 「감정평가에 관한 규칙」 제24조에 근거하여 수익환원법에 의한 미래의 현금흐름을 현가화한 수익방식으로 평가한다.

4) 부실채권 평가의 업무흐름 및 평가주체

부실채권 평가의 업무흐름은 ① 보유채권에 대한 기초조사, ② 자산실사 및 감정평가, ③ 상품설계, ④ 매입자 모집의 순서로 이루어진다. 감정평가사 및 회계사 등은 채권자인 은행 등의 부실채권에 대하여 평가하고, 매입자에게 산정된 가격을 공시한다.

기본서 보충

I. 채권거래소

1) 국채전문유통시장(KTS)

거래소가 국고채시장 활성화 및 거래투명성 제고를 위해 정부의 정책적인 지원을 받아 1999년 3월에 개설한 국채 전자거래시장이다. 주요 시장참가자는 거래소의 채무증권회원인가를 취득한 은행과 금융투자회사이고, 연금, 보험, 기금 등의 기타 금융기관 및 일반투자자도 위탁참여가 가능하다. 거래대상채권은 국고채, 통안증권, 예금보험공사채권이나, 국고채가 거래의 대부분을 차지하고 있으며, 매매수량 단위는 10억 원의 정수배이다.

2) 환매조건부채권시장(REPO)

채권을 매도(매수)함과 동시에 특정시점(환매일)에 환매수(환매도)하기로 사전에 약속하는 매매계약을 환매조건부채권(REPO) 또는 RP라고 한다. 주요 시장참가자는 국채전문유통시장과 동일하다. 거래대상채권은 미상환액면총액이 2,000억 원 이상인 채권 중 국고채권, 외국환평형기금채권, 통화안정증권, 예금보험공사채권 및 발행인(또는 보증기관)의 신용등급이 AA 이상인 회사채 및 기타 특수채 증권이다. 거래대상채권이 신용도가 높고 유동성이 풍부하여 거래안정성이 매우 높다.

3) 일반채권시장

한국거래소에 상장된 모든 종목의 채권을 거래할 수 있는 시장으로, 회사채, 주식관련 사채, 국민주택채권 등이 빈번하게 거래된다. 시장참여자에 제한이 없으며, 매매수량 단위가 액면 1천 원으로 소규모 채권투자도 가능하다.

4) 소액채권시장

일반 국민들이 주택구입 · 부동산 등기 · 자동차 등록 등 각종 인 · 허가 시에 의무적으로 매입한 국공채(첨가소화채권)의 환금성을 높이기 위하여 개설된 특수 목적의 시장이다. 채권을 의무적으로 매입한 채권매입자는 매출은행 창구나 금융투자회사를 통해 매입채권의 매도주문을 낼 수 있다. 거래대상채권은 제1종 국민주택채권, 서울도시철도채권, 지역개발채권, 지방도시철도채권 등이 있다.

5) 비상장채권거래소

증권거래소가 개설한 시장 외에서의 자기매매 또는 중개매매에 의한 매매거래를 말한다. 주식의 유통시장과는 달리 채권의 경우 장외시장의 비중이 높은 것이 특징이다. 채권은 주식과는 달리 개인투자자에 의해 소화되기는 어렵기 때문에 대부분 금융기관이나 법인 등 기관투자자 간의 대량매매 형태로 거래되고, 개별 경쟁매매보다는 상대매매에 의해 거래가 이루어지므로 장내거래보다는 장외거래가 매매의 대부분을 차지하고 있다. 상장채권, 비상장채권 모두 거래가 가능하며, 주로 증권회사 영업점 내에서 거래가 이루어진다.

감정평가실무 기출문제

10 감정평가사 S씨는 투자자로부터 부실채권(Non Performing Loan) 투자와 관련한 자문을 요청받았다. 부실채권은 당해부동산과 관련된 담보부채권이다. 주어진 자료를 활용하여 다음 물음에 답하시오. 20점　　　　　　　　　　　▶ 기출 제20회 3번

(1) 가격시점 현재 대상부동산의 가격을 평가하시오. 10점

(2) 대상부동산의 예상낙찰가를 낙찰가율과 낙찰사례를 통하여 각각 구해 결정하고, 법원의 경매절차 진행 시 낙찰을 통해 대상부실채권으로부터 얻을 수 있는 예상현금흐름을 구하시오. (단, 시간적 요인은 고려하지 아니함.) 10점

(자료 1) 기본적 사항

1) 대상부동산

　① 토지 : A시 B구 C동 77번지, 대, 250㎡, 주거용, 일반상업지역, 세로에 접함, 장방형, 평지

　② 건물 : 위 지상 벽돌조 슬래브지붕 2층건, 연면적 200㎡(1, 2층 각 100㎡)

2) 가격시점 : 2009.09.06.

3) 개요

　① 대상부동산이 속한 A시 B구는 구도심 내 일반상업지역인 C동, 아파트가 많이 소재하는 D동, 정비된 주택지대인 E동, 기타 F동 등으로 형성되어 있으며, 대상부동산의 주변은 구도심 내 일반상업지역으로 노변으로는 다소 노후화된 3~4층 규모의 상업용건물이 소재하고 후면으로는 노후화된 주상용건물, 주거용건물 등이 혼재하여 있음. 도심지 재개발과 관련하여 사업을 추진 중인 추진위원회는 설립되어 있으나 구체적인 계획은 미정인 상태임.

　② 본건은 노후화된 2층의 주거용건물로서 1층에는 소유자가 거주하고 있으며 2층 일부는 임차인이 거주하고 있음.

　③ 본건 주변의 거래상황은 재개발가능성을 염두에 둔 수요가 다소 있어 매도호가는 다소 상승 중인 것으로 조사되었으며, 거래관행은 본건주변건물이 대체로 노후화되어 있어 토지면적만을 기준으로 가격이 형성되어 있는 것으로 조사됨.

4) 대상부실채권(NPL)

상기 대상부동산에 관련된 M은행의 500,000,000원의 담보부채권으로서 2순위로 근저당 설정되어 있음(미납이자 등은 고려하지 아니함).

(자료 2) 표준지공시지가(공시기준일 2009년 1월 1일)

본건과 가장 비교가능성 있는 다음의 표준지를 기준함.

일련 번호	소재지	면적 (㎡)	지목	이용 상황	용도 지역	도로 교통	형상 지세	공시지가 (원/㎡)
1	A시 B구 C동 78	260	대	주거용	일반 상업	세로	정방형 평지	5,000,000

(자료 3) 거래사례

1) 토지 : C동 100번지, 대, 300㎡, 주거용, 일반상업지역, 소로에 접함, 사다리형, 완경사
2) 건물 : 벽돌조 슬래브지붕 2층건, 연면적 200㎡
3) 거래가격 : 1,455,000,000원
4) 거래시점 : 2009.05.01.
5) 기타 : 본거래에 특이사항은 없었던 것으로 판단됨.

(자료 4) 임대내역 등

1) 본건 1층은 소유자가 자가사용이고, 2층 일부는 임차인에게 임대 중이나 정확한 내역은 미상임.
2) 주변 탐문조사 결과 본건을 임대할 경우 1, 2층을 각각 보증금 50,000,000원, 월세 1,400,000원에 임대 가능한 것으로 조사됨.
3) 제경비는 임차인 부담으로 필요제경비, 공익비 및 실비초과액 등은 고려하지 아니함.

(자료 5) 낙찰사례

1) 토지 : C동 60번지, 대, 350㎡, 주거용, 일반상업지역, 세로에 접함, 사다리형, 완경사
2) 건물 : 벽돌조 슬래브지붕 2층, 연면적 180㎡
3) 경매평가금액(최초법사가) : 1,600,000,000원
4) 낙찰가 : 1,070,000,000원
5) 낙찰시점 : 2009.06.01.
6) 기타 : 경매 당시 소유자와 일부 임차인이 거주 중이었고, 권리관계 등 제반 사항은 본건과 유사한 것으로 조사되었음.

(자료 6) 토지개별요인 비교

1) 도로 : 세로(95), 소로(100), 중로(105), 광로(115)
2) 형상 : 정방형(100), 장방형(100), 기타(95)
3) 지세 : 평지(100), 완경사(95)
4) 기타 : 토지의 기타 개별요인은 대상부동산과 표준지·사례들이 유사함.

(자료 7) 건물에 관한 사항

1) 건물개요

구분	대상건물	거래사례	낙찰사례
준공일자	1980.01.01.	1982.01.01.	1981.01.01.
대지면적(㎡)	250	300	350
연면적(㎡)	200	200	180
구조	벽돌조 슬래브지붕	벽돌조 슬래브지붕	벽돌조 슬래브지붕

2) 벽돌조 슬래브지붕 건물신축단가(2009.01.01. 기준) : 700,000원/㎡
3) 내용연수 50년, 잔존가치 0%
4) 감가상각은 만년감가함.

(자료 8) 낙찰가율 자료 : 최근 6개월간 A시 B구 낙찰가율

구분	낙찰가율(%)
아파트	80
단독주택	70
연립, 다세대 주택	68
상업용건물	73
기타	65

(자료 9) 시점수정 자료

1) 지가변동률
　① 2009.01.01.~가격시점 : 1.00300
　② 2009.05.01.~가격시점 : 1.01000
　③ 2009.06.01.~가격시점 : 1.00700
2) 건축비지수
　2009년 1월 1일 이후 건축비는 보합세임.

(자료 10)

현금흐름 산정 시 검토할 이해관계는 다음과 같음.
1) 등기부상
　① 1순위 근저당(I은행) : 400,000,000원
　② 2순위 근저당(M은행 : 대상부실채권) : 500,000,000원

③ 3순위 근저당(N은행) : 100,000,000원

④ 4순위 근저당(P은행) : 50,000,000원

2) 기타

① 경매감정평가 수수료 및 경매집행비용 : 7,000,000원

② 소액임차인 : 16,000,000원

③ 일반채권 : 10,000,000원

(자료 11) 기타사항

1) 같은 동에서 소재하는 부동산은 동일한 지역요인을 가지는 것으로 조사됨.

2) 보증금 운용이율과 적용환원이율은 6%로 함.

3) 근저당과 관련한 미납이자나 채권최고액 등은 고려하지 아니함.

04 유형 영업권

감정평가에 관한 규칙 | 제23조(무형자산의 감정평가)

③ 감정평가법인등은 <u>영업권</u>, 특허권, 실용신안권, 디자인권, 상표권, 저작권, 전용측선이용권, 그 밖의 무형자산을 감정평가할 때에 <u>수익환원법</u>을 적용해야 한다.

감정평가실무기준 | 600(물건별 감정평가) - 650(권리) - 3(영업권)

3.1 정의
<u>영업권이란 대상기업이 경영상의 유리한 관계 등 배타적 영리기회를 보유하여 같은 업종의 다른 기업들에 비하여 초과수익을 확보할 수 있는 능력</u>으로서 경제적 가치가 있다고 인정되는 권리를 말한다.

3.2 자료의 수집 및 정리
영업권의 가격자료에는 거래사례, 수익자료, 시장자료 등이 있으며, 기업이 보유한 자산의 경우에는 해당 물건의 자료의 수집 및 정리 규정을 준용하여, 대상 영업권의 감정평가에 있어서 적절한 자료를 수집하고 정리한다.

3.3 영업권의 감정평가방법
3.3.1 영업권의 감정평가 원칙
① 영업권을 감정평가할 때에는 <u>수익환원법</u>을 적용하여야 한다.
② 제1항에도 불구하고 수익환원법으로 감정평가하는 것이 곤란하거나 적절하지 아니한 경우에는 <u>거래사례비교법이나 원가법</u>으로 감정평가할 수 있다.

3.3.2 수익환원법의 적용
영업권을 수익환원법으로 감정평가할 때에는 다음 각 호의 어느 하나에 해당하는 방법으로 감정평가한다. 다만, 대상 영업권의 수익에 근거하여 합리적으로 감정평가할 수 있는 다른 방법이 있는 경우에는 그에 따라 감정평가할 수 있다.
1. 대상기업의 <u>영업관련 기업가치에서 영업투하자본을 차감</u>하는 방법
   가. 영업관련 기업가치 : [660-3.3.2]를 준용하여 산정. 단, 비영업용자산은 제외
   나. 영업투하자본 : 영업자산에서 영업부채를 차감하여 산정
2. 대상기업이 달성할 것으로 예상되는 <u>지속가능기간의 초과수익</u>을 현재가치로 할인하거나 환원하는 방법

3.3.3 거래사례비교법의 적용

영업권을 거래사례비교법으로 감정평가할 때에는 다음 각 호의 어느 하나에 해당하는 방법으로 감정평가한다. 다만, 영업권의 거래사례에 근거하여 합리적으로 감정평가할 수 있는 다른 방법이 있는 경우에는 그에 따라 감정평가할 수 있다.

1. 영업권이 다른 자산과 독립하여 거래되는 관행이 있는 경우에는 같거나 비슷한 업종의 영업권만의 거래사례를 이용하여 대상 영업권과 비교하는 방법
2. 같거나 비슷한 업종의 기업 전체 거래가격에서 영업권을 제외한 순자산 가치를 차감한 가치를 영업권의 거래사례 가격으로 보아 대상 영업권과 비교하는 방법
3. 대상기업이 유가증권시장이나 코스닥시장에 상장되어 있는 경우에는 발행주식수에 발행주식의 주당가격을 곱한 가치에서 영업권을 제외한 순자산가치를 차감하는 방법

3.3.4 원가법의 적용

영업권을 원가법으로 감정평가할 때에는 다음 각 호의 방법으로 감정평가할 수 있다. 다만, 대상 영업권의 원가에 근거하여 합리적으로 감정평가할 수 있는 다른 방법이 있는 경우에는 그에 따라 감정평가할 수 있다.

1. 기준시점에서 새로 취득하기 위해 필요한 예상비용에서 감가요인을 파악하고 그에 해당하는 금액을 공제하는 방법
2. 대상 무형자산의 취득에 든 비용을 물가변동률 등에 따라 기준시점으로 수정하는 방법

실무기준해설서

I. 정의

영업권은 경영상의 유리한 관계 등 사회적 실질가치를 가지는 자산을 의미한다. 영업권은 타 업체와 차별적인 우수한 경영능력, 효율적 인적 구성, 대외적 신인도, 입지적 우위 등으로 결정되며 실질적으로 사업체를 구성하는 기타의 자산과 구분하여 개별적으로 식별할 수는 없다. 기업회계상으로는 자가창설영업권은 인정되지 않고 있으며, 외부에서 유상으로 매입한 매입영업권에 대하여만 무형자산으로 인식되고 있다. 영업권은 시장에서 거래의 객체로 인정되고는 있으나, 법률적인 보호는 없음에 유의하여야 한다.

영업권은 특정기업이 동종 산업에 종사하는 타 기업과 비교하여 정상적인 투자수익률 이상의 이윤을 획득할 수 있는 초과이윤 창출능력 즉, 초과이익력을 화폐가치로 표시한 것이다. 일반적으로 영업권은 식별할 수 없는 무형자산으로서 ① 기업이 다른 기업을 취득·합병·인수할 경우 원가가 취득한 순자산의 공정가치를 초과한 초과액, ② 기업이 동종의 다른 기업보다 초과 수익력을 갖고 있는 경우 이를 자본화하여 계산한 것으로 볼 수 있다.

II. 자료의 수집 및 정리

자료의 수집 및 분석의 과정에서는 대상기업의 인적, 물적 시설과 대상기업의 업종에 따른 시장 전망치, 그리고 대상기업의 재무적 자료를 수집하고 분석하는데, 자료의 수집 범위 및 구체성 정도는 감정평가 대상의 성격과 감정평가목적을 고려하여 비용과 효용을 참작하여 결정한다.

영업권 감정평가 업무를 수행하는 경우에는 우선적으로 회사 측이 제시한 자료를 기준으로 하여 참작하되, 관련 업종 및 시장 전반에 관한 외부 자료를 통해 자료의 적정성 여부를 검토하는 것이 필요하다.

영업권 감정평가가 의뢰된 경우 우선적으로 수집할 자료의 유형은 그 원천별로 분류가 가능한데, 의뢰인과 다양한 공시자료 등을 통해 수집할 수 있는 기업 내부 자료와 산업분석과 시장분석 등에 활용할 시장자료로 크게 구분할 수 있다.

III. 감정평가원칙

영업권은 정의상 정상적인 수익을 초과하는 초과수익에 대한 경제적 권리를 의미하므로, 사업체의 수익가격에서 순자산가치를 차감하거나 초과수익을 할인 또는 환원하는 수익환원법에 의한 감정평가가 가장 적절하다. 거래사례비교법의 경우 사업체 또는 영업권 자체의 거래에 대한 품등비교가 실질적으로 어렵다는 점, 유가증권시장 등에서의 주당가격에 의할 경우 사업체 이외의 외부요인에 의한 보정이 어려운 점 등의 이유로 적용에 문제가 있다.

영업권의 개념을 초과수익의 현재가치나 잔여가치 개념에서 파악하는 것이 일반적이므로, 이러한 영업권의 정의에 따르면 수익방식이 이론적으로 가장 우수하다. 뿐만 아니라 실무적으로도 법률적 근거나 감정평가방법 적용의 어려움 때문에 비교방식이나 원가방식을 적용하는 경우는 거의 없고, 수익방식이 가장 많이 적용되고 있다.

IV. 감정평가방법

1. 수익환원법

1) 수익환원법의 적용

수익환원법으로 영업권을 감정평가하는 방법은 영업권을 초과이익의 현재가치 또는 잔여개념으로 보고 수익에 기반을 둔 영업권의 가치를 산정하는 방법이다. 영업권을 초과이익의 현재가치 환원 또는 잔여가치 개념으로 이해할 때, 영업권의 정의상 가장 이론적으로 합당한 방법이다.

(1) 제1호에 의한 방법(기업 전체가치 산정에서 영업권을 제외한 자산을 공제하는 잔여방식)

대상기업 전체의 순수익을 같은 업종 다른 기업의 정상수익률로 환원한 수익가치에서 영업권을 제외한 순자산의 가치를 차감하는 방법이다. 이를 산식으로 표현하면 다음과 같다.

> – 영업권 = <u>기업가치 – (유동자산 + 투자자산 + 유형자산 + 식별가능한 무형자산)</u>
> – 기업가치 = <u>대상기업 전체의 순수익 / 같은 업종 다른 기업의 정상수익률</u>

(2) 제2호에 의한 방법(초과이익을 환원하는 방식)

초과이익을 환원하여 영업권을 산정하는 방식은 영업권이 동종 기업의 정상적 이익을 초과하는 이익의 현재가치라는 정의에 부합하는 평가방법이다. 이 방법은 영업권만을 단독으로 감정평가할 때 기업가치와 영업권을 제외한 자산의 가치를 모두 산정해야 하는 <u>잔여방식을 활용한 방식에 비해 상대적으로 간단하다는 장점</u>이 있다. <u>초과이익은 유사한 자산 규모를 가진 통상의 기업의 정상이익을 상회하는 이익을 뜻한다.</u> 이때 초과이익이란 매출의 증가뿐만 아니라 비용의 감소 또는 투자의 감소 등을 모두 포괄하는 개념이다. 또한 영업권과 그 밖의 무형자산을 포괄하여 가치를 산정하는 경우에는 초과이익의 발생 원인을 사용, 소유, 소유로 인한 비용의 미지출 등으로 세분하여 분석하고 초과이익의 정도를 파악하여야 한다. 이러한 방법은 초과이익을 환원하는 방법에 따라 다음과 같은 2가지 방법이 있다.

> – 직접환원법 : 영업권의 가치 = 초과수익 / 환원율
> – 유기환원법 : 영업권의 가치 = 초과수익 × $[(1 + r)n − 1] / [r(a + r)n]$

2. 거래사례비교법

1) 제1호에 의한 방법

<u>영업권만의 거래사례가 있는 경우</u> 적용가능한 방법으로, 영업권의 다른 자산과 독립하여 거래되는 관행이 있는 경우에는 같거나 비슷한 업종의 영업권만의 거래사례를 이용하여 대상 영업권과 비교하는 것이다.

2) 제2호에 의한 방법

영업권을 포함한 기업 전체에 대한 거래사례가 있는 경우 영업권만의 거래가격을 추출한 후, 거래사례비교법을 적용하는 방법이다. 같거나 비슷한 업종의 <u>기업 전체 거래가격에서 영업권을 제외한 순자산 가치를 차감한 가치</u>를 영업권의 거래사례 가격으로 보아 대상 영업권과 비교하는 것이다.

3) 제3호에 의한 방법

상장기업의 경우에는 시장에서 거래가 되고 있는 것으로 볼 수 있는바, 해당 정보를 참고하여 영업권만의 가격을 구한 후 거래사례비교법을 적용하는 방법이다. 대상기업이

유가증권시장이나 코스닥시장에 상장되어 있는 경우에는 <u>발행주식수에 발행주식의 주당 가격을 곱한 가치에서 영업권을 제외한 순자산가치를 차감</u>하는 것이다.

3. 원가법

1) 원가법의 적용

원가법으로 영업권을 감정평가하는 방법은 기준시점 현재 대상 영업권을 재생산하거나 재취득하는 데에 드는 비용으로 산정하는 것이다. 이는 대상 영업권을 기회비용의 측면에서 접근하여 파악하는 것으로, 영업권을 감정평가하는 경우에는 <u>해당 영업권 구축에 소요되는 기간 동안에 취득할 수 있었던 상대적, 경제적 이윤</u>으로 산정한다. 예를 들어 해당 영업권을 구축하는 데 든 시간이 2년이라고 가정한다면, 그 2년 동안 소요된 비용은 설비의 구입 및 설치, 부동산 구입, 협력업체 선정, 유통시스템 구축, 종업원에 대한 교육실시, 고객의 인지도와 신뢰도 제고를 위한 노력 등이 모두 포함된다. 이 경우 영업권은 동일한 유형자산으로 벌어들일 수 있었던 금액, 즉 2년간의 기회비용의 현재가치로 추산된다.

2) 유의사항

원가법을 적용하여 영업권을 감정평가할 때에는 재생산비용을 원본의 재연으로 설정할 것인지, 원본 효용의 재연으로 할 것인지에 대한 결정이 필요하다. 이 방법 적용 시 원가에는 인건비와 제조비 등의 생산비, 간접비와 생산자의 적정이윤 등이 포함되는 것에 유의한다. 또한 원가법 적용의 경우 <u>기업활동의 노하우 및 효율성, 경영 능력 등에 의하여 발생하는 영업권에 대하여 취득비용을 감안한다는 논리적 모순이 있으며, 초과수익이 발생하는 한 영속적으로 존재하는 영업권에 대하여 감가수정의 적용에 문제</u>가 있을 수 있다. 과거의 취득비용에서 물가상승률을 반영할 경우, <u>영업권의 가격 변동이 경기변동과 반드시 일치하지 않아 가격산정에 왜곡이 있을 수 있으므로</u> 이 점에 유의하여야 한다.

기본서 정리 | 〈감정평가론〉 제15장 지식재산과 무형자산의 평가(경응수, 나무미디어, 제5판)

I. 회계학상 영업권

우리나라 기업회계기준에서는 영업권을 합병, 영업양수 등으로 취득한 외부구입영업권과 기업이 스스로 창출한 영업권인 자가창설영업권으로 나누고 있다. 그러나 <u>자가창설영업권은 객관적인 측정이 어려워 무형자산으로 계상할 수 없다.</u>

기본서 보충

보충 ①

Ⅰ. 무형자산의 인식요건   한국채택국제회계기준(K-IFRS) 제1038호 무형자산

[9] 기업은 경제적 자원을 사용하거나 부채를 부담하여 과학적·기술적 지식, 새로운 공정이나 시스템의 설계와 실행, 라이선스, 지적재산권, 시장에 대한 지식과 상표(브랜드명 및 출판표제 포함) 등의 무형자원을 취득, 개발, 유지하거나 개선한다. 이러한 예에는 컴퓨터소프트웨어, 특허권, 저작권, 영화필름, 고객목록, 모기지관리용역권, 어업권, 수입할당량, 프랜차이즈, 고객이나 공급자와의 관계, 고객충성도, 시장점유율과 판매권 등이 있다.

[10] 문단 9에서 예시된 모든 항목이 무형자산의 정의 즉, 식별가능성, 자원에 대한 통제와 미래경제적효익의 존재를 충족하는 것은 아니다. 이 기준서의 적용범위에 해당하는 항목이 무형자산의 정의를 충족하지 않는다면 그것을 취득하거나 내부적으로 창출하기 위하여 발생한 지출은 발생시점에 비용으로 인식한다. 그러나 이러한 항목을 사업결합으로 취득하는 경우에는 취득일에 인식하는 영업권의 일부를 구성한다.

[12] 자산은 다음 중 하나에 해당하는 경우에 식별가능하다.
  (1) 자산이 분리가능하다. 즉, 기업의 의도와는 무관하게 기업에서 분리하거나 분할할 수 있고, 개별적으로 또는 관련된 계약, 식별가능한 자산이나 부채와 함께 매각, 이전, 라이선스, 임대, 교환할 수 있다.
  (2) 자산이 계약상 권리 또는 기타 법적 권리로부터 발생한다. 이 경우 그러한 권리가 이전가능한지 여부 또는 기업이나 기타 권리와 의무에서 분리가능한지 여부는 고려하지 아니한다.

[13] 기초가 되는 자원에서 유입되는 미래경제적효익을 확보할 수 있고 그 효익에 대한 제3자의 접근을 제한할 수 있다면 기업이 자산을 통제하고 있는 것이다. 무형자산의 미래경제적효익에 대한 통제능력은 일반적으로 법원에서 강제할 수 있는 법적 권리에서 나오며, 법적 권리가 없는 경우에는 통제를 제시하기 어렵다. 그러나 다른 방법으로도 미래경제적효익을 통제할 수 있기 때문에 권리의 법적 집행가능성이 통제의 필요조건은 아니다.

[14] 시장에 대한 지식과 기술적 지식에서도 미래경제적효익이 발생할 수 있다. 이러한 지식이 저작권, 계약상의 제약이나 법에 의한 종업원의 기밀유지의무 등과 같은 법적 권리

에 의하여 보호된다면, 기업은 그러한 지식에서 얻을 수 있는 미래경제적효익을 통제하고 있는 것이다.

[17] 무형자산의 미래경제적효익은 제품의 매출, 용역수익, 원가절감 또는 자산의 사용에 따른 기타 효익의 형태로 발생할 수 있다. 예를 들면, 제조과정에서 지적재산을 사용하면 미래 수익을 증가시키기보다는 미래 제조원가를 감소시킬 수 있다.

감정평가이론 기출문제

11 영업권과 상가권리금을 비교 설명하시오. 10점   ▶기출 제28회 4번

I. 서설

II. 영업권과 상가권리금의 의의

  1. 영업권의 의의

  2. 상가권리금의 의의

III. 영업권과 상가권리금의 비교

  1. 유형재산 포함여부

  2. 장소성 반영여부

  3. 초과이익 고려여부

  4. 법률적 보호여부

감정평가실무 기출문제

12 아래의 자료를 이용하여 2003.12.31. 자 비상장회사인 ○○주식회사의 영업권의 가치를 평가하시오. 10점   ▶기출 제14회 4번

(자료 1) 수정 후 잔액시산표

계정과목	금액(원)	계정과목	금액(원)
현금예금	380,000,000	외상매입금	1,950,000,000
유가증권	530,000,000	차입금	9,500,000,000
외상매출금	1,100,000,000	대손충당금	210,000,000
이월상품	2,000,000,000	퇴직급여충당금	2,120,000,000
토지	8,500,000,000	감가상각충당금(건물)	650,000,000
건물	6,500,000,000	감가상각충당금(기계기구)	1,876,000,000
기계기구	3,500,000,000	자본금	3,400,000,000

판매관리비	1,157,000,000	매출	6,861,000,000
매입	2,900,000,000		
계	26,567,000,000	계	26,567,000,000

(자료 2) 기타사항

- 동종업종의 정상수익률은 영업권을 제외한 순자산의 10%임.
- 초과수익은 영업이익기준이며 장래초과수익은 제반여건을 고려할 때 향후 3년간 지속
  될 것으로 판단됨.
- 시장할인율은 연 9%임.
- 평가금액은 백만원 단위까지 산정

I. 감정평가의 개요

II. 영업권의 감정평가

1. 수익환원법(잔여법)에 의한 영업권가치

  1) 영업관련 기업가치

  2) 영업투하자본

    (1) 영업자산

    (2) 영업부채

    (3) 영업투하자본

  3) 영업권가치(잔여법에 의한 수익가액)

2. 수익환원법(초과이익법)에 의한 영업권
  가치

  1) 초과수익

    (1) 대상기업수익

    (2) 동종업종평균수익

    (3) 초과수익

  2) 할인율

  3) 영업권가치(초과이익환원법에 의한 수
    익가액)

3. 영업권 감정평가액의 결정 및 의견

---

13 감정평가사 甲은 식료품 제조업을 영위하는 (주)A로부터 일반거래(시가참고) 목적의 감
정평가를 의뢰받았다. 관련법규 및 이론을 참작하고 제시된 자료를 활용하여 다음의 물
음에 답하시오. (단, 기준시점은 2020.01.01.임) `40점`   ▶ 기출 제30회 1번

  `물음 1` (주)A의 기업가치를 평가하시오. `25점`

  `물음 2` (주)A의 특허권의 유효 잔존수명을 산출하고, 특허권 가치를 평가하시오.
    `10점`

  `물음 3` (주)A의 영업권 가치를 평가하시오. `5점`

(자료 1) 대상기업 및 특허권 개요

1. 대상기업 현황

상호	(주)A
대표자	이○○
설립일자	2012.06.17.
사업자번호	514-87-****
주요제품	과자류

※ 대상기업은 식료품 제조업을 영위함.

2. 특허권 개요

명칭	나선형 ** 코팅 장치
등록번호	10-13*****
출원일	2013.05.26.
특허권자	(주)A
존속기간 만료일	2033.05.26.

(자료 2) 주요 가정

1. 추정기간이란 할인현금수지분석법 적용에 있어 현금흐름을 직접 추정하는 기간으로 대상기업의 특성 및 시장상황 등을 고려하여 5년(1기~5기)으로 가정함.
2. 추정기간이 지난 6기부터는 성장률 0%를 적용하며, 5기의 현금흐름이 지속되는 것으로 가정함.
3. 대상기업의 결산일은 매년 말일이며, 현금흐름은 편의상 기말에 발생하는 것으로 가정함.
4. 대상기업의 현금흐름 추정 시 비영업용자산에 의한 수익, 비용은 제외된 것으로 가정함.

(자료 3) 재무상태표 및 손익계산서 일부 발췌(2019.12.31. 현재)

1. 재무상태표(일부 발췌)

계정과목	금액(원)
자산	
I. 유동자산	
1. 당좌자산	

(1) 단기금융상품	700,000,000
(2) 그 외	500,000,000
2. 재고자산 등	600,000,000
Ⅱ. 비유동자산	
1. 투자자산	
(1) 장기투자자산	300,000,000
2. 유형자산	
(1) 토지	2,500,000,000
(2) 건물	1,000,000,000
(3) 기계	800,000,000
부채	
Ⅰ. 유동부채	1,100,000,000
Ⅱ. 비유동부채	
1. 장기차입금	2,500,000,000

※ 대상기업의 무형자산은 영업권과 특허권만 존재함.
※ 대상기업의 비영업용 항목은 단기금융상품, 장기투자자산임.

2. 손익계산서(일부 발췌)

(단위 : 원)

구분	2017년	2018년	2019년
매출액	2,000,000,000	2,100,000,000	2,205,000,000
매출원가	1,000,000,000	1,050,000,000	1,102,500,000
매출총이익	1,000,000,000	1,050,000,000	1,102,500,000
판매비와 관리비	200,000,000	210,000,000	220,500,000
영업이익	800,000,000	840,000,000	882,000,000

(자료 4) 재무제표 관련 추가 자료

1. 추정기간 동안 매출액은 다음에서 산출한 증가율과 동일한 비율로 증가할 것으로 판단됨.

   1) 매출액 증가율 결정 방법 : 대상기업의 과거 매출액 평균 증가율(2017년~2019년)과 동종 및 유사업종 매출액 평균 증가율의 산술평균으로 결정함.

2) 동종 및 유사업종 매출액 증가율

항목	단위	2017년	2018년	2019년
매출액 증가율	%	4.92	4.82	5.24

2. 매출원가는 과거와 동일한 매출원가율을 적용함.

3. 판매비와 관리비는 향후에도 과거와 동일하게 매출액의 일정 비율만큼 발생할 것으로 봄.

4. 감가상각비는 2019년에는 110,000,000원이며 추정기간 동안 매년 5,000,000원씩 증가됨.

5. 향후 예상되는 자본적 지출액은 매출액의 3%가 소요될 것임.

6. 순운전자본 증감

   1) 대상기업의 경우 추정 매출액 증감액에 운전자본 소요율을 곱하여 산출함.

      ❖ (추정매출액$_t$ - 추정매출액$_{t-1}$) × 운전자본 소요율

   2) 운전자본 소요율은 한국은행 공시 재무정보를 이용한 회전율 등을 고려하여 대상회사의 자료 등을 기준으로 산출하며, 추정기간 동안 동일하게 적용함.

      ❖ 운전자본 소요율 = 1/매출채권회전율 + 1/재고자산회전율 - 1/매입채무회전율

구분	매출채권회전율	재고자산회전율	매입채무회전율
회	8	10	20

7. 법인세 산정 시 세율은 22%를 적용함.

(자료 5) 자기자본비용 관련

1. 본 기업의 자본구조는 자기자본비율 40%, 타인자본비율 60%임.

2. 자기자본의 기회비용은 자본자산가격평가모델(CAPM법 : Capital Asset Pricing Model)에 의함.

3. 무위험자산의 수익률(Rf)은 평균 5년 만기 국고채 수익률 등을 고려하여 3.5%, 시장의 기대수익률[E(Rm)]은 12%로 가정함.

4. β 계수는 최근 3년 유사업종에 속한 기업들의 β 계수의 산술평균으로 함.

(식료품 제조업)

기준연도	기업베타(β)
2017년	0.9654
2018년	0.9885
2019년	0.9763

(자료 6) 타인자본비용 관련

대상기업의 재정상태 및 금융상환 가능성 등을 종합적으로 고려하여 대상기업의 차입 이자율을 7%로 결정함.

(자료 7) 특허권 평가 자료

1. 특허권의 유효 잔존수명은 경제적 수명 잔존기간과 법적 잔존기간을 비교하여 결정 하며, 산출된 유효 잔존수명은 연 단위로 절사함.

2. 특허권의 경제적 수명 잔존기간은 아래의 자료로 산출함.

   1) 경제적 수명기간 산출방법 : 특허인용수명 × (1 + 영향요인 평점 합계/20)

   2) 특허인용수명

IPC	기술명	Q1	Q2(중앙값)	Q3
A23G	과자 등	5	9	13

   ※ 대상 특허의 특성 및 시장상황 등을 종합적으로 고려하여 대상 특허의 경제적 수명 기간 산출에 적용할 특허인용수명은 중앙값으로 결정함.

   3) 기술수명 영향요인 평가표

구분	세부요인	평점				
		−2	−1	0	1	2
기술 요인	대체기술 출현가능성				V	
	기술적 우월성				V	
	유사경쟁기술의 존재(수)			V		
	모방 난이도				V	
	권리 강도			V		
시장 요인	시장 집중도(주도기업 존재)				V	
	시장경쟁의 변화			V		
	시장경쟁강도			V		
	예상 시장점유율				V	
	신제품 출현빈도				V	

3. 특허권은 물음 1에서의 "기업의 영업가치"에 해당 특허권의 기술기여도를 곱하는 방 식으로 평가함.

(자료 8) 기술기여도 산출 관련 자료

1. 결정방법 : 기술기여도는 산업 특성을 반영하는 산업기술요소와 개별기술의 특성을 평가하는 개별기술강도의 곱으로 결정함.

2. 산업기술요소

표준산업분류코드		최대무형자산가치 비율(%)	기술자산비율 (%)	산업기술요소 (%)
C10	식료품 제조업	67.5	76.0	51.3
C28	전기장비 제조업	90.4	75.3	68.1

※ 산업기술요소(%) = 최대 무형자산 가치비율(%) × 기술자산비율(%)

3. 개별기술강도

1) 기술성

구분	세부요인	평점				
		−2	−1	0	1	2
기술성	혁신성				V	
	파급성				V	
	활용성			V		
	전망성			V		
	차별성(독창성)				V	
	대체성				V	
	모방용이성			V		
	진부화가능성(기술수명)			V		
	권리범위				V	
	권리 안정성				V	

2) 사업성

구분	세부요인	평점				
		−2	−1	0	1	2
기술성	수요성				V	
	시장진입성				V	
	생산용이성			V		
	시장점유율 영향			V		
	경제적 수명			V		
	매출 성장성			V		
	파생적 매출			V		
	상용화 요구시간			V		
	상용화 소요자본			V		
	영업 이익성			V		

3) 개별기술강도

개별기술강도(%) = (기술성 점수 합산 + 사업성 점수 합산)/100

(자료 9) 영업권 평가 자료

1. 영업권은 물음 1에서의 "기업의 영업가치(영업관련 기업가치)"에서 영업투하자본을 차감하는 방법으로 평가하되, 물음 2에서 평가된 특허권도 차감함.

2. 제시된 재무상태표를 기준으로 영업투하자본을 산출함.

(자료 10) 기타

1. 기업가치는 "기업의 영업가치"와 비영업용자산으로 구성됨.

2. 연도별 매출액과 "기업의 영업가치", 특허권 평가액, 영업권 평가액은 십만 단위에서 반올림함.

3. 매출액 증가율을 제외한 모든 율은 백분율로 소수점 이하 셋째자리에서 반올림하여 백분율로 소수점 이하 둘째자리까지 표시함.

---

14 주식회사A는 주식회사B를 인수합병하는 프로젝트에서 주식회사B의 영업권 가치를 파악하기 위해 감정평가사甲에게 감정평가를 의뢰하였다. 관련 법규 및 이론을 참작하고 제시된 자료를 활용하여 영업권 가치를 감정평가하시오. (단, 기준시점은 2020.09.19.임)

`10점` ▶ 기출 제31회 1번

(자료 1) 공통사항

1. 단가는 유효숫자 셋째자리까지 표시하되, 넷째자리 이하는 절사함.

2. 시산가액과 총액은 백만원 단위까지 표시하되, 십만원 단위 이하는 절사함.

(자료 2) 영업권평가 참고자료

1. 재무상태표

계정과목	2019.12.31. 현재	2020.09.19. 현재
자산		
I. 유동자산	40,000,000,000	35,000,000,000
II. 비유동자산		
1. 투자자산	22,000,000,000	21,500,000,000
2. 유형자산	20,000,000,000	19,500,000,000

자산총계	82,000,000,000	76,000,000,000
부채		
I. 유동부채		
1. 외상매입금	20,000,000,000	20,000,000,000
2. 단기차입금	5,000,000,000	0
II. 비유동부채		
1. 장기차입금	25,000,000,000	25,000,000,000
부채총계	50,000,000,000	45,000,000,000
자본총계	32,000,000,000	31,000,000,000
부채 및 자본총계	82,000,000,000	76,000,000,000

※ 2020년 9월 19일 기준 재무상태표는 비유동자산을 제외하고 공정가치로 조정되었음.

※ 2020년 9월 15일 단기차입금(5,000,000,000원)을 현금으로 상환하였으나, 회사의 통상적인 영업경비 충당을 위해 2020년 9월 30일에 재차입예정임.

2. 비영업용자산이 포함된 주식회사B의 기업가치는 70,000,000,000원으로 평가하였음.

3. 주식회사B는 집합건물을 소유하고 있으며, 일부는 업무용으로 자가사용하고 (22,400,000,000원), 나머지 부분은 근린생활시설로 임대 중임(25,700,000,000원).

4. 비유동자산은 주식회사B 소유 부동산 외에 다른 자산은 없다고 가정함.

5. 대상기업의 무형자산은 영업권만 존재한다고 가정함.

광업권

감정평가에 관한 규칙

제23조(무형자산의 감정평가)

① 감정평가법인등은 광업권을 감정평가할 때에 제19조 제2항에 따른 광업재단의 감정평가액에서 해당 광산의 현존시설 가액을 빼고 감정평가해야 한다. 이 경우 광산의 현존시설 가액은 적정 생산규모와 가행조건 등을 고려하여 산정하되 과잉유휴시설을 포함하여 산정하지 않는다.

제19조(공장재단 및 광업재단의 감정평가)

② 감정평가법인등은 광업재단을 감정평가할 때에 <u>수익환원법</u>을 적용해야 한다.

감정평가실무기준 | 600(물건별 감정평가) - 650(권리) - 1(광업권)

1.1 정의

광업권이란 「광업법」 제3조 제3호에 따른 등록을 한 일정한 토지의 구역(이하 "광구"라 한다)에서 등록을 한 광물과 이와 같은 광상에 묻혀 있는 다른 광물을 탐사·채굴 및 취득하는 권리를 말한다.

1.2 자료의 수집 및 정리

광산의 가격자료는 다음 각 호와 같고, 대상 광산의 특성에 맞는 적절한 자료를 수집하고 정리한다.

1. 토지, 건물, 기계·기구 등 광산을 구성하는 자산은 해당 물건의 자료의 수집 및 정리 규정을 준용한다.
2. 수익자료, 비용자료, 시장자료, 그 밖에 감정평가액 결정에 참고가 되는 자료

1.3 광업권의 감정평가방법

① 광업권은 [620-2.3]에 따른 <u>광산의 감정평가액에서 해당 광산의 현존시설의 가액을 빼고</u> 감정평가하여야 한다.
② 현존시설의 가액은 <u>적정 생산규모와 가행조건 등을 고려하되, 과잉유휴시설은 포함하지 아니한다.</u>
③ 광업권의 <u>존속기간은 20년을 초과하지 아니하는 범위에서 광상, 연장가능 여부 등을 고려하여 광업이 가능한 연한</u>으로 결정한다.

620(공장재단과 광업재단) - 2(광업재단)

2.1 광업재단의 정의

광업재단이란 광업권과 광업권을 바탕으로 광물을 채굴·취득하기 위한 각종 설비 및 이에 <u>부속하는 사업의 설비로 구성되는 일단의 기업재산</u>(이하 "광산"이라 한다)으로서, 「공장 및 광업재단 저당법」에 따라 소유권과 저당권의 목적이 되는 것을 말한다.

2.3 광산의 감정평가방법

① 광산을 감정평가할 때에는 <u>수익환원법</u>을 적용하여야 한다.

② 수익환원법을 적용할 때에는 대상 광산의 생산규모와 생산시설을 전제로 한 <u>가행연수 동안의 순수익을 환원한 금액</u>에서 <u>장래 소요될 기업비를 현가화한 총액</u>을 공제하여 광산의 감정평가액을 산정한다.

실무기준해설서

I. 광업권의 개념

1) 광업재단의 정의

광업재단이란 광업권과 광업권에 기하여 광물을 채굴, 취득하기 위한 각종 설비 및 이에 <u>부속하는 사업의 설비로 구성되는 일단의 기업재산</u>으로서 소유권과 저당권의 목적이 되는 것을 말한다.

한편 광업권자는 <u>저당권의 목적</u>으로 하기 위하여 광업재단을 설정할 수 있으며, 원칙적으로 광업권의 내용은 채취에 한하고 토지를 이용하는 권한은 포함되어 있지 않으나, 필요한 경우에는 토지를 이용, 수용할 수 있는 권리가 인정된다.

<u>광업재단의 구성물</u>이 될 수 있는 것은 ① 토지, 건물, 그 밖의 공작물, ② 기계, 기구, 그 밖의 부속물, ③ 항공기, 선박, 자동차 등 등기 또는 등록이 가능한 동산, ④ 지상권이나 그 밖의 토지사용권, ⑤ 임대인이 동의하는 경우에는 물건의 임차권, ⑥ 지식재산권을 대상으로 한다.

2) 광산의 의의

광산이란 광업권을 기본으로 하여 광업경영을 목적으로 하는 일체의 기본재산으로서 재단을 조성한 것 또는 조성할 수 있는 것을 말한다. 따라서 광산은 광업권을 기반으로 전개되는 사업이고, 그 가치는 광업권의 가치가 중심이 된다. 여기서 광업권이란 등록을 한 일정한 토지의 구역(광구)에서 등록을 한 광물과 동일 광상 중에 부존하는 다른 광물을 채굴 및 취득하는 권리를 말한다. 광업권은 물권이며 <u>「광업법」에 의한 허가와 등록</u>으로서 성립된 배타적, 독점적 권리이다.

3) 광업권의 개념

(1) 광업권의 정의

「광업법」(개정 2022.12.27, 시행 2023.6.28.)으로 광업권은 탐사권과 채굴권으로 구분하여 정의되고 있다. 또한, 「광업법」에서는 조광권을 광업권과 구분하여 별도의 권리로 정하고 있는바, 광업권의 감정평가는 <u>탐사권, 채굴권 및 조광권의 감정평가</u>를 의미한다고 할 수 있다.

(2) 광업권과 조광권

조광권이란 설정행위에 의하여 타인의 광구에서 채굴권의 목적이 되어 있는 광물을 채굴하고 취득하는 권리를 말한다(광업법 제3조 제4호).「광업법」에서는 조광권을 광업권과 구분하여 별도의 권리로 규정하고 있다.

II. 자료의 수집 및 정리
1) 사전조사 및 실지조사

(1) 사전조사

① 구비서류

광산의 감정평가 시 광업원부, 광업재단등기부 및 위치도, 설명서, 광구도, 갱내도 및 배치도 등을 서류로 확인하여야 한다. 또한 해당 광산의 소재지, 등록번호, 면적, 위치, 교통, 광산 부근의 지질·지형, 광산의 상황, 갱 내외의 설비, 수도시설, 동력관계 등과 종업원의 수 및 평균임금 등 관련사항을 확인할 수 있는 서류 및 그밖의 참고자료는 미리 확인해 둘 필요가 있다.

광업원부								
표시번호	접수	소재지	광업지적	광종명	면적	존속기간	기타사항	등록일
1	2016-01-01 제100호	충남 당진군 고대면	당진 100호	규석	100ha	2016/01/01 ~ 2036/01/01	–	2016/ 01/01

광업재단등기부			
[표제부]	(재단의 표시)		
표시번호	접수	광업재단의 표시	등기원인 및 기타사항
[갑구]	(소유권에 관한 사항)		
순위번호	등기목적	접수	등기원인	권리자 및 기타사항
[을구]	(저당권에 관한 사항)		
순위번호	등기목적	접수	등기원인	권리자 및 기타사항

② 사전조사

상기의 구비된 자료를 바탕으로 실지조사를 하기 전에 토지 및 건물에 대한 소재지·용도·구조·면적 등과 기계·기구, 차량, 선박, 그 밖에 부속물에 대한 용도·용량·규격 등에 대한 사항과 광종, 광구면적, 등록번호, 등록연월일 및 광업권의 존속기간 및 부대조건, 지상권, 토지의 사용권 등에 대한 사항을 미리 조사한다.

(2) 실지조사

사전조사가 끝난 후에 대상 광산에 대한 실지조사 시에는 입지조건, 지질 및 광상, 채광 및 선광, 설비 등의 사항을 조사하게 된다. 여기서 입지조건은 광산의 위치, 교통상황, 공업용수, 동력 및 노동력 등에 관한 사항이며, 지질 및 광상은 암층, 구조, 노두, 광상의 형태, 광물품위 및 매장량 등의 사항이다. 채광 및 선광은 채굴방법, 선광방법, 지주, 배수, 토지, 운반방법 및 갱도현황 등의 사항이며, 설비는 채광, 선광, 제련, 운반, 배수, 통기 등에 관한 설비의 정도에 관한 사항을 말한다.

2) 가격자료

광산 감정평가 시 토지의 가격자료로는 거래가격, 공시지가 자료, 토지매입비, 조성공사비 등을 수집하여야 한다. 건물의 가격자료로는 대상 광산의 건축당시 건축비 등을 수집하여야 한다. 그리고 기계기구의 가격자료로는 구입단가, 해체처분가격, 부대비용, 외화환산율, 도입기계가격 보정지수 등을 수집하여야 한다. 아울러 광산의 수익자료는 재무제표, 최근 생산판매실적표, 자금계획서, 연간순수익예상표 등이 있으며, 비용자료로는 조성비용 및 원가계산서 등이 있다. 특히 광물의 시장성과 관련된 시장자료, 매광조건, 수요관계, 가격추세, 운임, 하역비, 시장상황 등에의 자료를 말한다.

III. 광산의 감정평가

1) 광산 감정평가의 특수성

광산은 광물의 집합체인 광상의 확실성이나 광량, 품등 및 그 부존상태 등에 대한 실태파악이 어렵고, 다음과 같이 다른 물건과는 다른 특성을 갖고 있으므로 감정평가 시 유의하여야 한다.

첫째, 광업은 지하자원을 채취하는 산업으로 유한성을 갖고 있으므로, 광산은 그 자산적 가치가 점차 감모하는 소모성 자산이다.

둘째, 광업은 주로 지하갱 내에서 지하자원을 캐내는 것이므로, 낙반, 발파 등에 따른 갱내 사고의 위험성이 많아 높은 부담을 감안한 투자이익이 보장되어야 한다.

셋째, 광업은 광업권의 존속기간 중에서 투하자본을 회수해야 하며, 다른 산업과는 달리 생산의 조절이 용이하지 않고 또한 확대재생산을 통한 투자가 불가능하다.

2) 광산 감정평가방법

(1) 원칙

광산을 감정평가할 때에는 <u>수익환원법</u>을 주된 방법으로 적용하여야 하며, 이 경우 대상 광산의 생산규모와 생산시설을 전제로 한 <u>가행연수 동안의 순수익을 환원한 금액에서 장래 소요될 기업비를 현가화한 총액을 공제하여</u> 광산의 감정평가액을 산정한다.

(2) 수익환원법에 따른 광산의 감정평가방법

① 광산 감정평가액

수익환원법을 적용할 때에는 다음의 산식에 따라 대상 광산의 생산규모와 생산시설을 전제로 한 가행연수 동안의 순수익을 환원한 금액에서 장래 소요될 기업비를 현가화한 총액을 공제하여 광산의 감정평가액을 산정한다.

② 상각전 연간 순수익

상각전 연간 순수익은 3년 이상의 수익실적을 기초로 생산여건, 시장성, 장래 월간 생산량, 연간가행월수 등을 고려하여 산정한 <u>사업수익에서 소요경비를 공제하여</u> 산정한다. 이 경우 광물의 가격은 최근 1년 이상의 가격추세를 고려하고, 소요경비는 <u>채광비, 선광비, 제련비, 일반관리비 및 판매비, 운영자금이자 등을</u> 고려한다.

❖ 선광 : 광석에서 금속광물을 분리하는 것
제련 : 광석에서 금속을 추출하는 것

③ 배당이율

배당이율은 다음 산식에 따라 산정하되, 관련 기관에서 공시하는 자료를 적용할 수 있다.

$$배당이율 = \frac{S}{(1-X)}$$

S : 배당률(광업 관련 산업부문의 상장법인 시가배당율을 고려하여 산정)
X : 세율(법인세, 방위세, 주민세)

④ 축적이율

축적이율은 광산의 자원 고갈 등을 감안하여 다른 안전한 사업으로 재투자를 가정한 이율을 적용한다.

⑤ 가행연수

가행연수는 <u>확정 및 추정 가채매장량의 합을 연간 채광가능매장량으로 나누어 산정</u>한다. 이 경우 매장량 산정과 관련된 평균품등과 산정근거를 기재한 계산표와 도면을 감정평가서에 첨부하여야 한다.

⑥ 장래소요기업비

장래소요기업비는 <u>적정생산량을 가행 최종연도까지 유지하기 위하여 장차 소요될</u> <u>광산설비 투자소요액의 현가액을</u> 합산하여 산정한다.

3) 유의사항

(1) 상각전 연간 순수익 산정 시 소요경비 고려사항

상각전 연간 순수익 산정 시 소요경비는 시설능력의 보존, 능률유지를 위한 지출이라 할 수 있으므로, 소요경비는 채광비, 선광비, 제련비, 일반관리비 및 판매비, 운영자금 이자 등을 고려한다.

(2) 축적이율 적용 시 유의사항

축적이율은 순수이율을 참작하여 결정한다. 일반적으로 환원율과 축적이율의 관계는 축 <u>적이율이 잔존내용연수 만료 시까지 매년 상각액을 비축하기 위한 더욱 안전한 이율이</u> <u>므로 환원율보다 낮은 것이 보통이다.</u> 즉, 축적이율은 순이자율과는 비할 수 없는 저수 익을 얻는 고급 유가증권, 정기예금 등에 투하하여야 한다. 따라서 축적이율은 부동산투 자로서의 위험성까지를 반영하는 종합환원율보다는 낮은 이율을 채택하여야 한다.

(3) 장래소요기업비 산정 시 기업비 고려사항

장래소요기업비는 적정생산량을 가행 최종연도까지 유지하기 위하여 장래 소요될 광산 설비 총투자액의 현가액을 말한다. 여기서 기업비는 시설능력의 증진, 능률향상을 위 한 지출을 의미한다. 따라서 기업비는 상각전 연간 순수익 산정 시 소요경비와는 다른 지출이라 할 수 있으므로, 기업비 계산 시 그 한계를 구분하여야 한다.

기업비에 포함되는 지출로는 ① 채광, 탐방, 배수, 통기, 조명설비, ② 갱도의 연장, 확장 또는 신굴착, ③ 갱 내외 운반설비, 육해수송설비, ④ 선광, 제련, 분석, 연구설 비, ⑤ 동력, 용수설비, ⑥ 건물, 보건후생설비 등을 들 수 있다.

(4) 수익환원법에 의한 감정평가액의 적정성 여부 판단

광산을 수익환원법에 의하여 평가할 경우에는 <u>원가법을 적용하여 광산을 구성하는 각</u> <u>시설에 대한 감정평가를 병행하여 감정평가액의 적정성 여부를 판단하여야</u> 한다.

(5) 참고 : 광산평가와 상환기금법(Hoskold 방법)

수익환원법을 적용하여 광산을 감정평가할 때에는 대상 광산의 생산규모와 생산시설을 전제로 한 가행연수와 연수익을 고려하되, 매장량은 확정광량과 추정광량의 합계액으 로 결정한다. 광산에서 채취되는 광석은 재생산되지 않으므로, 광산의 수익가격은 환 원율과 축적이율에 의한 수익현가율을 적용한 상환기금법이 주로 사용된다. 이 평가금 액에는 광업시설의 이용가치가 포함되어 있음에 유의하여야 하며, 통상 광산의 평가금 액에서 시설물 가액을 공제한 것을 광업권 가액으로 본다.

IV. 광업권의 감정평가

1) 광업권의 감정평가방법

광업권은 광산의 감정평가액에서 해당 광산의 현존시설의 가액을 빼고 감정평가한다. 광산을 감정평가할 때에는 수익환원법을 적용하여야 하며, 생산규모의 생산시설을 전제로 한 가행연수 동안의 순수익을 환원한 금액에서 장래 소요될 기업비를 현가화한 총액을 공제하여 광산의 감정평가액을 산정한다.

2) 현존시설가액의 처리방법

광산의 감정평가액은 광업권 및 시설의 가액이 포함된 것이다. 따라서 광업권의 감정평가액을 구하기 위해서는 광산의 현존시설의 가액을 빼고 감정평가하여야 한다. 현존시설의 가액은 건물의 감정평가방법 등 해당 시설과 관련된 규정을 준용한다.

3) 광업권의 존속기간

「광업법」제12조의 존속기간에 따르면 광업권 중 탐사권의 존속기간은 7년을 넘을 수 없으며, 채굴권의 존속기간은 20년을 넘을 수 없다. 채굴권자는 채굴권의 존속기간이 끝나기 전에 산업통상자원부장관의 허가를 받아 채굴권의 존속기간을 연장할 수 있는데, 이 경우에도 연장할 때마다 그 연장기간은 20년을 넘을 수 없다.

4) 유의사항

상기의 광업권의 감정평가방법은 광산의 가치를 감정평가할 수 있는 경우를 전제하고 있다는 점에 유의하여야 하며, 광산의 가치를 감정평가할 수 없는 경우에는 광업권만의 가치를 직접 감정평가할 수 있는 다른 방법을 적용하여야 할 것이다.

관련 법령

I. 「공익사업을 위한 토지 등의 취득 및 보상에 관한 법률」

제76조(권리의 보상)

① 광업권·어업권·양식업권 및 물(용수시설을 포함한다) 등의 사용에 관한 권리에 대하여는 투자비용, 예상 수익 및 거래가격 등을 고려하여 평가한 적정가격으로 보상하여야 한다.

② 제1항에 따른 보상액의 구체적인 산정 및 평가방법은 국토교통부령으로 정한다.

시행규칙 제43조(광업권의 평가)

① 광업권에 대한 손실의 평가는 「광업법 시행규칙」제19조에 따른다.

② 조업 중인 광산이 토지 등의 사용으로 인하여 휴업하는 경우의 손실은 휴업기간에 해당하는 영업이익을 기준으로 평가한다. 이 경우 영업이익은 최근 3년간의 연평균 영업이익을 기준으로 한다.

③ 광물매장량의 부재(채광으로 채산이 맞지 아니하는 정도로 매장량이 소량이거나 이에 준하는 상태를 포함한다)로 인하여 휴업 중인 광산은 손실이 없는 것으로 본다.

II. 「광업법」

시행규칙 제19조(손실의 산정)

법 제34조 제4항 제1호, 영 제30조 제1항 제1호 전단 및 같은 조 제2항에서 "산업통상자원부령으로 정하는 자"란 각각 다음 각 호의 어느 하나에 해당하는 자를 말한다.

1. 「부동산 가격공시 및 감정평가에 관한 법률」 제2조 제9호에 따른 감정평가업자
2. 영 제9조 제3항 제1호에 따른 기관
3. 「엔지니어링산업 진흥법」 제2조 제4호에 따른 엔지니어링사업자
4. 「기술사법」 제6조에 따라 기술사사무소를 개설한 기술사로서 같은 법 시행령 별표 2의2에 따른 건설(직무 범위가 지질 및 지반인 경우만 해당한다) 또는 광업자원을 직무 분야로 하는 기술사

III. 「감정평가실무기준」 830(권리의 보상평가)

1. 목적

이 절은 토지보상법 등 법령에 따라 공익사업의 시행으로 제한·정지 또는 취소되는 광업권·어업권 등 권리에 대한 손실보상을 위한 감정평가를 수행할 때 준수하여야 할 구체적 기준을 정함으로써 권리 보상평가의 공정성과 신뢰성을 제고하는 것을 목적으로 한다.

2. 적용

① 광업권의 보상평가는 토지보상법 시행규칙 제43조 및 「광업법 시행규칙」 제19조 등 감정평가관계법규에서 따로 정한 것을 제외하고는 이 절에서 정하는 바에 따르고, 이 절에서 정하지 않은 사항은 [100 총칙]부터 [600 물건별 감정평가]까지의 규정을 준용한다.

3. 정의

이 절에서 사용하는 용어의 뜻은 다음 각 호와 같다.
1. "광업"이란 광물의 탐사 및 채굴과 이에 따르는 선광·제련이나 그 밖의 사업을 말한다.
2. "광업권"이란 탐사권과 채굴권을 말한다.
3. "탐사권"이란 등록을 한 일정한 토지의 구역(이하 "광구"라 한다)에서 등록을 한 광물과 이와 같은 광상에 묻혀 있는 다른 광물을 탐사하는 권리를 말한다.
4. "채굴권"이란 광구에서 등록을 한 광물과 이와 같은 광상에 묻혀 있는 다른 광물을 채굴하고 취득하는 권리를 말한다.
5. "광업손실"이란 공공사업의 시행으로 인하여 광업권의 취소 및 광구의 감소처분 또는

광산의 휴업으로 인한 손실과 기계장치·구축물(갱도 포함)·건축물 등(이하 "시설물"이라 한다)에 관한 손실을 말한다.

6. "탐사"란 광산·탄전 등의 개발을 위하여 광상을 발견하고 그 성질·상태 및 규모 등을 알아내는 작업으로서 물리탐사·지화학탐사·시추탐사 및 굴진탐사를 말한다.

7. "채광"이란 목적광물의 채굴·선광·제련과 이를 위한 시설을 하는 것을 말한다.

4. 광업권 보상평가

4.1 광업권 보상평가의 대상
광업권 보상평가의 대상은 사업시행자가 보상평가를 목적으로 제시한 것으로 한다.

4.2 광업권의 소멸에 대한 감정평가

4.2.1 유형별 감정평가방법
① 광업권자가 조업 중이거나 정상적으로 생산 중에 휴업한 광산으로서 광물의 생산실적이 있는 경우에는 장래 수익성을 고려한 광산의 감정평가액을 기준으로 이전이나 전용이 가능한 시설물의 잔존가치를 뺀 금액에서 그 이전비를 더하여 감정평가한다.

② 다음 각 호의 어느 하나에 해당하는 경우에는 해당 광산개발에 투자된 비용과 현재시설의 감정평가액에서 이전이나 전용이 가능한 시설의 잔존가치를 뺀 금액에 이전비를 더하여 감정평가한다.

  1. 탐사권자가 탐사를 시작한 경우

  2. 탐사권자가 탐사실적을 인정받은 경우

  3. 채굴권자가 채굴계획의 인가를 받은 후 광물생산실적이 없는 경우

③ 탐사권자가 등록을 한 후 탐사를 시작하지 아니하거나 채굴권자가 채굴계획인가를 받지 아니한 경우에는 등록에 든 비용으로 산정한다.

④ 다음 각 호의 어느 하나에 해당하는 경우에는 광업손실이 없는 것으로 본다.

  1. 휴업 중인 광산으로서 광물의 매장량이 없는 경우

  2. 채광으로 채산이 맞지 아니하는 정도로 매장량이 소량인 경우

  3. 제1호 또는 제2호에 준하는 상태인 경우

4.2.2 광산의 감정평가방법
① 광산을 감정평가할 때에는 수익환원법을 적용하여야 한다.

② 수익환원법을 적용할 때에는 대상 광산의 생산규모와 생산시설을 전제로 한 가행연수 동안의 순수익을 환원한 금액에서 장래 소요될 기업비를 현가화한 총액을 공제하여 광산의 감정평가액을 산정한다.

4.2.3 시설물의 감정평가방법
이전 또는 전용이 가능한 시설물의 잔존가치 및 이전비는 시설물의 종류에 따라 토지보상법 등 감정평가관계법규에서 정하는 바에 따라 감정평가한다.

4.3 광산의 휴업에 대한 감정평가

조업 중인 광산이 토지 등의 사용으로 휴업을 한 경우에는 <u>휴업기간에 해당하는 영업이익</u>을 기준으로 감정평가한다. 이 경우 영업이익은 <u>최근 3년간의 연평균 영업이익</u>을 기준으로 한다.

감정평가실무 기출문제

15 감정평가사 K는 A기업으로부터 적정시설을 보유하고 정상적으로 가동 중인 석탄광산에 대한 감정평가를 의뢰받고 사전조사 및 현장조사를 한 후 다음과 같이 자료를 정리하였다. 주어진 자료를 활용하여 다음 물음에 답하시오. <u>15점</u> ▸기출 제13회 2번

1. 광산의 감정평가가격과 광업권의 감정평가가격을 구하시오.

2. 광산의 감정평가 시 사전조사 및 현장조사할 사항을 설명하시오.

3. 광산의 감정평가 시 사용하고 있는 환원이율과 축적이율을 비교 설명하시오.

(자료 1) 연간수지상황

사업수익		소요경비	
정광판매수입		채광비	500,000,000원
월간생산량	50,000t	선광제련비	350,000,000원
판매단가	5,000원	일반관리비, 경비 및 판매비	총 매출액의 10%
		운영자금이자	150,000,000원
		건물감가상각비	30,000,000원
		기계기구감가상각비	70,000,000원

※ 감정평가대상 광산의 연간수지는 장래에도 지속될 것이 예상됨.

(자료 2) 자산명세

자산항목	자산별 가격
토지	1,000,000,000원
건물	750,000,000원
기계장치	1,200,000,000원
차량운반구	150,000,000원
기타 상각자산	200,000,000원
합계	3,300,000,000원

(자료 3) 광산 관련자료

1. 매장광량 – 확정광량 : 5,500,000t, 추정광량 : 8,000,000t

2. 가채율

구분	일반광산	석탄광산
확정광량	90%	70%
추정광량	70%	42%

3. 투자비(장래소요기업비)

   적정생산량을 가행최종연도까지 유지하기 위한 제반 광산설비에 대한 장래 총투자 소요액의 현가로서 장래소요기업비의 현가총액은 1,450,000,000원임.

4. 각종이율 – 환원이율 : 16%, 축적이율 : 10%

5. 기타자료

   ① 가격산정 시 천원 미만은 절사함.

   ② 생산량은 전량 판매됨.

   ③ 가행연수(n) 산정 시 년 미만은 절사함.

I. **물음 1** **광산 및 광업권의 감정평가**

1. 감정평가의 개요

2. 광산의 감정평가

   1) 추정기간

   2) 순수익

   3) 환원이율

   4) 장래소요기업비

   5) 광산 감정평가액

II. **물음 2** **광산 감정평가 시 조사사항**

1. 사전조사사항

2. 현장조사사항

3. 가격조사사항

3. 광업권의 감정평가

   1) 광산 감정평가액

   2) 현존시설 가치

   3) 과잉유휴시설의 고려

   4) 광업권 감정평가액

III. **물음 3** **환원이율과 축적이율**

1. 각 이율의 정의

2. 각 이율의 비교

06 어업권

기본목차 연습

1. 정의
2. 「토지보상법」상 어업손실보상과의 비교
   1) 평가대상
   2) 평가방법

II. 어업권 평가의 수집자료

1. 기본자료
2. 사례자료
   1) 비용자료
   2) 시장자료
   3) 수익자료

III. 어업권의 감정평가방법

1. 수익환원법
   1) 어장의 가치
      (1) 추정기간
      (2) 순수익
      - 평균연간어획량
      - 평균연간판매단가
      - 평년어업경비
      (3) 환원이율
   2) 시설의 가치
      (1) 현존시설
      (2) 과잉유휴시설

2. 거래사례비교법

감정평가에 관한 규칙 | 제23조(무형자산의 감정평가)

② 감정평가법인등은 어업권을 감정평가할 때에 어장 전체를 수익환원법에 따라 감정평가한 가액에서 해당 어장의 현존시설 가액을 빼고 감정평가해야 한다. 이 경우 어장의 현존시설 가액은 적정 생산규모와 어업권 존속기간 등을 고려하여 산정하되 과잉유휴시설을 포함하여 산정하지 않는다.

감정평가실무기준 | 600(물건별 감정평가) - 650(권리) - 2(어업권)

2.1 정의
어업권이란 「수산업법」 및 「내수면어업법」에 따라 면허를 받아 배타적으로 어업을 경영할 수 있는 권리를 말한다.

2.2 자료의 수집 및 정리

어업권의 가격자료에는 거래사례, 수익자료, 시장자료 등이 있으며, 대상 어업권의 특성에 맞는 적절한 자료를 수집하고 정리한다.

2.3 어업권의 감정평가방법

2.3.1 어업권의 감정평가 원칙

① 어업권을 감정평가할 때에는 <u>수익환원법</u>을 적용하여야 한다.
② 제1항에도 불구하고 수익환원법으로 감정평가하는 것이 곤란하거나 적절하지 아니한 경우에는 <u>거래사례비교법</u>으로 감정평가할 수 있다.

2.3.2 수익환원법의 적용

① 어업권을 수익환원법으로 감정평가할 때에는 <u>어장 전체를 수익환원법으로 감정평가한 가액에서 해당 어장의 적정 시설가액을 뺀</u> 금액으로 감정평가한다.
② 어장의 순수익을 산정하는 경우에는 장기간의 자료에 근거한 순수익을 산정하여야 한다.
③ <u>어업권의 존속기간은 어장의 상황, 어업권의 잔여기간 등을 고려하여 어업이 가능한 연한</u>으로 결정한다.
④ <u>현존시설의 가액은 생산규모와 어업권 존속기간 등을 고려하여 감정평가하되, 과잉유휴시설은 제외</u>한다.

2.3.3 거래사례비교법의 적용

어업권을 거래사례비교법으로 감정평가할 때에는 어종, 어장의 규모, 존속기간 등이 비슷한 인근의 <u>어업권 거래사례</u>를 기준으로 어업권의 가치에 영향을 미치는 개별요인을 비교하여 감정평가한다.

실무기준해설서

I. 어업권의 정의

「수산업법」 제2조 제7호(「내수면어업법」 제7조 제1항에서는 "제6조의 규정에 의하여 어업의 <u>면허</u>를 받은 자는 「수산업법」 제17조 제1항의 규정에 의한 <u>어업권원부에 등록</u>함으로써 어업권을 취득한다."라고 규정하고 있다)에서 면허를 받아 어업을 경영할 수 있는 권리를 "어업권"으로 정의하고 있으므로, <u>허가어업 및 신고어업은 제외하고 면허어업에 대한 권리만을 "어업권"으로 정의</u>하였다.

II. 자료의 수집 및 정리

1) 거래사례

거래사례는 시·군·구 등 각 지방자치단체 해양수산관련 부서, 동종 어업에 종사하는 어업인, 수산업협동조합 등을 통하여 자료수집이 가능하다. 이때 사례가격의 적정성은 별도로 검증하여야 하며, 사례가격에 시설물의 가격이 포함되었는지 여부를 반드시 확인하여야 한다.

2) 수익자료

수익자료는 동종 어업에 종사하는 어업인 및 수산업협동조합 등을 통하여 자료수집이 가능하다. 그러나 어업인들의 경우 경영에 대한 개념이 부족하거나 경영을 잘하는 경우에도 적절하게 설명을 하지 못하는 경우가 있으므로 별도의 판단이 필요한 경우가 많다. 생산량은 유사한 경우라 하더라도 실제 평년수익액(순수익)에서는 큰 차이가 나는 경우가 많으며, 따라서 유사한 위치의 유사한 규모라고 하더라도 경영방법에 따라 순수익에서는 많은 차이가 있을 수 있으므로 세심한 주의를 기울여야 한다.

3) 시장자료

시장자료 중 판매가격은 동종 어업에 종사하는 어업인, 수산업협동조합, 중간 판매상(수집상) 등을 통하여 자료수집이 가능하다. 판매가격을 산정할 때에는 일시적인 풍·흉어, 질병, 수입량 등을 고려하여 결정하여야 한다. 이러한 변동요인은 가격에 절대적인 영향을 미쳐 가격이 등락하는 경우가 많으므로, 과거의 추세나 향후의 경향을 분석하여 합리적 가격을 적용하여야 한다.

III. 어업권 감정평가방법

1) 수익환원법

어업권의 존속기간은 10년 이내로 규정하고 있으나, 10년의 범위 내에서 연장이 가능(총 20년 이내)하고, 유효기간이 만료된 경우에는 특별한 사정이 없는 한 우선순위에 의하여 기존의 어업권자가 다시 재면허를 받을 수 있으므로, 면허의 연장이 가능한지, 재면허를 받을 수 있는지 등을 충분히 검토하여 기간을 산정하여야 한다. 거래가격 측면에서도 잔존 유효기간의 장·단에 따라 큰 영향을 받지 않는 것이 현실이다.

2) 거래사례비교법

어장은 위치에 따라 어업생산성이 매우 크게 차이가 날 수 있으므로, 거래사례비교법으로 감정평가할 때에는 어업방법, 어종, 어장의 규모, 존속기간 등이 비슷한 인근의 어업권

거래사례를 기준으로 하되, 대상 어업생물과 수질, 수심, 수온, 유속, 저질상태, 시설물 상태, 가용시설규모 등 어장환경의 적합성 등과 비교대상 어장의 것을 비교하여 <u>개별요인 비교</u> 시에 반영하여야 한다.

어업권만의 거래사례는 희박하며, 대부분이 어업권과 시설물을 포함한 어장 전체를 거래의 대상으로 하는 경우가 대부분이다. 따라서 어업권의 가격은 어장 전체의 가격에서 적정 시설물 규모에 해당하는 시설물가격을 공제하여 사례 어업권의 가치를 산정한 후 대상 어업권과 비교하여 감정평가하여야 한다.

관련 법령

I. 「공익사업을 위한 토지 등의 취득 및 보상에 관한 법률」

제76조(권리의 보상)

① 광업권·어업권·양식업권 및 물(용수시설을 포함한다) 등의 사용에 관한 권리에 대하여는 투자비용, 예상 수익 및 거래가격 등을 고려하여 평가한 <u>적정가격</u>으로 보상하여야 한다.

② 제1항에 따른 보상액의 구체적인 산정 및 평가방법은 <u>국토교통부령</u>으로 정한다.

시행규칙 제44조(어업권의 평가 등)

① 공익사업의 시행으로 인하여 어업권이 제한·정지 또는 취소되거나 「수산업법」 제14조 또는 「내수면어업법」 제13조에 따른 어업면허의 유효기간의 연장이 허가되지 아니하는 경우 해당 어업권 및 어선·어구 또는 시설물에 대한 손실의 평가는 <u>「수산업법 시행령」 별표 4</u>에 따른다.

② 공익사업의 시행으로 인하여 어업권이 취소되거나 「수산업법」 제14조 또는 「내수면어업법」 제13조에 따른 어업면허의 유효기간의 연장이 허가되지 아니하는 경우로서 다른 어장에 시설을 이전하여 어업이 가능한 경우 해당 어업권에 대한 손실의 평가는 <u>「수산업법 시행령」 별표 4</u> 중 어업권이 정지된 경우의 손실액 산출방법 및 기준에 의한다.

③ 법 제15조 제1항 본문의 규정에 의한 보상계획의 공고(동항 단서의 규정에 의하는 경우에는 토지소유자 및 관계인에 대한 보상계획의 통지를 말한다) 또는 법 제22조의 규정에 의한 사업인정의 고시가 있은 날(이하 "사업인정고시일 등"이라 한다) 이후에 어업권의 면허를 받은 자에 대하여는 제1항 및 제2항의 규정을 적용하지 아니한다.

II. 「수산업법 시행령」 별표 10(어업보상에 대한 손실액의 산출방법, 산출기준 및 손실액산출기관 등)

1. 어업별 손실액 산출방법

가. 법 제33조 제1항 제1호부터 제6호까지 및 법 제34조 제6호(법 제33조 제1항 제1호

부터 제6호까지의 규정에 해당하는 경우로 한정한다)에 해당하는 사유로 어업권이 제
한·정지 또는 취소되었거나 그 사유로 법 제14조에 따른 어업면허 유효기간의 연장
이 허가되지 않은 경우

3) 어업권이 취소되었거나 어업권 유효기간의 연장이 허가되지 않은 경우 :
　　<u>평년수익액 ÷ 연리(12퍼센트) + 어선·어구 또는 시설물의 잔존가액</u>

2. 어업별 손실액 산출방법에 관련된 용어의 정의 및 산출기준

가. 면허어업, 허가어업 및 신고어업의 손실액 산출방법에서 "평년수익액"이란 평균 연간
어획량을 평균 연간판매단가로 환산한 금액에서 평년어업경비를 뺀 금액을 말한다.
이 경우 평균 연간어획량, 평균 연간판매단가 및 평년어업경비의 산출기준은 다음과
같다.

1) 평균 연간어획량의 산출기준

　가) 3년 이상의 어획실적이 있는 경우 : 법 제104조 제2항 및 「수산자원관리법」
제12조 제4항에 따라 보고된 어획실적, 양륙량(선박으로부터 수산물 등을 육
상으로 옮긴 양을 말한다) 또는 판매실적(보상의 원인이 되는 처분을 받은 자가
보고된 실적 이상의 어획실적 등이 있었음을 증거서류로 증명한 경우에는 그
증명된 실적을 말한다)을 기준으로 <u>산출한 최근 3년 동안의 평균어획량</u>으로 하
되, 최근 3년 동안의 어획량은 보상의 원인이 되는 처분일이 속하는 연도의 전
년도를 기준연도로 하여 소급 기산한 3년 동안(소급 기산한 3년의 기간 동안
일시적인 해양환경의 변화로 연평균어획실적의 변동폭이 전년도에 비하여 1.5
배 이상이 되거나 휴업·어장정비 등으로 어획실적이 없어 해당 연도를 포함하
여 3년 동안의 평균어획량을 산정하는 것이 불합리한 경우에는 해당 연도만큼
소급하여 기산한 3년 동안을 말한다)의 <u>어획량을 연평균한 어획량</u>으로 한다.

2) 평균 연간판매단가의 산출기준

　가) 평균 연간판매단가는 보상액의 산정을 위한 <u>평가시점 현재를 기준으로 소급하</u>
<u>여 기산한 1년 동안의 수산물별 평균 판매단가</u>(해당 수산물이 계통출하된 주된
위판장의 수산물별·품질등급별 판매량을 수산물별로 가중평균하여 산출한 평
균 판매단가를 말한다)로 한다.

3) 평년어업경비의 산출기준

평년어업경비는 보상액 산정을 위한 <u>평가시점 현재를 기준으로 1년 동안 소급하여</u>
<u>기산한 해당 어업의 연간 어업경영에 필요한 경비</u>로 하되, 경비항목 및 산출방법은
다음과 같다.

가) 경비항목

1. 생산관리비 : ① 어미고기 및 수산종자 구입비, ② 미끼구입비, ③ 사료비,

④ 유지보수비, ⑤ 연료 및 유류비, ⑥ 전기료, ⑦ 약품비, ⑧ 소모품비, ⑨ 어장관리비(어장 청소, 해적생물 구제 및 표지시설 설치 등), ⑩ 자원조성비, ⑪ 용선료

2. 인건비 : ① 어업자 본인의 인건비, ② 본인 외의 사람에 대한 인건비

3. 감가상각비 : ① 시설물, ② 어선 또는 관리선(선체, 기관 및 어선에 장치된 설비품 등을 포함), ③ 어구, ④ 그 밖의 장비 및 도구

4. 판매관리비 : ① 가공비, ② 보관비, ③ 용기대, ④ 판매수수료, ⑤ 판매경비(운반·포장 등)

5. 그 밖의 경비 : ① 각종 세금과 공과금, ② 어장행사료, ③ 주식·부식비, ④ 복리후생비, ⑤ 보험료 및 공제료, ⑥ 그 밖의 경비

III. 「감정평가실무기준」 830(권리의 보상평가)

1. 목적

이 절은 토지보상법 등 법령에 따라 공익사업의 시행으로 제한·정지 또는 취소되는 광업권·어업권 등 권리에 대한 손실보상을 위한 감정평가를 수행할 때 준수하여야 할 구체적 기준을 정함으로써 권리 보상평가의 공정성과 신뢰성을 제고하는 것을 목적으로 한다.

2. 적용

② 어업권 보상평가는 토지보상법 시행규칙 제44조, 제63조 및 「수산업법 시행령」〈별표 4〉 등 감정평가관계법규에서 따로 정한 것을 제외하고는 이 절이 정하는 바에 따른다.

③ 제2항의 어업권 보상평가에 관한 기준은 허가어업 및 신고어업(「내수면어업법」 제11조 제2항에 따른 신고어업을 제외한다)의 손실보상을 위한 감정평가에 이를 준용한다.

3. 정의

이 절에서 사용하는 용어의 뜻은 다음 각 호와 같다.

8. "어업"이란 수산동식물을 포획·채취하거나 양식하는 사업을 말한다.

9. "어업권"이란 「수산업법」 제8조 및 「내수면어업법」 제6조에 따른 면허를 받아 어업을 경영할 수 있는 권리를 말한다.

10. "허가어업"이란 「수산업법」 제41조 및 「내수면어업법」 제9조에 따른 허가를 얻은 어업을 말한다.

11. "신고어업"이란 「수산업법」 제47조 및 「내수면어업법」 제11조에 따른 신고를 한 어업을 말한다.

12. "어업손실"이란 공익사업의 시행 등으로 인하여 어업권·허가어업·신고어업(이하 "어업권 등"이라 한다)이 제한·정지 또는 취소되거나 「수산업법」 제14조 또는 「내수면어

업법」제13조에 따른 어업면허의 유효기간의 연장이 허가되지 아니하는 경우 해당 어업권 등 및 어선·어구 또는 시설물(이하 "시설물 등"이라 한다)에 대한 손실을 말한다.

13. "어업취소손실"이란 공익사업의 시행 등으로 인하여 어업권 등의 효력이 상실되거나 「수산업법」제14조 또는 「내수면어업법」제13조에 따른 어업면허의 유효기간의 연장이 허가되지 아니하여 발생한 손실을 말한다.

14. "어업정지손실"이란 공익사업의 시행 등으로 인하여 어업권 등이 정지되어 발생한 손실을 말한다.

15. "어업제한손실"이란 공익사업의 시행 등으로 인하여 어업권 등이 제한되어 발생한 손실을 말한다.

16. "전문용역기관"이란 「수산업법 시행령」제69조 관련 〈별표 4〉의 해양수산부장관이 지정하는 수산에 관한 전문 조사·연구기관 또는 교육기관을 말한다.

5. 어업권 보상평가

5.1 어업권 보상평가의 대상

① 어업권 보상평가의 대상은 사업시행자가 보상평가를 목적으로 제시한 것으로 한다.

② 어업권 보상평가를 할 때에는 피해범위, 어업피해손실의 구분, 피해정도 등은 전문용역기관의 조사결과를 참고할 수 있으며, 다만 조사결과가 불분명하거나 판단하기 어려운 경우에는 사업시행자와 협의 등을 거쳐 판단할 수 있다.

5.2 어업권 감정평가방법

어업권의 보상평가는 「수산업법 시행령」별표 4에 따른다.

권리금

기본목차 연습

I. 권리금의 개념

1. 권리금의 의의

2. 권리금의 구성

1) 유형재산

2) 무형재산

3. 권리금과 영업권

1) 영업권의 의의

2) 공통점
- 평가방법 : 수익환원법(추정기간, 현재가치)

3) 차이점
- 평가대상 : 유·무형, 장소성·법률보호 여부
- 평가방법 : 초과수익/영업이익
- 평가수요 : 사업자/(임차)사업자

4. 권리금과 영업손실

1) 영업손실보상의 의의

2) 공통점
- 평가대상 : 유·무형
- 평가방법 : 장소적 영업이익

3) 차이점
- 평가성격 : 공적평가/사적평가
- 평가방법 : 추정기간, 현재가치, 매각손실
- 평가수요 : (임차)사업자/사업자

II. 권리금의 가격형성요인

1. 유형재산

2. 무형재산

1) 계약기간

2) 임대료

3) 임대면적

4) 허가여부

3. 기타

1) 과거 권리금

2) 투기적 요인

III. 권리금의 평가방법

1. 개요

2. 유형재산의 평가

1) 원가법

2) 거래사례비교법

3. 무형재산의 평가

1) 수익환원법
- 추정기간
- 영업이익
- 할인율

2) 거래사례비교법
- 사례선정 : 개별사례/잔여사례
- 요인보정

3) 원가법
- 취득원가
- 요인보정

4. 유·무형재산의 일괄평가

1) 수익환원법

2) 거래사례비교법

3) 시산가액 조정 및 가액 배분

2. 개선방안

1) 실권리금신고제도

2) 보상법령의 개정

3) 「감정평가에 관한 규칙」 개정

IV. 권리금 제도의 문제점 및 개선방안

1. 문제점

1) 적정과세의 필요성

2) 적정보상의 필요성

감정평가에 관한 규칙 │ 제23조(무형자산의 감정평가)

③ 감정평가법인등은 영업권, 특허권, 실용신안권, 디자인권, 상표권, 저작권, 전용측선이용권, <u>그 밖의 무형자산</u>을 감정평가할 때에 <u>수익환원법</u>을 적용해야 한다.

감정평가실무기준 │ 600(물건별 감정평가) - 670(동산 등) - 4(권리금)

4.1 정의

① 권리금이란 <u>임대차 목적물인 상가건물에서 영업</u>을 하는 자 또는 영업을 하려는 자가 영업시설·비품, 거래처, 신용, 영업상의 노하우, 상가건물의 위치에 따른 영업상의 이점 등 <u>유형·무형의 재산적 가치의 양도 또는 이용대가로서 임대인, 임차인에게 보증금과 차임 이외에 지급하는 금전 등의 대가</u>를 말한다.

② 유형재산이란 영업을 하는 자 또는 영업을 하려고 하는 자가 영업활동에 사용하는 영업시설, 비품, 재고자산 등 물리적·구체적 형태를 갖춘 재산을 말한다.

③ 무형재산이란 영업을 하는 자 또는 영업을 하려고 하는 자가 영업활동에 사용하는 거래처, 신용, 영업상의 노하우, 건물의 위치에 따른 영업상의 이점 등 물리적·구체적 형태를 갖추지 않은 재산을 말한다.

4.2 자료의 수집 및 정리

권리금의 가격자료에는 거래사례, 수익자료, 시장자료 등이 있으며, 대상 권리금의 특성에 맞는 적절한 자료를 수집하고 정리한다. 유형재산의 경우에는 해당 물건의 자료의 수집 및 정리 규정을 준용한다.

4.3 권리금의 감정평가방법

4.3.1 권리금의 감정평가 원칙

① 권리금을 감정평가할 때에는 유형·무형의 재산마다 개별로 감정평가하는 것을 원칙으로 한다.

② 제1항에도 불구하고 권리금을 개별로 감정평가하는 것이 곤란하거나 적절하지 아니한 경우에는 일괄하여 감정평가할 수 있다. 이 경우 감정평가액은 합리적인 배분기준에 따라 유형재산가액과 무형재산가액으로 구분하여 표시할 수 있다.

4.3.2 유형재산의 감정평가

① 유형재산을 감정평가할 때에는 원가법을 적용하여야 한다.

② 제1항에도 불구하고 원가법을 적용하는 것이 곤란하거나 부적절한 경우에는 거래사례비교법 등으로 감정평가할 수 있다.

4.3.3 무형재산의 감정평가

4.3.3.1 무형재산의 감정평가방법

① 무형재산을 감정평가할 때에는 수익환원법을 적용하여야 한다.

② 제1항에도 불구하고 수익환원법을 적용하는 것이 곤란하거나 부적절한 경우에는 거래사례비교법이나 원가법 등으로 감정평가할 수 있다.

4.3.3.2 수익환원법의 적용

무형재산을 수익환원법으로 감정평가할 때에는 무형재산으로 인하여 발생할 것으로 예상되는 영업이익이나 현금흐름을 현재가치로 할인하거나 환원하는 방법으로 감정평가한다. 다만, 무형재산의 수익성에 근거하여 합리적으로 감정평가할 수 있는 다른 방법이 있는 경우에는 그에 따라 감정평가할 수 있다.

4.3.3.3 거래사례비교법의 적용

무형재산을 거래사례비교법으로 감정평가할 때에는 다음 각 호의 어느 하나에 해당하는 방법으로 감정평가한다. 다만, 무형재산의 거래사례에 근거하여 합리적으로 감정평가할 수 있는 다른 방법이 있는 경우에는 그에 따라 감정평가할 수 있다.

1. 동일 또는 유사 업종의 무형재산만의 거래사례와 대상의 무형재산을 비교하는 방법
2. 동일 또는 유사 업종의 권리금 일체 거래사례에서 유형의 재산적 가치를 차감한 가액을 대상의 무형재산과 비교하는 방법

4.3.3.4 원가법의 적용

무형재산을 원가법으로 감정평가할 때에는 대상 상가의 임대차 계약 당시 무형재산의 취득가액을 기준으로 취득 당시와 기준시점 당시의 수익 변화 등을 고려하여 감정평가한다.

다만, 무형재산의 원가에 근거하여 합리적으로 감정평가할 수 있는 다른 방법이 있는 경우에는 그에 따라 감정평가할 수 있다.

4.3.4 유형재산과 무형재산의 일괄평가

① 유형재산과 무형재산을 일괄하여 감정평가할 때에는 <u>수익환원법</u>을 적용하여야 한다.

② 제1항에도 불구하고 수익환원법을 적용하는 것이 곤란하거나 부적절한 경우에는 <u>거래사례비교법 등</u>으로 감정평가할 수 있다.

관계 법령

I. 「상가건물 임대차보호법」

제10조의3(권리금의 정의 등)

① <u>권리금이란 임대차 목적물인 상가건물에서 영업을 하는 자 또는 영업을 하려는 자가 영업시설·비품, 거래처, 신용, 영업상의 노하우, 상가건물의 위치에 따른 영업상의 이점 등 유형·무형의 재산적 가치의 양도 또는 이용대가로서 임대인, 임차인에게 보증금과 차임 이외에 지급하는 금전 등의 대가를 말한다.</u>

제10조의4(권리금 회수기회 보호 등)

① 임대인은 임대차기간이 끝나기 6개월 전부터 임대차 종료 시까지 다음 각 호의 어느 하나에 해당하는 행위를 함으로써 권리금 계약에 따라 <u>임차인이 주선한 신규임차인이 되려는 자로부터 권리금을 지급받는 것을 방해하여서는 아니 된다.</u> 다만, 제10조 제1항 각 호의 어느 하나에 해당하는 사유가 있는 경우에는 그러하지 아니하다.

1. 임차인이 주선한 신규임차인이 되려는 자에게 권리금을 요구하거나 임차인이 주선한 신규임차인이 되려는 자로부터 권리금을 수수하는 행위

2. 임차인이 주선한 신규임차인이 되려는 자로 하여금 임차인에게 권리금을 지급하지 못하게 하는 행위

3. 임차인이 주선한 신규임차인이 되려는 자에게 상가건물에 관한 조세, 공과금, 주변 상가건물의 차임 및 보증금, 그 밖의 부담에 따른 금액에 비추어 현저히 고액의 차임과 보증금을 요구하는 행위

4. 그 밖에 정당한 사유 없이 임대인이 임차인이 주선한 신규임차인이 되려는 자와 임대차계약의 체결을 거절하는 행위

③ 임대인이 제1항을 위반하여 임차인에게 손해를 발생하게 한 때에는 그 <u>손해를 배상할 책임이 있다.</u> 이 경우 그 손해배상액은 신규임차인이 임차인에게 지급하기로 한 권리금과 임대차 종료 당시의 권리금 중 낮은 금액을 넘지 못한다.

④ 제3항에 따라 임대인에게 손해배상을 청구할 권리는 <u>임대차가 종료한 날부터 3년 이내에</u> <u>행사하지 아니하면 시효의 완성으로 소멸한다.</u>

제10조의5(권리금 적용 제외)

제10조의4는 다음 각 호의 어느 하나에 해당하는 상가건물 임대차의 경우에는 적용하지 아니한다.

1. 임대차 목적물인 상가건물이 <u>「유통산업발전법」 제2조에 따른 대규모점포 또는 준대규모</u> <u>점포</u>의 일부인 경우(다만, 「전통시장 및 상점가 육성을 위한 특별법」 제2조 제1호에 따른 전통시장은 제외한다.)
2. 임대차 목적물인 상가건물이 <u>「국유재산법」에 따른 국유재산 또는 「공유재산 및 물품 관리</u> <u>법」에 따른 공유재산</u>인 경우

제10조의7(권리금 평가기준의 고시)

국토교통부장관은 <u>권리금에 대한 감정평가의 절차와 방법 등에 관한 기준을 고시</u>할 수 있다.

II. 「공익사업을 위한 토지 등의 취득 및 보상에 관한 법률」

제77조(영업의 손실 등에 대한 보상)

① 영업을 폐업하거나 휴업함에 따른 영업손실에 대하여는 <u>영업이익과 시설의 이전비용 등</u> <u>을 고려하여 보상</u>하여야 한다.

시행규칙 제46조(영업의 폐지에 대한 손실의 평가 등)

① 공익사업의 시행으로 인하여 <u>영업을 폐지하는</u> 경우의 영업손실은 <u>2년간의 영업이익에 영</u> <u>업용 고정자산·원재료·제품 및 상품 등의 매각손실액</u>을 더한 금액으로 평가한다.

③ 제1항에 따른 <u>영업이익은 해당 영업의 최근 3년간의 평균 영업이익</u>을 기준으로 하여 이를 평가하되, 공익사업의 계획 또는 시행이 공고 또는 고시됨으로 인하여 영업이익이 감소된 경우에는 해당 공고 또는 고시일 전 3년간의 평균 영업이익을 기준으로 평가한다. 이 경우 개인영업으로서 최근 3년간의 평균 영업이익이 다음 산식에 의하여 산정한 연간 영업이익에 미달하는 경우에는 그 연간 영업이익을 최근 3년간의 평균 영업이익으로 본다.

> 연간 영업이익 = 「통계법」 제3조 제3호에 따른 통계작성기관이 같은 법 제18조에 따른 승인을 받아 작성·공표한 제조부문 보통인부의 임금단가 × 25(일) × 12(월)

⑤ 제45조 제1호 단서에 따른 임차인의 영업에 대한 보상액 중 <u>영업용 고정자산·원재료·</u> <u>제품 및 상품 등의 매각손실액을 제외한 금액은 제1항에 불구하고 1천만원을 초과하지</u> <u>못한다.</u>

시행규칙 제47조(영업의 휴업 등에 대한 손실의 평가)

① 공익사업의 시행으로 인하여 영업장소를 이전하여야 하는 경우의 영업손실은 휴업기간에 해당하는 영업이익과 영업장소 이전 후 발생하는 영업이익감소액에 다음 각 호의 비용을 합한 금액으로 평가한다.

　　1. 휴업기간 중의 영업용자산에 대한 감가상각비·유지관리비와 휴업기간 중에도 정상적으로 근무하여야 하는 최소인원에 대한 인건비 등 고정적 비용

　　2. 영업시설·원재료·제품 및 상품의 이전에 소요되는 비용 및 그 이전에 따른 감손상당액

　　3. 이전광고비 및 개업비 등 영업장소를 이전함으로 인하여 소요되는 부대비용

② 제1항의 규정에 의한 휴업기간은 4개월 이내로 한다. 다만, 다음 각 호의 어느 하나에 해당하는 경우에는 실제 휴업기간으로 하되, 그 휴업기간은 2년을 초과할 수 없다.

기본서 보충

I. 권리금 가격형성요인

권리금도 다른 재화나 용역과 마찬가지로 기본적으로 수요와 공급에 의하여 금액이 결정된다. 경기가 둔화되어 창업수요가 줄면 권리금이 낮아지고 더 이상 점포를 공급할 수 없는 지역은 권리금이 높아진다. 세부적으로는 영업의 장소, 유형, 경기동향, 고객·명성 등의 대가, 이익률, 허가권 등의 이익의 대가 등 다양한 가치요인에 따라 결정되고 있다.

1) 영업적 이익

오랜 기간 영업을 하였다든가 광고·선전 등으로 점포의 명성이 알려져 있고, 일정 고객이 확보되어 있는 경우, 같은 업종의 상가가 밀집 소재하여 일정 영업 이익이 기대되는 경우, 장소적으로 유리한 위치의 점포는 수요에 비해 점포가 부족하게 되어 권리금을 발생시키는 요인으로 작용한다.

2) 임대료

영업이 잘 되는 위치의 매장의 임대료는 높게 형성될 것이고 영업이 잘 된다면 권리금도 높게 형성될 것이다. 그러나 임대료 중 월세가 지나치게 높아지면 위치상 이점으로 형성된 이익이 줄어들기 때문에 권리금이 낮아지는 경향을 보인다.

3) 임대면적

같은 상권이라면 임대면적이 클수록 권리금도 증가하겠지만 임대면적의 크기와 정비례하여 권리금이 산정되는 것은 아니다. 그 업종에 가장 적합한 면적일 경우 권리금이 가장 높게 형성된다. 새로운 임차인이 필요한 면적보다 임대면적이 클 때에는 시설비가 추가로 필요하기 때문에 오히려 권리금의 하락요인으로 작용할 수 있다.

4) 계약기간

계약기간은 권리금과 비례한다고 할 것이다. 계약기간이 짧다면 임차인은 새로운 투자, 혹은 지속적인 장기 투자를 꺼리게 될 것이며, 계약기간 만료 후 임대료 인상문제가 있기 때문에 권리금 하락을 야기한다. 또한 <u>기간이 짧을수록 권리금을 영업이익으로 회수할 기회가 줄어들기 때문에</u> 새로운 임차인은 높은 권리금을 지불하려 하지 않을 것이다.

5) 전임차인에게 지급한 권리금

전임차인에게 권리금을 지급하고 영업을 하던 임차인은 새로운 임차인에게 지급한 권리금 상당액 또는 보다 높은 권리금을 받게 되리라고 기대한다. 이때 새로운 임차인이 동종 업종의 영업을 하게 될 경우뿐만 아니라 이종 업종의 영업을 하게 될 경우에도 업종에 상관없이 전임차인에게 지급했던 권리금을 다음 임차인에게 전가하여 권리금을 요구한다. 그리고 창업자는 전임차인에게 권리금을 지급하고 이를 영업이익을 통하여 회수하려고 한다. 그러나 요즘은 권리금 수수가 관행화되어 있기 때문에 영업이익을 통한 회수 여부를 떠나 전임차인에게 권리금을 지불한 영업권자는 새로운 임차인에게 권리금을 회수받을 것을 기대한다.

6) 임대인

임대인이 지나치게 매장의 시설에 관여하거나 권리금 문제에 관여하면 임차인은 영업 활성화를 위한 투자를 꺼리게 될 것이다. 또한 계약기간 만료 후 임대인이 자신의 이익만을 추구하여 기회주의적으로 신규임차인을 찾으려 한다면 잠재임차인이 줄어들어 결국은 임대료의 하락을 불러오게 되므로 임대인은 기회주의적 행동을 자제하게 된다.

7) 시설물 및 비품

권리금 형성의 유형적 요인으로 점포의 구조변경, 내부에 고착·설치한 인테리어, 진열장·에어컨·이동이 가능한 영업을 위한 각종 집기, 전화·컴퓨터·팩스 등과 같은 통신설비, 수도·가스 등 생활편의시설 및 각종 비품 등의 유형물에 대하여 권리금이 발생하는 것이다. <u>시설물 및 비품을 설치한 기간이 짧을수록, 동종 업종 간의 매매인 경우는 권리금의 일종으로 요구될 것이나 동종 업종이 아니라면 시설물 및 비품에 대한 권리금이 형성되지 않을 수도 있다.</u> 그러나 동종 업종으로 권리금을 지급한 경우라도 새로운 임차인은 새로운 창업 이미지 개선을 위하여 시설을 개·보수하는 경향을 보인다.

8) 허가여부

정책적으로 법률이나 행정에 의하여 <u>허가제한 내지 허가요건 강화로 인하여 업종이 제한되는 경우,</u> 대리점 계약에 의한 경쟁업체의 신규 진입 금지 등으로 인하여 권리금이 발생한다. 규제로 인해 특정지역에 인허가가 불가능한 여관, 호텔, 세차장, 정비공장 등을 그 예로 들 수 있다.

9) 투기적 요인

신개발지나 신축건물의 경우 앞으로 상점이 희소할 것이라고 부추겨 권리금을 형성하는 경우가 있다. 또한 임대인이 제3의 가장 임차인과 가장 임대차계약을 체결하여 새로운 임차인들 간의 경쟁을 유발하여 권리금을 부풀린다. 그리고 새로운 임차인과 임대차계약을 체결하면서 가장 임차인에게 권리금을 지급한 것으로 하였으나 <u>실제는 임대인이 권리금을 수령하는 방법을 사용한다.</u> 또는 신축건물에 바닥권리금이라 하여 임대인이 직접 권리금을 수령하는 경우 등이다. 권리금 발생의 투기적 요인은 거래질서를 어지럽히는 요인으로 이를 근절시킬 제도적 방안이 강구되어야 한다.

II. 권리금 감정평가방법 「상가권리금 감정평가에 관한 연구」 (고현림 평가사)

<u>「감정평가 실무기준」은 권리금의 감정평가방법만을 설시하고 있는바, 수익환원법의 중요한 구성요소인 영업이익, 할인기간, 할인율 결정에 관한 언급이 없다.</u>
상가권리금 평가에서 무형재산은 수익환원법을 적용하여야 하며, <u>무형재산 귀속 영업이익, 할인율, 할인기간에 대한 합리적인 추정과 결정이 필요</u>하다.

1) 영업이익의 산정

해당 상가의 과거 매출 자료 등 토대로 장래 발생 가능할 것으로 예상되는 합리적인 기대 영업이익. 재무제표상의 상가 전체 <u>영업이익에서 감가상각비 및 자가 인건비 상당액을 공제하여 산정</u>한다.

2) 무형재산 귀속 영업이익의 산정

무형재산 귀속 영업이익 비율을 산정하는 방법에는 <u>비율추출법, 비교사례추출방식, 공제방식</u>이 있으나, 비교사례추출방식은 권리금이 "0"인 상태의 영업이익을 현실적으로 측정하기 곤란하며, 공제방식은 투하자산 및 임차인의 경영이익에 대한 적정한 이익을 산출하기 어렵고, 현실의 권리금 거래 관행과 차이를 가져올 수 있다는 점에서 한계점이 있다. 이 때문에 실무적으로, 무형재산 귀속 영업이익을 산정할 때에는 비율추출법을 사용하는 경우가 많다.

① 비율추출방식 : <u>전체 영업이익 × 무형재산 영업이익비율*</u>
　* 무형재산 영업이익비율 : 시장 탐문 조사 시 감정평가대상이 속한 노변의 권리금이 월 영업이익의 몇 개월분인지 조사하여 「상가건물 임대차보호법」상 보장기간 60개월 대비 비율로 조사(예 월 영업이익의 12개월분일 때 귀속비율 : 20%)
② 비교사례 추출방식
　감정평가대상 상가가 속한 노변 혹은 동일수급권 내 유사지역의 권리금이 수수되지 않는 상가와 권리금이 수수되고 있는 상가의 영업이익의 차이로 추출해내는 방법

③ 공제방식

전체 영업이익 중에서 영업이익 형성에 기여하는 권리금 외의 생산요소별 기여분을 공제하고 남은 부분(매출액 - 매출원가 - 판관비 - 투하자본 기여이익 - 임차인 경영이익)으로 추정하는 방법

3) 할인율 및 할인기간의 산정

할인율은 적용되는 영업이익 등의 종류와 위험 정도, 할인기간 및 특성 등에 따라 상이하게 나타나므로 요소구성법, 가중평균자본비용 등을 적용하여 산정함.

할인기간은 실제 영업기간과 달리, 「상가건물 임대차보호법」상 보호기간(5년)과 선불적 투자액인 권리금의 성격을 감안하여 5년을 기준으로 함이 타당하다.

(1) 제도개선방안

① 과세

권리금의 양성화가 본격화되는 현 시점에서 반드시 함께 논의되어야 할 사항은 바로 권리금에 대한 과세이다. 현재 세법체계에서도 권리금은 과세 대상에 해당된다. 그러나 ① 권리금을 수수하는 경우 대부분 세무서에 신고를 누락하고 탈세하는 경우가 거의 대부분이라는 점, ② 권리금의 수수에 대한 공적 통계나 기록이 거의 없는 상태에서 신뢰성 높은 권리금 감정평가를 하기는 어렵다는 점, ③ 권리금이 법률적 보호대상으로 편입되었으므로 권리금의 수수로 인해 얻게 되는 이익은 당연히 과세의 대상이 되어야 한다는 점 등을 고려할 때, 권리금에 대한 과세 문제 역시 해결되어야 할 과제라고 보인다. 또한 권리금 계약과 거래 시 실제 거래된 권리금액을 세무서 등에 신고 또는 등록하게 하는 권리금 등록제 등도 도입될 필요가 있다. 마지막으로 이번 법률 개정안에서는 빠진 재건축 시 상가임차인에 대한 보상방안과 영업보상에서의 권리금 보상 문제 등도 향후 논의되어야 할 것이다.

② 영업손실보상

보상의 근간을 이루는 「공익사업을 위한 토지 등의 취득 및 보상에 관한 법률(이하 '토지보상법')」을 비롯한 보상을 다루는 각 개별법들은 토지 등 소유자들의 손실보상에 초점을 맞추고 있어 세입자 대책이 미흡하다는 비판이 계속되었다. 그리고 주거세입자보다 영업을 기반으로 생활하는 영업세입자의 보상이 더욱 미흡한 실정이다. 상가세입자들은 현행 영업손실 보상금으로 사업지구 이외의 지역의 영업지를 찾아야 하지만 이는 현실적으로 어려운 상황이다. 상가를 임차하는 데 있어 관행적으로 권리금을 지불해야 점포를 얻을 수 있는데 영업손실 보상금에는 권리금이 포함되지 않기 때문이다. 정비사업 지구 내에서 생활의 기반이 되는 사업지를 떠나야 하는 상가세입자들이 현행 영업손실 보상금으로 다른 곳에서 동등한 수준의 영업지로 이전할 수 없다면 그것은 헌법 제23조에서 말하는 정당한 보상이라고 보기 어렵다.

또한 영업손실보상은 공익사업의 종류에 따라 3개월 또는 4개월의 휴업기간 동안의 영업이익을 기초로 산정되고 있는데, 이는 장소를 이전하는 기간 즉 영업을 하지 못하는 기간 동안의 이익 상실, 장소를 이전한 후 영업이 본궤도에 오르기까지의 이익 상실의 개념으로 보아야 할 것이다. 광범위한 구역이 철거되고 택지개발이 된다거나 재개발이 된다면 상가세입자들은 다른 지역으로 영업장을 이전하여야 하므로 이전지역 및 이전대상지를 물색하고 이전 후 영업을 전과 같은 수준의 궤도에 올리기까지 기간이 필요하게 될 것이다. 토지보상법에서 말하는 영업이익이란 이러한 영업이익의 상실에 대한 보상이라 할 것이다. 따라서 <u>과연 3개월 혹은 4개월 동안 영업장을 이전하고 전과 같은 수준의 영업이익 및 권리금을 창출할 수 있는지 의문시된다.</u>

또한 정비사업의 지역 내든지, 다른 공익사업의 지역 내든지 세입자 입장에서는 배후지를 상실하고 이전해야 하는 것은 동일한데 <u>정비사업은 4개월, 다른 공익사업은 3개월로 산정기간이 다른 것은 형평에 맞지 않는다.</u> 이는 권리금 문제가 핵심이 된 용산사태로 인하여 민심수습 차원에서 영업이익 1개월분을 추가 지급한 것으로 합리적인 기준 없는 미봉책에 불과하며, 사회 문제가 될 때마다 합리적 기준 없이 땜질식 처방을 하는 것은 옳지 않다.

첫째, 영업손실보상은 영업시설 등의 이전에 소요되는 비용은 인정되고 있는데 이는 권리금 중 유형적 요인 즉, 시설권리금에 해당되는 일정 기간 동안의 상각 후 비용에 해당된다. 그러나 <u>영업권자들의 장기간의 영업노력에 의해 형성된 무형의 재산적 가치에 해당되는 권리금이 인정되지 않고 있다.</u> 그러나 상거래상 관행적으로 광범위하게 수수되고 있는 권리금이라는 재산적 가치를 인정하고 이를 보상하는 것이 생활이익의 상실 내지 특별한 희생에 대한 정당한 보상이라 할 것이다.

<u>둘째, 용적률 인센티브를 활용하여 권리금을 보상할 수 있을 것이다.</u> 「도정법」은 사업시행자가 법령에서 정하는 손실보상의 기준 이상으로 세입자에게 주거이전비를 지급하거나 영업의 폐지 또는 휴업에 따른 손실을 보상하는 경우 또는 손실보상에 더하여 임대주택 추가 건설, 임대상가 건설 등 추가적인 세입자 손실보상 대책을 수립하여 시행하는 경우에는 「국토의 계획 및 이용에 관한 법률」에서 정하는 용도지역의 용적률 규정에도 불구하고 해당 정비구역에 적용되는 용적률의 100분의 125 이하의 범위에서 대통령령으로 정하는 바에 따라 특별시·광역시·특별자치도·시 또는 군의 조례로 용적률을 완화하여 정할 수 있다고 규정하고 있다. 그러므로 세입자의 권리금을 인정하고 용적률 상향으로 개발이익을 증대시켜 그 비용을 충당할 수 있을 것이다. 다만, 본 규정은 권리금을 적극적으로 인정한 규정이 아닌, 세입자 보상 증대를 유도하는 규정으로 사업시행자의 자율에 맡기고 있는

소극적인 규정이다. 정비사업 등은 다수의 이해관계인이 얽혀있는 사업이고, 세입자들은 그들의 주장을 적극적으로 펼 수 없는 약자라는 점을 인지하고, 민간의 책임성만 강조하기보다는 공공이 적극 나서서 실태를 파악하고, 법이 적극적으로 보호하는 규정으로의 개정이 필요하다.

셋째, 영업권자들은 세무당국에 각종 매출액, 부가가치세 신고, 소득세 신고 등을 누락하지 않도록 하고 누락 시 강력한 처벌을 유도하여 각종 세금관련 자료들이 투명하게 노출되어야 할 것이며, 평가는 이를 기초로 이루어져야 할 것이다. 권리금 정보 또한 부동산 실거래가액 공시, 전월세가격 공개처럼 권리금 거래 시 거래내역과 거래금액을 신고하고 공개하여 권리금 거래시장이 투명화되고 거래금액이 왜곡되지 않도록 유도하며 손실보상액 산정 시에도 적극 활용할 수 있도록 자료를 구축하여야 한다.

감정평가이론 기출문제

16 정부에서 추진 중인 상가권리금 보호방안이 제도화될 경우 권리금 감정평가업무에 변화가 나타날 것으로 예상된다. 이에 관한 상가권리금에 대해 설명하시오. 10점

▶ 기출 제25회 4번

I. 서설

II. 상가권리금의 의의 및 도입배경
 1. 상가권리금의 의의
 2. 상가권리금 보호방안 도입배경

III. 권리금 감정평가방법 및 업무 변화
 1. 권리금 감정평가방법
 2. 감정평가업무의 변화
  1) 평가지침 및 심사기준 제정
  2) 권리금 양성화 및 업무영역 확대

17 영업권과 상가권리금을 비교 설명하시오. 10점

▶ 기출 제28회 4번

I. 서설

II. 영업권과 상가권리금의 의의
 1. 영업권의 의의
 2. 상가권리금의 의의

III. 영업권과 상가권리금의 비교
 1. 유형재산 포함여부
 2. 장소성 반영여부
 3. 초과이익 고려여부
 4. 법률적 보호여부

18 부동산을 명도받기 위한 소송을 제기한 임대인 원고에 맞서, 임차인이자 개인사업자인 피고는 「상가건물 임대차보호법」의 권리금 회수기회 보호 등의 규정을 들어 원고로부터 권리금의 지급을 요청하는 '감정신청서'를 법원에 제출하였다. 재판장은 피고의 감정신청을 받아들여 감정평가사 甲에게 권리금에 대한 감정평가를 의뢰하였다. 제시된 자료를 활용하여 대상 사업체의 권리금을 산정하시오. (단, 권리금은 시설권리금, 영업권리금, 바닥권리금으로 구분하여 제시할 것) 10점

▸기출 제33회 4번

(자료 1) 기본적 사항

1. 기준가치 : 시장가치
2. 기준시점 : 2022.07.16.
3. 대상 사업체의 개황
   1) 소재지 : C시 D동 120
   2) 업종 : 커피숍
   3) 개업일 : 2017.01.01.
   4) 면적 : 120㎡

(자료 2) 시설권리금 자료

1. 시설권리금 대상인 유형재산은 인테리어뿐이며, 사업자는 개업일 당시 인테리어 비용 600,000원/㎡ 소요되었다는 자료를 제출하였고, 제반 상황을 고려할 때 비용은 적정한 것으로 판단됨.
2. 기준시점의 재조달원가는 개업일 당시 비용에 건축공사비지수를 적용하여 산정하며, 조사된 건축공사비지수는 다음 표와 같다.

구분	2017년 1월	2022년 7월
건축공사비지수	112	147

- 건축공사비 변동률 산정은 일할계산하지 않고, 해당 월에 고시된 건축공사비지수를 적용하며, 소수점 넷째 자리를 반올림하여 셋째 자리까지 표기함.
3. 단가 산정은 천원 미만에서 반올림하여 천원 단위까지 표기함.
4. 감가수정은 정액법에 따르고, 총 내용연수는 동종 업의 인테리어 수명 주기를 고려하여 10년으로 하며, 연 단위 만년감가를 적용함.

(자료 3) 영업권리금 자료

1. 영업권리금 산정을 위한 영업이익은 기준시점 이전 3년의 평균영업이익인 연간 23,000,000원으로 하였음.
2. 개인사업자로서 영업이익에서 공제해야 하는 비용은 자가인건비 상당액으로 기준시점 이전 3년 평균인 연간 19,000,000원으로 하였으며, 감가상각비는 고려하지 않음.
3. 무형재산 귀속 영업이익은 브랜드를 선호하는 업종의 특성을 고려할 때, 50%를 적용하는 것이 타당한 것으로 판단됨.
4. 인근지역 브랜드 커피숍 증가로 기준시점 이후 영업이익은 동일할 것으로 추정함.
5. 할인기간은 5년으로 하고, 기준시점 이후 5년간 추정된 영업이익에 대응하는 할인율은 아래 표와 같음.

구분	1년	2년	3년	4년	5년
할인율	0.899	0.808	0.726	0.653	0.587

(자료 4) 바닥권리금 자료

대상 사업체가 속한 상권은 위치와 업종, 가로의 상태에 따라 일부 바닥권리금이 형성되는 상가가 있으나, 시설권리금과 영업권리금을 받을 수 있는 상가는 별도의 바닥권리금이 없는 것으로 조사됨.

I. 감정평가의 개요

II. 권리금의 감정평가

1. 유형재산(시설권리금)의 적산가액
   1) 재조달원가
   2) 감가수정
   3) 적산가액

2. 무형재산(영업권리금)의 수익가액
   1) 추정기간
   2) 순수익
   3) 할인계수
   4) 수익가액

3. 권리금 감정평가액의 결정 및 의견

08 지식재산권
유형

기본목차 연습

감정평가에 관한 규칙 | 제23조(무형자산의 감정평가)

③ 감정평가법인등은 영업권, 특허권, 실용신안권, 디자인권, 상표권, 저작권, 전용측선이용권, 그 밖의 무형자산을 감정평가할 때에 수익환원법을 적용해야 한다.

감정평가실무기준 | 600(물건별 감정평가) - 650(권리) - 4(지식재산권)

4.1 정의

① "지식재산권"이란 특허권·실용신안권·디자인권·상표권 등 산업재산권 또는 저작권 등 지적창작물에 부여된 재산권에 준하는 권리를 말한다.
② "특허권"이란 「특허법」에 따라 발명 등에 관하여 독점적으로 이용할 수 있는 권리를 말한다.
③ "실용신안권"이란 「실용신안법」에 따라 실용적인 고안 등에 관하여 독점적으로 이용할 수 있는 권리를 말한다.
④ "디자인권"이란 「디자인보호법」에 따라 디자인 등에 관하여 독점적으로 이용할 수 있는 권리를 말한다.
⑤ "상표권"이란 「상표법」에 따라 지정상품에 등록된 상표를 독점적으로 사용할 수 있는 권리를 말한다.
⑥ "저작권"이란 「저작권법」 제4조의 저작물에 대하여 저작자가 가지는 권리를 말한다.

4.2 자료의 수집 및 정리

지식재산권의 가격자료에는 거래사례, 비용자료, 수익자료, 시장자료 등이 있으며, 대상 권리의 특성에 맞는 적절한 자료를 수집하고 정리한다.

4.3 지식재산권의 감정평가방법

4.3.1 지식재산권의 감정평가 원칙

① 지식재산권을 감정평가할 때에는 수익환원법을 적용하여야 한다.
② 제1항에도 불구하고 수익환원법으로 감정평가하는 것이 곤란하거나 적절하지 아니한 경우에는 거래사례비교법이나 원가법으로 감정평가할 수 있다.

4.3.2 수익환원법의 적용

① 지식재산권을 수익환원법으로 감정평가할 때에는 다음 각 호에 따른 방법으로 감정평가할 수 있다. 다만, 대상 지식재산권이 창출할 것으로 기대되는 적정 수익에 근거하여 합리적으로 감정평가할 수 있는 다른 방법이 있는 경우에는 그에 따라 감정평가할 수 있다.

1. 해당 지식재산권으로 인한 현금흐름을 현재가치로 할인하거나 환원하여 산정하는 방법
2. 기업 전체에 대한 영업가치에 해당 지식재산권의 기술기여도를 곱하여 산정하는 방법
② 제1항 제1호의 해당 지식재산권으로 인한 현금흐름은 다음 각 호의 방법에 따라 산정할 수 있다.
   1. 해당 지식재산권으로 인해 절감 가능한 사용료를 기준으로 산정하는 방법
   2. 해당 지식재산권으로 인해 증가된 현금흐름을 기준으로 산정하는 방법
   3. 기업의 총이익 중에서 해당 지식재산권에 일정비율을 배분하여 현금흐름을 산정하는 방법
③ 제1항 제2호의 기술기여도는 기업의 경제적 이익 창출에 기여한 유·무형의 기업 자산 중에서 해당 지식재산권이 차지하는 상대적인 비율로서 다음 각 호의 방법 등으로 산정할 수 있다.
   1. 비슷한 지식재산권의 기술기여도를 해당 지식재산권에 적용하는 방법
   2. 산업기술요소·개별기술강도·기술비중 등을 고려한 기술요소법

4.3.3 거래사례비교법의 적용

① 지식재산권을 거래사례비교법으로 감정평가할 때에는 다음 각 호의 방법으로 감정평가한다. 다만, 지식재산권의 거래사례에 근거하여 합리적으로 감정평가할 수 있는 다른 방법이 있는 경우에는 그에 따라 감정평가할 수 있다.
   1. 비슷한 지식재산권의 거래사례와 비교하는 방법
   2. 매출액이나 영업이익 등에 시장에서 형성되고 있는 실시료율을 곱하여 산정된 현금흐름을 할인하거나 환원하여 산정하는 방법
② 제1항 제2호의 실시료율은 지식재산권을 배타적으로 사용하기 위해 제공하는 기술사용료의 산정을 위한 것으로, 사용기업의 매출액이나 영업이익 등에 대한 비율을 말한다. 이 경우 실시료율을 산정할 때에는 다음 각 호의 사항을 고려하여야 한다.
   1. 지식재산권의 개발비
   2. 지식재산권의 특성
   3. 지식재산권의 예상수익에 대한 기여도
   4. 실시의 난이도
   5. 지식재산권의 사용기간
   6. 그 밖에 실시료율에 영향을 미치는 요인

4.3.4 원가법의 적용

지식재산권을 원가법으로 감정평가할 때에는 다음 각 호의 방법으로 감정평가할 수 있다. 다만, 대상 지식재산권의 원가에 근거하여 합리적으로 감정평가할 수 있는 다른 방법이 있

는 경우에는 그에 따라 감정평가할 수 있다.
1. 기준시점에서 새로 취득하기 위해 필요한 예상비용에서 감가요인을 파악하고 그에 해당하는 금액을 공제하는 방법
2. 대상 지식재산권을 제작하거나 취득하는 데 들어간 비용을 물가변동률 등에 따라 기준시점으로 수정하는 방법

실무기준해설서

I. 정의

1. 규정의 취지

감정평가의 대상이 되는 지식재산권의 의미 및 특허권, 실용신안권, 디자인권, 상표권, 저작권에 대한 정의를 규정함으로써 산업사회 발전에 따른 감정평가 업무 영역의 확장과 이에 따라 대두되는 업무 표준화를 이루고자 하는 데 그 취지가 있다.

2. 주요내용

1) 개요

현대 시대에는 종래의 유형자산 이외에도 다양한 무형의 권리가 존재한다. 특히 최근에는 산업사회에서 지식사회로 탈바꿈하면서 무형자산의 중요성이 부각되고 있다. 특히 정보화로 대표되는 IT 기술 등의 발달로 특허에 관한 독점적 권리를 주장하게 되며, 이에 따른 분쟁도 점차 증대되는 추세이다.

2) 지식재산권

통상 발명·상표·디자인 등의 산업재산권과 문학·음악·미술 작품 등에 관한 저작권을 총칭하는 개념으로, 이를 지식재산권 또는 지적소유권으로 칭하기도 한다. 다만, 「실무기준」에서는 특허권, 실용신안권, 디자인권, 상표권, 저작권과 이에 준하는 권리를 지식재산권으로 규정한다.

3) 지식재산권의 종류

(1) 특허권

「특허법」에 따라 발명 등에 관하여 독점적으로 이용할 수 있는 권리를 특허권이라 규정한다. 기술적 사상의 창작이나 발명을 일정기간 독점적, 배타적으로 소유 또는 이용할 수 있는 권리로서, 특허권이 부여되면 특허권자를 제외한 사람은 특허권자의 동의를 득하여 사용하게 되며 특허권이 침해되면 민·형사소송을 제기할 수 있다.

(2) 실용신안권

실용신안권은 공업소유권의 일종으로 실용신안을 등록한 자가 독점적으로 가지는 지배권으로, 여기서 실용신안이란 <u>산업상 이용할 수 있는 물품의 형상·구조 또는 조합에 관한 고안</u>으로서 특허청에 이를 등록함으로써 권리에 대한 효력이 발생한다(「실용신안법」 제21조).

(3) 디자인권

디자인을 창작한 자 또는 그 승계인은 「디자인보호법」에 따라 디자인등록을 받을 수 있는 권리가 있다. 2인 이상이 공동으로 디자인을 창작하여 등록한 경우에는 이 디자인권을 공유로 한다(「디자인보호법」 제3조). 디자인권자 또는 디자인등록출원자는 자기의 등록디자인 또는 등록출원디자인만이 아니라 유사한 디자인에 대해서도 이를 유사디자인이라 하여 디자인등록을 받을 수 있다.

(4) 상표권

상표권은 등록상표를 지정상표에 독점적으로 이용할 수 있는 권리를 말한다. 상표는 <u>상품이나 제품을 생산·제조·가공 또는 판매업자가 자사의 상품을 다른 업자 등의 상품과 구별하기 위해 사용하는 기호 또는 도형이나 문자 등의 결합</u>을 말한다. 상표권은 설정등록에 의하여 발생한다.

(5) 저작권

「저작권법」에 따라 저작권자가 가지는 권리를 저작권이라 하며, 이는 <u>인간의 사상이나 감정 등을 표현한 창작물</u>에 대한 독점적인 권리를 말한다. 이러한 저작물에는 소설·시·논문·강연 등과 음악·연극·무용·회화·서예 및 조각·공예·건축물·사진·영상·도형·컴퓨터프로그램 등이 있다.

II. 자료의 수집 및 정리

1. 규정의 취지

감정평가 대상물건의 특성, 감정평가목적, 감정평가조건 등에 따라 수집하여야 할 자료는 다양하다. 따라서 지식재산권에 대한 적절한 감정평가를 위해 수집하여야 할 가격자료가 어떠한 것인지에 대하여 규정하고 있다.

2. 주요내용

1) 조사 및 확인사항

(1) 특허권

① <u>등록특허공보</u>를 통한 특허권의 내용

② 특허의 기술적 유효성과 경제적 유효성

③ 특허권자, 특허권의 존속기간, 존속기간 연장여부

④ 특허권의 효력 및 계약관계

⑤ 특허권의 수용여부 및 질권설정 여부

⑥ 특허권에 관한 심판, 소송여부

⑦ 재무상태표상 특허권의 장부가치

(2) 상표권

① 상표등록증을 통한 상표권의 내용

② 상표권자, 출원인, 상표권의 존속기간, 존속기간 갱신여부

③ 상표권의 효력, 계약관계 및 등록상표 등의 보호범위

④ 상표권의 소송여부 및 질권설정 여부

⑤ 재무상태표상 상표권의 장부가치

(3) 저작권

① 저작자의 실명, 이명, 국적, 주소, 거소

② 저작물의 제호, 종류, 창작연월일

③ 저작물 공표 여부, 공표연월일, 공표된 국가

④ 저작인격권(공표권, 설명표시권, 동일성유지권)

⑤ 저작재산권(복제권, 공연권, 공중송신권, 전시권, 배포권, 대여권)

⑥ 실연자의 권리(복제권, 배포권, 대여권, 공연권, 방송권, 전송권 등)

⑦ 음반제작자의 권리(복제권, 배포권, 대여권, 전송권 등)

⑧ 방송사업자의 권리(복제권, 동시중계방송권)

⑨ 저작재산권의 양도, 질권의 행사, 권리변동

2) 지식재산권의 가격자료

(1) 특허권

① 거래사례 : 특허권의 거래가격 등

② 비용자료 : 특허권의 취득을 위해 드는 비용 등

③ 수익자료 : 수익력 추정자료, 수익률, 라이선스계약에 따른 수익 및 실시료율, 재무제표 등

④ 시장자료 : 경제성장률, 물가상승률, 금리, 환율 등

⑤ 그 밖에 감정평가액 결정에 참고가 되는 자료

(2) 상표권

① 거래사례 : 상표권의 거래가격 등

② 비용자료 : 상표권의 취득을 위해 드는 비용 등
③ 수익자료 : 상표권 사용수익, 수익률, 라이선스계약에 따른 수익 및 실시료율, 재무제표 등
④ 시장자료 : 경제성장률, 물가상승률, 금리, 환율 등
⑤ 그 밖에 감정평가액 결정에 참고가 되는 자료

(3) 저작권
① 거래사례 : 저작권의 거래가격 등
② 비용자료 : 저작권의 취득을 위해 드는 비용 등
③ 수익자료 : 저작권 사용수익, 수익률, 라이선스계약에 따른 수익 및 실시료율, 재무제표 등
④ 시장자료 : 경제성장률, 물가상승률, 금리, 환율 등
⑤ 그 밖에 감정평가액 결정에 참고가 되는 자료

III. 감정평가방법

1. 규정의 취지

지식재산권에 대한 감정평가방법을 명시하고 있으며, 수익환원법을 원칙적으로 적용하되 예외적으로 거래사례비교법과 원가법을 규정하고 있다.

2. 주요내용

1) 수익환원법 원칙

지식재산권의 감정평가는 <u>수익환원법을 적용함을 원칙</u>으로 한다. 즉, 해당 권리를 통해 얻을 수 있는 적정수익을 환원율로 환원하거나 또는 미래의 현금흐름을 파악하여 이를 할인율로 할인하는 방식으로 가치를 구한다. 통상 지식재산권은 <u>관련 법령에서 주어진 권리의 독점적, 배타적 기간</u>이 존재한다.

2) 예외적인 경우

수익환원법에 의한 감정평가가 곤란하거나 적절하지 아니한 경우에는 <u>거래사례비교법 또는 원가법</u>으로 감정평가할 수 있다. 거래사례비교법과 원가법을 적용하고자 할 경우에는 신중할 필요가 있다. 또한 이 경우에는 감정평가서에 해당 내용을 기재하여야 한다.

3. 수익환원법의 적용

1) 현금흐름을 할인하거나 환원하는 방법

기업이나 개인이 창출하는 <u>전체 현금흐름에서 지식재산권만의 현금흐름이 파악되고, 이</u>

에 대한 할인율과 환원율을 구할 수 있는 경우에 적용하는 감정평가방법이다. 여기서 중요한 것은 지식재산권의 현금흐름을 파악하는 것으로 다음과 같은 방법이 적용될 수 있다.

① 해당 지식재산권으로 인해 <u>절감 가능한 사용료를 기준</u>으로 산정하는 방법
② 해당 지식재산권으로 인해 <u>증가된 현금흐름을 기준</u>으로 산정하는 방법
③ 기업의 <u>총이익 중에서 해당 지식재산권에 일정 비율을 배분</u>하여 현금흐름을 산정하는 방법

2) 기술기여도를 곱하여 산정하는 방법

기업 전체에 대한 영업가치를 산정하고, 산정된 영업가치를 기준으로 해당 지식재산권의 기술기여도를 곱하여 산정하는 방법을 말한다. 여기서 <u>기술기여도는 기업의 경제적 이익 창출에 기여한 유·무형의 기업 자산 중에서 해당 지식재산권이 차지하는 상대적인 비율</u>을 말한다. 즉, 이 방법에서는 기술기여도를 측정하는 것이 무엇보다 중요하며, 산정방법은 다음과 같다.

① <u>비슷한 지식재산권의 기술기여도</u>를 해당 지식재산권에 적용하는 방법
② 산업기술요소, 개별기술강도, 기술비중 등을 고려한 <u>기술요소법</u>

3) 예외

상기 2가지 방법 이외에 대상 지식재산권이 창출할 것으로 기대되는 적정 수익에 근거하여 합리적으로 감정평가할 수 있는 다른 방법이 있는 경우에는 그에 따라 감정평가할 수 있다.

4. 거래사례비교법의 적용

1) 유사 거래사례와 비교하는 방법

<u>동종 또는 유사한 지식재산권이 실제 거래된 사례가 있는 경우</u>에는 거래사례비교법을 적용할 수 있다. 다만, 현실적으로 지식재산권은 배타적이고 독점적인 권리이기 때문에 <u>완벽히 동일한 유사 거래는 존재하지 않을 수 있으나</u>, 비슷하다고 여겨질 만한 지식재산권이 존재하고 실제 거래된 경우에는 거래사례비교법은 유용한 감정평가방법이 될 수 있다.

2) 매출액이나 영업이익에 실시료율을 적용하고 환원하는 방법

<u>매출액이나 영업이익 등에 시장에서 형성되고 있는 실시료율을 곱하여 산정된 현금흐름을 할인하거나 환원하여 산정하는 방법</u>을 말하며, 여기서 <u>실시료율은 지식재산권을 배타적으로 사용하기 위해 제공하는 기술사용료의 산정을 위한 것으로, 사용기업의 매출액이나 영업이익 등에 대한 비율</u>을 말한다. 실시료율 산정 시 고려사항은 ① 지식재산권의

개발비, ② 지식재산권의 특성, ③ 지식재산권의 예상수익에 대한 기여도, ④ 실시의 난이도, ⑤ 지식재산권의 사용기간, ⑥ 그 밖에 실시료율에 영향을 미치는 요인 등이다.

3) 예외

상기 2가지 방법 이외에 대상 지식재산권을 거래사례에 근거하여 합리적으로 감정평가할 수 있는 다른 방법이 있는 경우에는 그에 따라 감정평가할 수 있다.

5. 원가법의 적용

1) 새로 취득하기 위한 예상비용에 감가수정하는 방법

대상 지식재산권을 <u>기준시점에서 새로 취득하기 위해 필요한 예상비용 즉, 재조달원가</u>를 산정하고 이에 적용될 수 있는 감가요인을 파악하여 감가수정의 방식으로 감정평가하는 방법이다.

2) 제작 또는 취득에 소요된 비용을 물가변동률 등으로 수정하는 방법

<u>대상 지식재산권을 제작하거나 취득하는 데 들어간 비용</u>을 파악하고 기준시점까지의 물가변동률 등을 적용하여 수정하는 방법이다.

3) 예외

상기 2가지 방법 이외에 대상 지식재산권의 원가에 근거하여 합리적으로 감정평가할 수 있는 다른 방법이 있는 경우에는 그에 따라 감정평가할 수 있다.

기본서 정리 | 〈감정평가론〉 제15장 지식재산과 무형자산의 평가(경응수, 나무미디어, 제5판)

I. 무형자산의 특징

무형자산은 비물리적이기는 하지만 엄연한 기업의 주요자산으로서 다음과 같이 다양한 특징을 지닌다.
① 물리적 실체가 없는 <u>비물리적 속성</u>을 지닌다.
② 장래 획득 가능한 <u>경제적 효익</u>을 창출할 것으로 기대되는 자산이다.
③ 무형자산은 자산의 일종으로서 당연히 <u>법적, 사실적 관계</u>에 의한 보호를 받는다.
④ 다른 자산과 <u>분리 식별</u>이 가능하다.
⑤ 무형자산은 기업의 성장이나 발달 시에는 가장 <u>늦게</u> 발생하지만, 쇠퇴나 폐업 시에는 가장 <u>빨리 소멸</u>되는 성질을 지닌다.

감정평가이론 기출문제

19 최근 지식재산권에 대한 관심이 높아지면서 지식재산권에 대한 감정평가 수요도 증가하고 있다. 지식재산권 감정평가와 관련하여 다음 물음에 답하시오. 40점 ▸기출 제33회 1번

물음 1 감정평가 실무기준상 지식재산권의 개념 및 종류, 가격자료에 대해 설명하시오. 10점

물음 2 감정평가 3방식의 성립 근거와 각 방식 간의 관계에 대해 설명하시오. 10점

물음 3 감정평가 실무기준상 감정평가 3방식에 따른 지식재산권의 평가방법을 설명하고 방식 적용 시 유의사항에 대해 설명하시오. 20점

감정평가실무 기출문제

20 감정평가사 甲은 식료품 제조업을 영위하는 (주)A로부터 일반거래(시가참고) 목적의 감정평가를 의뢰받았다. 관련법규 및 이론을 참작하고 제시된 자료를 활용하여 다음의 물음에 답하시오. (단, 기준시점은 2020.01.01.임) 40점 ▸기출 제30회 1번

물음 1 (주)A의 기업가치를 평가하시오. 25점

물음 2 (주)A의 특허권의 유효 잔존수명을 산출하고, 특허권 가치를 평가하시오. 10점

(자료 1) 대상기업 및 특허권 개요

1. 대상기업 현황

상호	(주)A
대표자	이○○
설립일자	2012.06.17.
사업자번호	514-87-****
주요제품	과자류

※ 대상기업은 식료품 제조업을 영위함.

2. 특허권 개요

명칭	나선형 ** 코팅 장치
등록번호	10-13*****
출원일	2013.05.26.
특허권자	(주)A
존속기간 만료일	2033.05.26.

(자료 2) 주요 가정

1. 추정기간이란 할인현금수지분석법 적용에 있어 현금흐름을 직접 추정하는 기간으로 대상기업의 특성 및 시장상황 등을 고려하여 5년(1기~5기)으로 가정함.
2. 추정기간이 지난 6기부터는 성장률 0%를 적용하며, 5기의 현금흐름이 지속되는 것으로 가정함.
3. 대상기업의 결산일은 매년 말일이며, 현금흐름은 편의상 기말에 발생하는 것으로 가정함.
4. 대상기업의 현금흐름 추정 시 비영업용자산에 의한 수익, 비용은 제외된 것으로 가정함.

(자료 3) 재무상태표 및 손익계산서 일부 발췌(2019.12.31. 현재)

1. 재무상태표(일부 발췌)

계정과목	금액(원)
자산	
I. 유동자산	
1. 당좌자산	
(1) 단기금융상품	700,000,000
(2) 그 외	500,000,000
2. 재고자산 등	600,000,000
II. 비유동자산	
1. 투자자산	
(1) 장기투자자산	300,000,000
2. 유형자산	
(1) 토지	2,500,000,000
(2) 건물	1,000,000,000
(3) 기계	800,000,000

부채	
I. 유동부채	1,100,000,000
II. 비유동부채	
1. 장기차입금	2,500,000,000

※ 대상기업의 무형자산은 영업권과 특허권만 존재함.
※ 대상기업의 비영업용 항목은 단기금융상품, 장기투자자산임.

2. 손익계산서(일부 발췌)

(단위 : 원)

구분	2017년	2018년	2019년
매출액	2,000,000,000	2,100,000,000	2,205,000,000
매출원가	1,000,000,000	1,050,000,000	1,102,500,000
매출총이익	1,000,000,000	1,050,000,000	1,102,500,000
판매비와 관리비	200,000,000	210,000,000	220,500,000
영업이익	800,000,000	840,000,000	882,000,000

(자료 4) 재무제표 관련 추가 자료

1. 추정기간 동안 매출액은 다음에서 산출한 증가율과 동일한 비율로 증가할 것으로 판단됨.
   1) 매출액 증가율 결정 방법 : 대상기업의 과거 매출액 평균 증가율(2017년~2019년)과 동종 및 유사업종 매출액 평균 증가율의 산술평균으로 결정함.
   2) 동종 및 유사업종 매출액 증가율

항목	단위	2017년	2018년	2019년
매출액 증가율	%	4.92	4.82	5.24

2. 매출원가는 과거와 동일한 매출원가율을 적용함.
3. 판매비와 관리비는 향후에도 과거와 동일하게 매출액의 일정 비율만큼 발생할 것으로 봄.
4. 감가상각비는 2019년에는 110,000,000원이며 추정기간 동안 매년 5,000,000원씩 증가됨.
5. 향후 예상되는 자본적 지출액은 매출액의 3%가 소요될 것임.
6. 순운전자본 증감
   1) 대상기업의 경우 추정 매출액 증감액에 운전자본 소요율을 곱하여 산출함.
      ❖ (추정매출액t − 추정매출액t-1) × 운전자본 소요율

2) 운전자본 소요율은 한국은행 공시 재무정보를 이용한 회전율 등을 고려하여 대상 회사의 자료 등을 기준으로 산출하며, 추정기간 동안 동일하게 적용함.

❖ 운전자본 소요율 = 1/매출채권회전율 + 1/재고자산회전율 − 1/매입채무회전율

구분	매출채권회전율	재고자산회전율	매입채무회전율
회	8	10	20

7. 법인세 산정 시 세율은 22%를 적용함.

(자료 5) 자기자본비용 관련

1. 본 기업의 자본구조는 자기자본비율 40%, 타인자본비율 60%임.
2. 자기자본의 기회비용은 자본자산가격평가모델(CAPM법 : Capital Asset Pricing Model)에 의함.
3. 무위험자산의 수익률(Rf)은 평균 5년 만기 국고채 수익률 등을 고려하여 3.5%, 시장의 기대수익률(E(Rm))은 12%로 가정함.
4. β 계수는 최근 3년 유사업종에 속한 기업들의 β 계수의 산술평균으로 함.

(식료품 제조업)

기준연도	기업베타(β)
2017년	0.9654
2018년	0.9885
2019년	0.9763

(자료 6) 타인자본비용 관련

대상기업의 재정상태 및 금융상환 가능성 등을 종합적으로 고려하여 대상기업의 차입 이자율을 7%로 결정함.

(자료 7) 특허권 평가 자료

1. 특허권의 유효 잔존수명은 경제적 수명 잔존기간과 법적 잔존기간을 비교하여 결정하며, 산출된 유효 잔존수명은 연 단위로 절사함.
2. 특허권의 경제적 수명 잔존기간은 아래의 자료로 산출함.
   1) 경제적 수명기간 산출방법 : 특허인용수명 × (1 + 영향요인 평점 합계/20)
   2) 특허인용수명

IPC	기술명	Q1	Q2(중앙값)	Q3
A23G	과자 등	5	9	13

※ 대상 특허의 특성 및 시장상황 등을 종합적으로 고려하여 대상 특허의 경제적 수명 기간 산출에 적용할 특허인용수명은 중앙값으로 결정함.

3) 기술수명 영향요인 평가표

구분	세부요인	평점				
		-2	-1	0	1	2
기술 요인	대체기술 출현가능성				V	
	기술적 우월성				V	
	유사경쟁기술의 존재(수)			V		
	모방 난이도				V	
	권리 강도			V		
시장 요인	시장 집중도(주도기업 존재)				V	
	시장경쟁의 변화			V		
	시장경쟁강도			V		
	예상 시장점유율				V	
	신제품 출현빈도				V	

3. 특허권은 물음 1에서의 "기업의 영업가치"에 해당 특허권의 기술기여도를 곱하는 방식으로 평가함.

(자료 8) 기술기여도 산출 관련 자료

1. 결정방법 : 기술기여도는 산업 특성을 반영하는 산업기술요소와 개별기술의 특성을 평가하는 개별기술강도의 곱으로 결정함.

2. 산업기술요소

표준산업분류코드		최대무형자산가치 비율(%)	기술자산비율 (%)	산업기술요소 (%)
C10	식료품 제조업	67.5	76.0	51.3
C28	전기장비 제조업	90.4	75.3	68.1

※ 산업기술요소(%) = 최대 무형자산 가치비율(%) × 기술자산비율(%)

3. 개별기술강도

1) 기술성

구분	세부요인	평점				
		1	2	3	4	5
기술성	혁신성				V	

파급성				V	
활용성			V		
전망성			V		
차별성(독창성)				V	
대체성				V	
모방용이성			V		
진부화가능성(기술수명)			V		
권리범위				V	
권리 안정성				V	

2) 사업성

구분	세부요인	평점				
		1	2	3	4	5
기술성	수요성				V	
	시장진입성				V	
	생산용이성			V		
	시장점유율 영향			V		
	경제적 수명				V	
	매출 성장성			V		
	파생적 매출			V		
	상용화 요구시간			V		
	상용화 소요자본			V		
	영업 이익성				V	

3) 개별기술강도

개별기술강도(%) = (기술성 점수 합산 + 사업성 점수 합산)/100

(자료 9) 기타

1. 기업가치는 "기업의 영업가치"와 비영업용자산으로 구성됨.
2. 연도별 매출액과 "기업의 영업가치", 특허권 평가액, 영업권 평가액은 십만 단위에서 반올림함.
3. 매출액 증가율을 제외한 모든 율은 백분율로 소수점 이하 셋째자리에서 반올림하여 백분율로 소수점 이하 둘째자리까지 표시함.

I. 임대인과 임차인의 권리

1) 임대인의 권리
① 계약기간 동안의 계약임대료
② 계약기간 말 복귀가치

2) 임차인의 권리
① 계약기간 동안의(시장임대료 - 계약임대료)

II. 임대차계약의 분류

1) 임대기간에 따른 분류
① 일임대차
② 월임대차
③ 단기임대차
④ 장기임대차

2) 임대료 결정방법에 따른 분류
① 고정임대차
② 변동임대차
③ 비율임대차

3) 영업경비 부담방법에 따른 분류
① 조임대차
② 순임대차
③ 비율임대차

III. 임차권(전대권)의 평가

1) 임대인의 임대권 가치
임대권 가치 = 계약임대료의 현재가치 + 복귀가치의 현재가치

2) 임차인의 임차권 가치
임차권의 가치를 평가하는 경우 다음 사항에 특히 유의하여야 한다.
① 시장임료 > 계약임료 : 정의 임차권 가치 = PVAF(시장임료 - 계약임료, 계약기간)
② 시장임료 < 계약임료 : 부의 임차권 가치 = PVAF(시장임료 - 계약임료, 계약기간)

3) 임차인의 전대권 가치

전대권의 가치를 평가하는 경우 다음 사항에 특히 유의하여야 한다.

① 계약임료 < 전대임료 : 정의 전대권 가치 = PVAF(전대임료 − 계약임료, 계약기간)

② 계약임료 > 전대임료 : 부의 전대권 가치 = PVAF(전대임료 − 계약임료, 계약기간)

IV. 특정 임차권의 평가

1) 비율임대차

임대권 가치 = 계약임대료의 현재가치 + 복귀가치의 현재가치

= (기본임대료의 현재가치 + 비율임대료의 현재가치) + 복귀가치의 현재가치

2) 토지개발임대차(예 BLT : Build-Lease-Transfer)

임대권 가치 = 계약임대료의 현재가치 + 복귀가치의 현재가치

= 계약임대료의 현재가치 + (복귀토지의 현재가치 + 개량물의 현재가치)

V. 임대권과 임차권

소유권의 가치가 임대권과 임차권의 가치를 합한 것과 일치하지 않는 이유는 다음과 같다.

1) 가치의 개념 차이

소유권의 가치는 최유효이용을 기준하지만, 임대권의 가치는 현재상태를 기준한다.

2) 임대료의 발생위험 차이

① 소유권의 가치 = 시장임대료의 현재가치 + 복귀가치의 현재가치

② 임대권의 가치 = 계약임대료의 현재가치 + 복귀가치의 현재가치

③ 임차권의 가치 = PVAF(시장임료 − 계약임료, 계약기간)

계약임대료는 발생위험이 낮지만, 시장임대료는 발생위험이 높다.

3) 임차자의 신용위험 차이

계약임대료가 동일하다 하더라도, 임차인의 신용위험에 따라 임대권의 가치는 변동한다.

기본서 보충

I. 「중국 부동산 평가제도의 이해」 (조성찬)

1) 토지사용권의 등장배경

중국의 부동산 평가제도는 1978년에 개혁·개방을 맞아 토지소유권에서 토지사용권을 분리하여 시장을 통해 유상 양도하기 시작하면서 1990년대 초반부터 발전하기 시작했다.

2) 토지사용권의 작동방식

토지사용료를 일시불로 납부하는 '출양' 방식이 부동산 평가제도를 결정했다. 용도별 토지사용권 기한은 주거용지가 70년, 공업용지 50년, 교육·과학기술·문화·위생·체육용지 50년, 상업·여행·오락용지 40년, 종합 혹은 기타용지가 50년이다. 기한이 만료되면 정부는 토지사용권 및 지상건축물, 부착물의 소유권을 무상으로 회수할 수 있다. ① 유상양도 시장의 원리를 이해하는 출발은 출양 방식으로 분배되는 토지사용권이 유기한이라는 점이 핵심이다. 이외에도 ② 토지 국공유제로 인해 토지사용권과 주택(건물)소유권이 명확하게 구분되어 있다.

II. 「통일 후 북한토지 관리방안」 (정회근, 최승조 평가사)

1) 개성공업지구 감정평가기준

부동산에 대하여는 북한지역 내에 부동산시장이 존재하지 아니할 뿐만 아니라, 특히 개성공업지구는 경제특구의 특수한 성격으로 인하여 가격산정에 어려움이 있다. 이러한 상황에도 불구하고 개성공업지구의 토지평가는 다양한 영역에서 필요하고, 남한 기업의 북한지역 투자에 따라 자산재평가 및 담보평가 등의 분야에서 감정평가가 이루어지고 있다.

(1) 분양가격

개성공업지구에서 토지를 개발하여 분양함에 있어서 개발업자는 토지 개발원가에 기초하여 분양가격과 임대료를 합리적으로 정하도록 하고 있다. 이는 토지이용권의 양도가격과 토지이용권의 임대가격을 개발원가를 기준으로 합리적으로 정할 것을 규정하고 있다.

(2) 담보가격

통일부에서는 토지임차권, 건물 및 기계설비를 포함한 공장저당 등을 그 대상으로 지정하였다. 북한의 개성공업지구법령에 의거한 개성공업지구 담보인정비율은 공장완공 전 후취담보 시 토지이용권·건물·기계설비 투자금액의 40%~60%이며, 공장완공 후 정규담보 시 토지이용권·건물·기계설비 감정평가액의 45%~65%이다.

(3) 토지사용료

토지이용권을 소유한 자에게는 해당 토지에 대한 임대차 계약을 맺은 날부터 10년이 지난 다음 해부터 토지사용료를 부과한다. 사용료는 토지이용에 따른 비용으로서, 공장용지 및 지원용지 분양단가 등을 감안하여 결정한다.

(4) 조세

기업과 개인은 공업지구에 소유하고 있는 영구건물에 대하여 재산세를 납부하여야 한다. 건물의 등록가격은 해당 건물을 취득할 당시의 현지가격으로 하며, 재산세는 등록된 건물에 대하여 부과한다.

2) 국공유화토지의 관리방안

북한지역의 토지는 북한정부에 의해 몰수되어 국가 또는 협동단체의 소유로 되어 있으므로, 몰수토지의 처리방안이 수립되고 이를 기준으로 통일 후 북한지역에 적용할 토지 관리방안의 유형으로 ① 토지사유제와 ② 공유제, 그리고 이들 두 제도의 중간적인 형태의 제도로서 ③ 토지가치환수제와 ④ 토지공공임대제의 네 가지 토지소유제가 대안으로 검토될 수 있다. 토지소유권을 구성하는 3가지 요소인 사용권, 수익권, 처분권이 각각 경제주체에게 어떻게 배분되어 있느냐에 따라 다양한 형태의 토지소유제가 가능하다.

(1) 토지사유제

토지의 사유화를 전제로 소유자가 토지를 사용·수익·처분할 수 있는 완전한 권리를 갖는 방안을 고려할 수 있다.

(2) 토지공유제

토지공유제는 토지소유권의 세 가지 구성요소를 모두 사적주체가 아닌 공적주체가 가지고 있는 제도이다.

(3) 토지가치환수제

토지가치환수제는 토지의 사용과 처분은 사적주체가 결정하지만, 토지가격만은 정부가 갖는 제도이다.

(4) 토지공공임대제

토지공공임대제는 토지의 처분권은 국가가 보유하고, 사용권은 토지사유제처럼 사적주체에게 맡기지만 토지로부터 창출되는 수익은 국가와 사적주체가 공유하는 제도이다. 즉, 사적주체는 토지를 사용하는 기간 동안 정부에 토지사용료를 납부하며 토지의 사용을 그만둘 때에는 정부에 토지를 반환하게 된다. 따라서 토지공공임대제에서의 수익권은 공익과 사익이 공존하는 형태를 띠게 되며, 토지공개념적인 특징을 가지고 있다.

3) 통일 후 북한토지의 감정평가

북한은 토지거래가격이 형성되어 있지 아니하므로 거래가격을 평가기준으로 할 수는 없고, 토지조성비용을 기준으로 평가하는 것이 극히 예외가 될 수 있다.

통일 시점에 북한지역의 토지가격은 1972년과 1973년의 남한의 지가수준을 기준으로 함이 적정할 것이다. 따라서 북한토지의 평가는 이러한 지가수준을 기준으로 함을 원칙으로 하되, 보충적으로 농업소득을 기준으로 한 수익성과 일정한 이율을 환원한 가격을 기준으로 할 수도 있다. 그리고 북한은 1993년에 「토지임대법」을 제정하고, 외국투자가와 기업에 필요한 토지를 임대하고 있으므로 이에 따라 형성되는 임대료를 토지평가의 기준으로 삼을 수도 있을 것이다. 3방식 중 순이익, 임대료 등을 기준한 수익환원법을 토지평가의 보조수단 내지 검증수단으로 삼아야 할 것이다.

감정평가이론 기출문제

21 토지가 국공유화되어 있는 국가에서 토지의 장기사용권이 거래되는 경우, 토지의 장기 사용권 가치 산정방법을 감정평가 3방식을 이용해 설명하시오. `20점` ▸ 기출 제26회 3번

I. 서설

II. 토지 장기사용권

1. 토지사용권의 의의

2. 토지사용권의 내용

  1) 취득 및 처분

  2) 이용

3. 토지사용권의 감정평가

  1) 과세의 기준

  2) 가격·임대료의 산정

  3) 담보의 제공

III. 토지 장기사용권의 평가방법

1. 원가방식

2. 비교방식

3. 수익방식

IV. 결어

감정평가실무 기출문제

22 완전소유권의 시장가치는 임대권가치와 임차권가치의 합이라 할 때, 연간 시장임대료 (순임료)는 12,000,000원, 연간 계약임대료(순임료)는 9,000,000원, 계약기간 10년, 계약기간 만료 시 본건 부동산의 완전소유권 시장가치는 120,000,000원이고 계약기간 중 시장가치의 변동은 없는 것으로 예상되는 경우 다음 물음에 답하시오. `10점`

▸ 기출 제25회 4번

(1) 임대권 수익률이 9.00%라고 할 경우 본건의 내재된 임차권 수익률은 얼마인가? `5점`

(2) 어떤 경우에 「완전소유권의 가치 = 임대권의 가치 + 임차권의 가치」의 등식이 성 립하지 않는가? `5점`

I. [물음 1] 임차권의 수익률	II. [물음 2] 소유권, 임대권, 임차권의 가치
1. 임차권의 가치	
1) 소유권의 가치	
2) 임대권의 가치	
3) 임차권의 가치	
2. 임차권의 수익	
3. 임차권의 수익률	

---

23 감정평가사 甲은 임대에 제공되고 있는 상업용 부동산(집합건물)을 시장가치로 매수할 것을 제안받은 잠재적 매수인 乙로부터 상담을 의뢰받았는바, 제시된 자료를 참조하여 다음 물음에 답하시오. ▶ 기출 제27회 2번

> **물음** 「완전소유권의 가치 = 임대권의 가치 + 임차권의 가치」라는 등식이 성립하고, 의뢰인 乙의 요구수익률을 충족시키는 매매가격이 적정한 임대권의 가치라 가정한다. 이 경우, 내재된 임차권 수익률을 구하고, 임차권 수익률이 임대권 수익률보다 큰 이유를 설명하시오. 10점

(대상부동산 개요)

S시 S구 S동 1,000번지, 201호, 면적 100㎡

(자료)

1. 소유권 가치 : 604,600,000원
2. 임대권 가치 : 593,604,000원
3. 시장임대료 : 보증금 @1,100,000원/㎡, 지불임료 @16,500원/㎡, 관리비 임차인 지불
4. 계약임대료 : 보증금 @1,000,000원/㎡, 지불임료 @15,000원/㎡
5. 계약기간 : 2015.07.01. ~ 2020.06.30.
6. 보증금운용이율 : 2.0%/년
7. 기준시점 : 2016.07.01.

I. 임차권의 수익률

1. 임차권의 가치

2. 임차권의 수익

3. 임차권의 수익률

4. 임차권의 수익률이 높은 이유

---

24 감정평가사 甲은 토지의 장기임차권을 매입하여 지상에 공장 건물을 신축하여 사업체를 운영하고 있는 사업자 乙로부터 일반거래 목적의 감정평가를 의뢰받았다. 이해관계인은 공정한 자산 가액의 산정을 위하여 복수의 감정평가를 요구하고 있다. 제시된 자료를 활용하여 각 물음에 답하시오. 20점

▶ 기출 제33회 3번

물음 1 대상토지의 장기임차권 매입금액을 기준으로 한 시산가액을 산정하시오. 6점

물음 2 토지의 장기임차권 거래사례 중 감정평가에 활용할 거래사례 하나를 선정하여 그 사유를 설명하고, 이를 기준으로 한 시산가액을 산정하시오. 6점

물음 3 산정된 시산가액을 검토하여 감정평가액을 결정하시오. 4점

(자료 1) 기본적 사항

1. 기준가치 : 시장가치

2. 기준시점 : 2022년 7월 16일

3. 대상 물건의 개황 : A시 B동 110 일반공업 일반공장지대 내 공업용지, 면적 2,000㎡, 중로각지 가장형 평지

4. 대상토지의 장기임차권 내용

   1) 계약일 : 2011년 1월 1일

   2) 계약기간 : 50년(2011년 1월 1일 ~ 2060년 12월 31일)

   3) 매입금액 : 120,000원/㎡

   4) 계약내용 : 토지의 장기임차권 매입금액은 계약일에 토지의 소유권자에게 일괄 지급하고, 계약기간 50년 동안 토지상에 건물과 공작물의 설치 등 토지를 안정적으로 사용할 수 있으며, 장기임차권 만료일이 경과되면 토지와 건물 등 모든 시설의 소유권은 토지의 소유권자에게 무상으로 반납된다.

(자료 2) 시점수정 자료

1. 토지의 장기임차권에 대한 변동률이 고시되지 아니하여 당해 시의 공업지역 지가변동률을 적용함.

2. 지가변동률

   2022.07.01. ~ 2022.07.16. : 1.02%

   2011.01.01. ~ 2022.07.16. : 72.072%

(자료 3) 잔존가치율 산정자료

토지 장기임차권의 상각은 정액법에 따르고, 상각은 월 단위 만월 상각을 적용하며, 잔존가치율 산정은 소수점 넷째 자리를 반올림하여 셋째 자리까지 표기한다.

(자료 4) 토지의 장기임차권 거래사례

대상토지의 인근지역에 위치하고 확인 가능한 토지의 장기임차권 거래사례는 다음 표와 같으며, 검토 결과 거래가액은 적정한 것으로 판단됨.

- 기호(가) : @130,000원/㎡ (계약기간 50년, 2011.07.16.)

  A시 B동 115, 일반공업, 공업용, 2,800㎡, 광대한면, 가장형 평지

- 기호(나) : @280,000원/㎡ (계약기간 50년, 2022.07.01.)

  A시 B동 210, 일반공업, 공업용, 3,000㎡, 중로한면, 정방형 평지

(자료 5) 토지의 개별요인

1. A시 B동 공업지대 가로조건, 획지조건의 개별요인 비교치는 아래와 같으며, 나머지 개별요인은 대등한 것으로 상정함.

2. A시 B동 공업지대의 가로조건

구분	광대한면	중로각지	중로한면
광대한면	1.00	0.97	0.95
중로각지	1.03	1.00	0.98
중로한면	1.05	1.02	1.00

3. A시 B동 공업지대의 획지조건

구분	정방형	가장형	세장형
정방형	1.00	1.01	0.99
가장형	0.99	1.00	0.98
세장형	1.01	1.02	1.00

(자료 6) 기타 사항

1. 시점수정치인 지가변동률은 백분율로서 소수점 넷째 자리를 반올림하여 셋째 자리까지 표기한다.

2. 단가 산정은 천원 미만 단위에서 반올림하여 천원 단위까지 표기한다.

3. 개별요인 산정은 소수점 넷째 자리를 반올림하여 셋째 자리까지 표기한다.

4. 주어진 자료 이외의 사항은 고려하지 아니한다.

I. 감정평가의 개요

II. 장기임차권의 감정평가

1. 물음 1 원가방식의 적용

  1) 재조달원가

  2) 감가수정

  3) 적산가액

2. 물음 2 비교방식의 적용

  1) 사례의 선정 및 이유

  2) 사정보정

  3) 시점수정

  4) 지역요인

  5) 개별요인

  6) 잔가율 비교

  7) 비준가액

3. 물음 3 시산가액의 검토 및 감정평가
    액 결정

의제부동산

기본목차 연습

I. 준부동산의 의의

1. 준부동산의 정의

2. 준부동산의 종류

　1) 자동차 - 「자동차관리법」

　　(1) 정의 및 구성 : 차체/차대

　　(2) 종류 : 승용/승합/화물/특수/이륜

　2) 건설기계 - 「건설기계관리법」

　　(1) 정의

　　(2) 종류

　3) 선박 - 「선박법」

　　(1) 정의 및 구성 : 선체/기관/의장

　　(2) 종류 : 기선/범선/부선

　4) 항공기 - 「항공법」

　　(1) 정의

　　(2) 종류

　5) 입목 - 「입목에 관한 법률」

　　(1) 정의

　　(2) 종류 : 유령/중령/장령/성숙림

　6) 공장/광업재단 - 「공장 및 광업재단
　　저당법」

II. 자료의 수집 및 정리

1. 자동차

　1) 기본자료 : 등록증/등록원부/검사증

　2) 사례자료

2. 건설기계

　1) 기본자료 : 등록증/등록원부/검사증

　2) 사례자료

3. 선박

　1) 기본자료 : 국적증서/선박원부

　2) 사례자료

4. 항공기

　1) 기본자료 : 등록증/등록원부/감항증명서

　2) 사례자료

5. 입목

　1) 기본자료 : 입목등기부

　2) 사례자료

III. 준부동산의 평가방법

1. 자동차

　1) 거래사례비교법

　2) 원가법

　3) 해체처분가격

2. 건설기계

　1) 원가법

　2) 거래사례비교법

　3) 해체처분가격

　4) 도입건설기계

　5) 유의사항 : 건설경기

3. 선박

　1) 원가법

　　(1) 재조달원가

(2) 감가수정
- 정률법/「수산업법 시행령」
2) 해체처분가격
3) 거래사례비교법
4) 유의사항 : 해운업경기/원자재동향
4. 항공기
1) 원가법
2) 개별가격 합산법
3) 해체처분가격

- 선체(총톤수) 기관(실마력)
5. 입목
1) 거래사례비교법
2) 원가법(조림비용가법)
3) 수익방식
(1) 시장가액산법
(2) 기망가법
4) 수익 – 원가방식(글라저법)

감정평가에 관한 규칙

제20조(자동차 등의 감정평가)
① 감정평가법인등은 자동차를 감정평가할 때에 거래사례비교법을 적용해야 한다.
② 감정평가법인등은 건설기계를 감정평가할 때에 원가법을 적용해야 한다.
③ 감정평가법인등은 선박을 감정평가할 때에 선체·기관·의장별로 구분하여 감정평가하되, 각각 원가법을 적용해야 한다.
④ 감정평가법인등은 항공기를 감정평가할 때에 원가법을 적용해야 한다.
⑤ 감정평가법인등은 제1항부터 제4항까지에도 불구하고 본래 용도의 효용가치가 없는 물건은 해체처분가액으로 감정평가할 수 있다.

제17조(산림의 감정평가)
① 감정평가법인등은 산림을 감정평가할 때에 산지와 입목(立木)을 구분하여 감정평가해야 한다. 이 경우 입목은 거래사례비교법을 적용하되, 소경목림(小徑木林 : 지름이 작은 나무·숲)인 경우에는 원가법을 적용할 수 있다.
② 감정평가법인등은 제7조 제2항에 따라 산지와 입목을 일괄하여 감정평가할 때에 거래사례비교법을 적용해야 한다.

감정평가실무기준 | 640(의제부동산)

1. 자동차의 감정평가
1.1 정의
자동차란 「자동차관리법」 제2조 제1호에 따른 원동기에 의하여 육상에서 이동할 목적으로 제작한 용구 또는 이에 견인되어 육상을 이동할 목적으로 제작한 용구를 말한다.

1.2 자료의 수집 및 정리

자동차의 가격자료에는 거래사례, 제조원가, 시장자료 등이 있으며, 대상 자동차의 특성에 맞는 적정한 자료를 수집하고 정리한다.

1.3 자동차의 감정평가방법

① 자동차를 감정평가할 때에는 <u>거래사례비교법</u>을 적용하여야 한다.

② 제1항에도 불구하고 거래사례비교법으로 감정평가하는 것이 곤란하거나 부적절한 경우에는 <u>원가법</u>을 적용할 수 있다.

③ 원가법으로 감정평가할 때에는 <u>정률법</u>으로 감가수정한다. 다만, 필요하다고 인정되는 경우 사용정도·관리상태·수리여부 등을 고려하여 관찰감가 등으로 조정하거나 다른 방법에 따라 감가수정할 수 있다.

④ 자동차로서 효용가치가 없는 것은 <u>해체처분가액</u>으로 감정평가할 수 있다.

2. 건설기계의 감정평가

2.1 정의

건설기계란 <u>건설공사</u>에 사용할 수 있는 <u>기계</u>로서 「건설기계관리법 시행령」〈별표 1〉에 해당하는 물건을 말한다.

2.2 자료의 수집 및 정리

건설기계의 가격자료에는 거래사례, 제조원가, 시장자료 등이 있으며, 대상 건설기계의 특성에 맞는 적절한 자료를 수집하고 정리한다.

2.3 건설기계의 감정평가방법

① 건설기계를 감정평가할 때에는 <u>원가법</u>을 적용하여야 한다.

② 제1항에도 불구하고 원가법으로 감정평가하는 것이 곤란하거나 부적절한 경우에는 <u>거래사례비교법</u>으로 감정평가할 수 있다.

③ 건설기계를 원가법으로 감정평가할 때에는 <u>정률법</u>으로 감가수정한다. 다만, 필요하다고 인정되는 경우 사용정도·관리상태·수리여부 등을 고려하여 관찰감가 등으로 조정하거나 다른 방법에 따라 감가수정할 수 있다.

④ 건설기계로서 효용가치가 없는 것은 <u>해체처분가액</u>으로 감정평가할 수 있다.

3. 선박의 감정평가

3.1 정의

선박이란 「선박법」 제1조의2 제1항에 따른 <u>수상 또는 수중에서 항행용</u>으로 사용하거나 사용할 수 있는 배 종류를 말하며, 그 구분은 다음 각 호와 같다.

1. 기선 : 기관을 사용하여 추진하는 선박과 수면비행선박
2. 범선 : 돛을 사용하여 추진하는 선박
3. 부선 : 자력항행능력이 없어 다른 선박에 의하여 끌리거나 밀려서 항행되는 선박

3.2 자료의 수집 및 정리

선박의 가격자료에는 거래사례, 제조원가, 시장자료 등이 있으며, 대상 선박의 특성에 맞는 적절한 자료를 수집하고 정리한다.

3.3 선박의 감정평가방법

① 선박을 감정평가할 때에는 <u>선체·기관·의장별로 구분</u>하여 감정평가하되, 각각 <u>원가법</u>을 적용하여야 한다.

② 선박을 감정평가할 때에는 <u>선체는 총 톤수, 기관은 엔진 출력을 기준</u>으로 감정평가하는 것을 원칙으로 한다.

③ 선박의 감가수정은 선체·기관·의장별로 <u>정률법</u>을 적용한다. 다만, 필요하다고 인정되는 경우 사용정도·관리상태·수리여부 등을 고려하여 관찰감가 등으로 조정하거나 다른 방법에 따라 감가수정할 수 있다.

④ 제3항에 따라 감가수정을 하는 경우 「수산업법 시행령」 제69조에 따른 〈별표 4〉를 적용하는 것을 원칙으로 한다.

> 감가상각비는 신규 취득가격을 기준으로 하여 해당 자산의 내용연수에 따른 상각률을 적용하여 계산한 상각액이 매년 균등하게 되도록 계산해야 한다. 이 경우 어선의 내용연수 및 잔존가치율은 다음과 같이 하되, 어선의 유지·관리 상태를 고려하여 이를 단축·축소할 수 있다.
>
> 1. 강선 : 내용연수 25년, 잔존가치율 20%
> 2. F.R.P선(Fiberglass Reinforced Plastic, 강화플라스틱) : 내용연수 20년, 잔존가치율 10%
> 3. 목선 : 내용연수 15년, 잔존가치율 10%

⑤ 선박으로서 효용가치가 없는 것은 <u>해체처분가액</u>으로 감정평가할 수 있다.

4. 항공기의 감정평가

4.1 정의

항공기란 「항공법」 제2조 제1호에 따른 <u>비행기, 비행선, 활공기, 회전익 항공기</u>, 그 밖에 「항공법 시행령」으로 정하는 것으로서 항공에 사용할 수 있는 기기를 말한다.

4.2 자료의 수집 및 정리

항공기의 가격자료에는 거래사례, 제조원가, 비용자료, 시장자료 등이 있으며, 대상 항공기의 특성에 맞는 적절한 자료를 수집하고 정리한다.

4.3 항공기의 감정평가방법

① 항공기를 감정평가할 때에는 <u>원가법</u>을 적용하여야 한다.
② 항공기를 원가법으로 감정평가할 때에는 <u>정률법</u>으로 감가수정한다. 다만, 필요하다고 인정되는 경우에는 관찰감가 등으로 조정하거나 다른 방법으로 감가수정할 수 있다.
③ 항공기의 정확한 비행시간 및 오버홀 비용을 확인할 수 있는 경우에는 <u>주요 부분별 가격을 합산</u>하여 항공기 전체의 감정평가액을 산정할 수 있다.
④ 항공기로서 효용가치가 없는 것은 <u>해체처분가액</u>으로 감정평가할 수 있다.

600(물건별 감정평가) - 610(토지 및 그 정착물) - 4(산림의 감정평가) - 3(입목의 감정평가)

① 입목을 감정평가할 때에는 <u>거래사례비교법</u>을 적용하여야 한다.
② 제1항에도 불구하고 거래사례비교법을 적용하는 것이 곤란하거나 적절하지 않은 경우에는 조림비용 등을 고려한 <u>원가법</u> 등을 적용할 수 있다.

실무기준해설서

I. 자동차의 감정평가

1) 정의

(1) 자동차의 의의

자동차라 함은 원동기에 의하여 궤도(Rail) 또는 가선에 의하지 아니하고 운전되는 차로서 이동할 목적으로 제작된 용구이며, 이에는 피견인차도 포함된다.

자동차의 구성부분은 크게 차체(Body)와 차대(Chassis)로 나눌 수 있다. 차체(Body)라 함은 승용차의 경우 승객 및 운전사의 좌석이 있는 부분이고, 화물차의 경우에는 운전실과 화물을 적재하기 위하여 만들어 놓은 부분이다. 차대(Chassis)라 함은 완전 결합된 자동차에서 차체를 제외한 모든 구성장치부분을 말하며, 자동차의 기초가 되는 주요부문이다.

자동차의 종류는 승용자동차, 승합자동차, 화물자동차, 특수자동차 및 이륜자동차로 구분한다(「자동차관리법」 제3조). 한편 자동차의 규모별·유형별 세부기준은 자동차의 크기·구조, 운동기의 종류, 총배기량 또는 정격출력 등에 따라 정하고 있다(「자동차관리법 시행규칙」 별표 1 참조).

(2) 자동차 적용 제외 유형

자동차에 포함되지 않는 것으로는 ① 「건설기계관리법」에 따른 건설기계, ② 「농업기계화 촉진법」에 따른 농업기계, ③ 「군수품관리법」에 따른 차량, ④ 궤도 또는 공중선에 의하여 운행되는 차량, ⑤ 「의료기기법」에 따른 의료기기가 포함된다(「자동차관리법 시행령」 제2조).

2) 자료의 수집 및 정리

(1) 사전조사와 실지조사

자동차를 감정평가할 때에는 실지조사를 하기 전에 자동차등록원부·자동차등록증·검사증·사업자면허증 등을 통해 차종과 차적, 등록일자와 번호 및 용도, 검사의 조건 및 검사예정일자, 면허사항 및 그 밖의 참고사항 등을 조사한다.

사전조사가 끝난 후에 대상 자동차의 등록번호, 연식과 형식, 차대 및 기관번호, 사용연료와 기통수 및 엔진 출력, 정원이나 적재정량, 제작자, 제작연월일, 자동차의 주행거리 및 현황 등을 조사한다.

(2) 자동차 감정평가 시 가격자료

거래사례는 자동차의 거래가격 등이, 제조원가는 자동차의 생산원가 및 신차의 판매가격 등이, 시장자료는 중고시장에서의 가격 및 부품가격 등이 해당된다. 일반적으로 해당 자동차가 동종 동년식의 차량일지라도 주행거리, 사고유무, 엔진 교체여부, 옵션 부착여부, 자동차차체검사 잔존유효기간의 장단, 총주행거리의 장단, 손모정도, 전문기사의 운전여부 등에 따라 가격이 달라지므로, 면밀한 현장조사 및 충분한 가격자료를 수집·분석하여 평가하여야 한다. 특히 중고자동차의 경우에는 사용정도, 관리상태 및 검사, 수리 등에 따라 가격 격차가 많이 발생하므로, 감정평가 시 충분한 가격자료 및 근거를 조사·수집하여야 한다.

3) 자동차의 감정평가방법

(1) 거래사례비교법 원칙

자동차의 감정평가는 <u>거래사례비교법</u>을 기준으로 한다. 일반적인 동산과 동일하게 자동차가 거래된 사례 등을 수집 정리하고 유사성이 인정되는 거래사례를 비교 분석하여 감정평가하게 된다.

(2) 원가법 적용

거래사례비교법으로 감정평가하는 것이 곤란하거나 부적절한 경우에는 <u>원가법</u>을 적용하게 되며, 이 경우 감가수정은 <u>정률법</u>을 적용한다.

(3) 효용가치가 없는 경우

상기의 방법 이외에 자동차로서의 효용이 없다고 판단되는 경우에는 <u>해체처분가격</u>으로 감정평가할 수 있다. 특히 이 경우 사업용 차량의 감정평가 시 차량에 결부된 각종 무형의 가치(택시면허 등)는 별도 고려치 않으며, 차량의 <u>처분 시 소요되는 제반 비용 및 수리소요비용 등</u>을 고려하여야 한다.

II. 건설기계의 감정평가

1) 정의

건설기계란 건설공사에 사용할 수 있는 기계로서 「건설기계관리법 시행령」〈별표 1〉에 해당하는 물건을 말한다.

2) 자료의 수집 및 정리

(1) 사전조사와 실지조사

건설기계를 감정평가할 때에는 실지조사를 하기 전에 등록원부·등록증·검사증 등을 통해 건설기계의 종류·형식, 등록일자와 번호 및 용도, 검사의 조건 및 검사예정일자 등을 확인한다. 사전조사가 끝난 후에 대상 건설기계에 대해 건설기계의 종류와 등록번호, 사용지와 사용방법, 사용연료의 종류, 구조·규격·형식·용량, 제작자와 제작연월일, 사용정도, 차량번호 및 기계번호 등을 실제 조사한다.

(2) 건설기계 감정평가 시 가격자료

거래사례는 건설기계의 거래가격 등이, 제조원가는 건설기계의 생산원가 등이, 시장자료는 중고시장에서의 가격 및 부품가격 등이 된다. 건설기계는 특성상 중고거래시장이 존재하므로, 감정평가 시 중고거래가격 수준에 대한 검토가 이루어져야 하며, 지역 및 건설경기에 따라 가격수준의 차이가 크므로, 이를 고려하여 자료를 수집하여야 한다. 보편화된 건설기계의 경우 시중거래가격의 편차가 크지 않으므로, 중고건설기계의 감정평가 시에는 보다 용이하게 가격자료를 조사할 수 있다. 또한 신품의 경우에는 제작처에 직접 문의하거나 물가자료 등의 가격자료를 이용하여 비교적 쉽게 조사할 수 있다. 그러나 특수한 건설기계의 경우는 가격조사가 쉽지 않으므로 제작처, 판매처 등에 직접 조사하거나 가장 탐문법 등을 활용하여 조사하여야 한다.

3) 건설기계의 감정평가방법

(1) 원가법 적용

감정평가실무에서 <u>원가법</u>을 활용하는 경우에는 신품 또는 사용정도가 얼마 되지 않은 건설기계에 주로 해당된다. 또한 감정평가목적 측면에서 다른 방법을 적용하는 것이 불합리한 경우나 시중에서 거래가 거의 이루어지지 않고 있는 특수건설기계 감정평가에 주로 활용된다. 건설기계의 감정평가는 원가법을 적용하며 이 경우 감가수정은 <u>정률법</u>을 적용하게 된다. 다만, 건설기계의 사용정도・관리상태・수리여부 등을 고려할 때에는 관찰감가 등으로 감가수정하거나 다른 방법에 따라 감가수정할 수 있다.

(2) 거래사례비교법

건설기계의 거래시장이 형성되어 있어 시장에서 거래되는 가격을 비교적 쉽게 포착할 수 있을 때 건설기계를 <u>거래사례비교법</u>으로 감정평가할 수 있다. 즉, 건설기계는 중고 거래시장이 존재하는바, 감정평가 시 중고거래가격 수준에 대한 검토가 이루어져야 하며, 지역 및 건설경기에 따라 가격수준의 차이가 크므로 이를 고려하여야 한다. 이에 따른 비준가액은 건설기계 시장의 다양한 현상 등을 반영하여 형성된 거래가격을 기준으로 산정하므로, 감정평가실무에서 사용되고 있다. 한편 거래사례비교법으로 평가하는 경우 건설기계는 건설경기 동향에 따라 가격변동의 폭이 크므로, 가격자료를 시계열적으로 분석하여 감정평가하여야 한다.

(3) 해체처분가격에 의한 감정평가

감정평가실무에서 <u>해체처분가격</u>으로 감정평가하는 경우는 국가, 지방자치단체 및 공급단체에서 노후화되었거나 용도 폐지된 건설기계를 처분하는 경우에 주로 활용되는 방법이다. 일반적으로 지방자치단체 등에서 처분하기 위하여 감정평가를 의뢰하는 건설기계는 해체된 상태가 아닌 건설기계로서 원형을 갖춘 경우가 대부분이다. 따라서 건설기계를 해체처분가격으로 감정평가하는 경우는 실제 해체상태에 있는 건설기계의 부분품으로서 평가하는 경우와 평가조건에서 해체를 전제로 평가하는 경우이다. 이때 해체후 전용할 수 있는 부품은 <u>전용가치</u> 등을 고려하여 가격을 결정하여야 한다.

(4) 도입건설기계의 감정평가

원가법으로 감정평가하는 경우 외국산 도입건설기계의 재조달원가는 도입기계 감정평가방법을 준용하여 구한다. 건설기계등록원부상 등록일자는 중고여부에 관계없이 등록일자를 기재하므로, 감가수정 시 최초등록일자를 조사하여 감가수정하여야 한다. 또한 동종 건설기계의 거래사례가 없어 원가법으로 감정평가하는 경우에도 동년식 유사 건설기계의 거래사례를 파악하여 잔존가치율을 구한 후 평가대상 건설기계의 잔존가치율과 비교・검토하여야 한다.

III. 선박의 감정평가

1) 정의

(1) 선박의 의의

선박이라 함은 여객 또는 화물의 수송과 어로 및 기타 이와 유사한 목적으로 제조된 항수능력이 있는 구조물을 말한다. 즉, 수상 또는 수중에서 항행용으로 사용하거나 사용할 수 있는 배 종류를 말한다.

(2) 선박의 구성

① 선체의 크기는 톤수로서 표시하며, 표시방법에는 총톤수, 순톤수, 재화중량톤수, 배수톤수 등이 있으며, 감정평가에서는 일반적으로 총톤수를 기준으로 한다.

② 기관이란 선박, 즉 선체를 운항시키는 동력이 되며, 기관의 크기는 실마력, 도시마력, 공칭마력 등으로 표시되고 있으며, 감정평가에서는 실마력을 기준으로 평가한다.

③ 의장품이란 선박에 사용되는 특수한 용어로서 선박이 항행 및 정박하는 데 필요한 일체의 설비로서 선박의 주성능을 완전히 발휘시키는 장치를 말한다. 즉, 선박의 운항에 필요한 항해기구와 구명설비 등을 의장품이라 하며, 이는 크게 선체의장, 기관의장, 전기의장 등으로 구분한다.

2) 자료의 수집 및 정리

(1) 사전조사와 실지조사

선박을 감정평가할 때에는 실지조사를 하기 전에 국적증서·선적증서·검사증 등을 통해 선적 및 국적, 선력, 검사의 내용 및 면허사항, 선급협회가입여부 등을 조사한다. 사전조사가 끝난 후에 대상 선박에 대해 선체·기관·의장별 규격, 형식, 제작자, 제작 연월일, 선종 및 선적량, 선박의 관리, 운영상황 등을 실지 조사한다.

(2) 선박 감정평가 시 가격자료

거래사례는 선박의 거래가격 등이, 제조원가는 선박의 선체·기관·의장별 생산원가 등이, 시장자료는 중고시장에서의 가격 및 부품가격 등이 된다. 선박은 선형, 규모, 구조, 성능 등이 다양하고 동일한 성능을 갖는 선박이라도 선령 및 유지상태에 따라 가격이 달라지므로, 선박의 거래사례를 수집할 경우 선종, 톤수, 선형, 속력, 의장품의 구성 및 성능, 선급, 조선소의 기술수준 등 물적요인이 유사한 것을 선택하여야 한다. 또한 해당 선박의 도면이나 사양서만으로 재조달원가를 산출하기에는 많은 시간과 노력이 필요하므로, 선급별로 다양한 유형의 자료를 수집하여야 한다. 이때 선체, 기관, 의장별로 구분하여 선체는 총톤수(G/T)당, 기관은 엔진 출력, 의장품은 품목에 대한 Capacity별로 자료를 분류·작성한다.

한편 선박의 거래가격 및 신조가격 등은 영국의 Clarkson회사에서 주 단위로 조사·발표하는 자료와 한국조선협회, 한국해양수산개발원 및 국내 선박 중개회사 등에서 필요한 자료를 수집할 수 있다. 또한 해운시장의 변동과 원자재 가격의 변동 등은 선박가격의 변동을 가져오므로, 항상 최신 자료수집에 많은 시간을 투자하여야 한다.

3) 선박의 감정평가방법

(1) 원가법 적용

일반적인 선박의 감정평가는 <u>선체, 기관, 의장품을 각각 원가법에 의하여 감정평가하고 이를 합산하여 감정평가액으로 결정</u>하게 되는데, 이 경우 반드시 신조선가 추이, 시장에서의 동종 유사 선박의 중고선가 등을 고려하여야 한다. 즉, 선체, 기관, 의장품에 대한 각각의 재조달원가에 감가수정을 통해 감정평가하게 되는데 이 경우 감가수정은 <u>정률법</u>에 의한다.

활황기에는 <u>중고선가</u>가 원가법에 의한 감정평가금액을 상당한 비율로 상회하므로, 이에 따른 감정평가금액의 증액이 일부 필요하다. 또한 선박경기가 좋지 않을 경우 원가법에 의한 감정평가금액이 중고선가를 상회할 수도 있으므로, 기준시점에서의 신조선가 및 중고선가 추이, 운임지수 등 시장 경기상황에 대한 고려가 반드시 이루어져야 한다.

(2) 해체처분가격에 의한 감정평가

선박이 노후화되었거나 용도 폐지가 예정된 경우에는 <u>해체처분에 따른 가격</u> 등으로 감정평가할 수 있다. 따라서 선박을 해체처분가격으로 감정평가하는 경우는 실제 해체상태에 있는 선박의 부분품으로서 감정평가하는 경우와 감정평가조건에서 해체를 전제로 감정평가하는 경우이다. 이때 해체 후 전용할 수 있는 부품은 <u>전용가치</u> 등을 고려하여 감정평가하여야 할 것이다.

(3) 유의사항

신조 선박을 감정평가할 때는 최근 신조단가를 적용한 원가법으로 감정평가하는 것이 적절하지만, 원재료 가격의 변동이 급격한 때에는 적절한 신조단가를 구하기 어려운 상황이 발생한다. 그리고 중고선박의 경우는 원가법으로 감정평가하여 구해진 가격이 기준시점 현재 선박의 시장가격과 괴리가 발생할 수 있기 때문에 이러한 경우에는 <u>거래사례비교법</u>을 적용할 경우 원가법보다 더욱더 정치하게 시장가치를 구할 수 있다 할 것이다.

IV. 항공기의 감정평가

1) 정의

항공기란 「항공법」 제2조 제1호에 따른 비행기, 비행선, 활공기, 회전익항공기, 그 밖에 「항공법 시행령」으로 정하는 것으로서 항공에 사용할 수 있는 기기를 말한다.

2) 자료의 수집 및 정리

(1) 사전조사와 실지조사

항공기를 감정평가할 때에는 실지조사를 하기 전에 등록원부·등록증명서·감항증명서 등을 통해 항공기의 국적 및 등록기호, 항공기의 종류·형식 및 등록번호, 항공기 제작일련번호, 운용분류, 감항분류, 감항증명 유효기간 등을 조사한다. 사전조사가 끝난 후에 대상 항공기에 관하여 다음 각 호의 사항을 조사·확인한다.

① **기체** : 종류, 형식, 제작자, 제작연월일, 제작 후 기준시점까지의 비행시간, 최종 오버홀한 시점부터 기준시점까지의 비행시간

② **원동기** : 형식, 규격, 제작자, 제작연월일, 일련번호, 최종 오버홀한 시점부터 기준시점까지의 비행시간

③ **프로펠러** : 형식, 규격, 제작자, 제작연월일, 일련번호, 최종 오버홀한 시점부터 기준시점까지의 비행시간

④ **부대시설에 대하여** 무선시설, 객석, 조종위치, 계기비행가능여부 등

⑤ **그 밖의 참고사항** : 항공기의 수리현황, 최대이륙중량, 항공기의 속도, 원동기의 출력, 기종별로 국토교통부령으로 정하는 기체, 원동기, 프로펠러 등의 오버홀 한계시간 및 오버홀 비용, 로그 북 등

(2) 항공기 감정평가 시 가격자료

항공기 감정평가와 관련하여 거래사례는 항공기의 실제 거래가격 등이, 제조원가는 항공기의 생산원가, 기체·원동기·프로펠러의 생산원가 등이 된다. 비용자료는 기체·원동기·프로펠러의 오버홀 비용이며, 시장자료는 중고시장가격·부품가격 등이다. 특히 항공기의 정확한 비행시간 및 오버홀 비용을 확인할 수 있는 경우에는 주요 부분별 가액을 합산하여 항공기 전체의 감정평가액을 산정할 수 있으므로, 제조원가 및 비용자료를 수집하는 것이 중요하다.

3) 항공기의 감정평가방법

(1) 원가법 적용

항공기의 감정평가방법은 <u>원가법</u>을 주방식으로 하되, 오버홀(Overhaul) 내역을 파악할 수 있는 경우 <u>주요 부분별 가액을 합산</u>하여 평가할 수 있도록 규정되어 있다. 그러나 항공기의 부분별 가액을 파악할 수 있는 경우는 거의 없으므로, 일반적으로는 일체의 원가법을 적용하여 감정평가한다. 이 경우 감가수정은 원칙적으로 <u>정률법</u>을 적용하게 되며, 필요한 경우 관찰감가 등을 병용할 수 있도록 하고 있다.

(2) 비행시간과 오버홀 비용을 확인할 수 있는 경우

항공기의 정확한 비행시간 및 오버홀 비용을 확인할 수 있는 경우에는 주요부분별 가격을 합산하여 항공기 전체의 감정평가액을 산정할 수 있다.

(3) 해체처분가격에 의한 감정평가

항공기가 노후화되었거나 용도 폐지가 예정된 경우에는 해체처분에 따른 가격 등으로 감정평가할 수 있다. 따라서 항공기를 해체처분가격으로 감정평가하는 경우는 실제 해체 상태에 있는 항공기의 부분품으로서 감정평가하는 경우와 감정평가조건에서 해체를 전제로 감정평가하는 경우이다. 이때 해체 후 전용할 수 있는 부품은 전용가치 등을 고려하여 감정평가하여야 할 것이다.

(4) 유의사항

항공기 감정평가 시 산식을 제시하는 것은 평가에 제약이 크게 되어 적절한 가격산출에 도움을 주지 못하고 있다. 산식에 대한 의견으로는 기체는 오버홀되는 경우가 거의 없는바 산식이 의미가 없고, 프로펠러는 오버홀이 아닌 교체되는 경우가 많다. 또한 대형 항공기의 경우 랜딩기어 등의 교체주기도 중요하여 기체, 원동기, 프로펠러로 나누기 어려우며, 특히 제트기의 경우 프로펠러가 없는 경우도 있으므로 감정평가방법 적용 시 유의할 필요가 있다.

V. 입목의 감정평가

1) 정의

입목이라 함은 토지에 부착된 수목의 집단으로서 그 소유자가 이 법에 의하여 소유권의 등기를 받은 것을 말한다. 토지에서 자라고 있는 모든 수종의 수목집단은 입목으로 등기를 할 수 있으며 입목의 소유자는 토지와 분리하여 입목을 양도하거나 저당권의 목적으로 할 수 있다.

2) 입목의 규격표시기준

① 수관 : 나무의 줄기 윗부분의 많은 가지와 잎이 달려 있는 부분
② 수고 : 지표면에서 수관의 정상까지의 수직거리. m 단위로 측정
③ 수관폭 : 수관의 직경폭
④ 흉고직경 : 지표면에서 1.2m 부위(통상의 가슴높이)의 나무의 직경. cm 단위로 측정
⑤ 근원직경 : 지표면 부위의 나무 직경(뿌리부분의 직경). cm 단위로 측정

3) 입목 감정평가 시 확인조사사항

(1) 사전조사

① 수종, 수령, 입목재적 등 입목의 내용
② 소유자 및 소유권 제한사항
③ 관계법령에 의한 규제사항

④ 조림수종, 조림연도 등 조림관련사항

⑤ 국고보조금(조림비용, 무육비용 등)의 유무와 조건 등

(2) 실지조사

① 작업조건(임도개설, 절벽지, 인부동원관계 등의 적부)

② 기후, 지세, 방위, 경사, 토양 등 지황

③ 임종, 수종, 수고, 경급, 입목도, 소밀도, 생장률 등 임황

④ 조림, 수확관계 및 병충해 발생 등 피해상황

⑤ 기타 입목의 가치에 영향을 미치는 사항

⑥ 가격자료 조사, 산지에 생육 중인 입목의 거래사례 및 수준, 시장의 원목가격, 묘
대, 조림 및 무육비용 등

4) 입목의 성장단계에 따른 분류

(1) 유령림

유령림에 대한 명확한 구분은 없으나, 일반적으로 식재 때부터 제1회 간벌을 실시하기
전인 15년생경까지의 임분을 말한다. 유령림에서의 입목의 감정평가는 식재 및 보육을
위한 투자액을 기준으로 하여 평가하는 원가법을 채택하는 것이 보통이다. 유령림에
대하여 임령, 수고, 지름 등의 한계를 수량적으로 결정하기는 곤란하고, 일반적으로 식
재 때부터 제1회 간벌을 실시하기 전인 15년생경까지의 임분을 말하거나 벌기령의
1/3까지의 기간을 유령림으로 취급하기도 한다. 원가법에 활용할 자료는 대상임분의
조성 및 관리에 소요된 비용 즉, 지대, 조림비, 하예비(cutting), 무육비(caring), 관리
비 등과 간벌수입이므로 현지에서 조사하거나 영림계획서와 각종 장부를 통해 파악하
여야 한다.

(2) 중령림

비용가로서 감정평가하기에는 입목이 너무 커서 감정평가액이 실정에 맞지 않으며, 또
기망가로 감정평가하기에는 벌채까지의 기간이 너무 길어 확실성이 문제로 된다. 이와
같은 중간임분의 입목 평가에는 원가수익 절충방식인 글라저법이 채택된다.

(3) 벌기 미만의 장령림

장령림은 벌채, 이용하기에는 아직 미숙한 상태이지만 입목이 어느 정도 성장하여 이용
가치가 있을 때이다. 따라서 장령림은 주로 벌기에 도달한 때의 이용가치를 할인하여
평가하는 기망가법이 사용된다. 입목기망가법에 활용될 자료는 벌기수익, 간벌수익,
지대, 관리비, 이자율 등이다.

(4) 성숙림

벌기에 도달한 임분 또는 벌기를 초과한 과숙 임분의 평가는 이용가치에 의하여 평가한다.

이용가치는 그 입목을 벌채 반출하여 원목으로 판매할 수 있는 가격에서 벌채, 반출 등에 소요된 벌출비를 공제하여 산출하는 시장가역산법을 채택한다. 시장가역산법에 활용할 자료는 시장원목가격(수종별, 경급별, 형질별), 생산비용(벌목재비, 산지집재비, 운반비 등), 자본회수기간, 이자율 등으로서 현지사정에 따라 작업조건, 자금수준이 다르므로 조사를 철저히 하여야 한다.

5) 입목의 감정평가방법

(1) 거래사례비교법

① 개요

<u>거래사례비교법</u>이란 산지상에 있는 감정평가 대상 입목과 유사한 성질과 내용을 가진 입목만의 거래사례가격이 조사되는 경우 이를 기준으로 하여 입목가격을 산정하는 방법을 말하며, 적정한 거래사례를 선정하여 이를 기준으로 사정보정, 시점수정, 지역요인 및 개별요인 비교 등을 통하여 산정한다.

② 감정평가방법

일반적인 거래사례비교법과 동일하나, 거래사례의 선택, 시점수정, 지역요인 및 개별요인 비교 등에 유의하여야 한다. 입목의 거래사례는 대상 입목의 구성 내용과 지위·지리가 유사한 입목의 거래사례를 포착하여야 하며, 사례 입목의 내용이 대상 입목과 다른 때에는 <u>수종별·직경별 거래사례 단가</u>를 조사하여 활용한다. 이때 시점수정은 통상 생산자물가상승률을 적용하거나 실제 입목시장에서의 가격변동추이를 고려하여야 할 것이며, 지역요인은 임업을 입지주체로 하는 입지조건과 같고, 개별요인은 임업의 생산성 및 입목의 임황과 밀접한 관계를 가지고 있다.

③ 유의사항

거래사례비교법의 적용 시에는 <u>입목재적(부피)</u>과 입목가액의 관계, <u>입목형질(등급)</u>과 입목가액의 관계 및 <u>입목경급(굵기)</u>과 입목가액의 상호 상관관계 등에 대해서도 충분히 유의하여 감정평가하여야 한다.

(2) 원가법(조림비용가법)

① 개요

실제 입목의 가치는 성립하지 않는 유령림에 대하여 그 투입된 원가를 기준으로 평가하는 방식이다. <u>유령림에 적합하고 10년 이상의 입목은 과도하게 평가되는 특징이 있다. 또한 지대의 영향이 과도하여 도시지역 및 전용가능한 임야 등 순수산림으로서의 임지가액을 초과하는 임지상의 조림비용 산정 시 지대를 조정하여야 한다. 지대를 단순히 지가를 기준으로 파악하면 상당한 고가산정이 되므로 주의하여야 한다.</u>

② 감정평가방법

입목은 원가법을 사용하는 일반적인 건물, 기계·기구와는 달리 상각자산이 아닌 지속적으로 생장과정에 있는 물건으로서, 그 가치가 연차적으로 증가하므로 감가수정을 요하지 않는다. 따라서 입목의 원가법이란 입목이 기준시점까지 성장하기 위하여 투하된 육성비를 합계한 금액을 입목의 가액으로 하는 비용가로서 평가하고자 하는 입목에 대하여 기준시점까지 투입된 비용(지대, 조림비, 관리비 등)의 종가를 계산하고 이 비용후가에서 그동안 간벌 등에 의하여 얻어진 수익의 종가를 공제한 것이다. 또한 조림비용가 산정 시 조림성패 실지조사를 통하여 활착율 및 생육상태를 확인하고, 적정하게 감가한다.

$$입목비용가 = (지대 + 관리자본) \times \{(1 + 이자율)^{조림후\ 평가년도까지의\ 기간} - 1\}$$
$$+ 조림비 \times (1 + 이자율)^{조림후\ 평가년도까지의\ 기간} - \sum a년의\ 간벌$$
$$수익 \times (1 + 이자율)^{조림후\ 평가년도까지의\ 기간\ -\ a년}$$

그리고 간벌 수익이 없는 경우 입목을 조림하여 현재까지 매년 투입한 비용을 각각 C_0, C_1, C_2 ⋯ C_m이라 하고 연이율을 p라 하면, 입목비용가는 간단히 아래와 같은 식으로도 표시된다.

$$입목비용가 = \sum 0기의\ 조림비 \times (1 + 이자율)^{조림후\ 평가년도까지의\ 기간}$$

대체로 육성임업에서는 투입비용의 대부분은 유령기에 집중되고, 과거에 투입된 기술 내용이나 비용이 분명하지 않은 것이 보통이며, 가격의 변동으로 인한 적절한 조정도 곤란하다. 또한 육성기간이 장기간으로 연이율 p의 평정차가 산출치에 크게 영향을 미친다는 문제점이 있으므로, 임령이 많은 장령림 이후의 입목에 대하여는 원가방식을 적용하기가 곤란하여 성림기 이전의 유령 입목에 대한 감정평가방법으로 사용하고 있다.

현실적으로는 입지조건이 불량한 장소 또는 조성 성적이 불량한 산지의 입목일수록 투입 경비가 많이 소요된다. 따라서 불량 산지보다도 우량 산지의 입목가가 계산상 저가로 산정되는 경우도 있으므로, 유령림이 거래되는 사례가 있다면 거래사례와의 비교 검토를 통하여 원가법에 의하여 산정된 가액과 시산조정을 하여야 한다.

(3) 수익환원법(입목기망가법)
① 개요
입목기망가법은 현재의 입목에 대하여 장차 벌채될 때까지 기대할 수 있는 순수익을 구하는 수익환원법의 일종으로서 평가하고자 하는 입목이 벌기에 가서 벌채될 것으로 예상하고, 현재부터 벌채 예정년 사이에 기대되는 장래 수익의 전가합계에서 그동안에 소요되는 비용의 전가합계를 공제한 차액을 입목기망가라 한다. 따라서 입목기망가는 장차의 예상수익을 임업이율 P에 의하여 m년 현재의 가액으로 환산한 것이다. <u>장점은 성숙 중인 입목의 가액을 산정할 수 있으며, 단점으로는 주요 요소인 지대의 경우 조림비용가와 같은 문제점을 가지고 있어 주의가 필요하며, 간벌수익의 경우 그 파악이 상당히 곤란하다는 것이다.</u> 따라서 이론적으로는 상당히 우수한 방식이나 실무상 적용 시에는 주의가 필요하다.

② 감정평가방법

입목기망가법에 의한 입목의 평가액은 다음 식과 같다.

$$
입목기망가 = \frac{u년의\ 벌기수익 + n년의\ 간벌수익 \times (1 + 이자율)^{벌채예정년\ -\ 조림\ 후\ 평가년도까지의\ 기간} - (산지가액 + 관리자본) \times \{(1 + 이자율)^{벌채예정년\ -\ 조림\ 후\ 평가년도까지의\ 기간} - 1\}}{(1 + 이자율)^{벌채예정년\ -\ 조림\ 후\ 평가년도까지의\ 기간}}
$$

주벌수익 및 간벌수익은 각각의 벌기령에서의 벌채 예상액이며, 가액은 기준시점에서의 시가를 적용하며, 산지가액과 관리자본의 경우도 이와 같다. 주벌시기는 일반적으로 「산지관리법」상에서의 표준 벌기령, 영림계획에서의 벌기령, 그 지방의 관행상 벌기령 등이 사용된다. 감정평가 대상 입목에 적합한 임분수확표를 이용하되 현실림이 대부분 비법정림인 상태이므로, 임분수확표상의 수확량을 적정하게 감가하여 산정한다. 이자율은 일반물가상승률만큼 낮춘 실질적 임업이율을 사용한다. 즉, 명목적 임업이율을 13%, 다른 계산인자 가격의 평균상승률(일반물가상승률)이 10%라면 실질적 임업이율은 3%이다. 입목기망가법에서의 지가는 임지기망가에 의한 산지가액을 적용해야 한다는 주장도 있으나, 일반적으로 기준시점에서의 산지가액을 사용한다.

(4) 원가·수익절충법(글라저법, Glasser Method)

① 개요

유령목에 대해서는 비용가법, 장령림에 대해서는 기망가법, 벌기에 달했거나 벌기를 초과한 입목에 대해서는 시장역산법 또는 직접적인 거래사례비교법을 적용하는 것이 일반적이다. 그러나 유령림과 성숙림 사이의 성장과정 중에 있는 입목은 성장시기에 따라 비준가액과 적산가액이 상당한 차이를 보이고 있으므로, 비용가법과 기망가법의 중간적인 방법 즉, 원가수익 절충방식을 적용하는 것이 권장되고 있으며, 이 방법의 대표적인 것으로서 글라저법이 있다.

② 감정평가방법

글라저법은 조림비용과 벌기령에 달한 주벌수익과의 관계를 분석하여 전임령에 대하여 적정하게 분배하는 방식으로 성숙 중인 입목의 감정평가에 적합한 방식이다. 또한 수식이 간단하여 기망가법과 같이 지대의 문제와 간벌수익 등 조사 산정이 곤란한 요소가 없는 것이 큰 장점이라 할 수 있다. 이 식은 독일의 글라저가 수종별로 많은 입목의 거래사례를 수집하여 바이에른의 국유림에서 벌기에 도달하지 않은 입목의 평가식으로 고안한 것이다.

> 입목가액 = (u년의 주벌수익 − 초년도 조림비) × 현재수령^2 / 적정벌기령^2 + 초년도 조림비

이 방법은 다른 입목의 감정평가방법에서처럼 이율(또는 수익률)이라는 다소 주관적인 인자를 사용하지 않으므로, 자의성의 개입 여지가 적어 상대적으로 객관적인 평가가 가능하며 계산이 간단하다는 장점이 있다.

글라저법 고안 이유의 하나는 비용가와 기망가의 산출에서 불확정적이고 또한 주관적인 임업이율을 사용한 복리계산을 하지 않고 간단하게 객관적으로 평가할 수 있는 방법을 찾고자 하는 것이었다. 그러나 현실적으로 임업노동의 임금이 상승하고 그 때문에 채산이 맞지 않는 조림지가 증가하고 있으며, 그 임분에 글라저법을 적용해 입목을 평가하면 비용가, 벌채가, 기망가의 방식과 조화되지 못하는 예가 많아졌다.

(5) 시장가역산법

① 개요

시장역산가는 산지 입목의 거래사례는 구하기 어려우나 인근 시장의 원목 또는 제재목의 가격은 상대적으로 구하기 쉬우므로, 시장의 원목 또는 제재목의 가격에서 벌채비용 등 생산비용과 이윤을 공제하여 산지의 입목가액을 구하는 방식이다. 시장역산가법은 벌기령에 가까운 입목의 경우에 유용한 평가법이다.

② 감정평가방법

시장가역산법은 평가대상 입목을 벌채하여 원목 등 제품으로 만들어 이 제품을 실제로 원목 등으로 팔릴 것으로 예측되는 인근시장까지 운반하여 판매할 때까지의 벌채 운반방법을 가상하고, 이에 소요되는 채취비를 추정한 다음에 이 제품과 동종, 동품 등인 물건의 시장가격을 사정한 후, 이 가격에서 벌채, 반출에 요구되는 비용을 공제하여 입목가액을 산정하는 방법이다.

> 시장역산가 = 원목의 시장가 / (1 + 자본회수기간 × 이자율 + 기업자이윤율) − 생산비용*
>
> * 생산비용 : 벌목조재비, 산지집재비, 운반비, 임도개설(보수)비, 잡비 등

입목의 시가는 그 지방에서 입목의 매매사례 수준에서 형성되는 벌채가격인데, 여기서 벌채가격은 입목을 벌출 판매하여 얻은 금액에서 이에 소요된 벌출비를 공제한 금액과 같으므로, 시장가격에서부터 역산하면 산원에서의 입목가를 구할 수 있게 된다.

시장가역산법에 의하여 산정한 가액은 <u>원목시장가, 각종 수익률 등 일부 가정요인이 개입되지만 시장거래의 관행을 반영한 현실적이고 실증적인 가액이므로</u>, 시장가격이 있는 입목에는 이 방법을 사용하는 것이 일반적이다.

6) 입목가액의 결정방법

감정평가 실무적으로 평가대상 입목의 전체 현황 및 재적 등을 조사하여 이에 재적당 단가를 곱하여 감정평가액을 사정하고 있으며 입목의 전체 가액은 다음과 같다.

$$\text{대상 입목 전체 가액} = \text{대상 입목의 전체 재적} \times \text{입목단가}$$

7) 입목 평가 시 유의사항

(1) 입목재적과 입목가액

입목의 단가를 사정할 때 <u>전체 재적이 상이하면 수종 등이 동일하더라도 수급관계와 반출비의 관계 때문에</u> 그 단가에 차이가 생긴다. 일반적으로 거래재적이 많을수록 입목은 비싸게 거래되고, 한 장소에서 입목의 반출량이 많으면 그에 따라 반출비의 단가는 낮아지므로 입목의 단가는 높아지는 점 등에 유의한다.

(2) 입목형질과 입목가액

<u>입목은 수종 및 형질에 따라 거래되는 가격의 차이</u>가 많으므로, 거래사례와 비교할 때 입목의 형질조사에도 유의하여야 한다.

(3) 입목경급과 입목가액

일시에 조성된 인공림의 경우에는 입목의 경급이 거의 일정할 수 있으나, 실제로는 일시에 조성했다 하더라도 생장량의 차이로 입목경급은 차이나는 경우가 있으며, 혼효림의 경우에는 수종별, 직경급별 차이가 심하게 발생한다. 이 경우 각 직경급별로 입목단가를 거래사례자료에 의하여 조사할 때에는 <u>경급별 입목가액 차이</u>에 유의하여야 한다.

관련 법령

I. 「민법」

제98조(물건의 정의)

본법에서 물건이라 함은 유체물 및 전기 기타 관리할 수 있는 자연력을 말한다.

제99조(부동산, 동산)

① 토지 및 그 정착물은 부동산이다.
② 부동산 이외의 물건은 동산이다.

II. 「자동차관리법」

제1조(목적)

이 법은 자동차의 등록, 안전기준, 자기인증, 제작결함 시정, 점검, 정비, 검사 및 자동차관리사업 등에 관한 사항을 정하여 자동차를 효율적으로 관리하고 자동차의 성능 및 안전을 확보함으로써 공공의 복리를 증진함을 목적으로 한다.

제2조(정의)

1. "자동차"란 원동기에 의하여 육상에서 이동할 목적으로 제작한 용구 또는 이에 견인되어 육상을 이동할 목적으로 제작한 용구(이하 "피견인자동차"라 한다)를 말한다. 다만, 대통령령으로 정하는 것은 제외한다.

제3조(자동차의 종류)

① 자동차는 다음 각 호와 같이 구분한다.
   1. 승용자동차 : 10인 이하를 운송하기에 적합하게 제작된 자동차
   2. 승합자동차 : 11인 이상을 운송하기에 적합하게 제작된 자동차. 다만, 다음 각 목의 어느 하나에 해당하는 자동차는 승차인원에 관계없이 이를 승합자동차로 본다.
   3. 화물자동차 : 화물을 운송하기에 적합한 화물적재공간을 갖추고, 화물적재공간의 총 적재화물의 무게가 운전자를 제외한 승객이 승차공간에 모두 탑승했을 때의 승객의 무게보다 많은 자동차
   4. 특수자동차 : 다른 자동차를 견인하거나 구난작업 또는 특수한 작업을 수행하기에 적합하게 제작된 자동차로서 승용자동차·승합자동차 또는 화물자동차가 아닌 자동차
   5. 이륜자동차 : 총배기량 또는 정격출력의 크기와 관계없이 1인 또는 2인의 사람을 운송하기에 적합하게 제작된 이륜의 자동차 및 그와 유사한 구조로 되어 있는 자동차

제5조(등록)

자동차(이륜자동차는 제외한다. 이하 이 조부터 제47조의12까지의 규정에서 같다)는 자동차 등록원부(이하 "등록원부"라 한다)에 등록한 후가 아니면 이를 운행할 수 없다. 다만, 제27조 제1항에 따른 임시운행허가를 받아 허가 기간 내에 운행하는 경우에는 그러하지 아니하다.

제6조(자동차 소유권 변동의 효력)

자동차 소유권의 득실변경(得失變更)은 등록을 하여야 그 효력이 생긴다.

「자동차등록규칙」 별지 제1호 서식 - 자동차등록증

<h2>자동차등록증</h2>

제　호　　　　　　　　　최초등록일 : 년　　월　　일

① 자동차등록번호		② 차 종		③ 용 도	
④ 차 명		⑤ 형식 및 연식(모델연도)			
⑥ 차 대 번 호		⑦ 원동기형식			
⑧ 사 용 본 거 지					
소유자	⑨ 성명(명칭)		⑩ 주민(법인)등록번호		
	⑪ 주 소				

「자동차관리법」 제8조에 따라 위와 같이 등록하였음을 증명합니다.

※ 유의사항 : 사용연료의 종류가 전기 또는 수소인 자동차의 경우 ⑦번란의 '원동기형식'은 '구동전동기형식'을 말합니다.

년　　월　　일

등록관청명 직 인

1. 제 원

⑫ 제원관리번호 (형식승인번호)			
⑬ 길이	mm	⑭ 너비	mm
⑮ 높이	mm	⑯ 총중량	kg
⑰ 배기량	cc	⑱ 정격출력	Ps/rpm
⑲ 승차정원	명	⑳ 최대적재량	kg
㉑ 기통수	기통	㉒ 연료의 종류	(연비 : km/L)

유의사항 : 사용연료의 종류가 전기인 자동차의 경우 "정격출력(ps/rpm)"은 "구동전동기 정격출력/회전수(kW/rpm)"를, "기통수/배기량(cc)"은 "구동축전지 정격전압/용량(V/Ah)"을 말하며, "연료소비율(km/ℓ)"은 "연료소비율(km/kWh)"을 말합니다. 사용연료의 종류가 수소인 연료전지자동차의 경우 "정격출력(ps/rpm)"은 "구동전동기 정격출력/회전수(kW/rpm)"를, "기통수/배기량(cc)"은 "연료전지 최고출력(kW)"을 말하며, "연료소비율(km/ℓ)"은 "연료소비율(km/kg)"을 말합니다. 「자동차관리법 시행규칙」 별표 1 제2호의 특수자동차의 경우 최대적재량은 피견인자동차를 연결하기 위해 허용되는 최대수직하중을 말하며 견인능력과는 무관합니다.

2. 등록번호판 교부 및 봉인

㉓ 구분	㉔ 번호판발급일	㉕ 봉인일	㉖ 발급대행자확인

3. 저당권등록사실(저당권등록의 내용은 자동차등록원부(을)를 열람·확인하시기 바랍니다)

㉗ 구분(설정 또는 말소)	㉘ 일 자

자동차등록원부(갑) 등본 · 초본

제 호		총 면 중 제 면
자동차등록번호	제원관리번호	말소등록일
차 명		차 종
차대번호	원동기형식	용 도
연식(모델연도)	색 상	출처구분
최초등록일	세부유형 (사업용 자동차만 해당합니다)	제작연월일
		최초 양도연월일
최종소유자		주민(법인)등록번호
사용본거지 (차고지)		
검사유효기간		등록사항 확인일
		폐쇄일

순위번호		사항란	주민(법인) 등록번호	등록일	접수번호
주등록	부기등록				

이 등본은 자동차등록원부(갑)의 기재사항과 틀림 없음을 증명합니다.

년   월   일

**특별시장 · 광역시장 · 특별자치시장 · 도지사 · 특별자치
도지사 또는 시장 · 군수 · 구청장**

직인

「자동차등록규칙」 별지 제4호 서식 - 자동차등록원부(을) 등본 · 초본

자동차등록원부(을) 등본 · 초본

제　호				총　면 중 제　　면		
을부번호			저당권설정 접수번호			
저당권자	성명(명칭)					
	주소					
저당권 설정자	성명(명칭)					
	주소					
채무자	성명(명칭)					
	주소					
채권가액　　　　　　원		저당권설정일		저당권말소일		

순　위	구　분	사 항 란	등록일

공동저당된 자동차의 등록번호 등

종　류	자동차번호	설정일	말소일	종　류	자동차번호	설정일	말소일

폐쇄연월일

이 등본은 자동차등록원부(을)의 기재사항과 틀림 없음을 증명합니다.

년　　　월　　　일

**특별시장 · 광역시장 · 특별자치시장 · 도지사 · 특별자치
도지사 또는 시장 · 군수 · 구청장**　　직인

III. 「건설기계관리법」

제1조(목적)

이 법은 건설기계의 등록·검사·형식승인 및 건설기계사업과 건설기계조종사면허 등에 관한 사항을 정하여 건설기계를 효율적으로 관리하고 건설기계의 안전도를 확보하여 건설공사의 기계화를 촉진함을 목적으로 한다.

제2조(정의 등)

1. "건설기계"란 건설공사에 사용할 수 있는 기계로서 대통령령으로 정하는 것을 말한다.

제3조(등록 등)

① 건설기계의 소유자는 대통령령으로 정하는 바에 따라 건설기계를 등록하여야 한다.

「건설기계관리법 시행령」 별표 1 - 건설기계의 범위

1. 불도저 2. 굴착기 3. 로더 4. 지게차 5. 스크레이퍼 6. 덤프트럭 7. 기중기 8. 모터그레이더 9. 롤러 10. 노상안정기 11. 콘크리트뱃칭플랜트 12. 콘크리트피니셔 13. 콘크리트살포기 14. 콘크리트믹서트럭 15. 콘크리트펌프 16. 아스팔트믹싱플랜트 17. 아스팔트피니셔 18. 아스팔트살포기 19. 골재살포기 20. 쇄석기 21. 공기압축기 22. 천공기 23. 항타 및 항발기 24. 자갈채취기 25. 준설선 26. 특수건설기계 27. 타워크레인

「건설기계관리법 시행규칙」 별지 제2호 서식 - 건설기계등록·검사증

건설기계 등록 · 검사증					
발급번호 :		최초등록일 :		제작년도 :	
	건설기계의 표시				
등록사항	건설기계명		등 록 번 호		
	형 식		규 격		
	원동기형식		차대일련번호		
	사용본거지				
	소유자의 표시				
	성 명(법인명)		주민(법인)등록번호		
	주 소				

위 건설기계는「건설기계관리법」제3조 및 제13조에 따라 등록 및 검사를 하였음을 증명합니다.

년   월   일

시 · 도지사 [직인]

※ 1. 사용본거지는 비영업용 건설기계의 경우 소유자의 주소를 말하며, 영업용 건설기계의 경우 대여사업자의 사무소 소재지를 말합니다.
    2. 소유자가 외국인인 경우 주민(법인)등록번호란에는 외국인등록번호를 적습니다.

1. 주 요 제 원

형식승인번호 :

길 이		mm	너 비		mm
높 이		mm	총 중 량		kg
주행방식			정격출력		PS/RPM
기 통 수		기통	연료종류		

2. 저 당 권 등 록 사 실

구분(설정 또는 말소)	일자

* 그 밖의 저당권등록의 내용은 건설기계등록원부(을)를 열람·확인하시기 바랍니다.

IV.「선박법」

제1조(목적)

이 법은 선박의 국적에 관한 사항과 선박톤수의 측정 및 등록에 관한 사항을 규정함으로써 해사(海事)에 관한 제도를 적정하게 운영하고 해상(海上) 질서를 유지하여, 국가의 권익을 보호하고 국민경제의 향상에 이바지함을 목적으로 한다.

제1조의2(정의)

① 이 법에서 "선박"이란 수상 또는 수중에서 항행용으로 사용하거나 사용할 수 있는 배 종류를 말하며 그 구분은 다음 각 호와 같다.

1. 기선 : 기관을 사용하여 추진하는 선박(선체 밖에 기관을 붙인 선박으로서 그 기관을 선체로부터 분리할 수 있는 선박 및 기관과 돛을 모두 사용하는 경우로서 주로 기관을 사용하는 선박을 포함한다)과 수면비행선박(표면효과 작용을 이용하여 수면에 근접하여 비행하는 선박을 말한다)
2. 범선 : 돛을 사용하여 추진하는 선박(기관과 돛을 모두 사용하는 경우로서 주로 돛을 사용하는 것을 포함한다)
3. 부선 : 자력항행능력이 없어 다른 선박에 의하여 끌리거나 밀려서 항행되는 선박

제3조(선박톤수)

① 이 법에서 사용하는 선박톤수의 종류는 다음 각 호와 같다.

1. 국제총톤수 : 「1969년 선박톤수측정에 관한 국제협약」(이하 "협약"이라 한다) 및 협약의 부속서에 따라 주로 국제항해에 종사하는 선박에 대하여 그 크기를 나타내기 위하여 사용되는 지표를 말한다.
2. 총톤수 : 우리나라의 해사에 관한 법령을 적용할 때 선박의 크기를 나타내기 위하여 사용되는 지표를 말한다.
3. 순톤수 : 협약 및 협약의 부속서에 따라 여객 또는 화물의 운송용으로 제공되는 선박 안에 있는 장소의 크기를 나타내기 위하여 사용되는 지표를 말한다.
4. 재화중량톤수 : 항행의 안전을 확보할 수 있는 한도에서 선박의 여객 및 화물 등의 최대적재량을 나타내기 위하여 사용되는 지표를 말한다.

② 제1항 각 호의 선박톤수의 측정기준은 해양수산부령으로 정한다.

제8조(등기와 등록)

① 한국선박의 소유자는 선적항을 관할하는 지방해양수산청장에게 해양수산부령으로 정하는 바에 따라 선박을 취득한 날부터 60일 이내에 그 선박의 등록을 신청하여야 한다. 이 경우 「선박등기법」 제2조에 해당하는 선박은 선박의 등기를 한 후에 선박의 등록을 신청하여야 한다.

② 지방해양수산청장은 제1항의 등록신청을 받으면 이를 선박원부에 등록하고 신청인에게 선박국적증서를 발급하여야 한다.

③ 선박국적증서의 발급에 필요한 사항은 해양수산부령으로 정한다.

④ 선박의 등기에 관하여는 따로 법률로 정한다.

「선박법 시행규칙」 별지 제7호 서식 - 선박원부

선 박 원 부

1. 조선지		2. 조선자		3. 진수일 : 년 월 일	
4.	선박 번호				
	IMO 번호				
5. 호출부호					
6. 선박의 종류					
7. 선박의 명칭					
8. 선적항					
9. 선질					
10. 범선의 범장					
11. 길이	m	m	m	m	m
12. 너비	m	m	m	m	m
13. 깊이	m	m	m	m	m
14. 총톤수	톤	톤	톤	톤	톤
15. 폐위 장소의 합계용적	m^3	m^3	m^3	m^3	m^3
16. 상갑판 아래의 용적	m^3	m^3	m^3	m^3	m^3
17. 상갑판 위의 용적	m^3	m^3	m^3	m^3	m^3
18. 선수루의 용적	m^3	m^3	m^3	m^3	m^3
19. 선교루의 용적	m^3	m^3	m^3	m^3	m^3
20. 선미루의 용적	m^3	m^3	m^3	m^3	m^3
21. 갑판실의 용적	m^3	m^3	m^3	m^3	m^3
22. 그 밖의 장소의 용적	m^3	m^3	m^3	m^3	m^3
23. 제외 장소의 합계용적	m^3	m^3	m^3	m^3	m^3
24. 선수루의 용적	m^3	m^3	m^3	m^3	m^3
25. 선교루의 용적	m^3	m^3	m^3	m^3	m^3
26. 선미루의 용적	m^3	m^3	m^3	m^3	m^3
27. 갑판실의 용적	m^3	m^3	m^3	m^3	m^3
28. 그 밖의 장소의 용적	m^3	m^3	m^3	m^3	m^3
29. 기관의 종류와 수					
30. 추진기의 종류와 수					
31. 등록일	년 월 일	년 월 일	년 월 일	년 월 일	년 월 일
32. 기사					

「선박법 시행규칙」 별지 제8호 서식 - 선박국적증서

선박국적증서

제 호

소유자	성 명 (법인명)			
	주 소			

선박 번호		총톤수		톤
IMO 번호		용적	폐위 장소의 합계용적 ————	m³
호출부호			상갑판 아래의 용적 ————	m³
선박의 종류			상갑판 위의 용적 ————	m³
선박의 명칭			선수루의 용적 ————	m³
선적항			선교루의 용적 ————	m³
선질			선미루의 용적 ————	m³
범선의 범장			갑판실의 용적 ————	m³
기관의 종류와 수			그 밖의 장소의 용적 ————	m³
추진기의 종류와 수			제외 장소의 합계용적	m³
조선지			선수루의 용적 ————	m³
조선자			선교루의 용적 ————	m³
진수일			선미루의 용적 ————	m³
주요치수	길이 ____ m		갑판실의 용적 ————	m³
	너비 ____ m		그 밖의 장소의 용적 ————	m³
	깊이 ____ m			
비고				

위의 사항은 정확하며 이 선박은 대한민국의 국적을 가지고 있음을 증명합니다.

년 월 일

대한민국[지방해양수산청(해양수산사무소)]장 ㉑

V. 「항공안전법」

제1조(목적)

이 법은 「국제민간항공협약」 및 같은 협약의 부속서에서 채택된 표준과 권고되는 방식에 따라 항공기, 경량항공기 또는 초경량비행장치의 안전하고 효율적인 항행을 위한 방법과 국가, 항공사업자 및 항공종사자 등의 의무 등에 관한 사항을 규정함을 목적으로 한다.

제2조(정의)

1. "항공기"란 공기의 반작용(지표면 또는 수면에 대한 공기의 반작용은 제외한다)으로 뜰 수 있는 기기로서 최대이륙중량, 좌석 수 등 국토교통부령으로 정하는 기준에 해당하는 다음 각 목의 기기와 그 밖에 대통령령으로 정하는 기기를 말한다.

    가. 비행기

나. 헬리콥터

다. 비행선

라. 활공기(滑空機)

제7조(항공기의 등록)

① 항공기를 소유하거나 임차하여 항공기를 사용할 수 있는 권리가 있는 자(이하 "소유자 등"이라 한다)는 항공기를 대통령령으로 정하는 바에 따라 국토교통부장관에게 등록을 하여야 한다. 다만, 대통령령으로 정하는 항공기는 그러하지 아니하다.

제8조(국적의 취득)

제7조에 따라 등록된 항공기는 대한민국의 국적을 취득하고 이에 따른 권리와 의무를 갖는다.

제9조(항공기 소유권 등)

① 항공기에 대한 소유권의 취득·상실·변경은 등록하여야 그 효력이 생긴다.

② 항공기에 대한 임차권은 등록하여야 제3자에 대하여 그 효력이 생긴다.

「항공기등록규칙」 별지 제1호 서식 - 항공기 등록원부

항공기 등록원부 (소유권부)					
등록기호란		항공기 등록원부 면수란	총 면 중 제 면		
순위번호란		사항란	등록 연월일	접수번호	등록공무원 인
주 등록	부기 등록				

항공기 등록원부 (기타 권리부)					
등록기호란		항공기 등록원부 면수란	총 면 중 제 면		
순위번호란		사항란	등록 연월일	접수번호	등록공무원 인
주 등록	부기 등록				

대한민국 국토교통부 The Republic of Korea Ministry of Land, Infrastructure and Transport	등록증명서번호 Registratione No.

등록증명서
Certificate of Registration

1. 국적 및 등록기호 Nationality and registration mark	2. 항공기 제작자 및 항공기 형식 Manufacturer and manufacturer's designation of aircraft	3. 항공기 제작일련번호 Aircraft serial no.
4. 항공기 소유자의 성명 또는 명칭 Name of Owner		
항공기 임차인의 성명 또는 명칭 Name of Lessee		
5. 항공기 소유자의 주소 Address of Owner		
항공기 임차인의 주소 Address of Lessee		

6. 위 항공기는 「국제민간항공조약」(1944년 12월 7일) 및 대한민국 「항공안전법」 제7조에 따라 대한민국 국토교통부 민간항공기 등록원부에 정식으로 등록하였음을 증명합니다.

It is hereby certified that the above described aircraft has been duly entered on the civil aircraft register of the Ministry of Land, Infrastructure and Transport of the Republic of Korea in accordance with the Convention on International Civil Aviation dated 7 December 1944 and with the Civil Aviation Safety Act of the Republic of Korea.

발행 연월일
Date of Issue   .   .   .

국 토 교 통 부 장 관   직인

Minister of Ministry of Land, Infrastructure and Transport

VI. 「입목에 관한 법률」

제1조(목적)

이 법은 입목(立木)에 대한 등기 및 저당권 설정 등에 필요한 사항을 규정함을 목적으로 한다.

제2조(정의)

① 이 법에서 사용하는 용어의 뜻은 다음과 같다.

　1. "입목"이란 토지에 부착된 수목의 집단으로서 그 소유자가 이 법에 따라 소유권보존의 등기를 받은 것을 말한다.

　2. "입목등기부"란 전산정보처리조직에 의하여 입력·처리된 입목에 관한 등기정보자료를 대법원규칙으로 정하는 바에 따라 편성한 것을 말한다.

「입목에 관한 법률 시행령」 제1조(수목의 집단)

「입목에 관한 법률」(이하 "법"이라 한다) 제2조에 따른 입목으로 등기를 받을 수 있는 수목의 집단의 범위는 1필의 토지 또는 1필의 토지의 일부분에 생립하고 있는 모든 수종의 수목으로 한다.

제3조(입목의 독립성)

① 입목은 부동산으로 본다.

② 입목의 소유자는 토지와 분리하여 입목을 양도하거나 저당권의 목적으로 할 수 있다.

③ 토지소유권 또는 지상권 처분의 효력은 입목에 미치지 아니한다.

「입목등기규칙」 별지 1 - 입목등기기록

[입목] ○○도 ○○군 ○○면 ○○리 산○○			고유번호 0000-0000-000000	
[표 제 부]		(입목의 표시)		
표시번호	접 수	소재지번 및 입목번호	입목내역	등기원인 및 기타사항

[갑 구]		(소유권에 관한 사항)		
순위번호	등기목적	접 수	등기원인	권리자 및 기타사항

[을 구]		(저당권에 관한 사항)		
순위번호	등기목적	접 수	등기원인	권리자 및 기타사항

VII. 「공장 및 광업재단 저당법」

제1조(목적)

이 법은 공장재단 또는 광업재단의 구성, 각 재단에 대한 저당권의 설정 및 등기 등의 법률관계를 적절히 규율함으로써 공장 소유자 또는 광업권자가 자금을 확보할 수 있게 하여 기업의 유지와 건전한 발전 및 지하자원의 개발과 산업의 발달을 도모함을 목적으로 한다.

제2조(정의)

이 법에서 사용하는 용어의 뜻은 다음과 같다.

1. "공장"이란 영업을 하기 위하여 물품의 제조·가공, 인쇄, 촬영, 방송 또는 전기나 가스의 공급 목적에 사용하는 장소를 말한다.
2. "공장재단"이란 공장에 속하는 일정한 기업용 재산으로 구성되는 일단(一團)의 기업재산으로서 이 법에 따라 소유권과 저당권의 목적이 되는 것을 말한다.
3. "광업재단"이란 광업권(鑛業權)과 광업권에 기하여 광물(鑛物)을 채굴(採掘)·취득하기 위한 각종 설비 및 이에 부속하는 사업의 설비로 구성되는 일단의 기업재산으로서 이 법에 따라 소유권과 저당권의 목적이 되는 것을 말한다.

「공장 및 광업재단 저당등기 규칙」 별지 1 - 공장재단등기기록

[공장재단] ○○○○공장   고유번호 0000-0000-000000

[표 제 부] (재단의 표시)

표시번호	접 수	공장재단의 표시	등기원인 및 기타사항

[갑 구] (소유권에 관한 사항)

순위번호	등기목적	접 수	등기원인	권리자 및 기타사항

[을 구] (저당권에 관한 사항)

순위번호	등기목적	접 수	등기원인	권리자 및 기타사항

「공장 및 광업재단 저당등기 규칙」 별지 2 - 광업재단등기기록

[광업재단] ○○도 ○○군 ○○면 ○○리 ○○   고유번호 0000-0000-000000

[표 제 부] (재단의 표시)

표시번호	접 수	광업재단의 표시	등기원인 및 기타사항

[갑 구] (소유권에 관한 사항)

순위번호	등기목적	접 수	등기원인	권리자 및 기타사항

[을 구] (저당권에 관한 사항)

순위번호	등기목적	접 수	등기원인	권리자 및 기타사항

25 대한민국 정부와 중국 정부 간에 한·중 어업협정이 체결됨에 따라 조업어장에서 어업 활동에 제한을 받는 어업인의 폐업어선 등에 대한 지원사업으로 A호 어선에 대한 폐업 지원금 산출 평가를 의뢰받은 감정평가사 L씨는 지원금 산출에 필요한 자료를 수집하였다. 이 자료를 활용하여 다음의 물음에 답하시오. (가격시점 2001.8.1.) 10점

▶ 기출 [선박] 제12회 3번

(1) 어선의 감정평가액

(2) 어선 감정평가의 기초자료

(자료 1) 선박의 개요

어선번호	1	어선명칭	A호
어선종류	동력선	선체재질	강
총톤수	79톤	주요치수(M)	길이 : 24.51 너비 : 6.70 깊이 : 2.65
무선설비	SSB 1기	어업종류	근해통발어업
추진기관	디젤기관 1대 (600마력)	형식	제작자	제작연월일
		CAT3412DIT	○○○	'97.6월
최대승선인원	어선원 : 12명, 기타의 자 : 0명, 계 : 12명		
선적항	○○시	조선지	○○시
조선자	XX조선㈜	진수연월일	'97.7월

(자료 2) 재조달원가 등

1. ○○시에 소재하는 조선소에 어선의 재조달원가를 조사한 결과 강선은 4,500,000원/ton 수준이었음.

2. 선박의 주기관의 가격조사를 한 결과 평가대상 선박인 1,800rpm의 고속기관은 마력당 200,000원으로 조사되었음.

3. 의장품은 선박 건조 시 신품으로 장착하였고 재조달원가는 250,000,000원으로 조사되었음.

(자료 3) 내용연수 및 잔존가치율

구분	내용연수(년)	잔존가치율(%)
선체(강선)	25	20

기관	20	10
의장	15	10
어구	3	10

I. 감정평가의 개요

II. (물음 1) 원가법에 의한 선박 감정평가액

1. 선체
   ① 재조달원가
   ② 감가수정
   ③ 적산가액
2. 기관
3. 의장
4. 선박 감정평가액

III. (물음 2) 어선 감정평가의 기초자료

1. 확인사항
2. 가격조사사항
   ① 원가자료
   ② 시장자료
   ③ 수익자료

26 A감정평가사는 ㅇㅇ청으로부터 아래와 같은 내용의 입목에 대한 감정평가의뢰를 받았다. 제시자료를 검토하여 입목의 취득가격을 결정하시오. (단, 입목의 평가방법은 제시자료에 타당한 합리적이고 보편적인 방식을 선택하여 평가할 것) 15점

▶ 기출 [입목] 제19회 3번

(자료 1) 감정평가 의뢰내역

1) 개요
   ① 평가목적 : 조림대부지 내 입목의 취득(매수)
   ② 소재지 : ㅇㅇㅇ도 ㅇㅇ군 ㅇㅇ면 ㅇㅇ리 산21
   ③ 지목 : 임야
   ④ 면적 : 1,050,000㎡
2) 입목현황

임종	임상	수종	혼효율(%)	임령	령급	경급(cm)	수고(m)	ha당 재적(㎥)
천연림 (자연림)	활엽수	참나무 기타활엽수	70	29 15-45	II-V	18 3-35	10 8-18	75
	침엽수	소나무						

인공림 (조림)	침엽수	잣나무 낙엽송 리기다소나무	30	35 25-45	III-I V	20 10-3 6	11 8-19	95

※ 참고사항 : 1. 조림대부지로서 입목의 관리상태는 양호함.
　　　　　　　2. 경급(cm) : 평균경급-최저경급-최고경급

3) 수종별 재적

임종	임상	수종	재적(m³)
천연림 (자연림)	활엽수	참나무	1,653.8
		기타활엽수	3,307.5
	침엽수	소나무	551.3
	소계		5,512.6
인공림 (조림)	침엽수	잣나무	1,047.4
		낙엽송	748.1
		리기다소나무	1,197.0
	소계		2,992.5
합계			8,505.1

(자료 2) 입목 평가자료

1) 원목 시장가격

등급기준	흉고직경 (경급)	원목가격(원/m³)					
		참나무	기타 활엽수	소나무	잣나무	낙엽송	리기다 소나무
상	30cm 이상	105,000	100,000	110,000	100,000	105,000	100,000
중	16cm 이상	90,000	85,000	95,000	90,000	95,000	90,000
하	16cm 미만	85,000	78,000	85,000	80,000	85,000	80,000

※ 용재림 및 기타용도(펄프, 갱목, 목탄 및 목초액의 용도 등) 등으로 사용할 수 있는바
일반기준 벌기령은 적용하지 아니하고, 시장가격은 천연림과 인공림(조림)의 구분 없
이 형성되고 있음.

2) 조재율

(단위 : %)

등급기준	활엽수	침엽수
상	90	90
중	85	85
하	80	80

3) 생산비용

① 벌목조재비

1일 노임/인		기계상각비 및 연료비	1일 작업량/인
벌목비	조재비		
80,000원	80,000원	30,000원	10.0㎥

② 산지집재비(소운반 포함)

1일 노임은 80,000원/인이며 1일 작업량은 10.0㎥/인임.

③ 운반비

구분	1일 노임/인	1일 작업량/인
상하차비	80,000원	10.0㎥
자동차운반비	110,000원	10.0㎥

④ 임도 보수 및 설치비

1일 노임/인	1일 작업량/인	소요임도
90,000원	0.3km	2.1km

⑤ 잡비 : 생산비용의 10%

4) 이자율 및 기업자이윤 등

① 자본회수기간은 6개월 정도이며 이자율은 금융기관 대출금리기준 연 7.0%를 적용함.

② 기업자 이윤은 10%, 산재보험을 포함한 위험률은 5.0%로 적용함.

(자료 3) 참고사항

1) 일부 수종에서 참나무 시들음병이 발생되어 피해도가 "중" 이상인 입목은 평가에서 제외하고 피해도가 "경" 이하인 입목은 정상입목 평가액의 90% 수준으로 평가함이 적절함.

2) 참나무 시들음병 피해도를 조사한바, 조사재적 중 "중" 이상 입목은 약 50%(826.90㎥), "경" 이하 입목은 약 20%(330.80㎥)임.

3) 단가 계산은 원 단위는 절사하고 십원 단위까지만 표기 요함.

I. 감정평가의 개요

II. 시장가역산법에 의한 입목 감정평가액

1. 원목 시장가의 현재가치

 1) 원목 시장가

 2) 할인율

 3) 원목 시장가의 현재가치

2. 원목 생산비용

 1) 벌목조재비

 2) 산지집재비 및 운반비

 3) 임도 보수 및 설치비

 4) 생산비용

3. 입목 감정평가액

27 베트남 북동해역에서 석유시추용으로 운용되던 플랜트(선박)인 '스타호'는 경제성 저하 및 노후화로 '비운영 폐선'으로의 매각을 추진 중이며, 현재 싱가포르 외항에 정박 중이다. 소유자인 코리아석유공사는 2018.06.30. 기준의 유리한 매각 방식을 결정하기 위한 자문을 감정평가사 甲에게 구하였다. 관련 법규 및 감정평가이론을 참작하고 제시된 자료를 활용하여 다음의 물음에 답하시오. **20점**   ▶ 기출 [선박] 제29회 3번

> **물음 1** 해체처분가격의 성격을 약술하고, 전체를 해체처분가격으로 평가할 경우, 산출 가능한 시산가액을 매각처별로 산정하시오. **10점**

> **물음 2** 재사용이 가능한 기관 및 저장품은 분리하여 매각할 경우의 전체 시산가액을 산정한 후, 물음 1)과 비교하여 가장 유리한 매각방식을 결정하시오. **10점**

(자료 1) '스타호'의 개요

1. 종류 : 부선
2. 선질 : 강
3. 조선자 : 울산조선(주)
4. 진수일 : 1990.06.30.
5. 길이 : 75미터
6. 너비 : 60미터
7. 깊이 : 8미터
8. 총톤수 : 10,000톤
9. 재화중량(dead weight) : 13,000톤
10. 경하중량(light weight) : 15,000톤
11. 기관 : 디젤엔진(2,000hp) 2대 탑재되어 있고, 중량은 총 100톤으로 조사됨.
12. 저장품 : 선박에 탑재된 수리용 신품의 부속장비로 중량은 총 900톤으로 조사됨.

(자료 2) 가격조사 사항

1. 통상 선박의 해체처분은 정상운영 장비가 포함된 경하중량을 기준으로 거래되는 관행이며, 대형선박 또는 플랜트의 해체 조선소는 파키스탄 및 한국에 소재함.
2. 기준시점 현재 현지 인도조건의 scrap(고철) 매입단가는 파키스탄의 경우 톤당 260,000원 수준이고, 한국의 경우 톤당 240,000원 수준인 것으로 조사됨.
3. 한편, 싱가포르 소재 대형선박 및 플랜트 관련 에이전트는 톤당 200,000원 수준에서 즉시 매입의사를 밝히고 있음.
4. 본건은 자력항행이 불가능한 부선으로 현지 인도조건에 따른 운송비(보험료 포함)는 파키스탄의 경우 9억원, 한국의 경우 6억원이 소요되는 것으로 조사되고, 싱가포르 현지매각의 경우 매수자가 모든 부대비용을 부담하는 조건임.
5. 재사용 가능 부분의 분리매각의 경우, 원매자 탐색 및 분리작업 기간에 4개월이 소요되고, 이에 따른 매월 정박료 및 대기비용으로 월간 2억원의 부담이 예상되나, 분리

에 따른 작업 직접비용은 매수자 부담이며, 잔여 scrap(고철)은 싱가포르 현지에서 매각 예정임.

(자료 3) 재조달원가

1. 기준시점에서 기관의 재조달원가는 마력(hp)당 300,000원인 것으로 조사됨.
2. 저장품은 미사용품으로 취득가격은 50억원이며, 이를 재조달원가로 할 수 있음.
3. 선체 및 의장품은 노후화로 본래용도로의 재사용은 불가능할 것으로 판단함.

(자료 4) 내용연수 및 잔존가치율 등

1. 기관의 내용연수는 20년이고, 잔존가치율은 10%이나, 매년 정기적 유지보수로 경제적 측면의 잔존내용연수가 5년 정도 남아있는 것으로 조사되며, 정률법에 의한 감가수정을 함.
2. 저장품의 내용연수는 10년이고, 잔존가치율은 20%이며, 미사용 신품이지만 원매자가 제한되어 있어 잔존가치 정도에서 거래가 가능함.

(자료 5) 정률법에 의한 잔존가치율표

구분		잔존가치율(10%)	
경과연수	내용연수	15년	20년
1		14/0.858	19/0.891
2		13/0.736	18/0.794
3		12/0.631	17/0.708
4		11/0.541	16/0.631
5		10/0.464	15/0.562
6		9/0.398	14/0.501
7		8/0.341	13/0.447
8		7/0.293	12/0.398
9		6/0.251	11/0.355
10		5/0.215	10/0.316
11		4/0.185	9/0.282
12		3/0.158	8/0.251
13		2/0.136	7/0.224
14		1/0.117	6/0.200

15	0.100	5/0.178
16		4/0.158
17		3/0.141
18		2/0.126
19		1/0.112
20		0.100

I. 감정평가의 개요

II. 물음 1 전체 해체처분가격의 결정

1. 해체처분가격의 성격

2. 해체처분가격의 결정

 1) 파키스탄

 2) 한국

 3) 싱가포르

III. 물음 2 분리 해체처분가격 및 매각방식 결정

1. 해체처분가격의 결정

 1) 전용가치

 2) 전용비용

 3) 해체처분가격

2. 매각방식 결정

동산

기본목차 연습

I. 동산의 의의
1. 기계
2. 기구
3. 그 외 동산

II. 자료의 수집 및 정리
1. 기본자료
2. 가격자료

III. 동산의 평가방법
1. 평가전제
2. 거래사례비교법
3. 원가법
  1) 재조달원가
    (1) 국산기계 : 대체원가 × 시점수정(기계가격보정지수) + 부대비용

    (2) 수입기계
      ① 수입가격 × 시점수정 × 환율보정 + 운임 + 보험료
      ② 수입부대비용 + 기타부대비용
  2) 감가수정(정률법)
    (1) 내용연수 : 경제적 내용연수
    (2) 잔가율
4. 해체처분가격
  1) 전용가격
  2) 해체처분가격
5. 유의사항 : 작동여부, 소유권여부

감정평가에 관한 규칙 | 제21조(동산의 감정평가)

① 감정평가법인 등은 동산을 감정평가할 때에는 <u>거래사례비교법</u>을 적용해야 한다. 다만, 본래 용도의 효용가치가 없는 물건은 <u>해체처분가액</u>으로 감정평가할 수 있다.
② 제1항 본문에도 불구하고 기계·기구류를 감정평가할 때에는 원가법을 적용해야 한다.

감정평가실무기준 | 670(동산 등) - 1(동산의 감정평가)

1.1 정의
동산이란 <u>상품, 원재료, 반제품, 재공품, 제품, 생산품 등 부동산 이외의 물건</u>을 말한다.

1.2 자료의 수집 및 정리

동산의 가격자료에는 거래사례, 제조원가, 시장자료 등이 있으며 대상 동산의 특성에 맞는 적절한 자료를 수집하고 정리한다.

1.3 동산의 감정평가방법

① 동산을 감정평가할 때에는 <u>거래사례비교법</u>을 적용하여야 한다.
② 동산이 본래의 용도로 효용가치가 없는 경우에는 <u>해체처분가격</u>으로 감정평가할 수 있다.

630(기계기구류) - 1(기계기구류의 감정평가)

1.3 기계기구류의 감정평가방법

① 기계기구류를 감정평가할 때에는 <u>원가법</u>을 적용하여야 한다.
② 제1항에도 불구하고 대상물건과 현상·성능 등이 비슷한 동종물건의 적절한 거래사례를 통해 시중시가를 파악할 수 있는 경우(외국으로부터의 도입기계기구류를 포함한다)에는 <u>거래사례비교법</u>으로 감정평가할 수 있다.

1.3.1 재조달원가의 산정

1.3.1.1 국산기계기구류의 재조달원가

국산기계기구류의 재조달원가는 기준시점 당시 같거나 비슷한 물건을 재취득하는 데에 드는 비용으로 하되, 명칭 및 규격이 같은 물건인 경우에도 제조기술, 제작자, 성능, 부대시설의 유무 등에 따른 가격의 차이가 있는 경우에는 이를 고려한다.

1.3.1.2 도입기계기구류의 재조달원가

① 도입기계기구류의 재조달원가는 <u>수입가격에 적정한 부대비용을 포함한 금액</u>으로 한다. 다만, 수입시차가 상당하여 이 방법에 따라 산정된 재조달원가가 부적정하다고 판단될 때에는 대상물건과 제작자·형식·성능 등이 같거나 비슷한 물건의 최근 수입가격에 적정한 부대비용을 더한 금액으로 한다.
② 제1항의 방법에 따라 재조달원가를 산정하는 것이 불합리하거나 불가능한 경우에는 <u>같은 제작국의 동종기계기구류로서 가치형성요인이 비슷한 물건의 최근 수입가격</u> 또는 해당 기계기구류의 도입 당시 수입가격 등을 기준으로 추정한 수입가격에 적정한 부대비용을 더하여 산정할 수 있다.

1.3.2 감가수정

① 기계기구류는 <u>정률법</u>으로 감가수정하는 것을 원칙으로 한다. 다만, 정률법으로 감가수정하는 것이 적정하지 않은 경우에는 정액법 또는 다른 방법에 따라 감가수정할 수 있다.
② 내용연수는 <u>경제적 내용연수</u>로 한다.

③ 장래보존연수는 대상물건의 내용연수 범위에서 사용·수리의 정도, 관리상태 등을 고려한 장래 사용가능한 기간으로 한다.

실무기준해설서

I. 동산의 감정평가

1) 동산의 정의

동산은 원칙적으로 부동산이 아닌 것을 말한다. 즉, 부동산인 토지 및 그 정착물은 동산으로 볼 수 없다. 다만, 지상물일지라도 토지에 정착되지 않은 것은 동산이며, 전기 기타 관리할 수 있는 자연력은 모두 동산이다. 자동차, 건설기계, 항공기, 선박은 동산이지만 등록·등기를 통해 의제부동산으로 취급된다.

2) 동산과 부동산의 차이

동산은 부동산에 대하여 그 법률적 취급에서 많은 차이가 있다. 동산의 공시방법은 점유 또는 인도에 의하며, 공신의 원칙과 선의취득이 인정되고, 용익물권의 목적은 되지 않으나 질권의 목적이 되고, 취득시효와 환매의 기간이 짧고, 무주물선점과 유실물습득의 적용이 있고 부동산과 부합하는 경우에는 권리가 소멸한다.

「민사집행법」상 강제집행의 대상으로서 말하는 동산은 「민법」상의 동산보다는 훨씬 넓은 의미를 가진다. 거기에는 「민법」상의 동산 이외에 등기할 수 없는 토지의 정착물로서 독립하여 거래의 객체가 될 수 있는 것, 토지에서 분리하기 전의 과실로서 1월 이내에 수확할 수 있는 것, 유가증권으로서 배서가 금지되지 않은 것을 포함한다(「민사집행법」 제189조).

3) 감정평가 대상으로서의 동산

동산은 모양이나 성질을 변하지 않게 하여 옮길 수 있는 것으로, 토지와 정착물 이외의 모든 유체물로 정의할 수 있다. 이와 같은 동산은 감정평가 시 각각 대상물건이 된다.

II. 자료의 수집 및 정리

1) 조사 및 확인사항

동산을 감정평가할 때에는 해당 동산의 가격 변동사항, 계절성의 유무 및 보관의 난이, 변질 또는 처분가능 여부, 수요 및 장래성, 그 밖의 참고사항 등을 확인한다.

불용품인 동산은 불용품의 발생원인, 불용품의 상태, 불용품의 보관 및 관리상태의 양부, 불용품의 유통과정, 불용품의 가격변동요인 등을 조사·확인하여야 한다.

2) 동산의 가격자료

거래사례는 해당 동산이 거래되는 시장의 거래가격(도매가격, 소매가격 및 협정가격) 등이며, 제조원가는 동산의 생산원가 등을 말한다. 시장자료는 중고시장에서의 가격과 동산을 구성하는 부품의 가격과 그 변동상황 등을 말한다. 이와 같은 거래사례, 제조원가 및 시장자료 등은 충분히 수집·정리한다.

III. 동산의 감정평가방법

1) 거래사례비교법

동산은 원칙적으로 거래사례비교법을 적용하여 감정평가한다. 즉, 유사 동산의 거래사례 등을 파악하고 선택된 사례를 기준으로 비교 분석을 통해 감정평가액을 도출한다. 동산은 거래단계별 가격 즉 생산원가, 도매가격, 소매가격 등을 시계열적으로 파악하고, 각 단계별 가격차이의 발생요인을 분석하여 감정평가한다. 가격차이의 발생요인은 거래단계에 따른 상하차비, 운반비, 창고보관비, 감손상당액, 업자이윤 등이 있으며, 각 단계마다 이를 면밀히 조사 분석하여 평가한다. 만약 적절한 거래사례가 없거나 거래사례비교법이 적용 불가능한 경우에는 원가법 등을 적용할 수 있을 것이다.

2) 본래의 용도로 효용가치가 없는 경우

본래의 용도로 사용가능한 물건의 경우 현 상태로의 시장가격이 형성되어 있으며 이를 기초로 한 거래사례비교법에 의한 비준가액으로 감정평가하며, 감정평가 대상물건과 같은 물건이 계속 생산되고 있는 경우에는 적산가액으로 감정평가할 수 있다. 타 용도로의 전환이 가능한 물건의 경우에는 그 전용가치를 기준으로 감정평가하거나 해체하여 부품으로 사용될 수 있는 경우는 해체처분가격으로 감정평가한다. 해체처분가격으로 감정평가할 물건의 경우 부품의 재활용가치도 없는 물건으로서 구성재질별로 중량을 산출하거나 의뢰자로부터 제시받아 시중 고철시세를 곱한 가격에 해체비용을 감안하여 감정평가한다. 불용품인 동산을 감정평가할 때에는 현 상태대로 시장가치가 형성되어 있는 경우에는 비준가액으로 감정평가하며, 재활용이 불가능한 물건은 해체처분가격으로 감정평가한다. 해체처분가격은 구성재질별 중량을 산출한 후 시중 재생재료 시세를 적용하되, 해체에 따라 철거비, 운반비, 상하차비, 업자이윤 등을 감안하여 감정평가한다.

IV. 기계기구류의 감정평가방법

1) 기계기구류의 개념

기계란 동력을 받아 외부의 대상물에 작용을 하는 설비 및 수동식 구조물로 일정한 구속

운행에 의하여 작용을 하는 설비를 말한다. 기구란 인력 또는 기계에 의하여 이루어지는 모든 노동을 보조하는 것 또는 작업에 간접적으로 사용되는 물건을 말한다. 장치란 내부에 원료 등을 수용하여 이를 분해, 변형, 운동시키는 설비를 말한다.

2) 기계기구류의 일반적인 감정평가방법

(1) 원가법을 주된 방법으로 적용

기계기구류의 감정평가는 그 구조, 규격, 형식, 용량, 수요정도, 경과연수, 잔존내용연수, 현상, 이용관리상태 등을 종합적으로 고려하여 원가법으로 감정평가액을 결정하는 것이 원칙이다.

(2) 도입기계의 경우

외국으로부터 도입되는 기계류 등은 고도의 기술력을 갖춘 고가의 첨단장비가 많은 비중을 차지하고 있으며, 국내로 도입되는 과정에서 복잡한 절차와 국내 시장여건 등으로 인해 적절한 시장가격을 파악하는 것이 용이하지 않다. 도입기계의 평가는 일반적인 기계류 평가와 유사한 범주로 이해할 수 있으므로, 감정평가방법의 적용도 일반적인 기계류 감정평가방법과 유사하다고 할 수 있다. 다만, 도입기계의 감정평가와 관련하여 수출입 과정에서 발생되는 제반 절차 등이 도입기계 감정평가에 직·간접적인 영향을 미칠 수 있다.

(3) 거래사례비교법 적용

거래사례비교법을 적용하기 위해서는 기계·기구가 현재 사용 중인 상태로서의 매각시장 등이 존재하여야 한다. 또한 해당 기계·기구의 매각가능가액 및 가치의 변동추이에 대한 확인이 가능해야 한다. 즉 동종·유사물건의 거래사례 또는 시중 거래시세 등에 대한 포착이 가능한 경우 이를 기초로 하여 거래사례비교법으로 감정평가할 수도 있다. 이 경우에는 거래사례의 적정성 및 객관성 여부, 시중에 공정한 시장이 존재하는가에 대한 판단이 선행되어야 한다.

3) 기계기구 감정평가 시 조사사항

(1) 사전조사

① 사전조사사항

일반적인 기계기구의 경우 기계기구의 등기 유무, 견적서, 계약서, 세금계산서 및 기계설치도면 등을 통해 관련사항을 사전에 확인한다. 우선 기계기구의 종류, 형식, 등록일자, 번호, 용도, 검사조건 및 검사예정일자 등을 확인하며, 견적서, 계약서 및 세금계산서 등의 계약 내용 및 조건 등을 확인하고, 설치 및 부대비용과 옵션 등의 사항을 체크한다. 도입기계의 경우 해당 도입기계의 수입신고서, Invoice(송장), Packing List(배송목록), Offer Sheet(주문장) 및 Catalogue(설명서) 등을 징구하여 각 서류에 기재된 사항 및 내용을 점검하여 동일 기계기구의 서류 여부와 진위를 확인한다.

② 사전조사 시 유의사항

해당 기계기구에 대한 사전조사 시 관련 서류를 검토하고 공장 내 동종·유사기계 등의 유무를 미리 확인하며, 특히 도입기계의 경우에는 수입 관련 절차에 따른 적정 부대비용이 발생할 수 있으므로 해당 도입기계의 수입 통과 절차에 대해서도 확인할 필요가 있다.

(2) 실지조사

① 실지조사사항

실제 공장 내 설치된 기계기구를 조사할 때 사전조사 시 구비된 서류를 바탕으로 기계기구 설치 및 배치현황, 명판 및 표지판 내용(명칭, 제조번호, 모델명, 제작회사, 제조연월일 및 구입처 등), 의뢰목록과 실제 기계기구의 동일성 여부를 확인한다.

② 실지조사 시 유의사항

실지조사 시 기계기구에 대해 확인된 사항에 대해 기록 및 영상물 촬영이 중요하며, 유의 기계기구류(소유권유보부, 리스 등)인지 여부 및 정상작동 여부와 유휴시설인지에 대해서도 확인할 필요가 있다. 또한 옵션의 부가 여부 및 환가성 정도 등에 대해서도 파악한다.

4) 유의사항

(1) 소유권유보부 기계기구

매도인이 매수인에게 기계기구를 인도하면서 대금의 일부만 수령하되 소유권은 매도인이 가지면, 추후 대금 잔금의 완납시점에 이르러야 매수인이 소유권을 가지게 되는 이른바 소유권유보부 기계기구 등이 있을 수 있다. 이 같은 기계기구 등은 매매 시 작성된 계약서 내용 등을 통해 면밀히 확인할 필요가 있다. 다만, 대법원은 소유권 이전을 위하여 <u>등기나 등록을 요하는 재산에 대하여는 소유권유보부매매가 성립될 여지가 없다</u>고 보고 있다.

(2) 리스물건

「여신전문금융업법」에 의한 시설대여업자가 대여한 리스물건은 시설대여업의 소유물건으로 보아 <u>감정평가하지 않는 것이 원칙</u>이나, 실무적으로는 리스물건인지 여부에 대한 판별이 어렵다는 문제가 있다. 따라서 기계기구 등에 부착된 명판 또는 표지판에 대한 확인을 통해 우선 확인한 후, 해당 공장 장부서류 등을 검토하거나 매도자, 의뢰인 등을 통해 관련 사항을 확인할 필요가 있다.

(3) 과잉유휴시설

과잉유휴시설이란 해당 공장에 설치되어 있거나 보유하고 있는 시설 중에서 <u>공장의 운용에 직접적으로 이용되지 않거나 장래에도 이용될 가능성이 없는 시설 등을 말한다.</u> 특히 담보감정평가의 경우 가까운 장래시점까지 이용될 가능성이 없는 기계·기구까지 담보취득의 대상으로 보아 감정평가하는 것은 타당하다고 보기 어려울 것인바 유의할 필요가 있다.

V. 재조달원가의 산정

1) 국산기계의 재조달원가

(1) 재조달원가 산정 원칙

국산기계를 원가법으로 감정평가 시 적용하게 되는 재조달원가는 일반적으로 표준적인 계약방식에 따르며, 해당 기계기구의 기준시점 당시 재생산 및 재취득에 소요되는 비용 등을 파악하고 분석하여 산정한다.

(2) 재조달원가 산정 시 검토사항

① 진부화, 기술 진보 등에 따른 고려

국산기계의 재조달원가 산정 시 단종 및 특수 제작하는 기계의 경우에는 동종 유사기계의 신조가격을 참고하되, 평가대상 기계의 제작시점과 기준시점 간의 괴리에 따른 진부화, 기술 진보 등에 따른 사항을 고려하여야 한다.

② 다양한 자료 수집

한편 현실적으로 대상 기계의 정확한 장부가격을 파악하기 곤란하며, 기계마다 거래사례를 수집하는 데 많은 시간과 노력이 필요하다. 따라서 감정평가실무에서 국산기계의 재조달원가 산정은 〈동산시가조사표〉와 공개적으로 출간되는 각종 물가 자료집 등을 활용하여 종합적으로 결정한다.

③ 제조기술 및 제작자 등의 보정

이때 기준시점의 차이가 있는 경우 시점수정을 통해 보정하여야 하며, 기계의 명칭과 규격이 동일한 기계라도 제조기술, 제작자, 성능, 부대시설의 유무에 따라 가격의 차이가 발생할 수 있음에 유의하여야 하며, 그 차이에 대한 보정이 가능한 경우에는 재조달원가를 보정할 수 있다.

2) 도입기계의 재조달원가

(1) 도입기계의 재조달원가 산정 원칙

① 산정 원칙

도입기계의 재조달원가는 <u>수입가격에 적절한 부대비용을 포함한 금액</u>으로 한다. 도입기계에 대한 수입가격의 파악이 가능하고 이에 부대되는 비용 등이 합리적인 경우에 이를 바탕으로 재조달원가를 산정할 수 있을 것이다. 다만, 이 방법으로 산정된 재조달원가가 수입시차 등으로 부적정하다고 판단될 때에는 대상물건과 제작자, 형식, 성능 등이 같거나 비슷한 물건의 최근 수입가격을 기초로 하여 부대비용을 더한 금액을 기준으로 산정할 수도 있다.

② 동종기계의 최근 수입가격이 파악되는 경우

재조달원가를 산정하는 것이 불합리하거나 불가능한 경우에는 <u>같은 제작국의 동종기계로서 가치형성요인이 비슷한 물건의 최근 수입가격</u>을 파악하여 비교·수정한 가액으로 산정할 수 있다.

③ 해당 기계의 도입 당시 수입가격을 보정하는 방법

공개적으로 발표되는 기계가격보정지수와 외화환산율 등을 적용하여 <u>해당 도입기계의 도입 당시 수입가격을 보정한 가액</u>에 적정한 부대비용을 더한 금액으로 재조달원가를 정할 수 있다. 다만, 감정평가실무적으로는 기계가격보정지수로 보정하여 적용하는 경우가 많다.

(2) 기계가격보정지수를 적용한 재조달원가 산정방법

① 기계가격보정지수

감정평가 대상 기계제조국에 대한 연도별 기계가격지수를 직접 구할 수 있는 경우 <u>기계가격보정지수는 일반기계 및 전기기계를 구분하여 적용한다.</u> 일반기계보정지수는 전기기계를 제외한 모든 기계에 적용할 수 있다. 전기기계 보정지수는 전기설비와 기계기구의 주요 구성부분이 전동기, 전열장치 등의 전기기구로 이루어진 기계기구에 적용한다. 연도별 기계가격보정지수는 다음 산식에 따라 산정하며, 기계가격지수는 도입국의 기계가격지수 또는 생산자물가지수를 참고하여 산정한다.

$$\text{기계가격보정지수} = \frac{\text{기준시점(년도)의 기계가격지수}}{\text{도입시점(년도)의 기계가격지수}}$$

또한 평가대상 기계제조국에 대한 연도별 기계가격지수를 직접 구할 수 없을 경우에는 별도의 규정에 근거하여 산정된 기계가격보정지수를 적용하여 재조달원가를 산정하게 된다. 즉, 기계가격보정지수는 미국, 일본, 영국, 독일 4개국만이 발표되고 있고, 그 외 다른 국가들의 경우는 통상 미국, 일본, 영국, 독일의 기계가격보정지수를 토대로 생산자물가지수 등을 반영하여 구하는 간접방식을 적용할 수 있다.

② 기계가격보정지수를 적용한 재조달원가

이러한 기계가격보정지수에 따른 도입기계의 재조달원가 산정은 CIF가격 기준 방법과 FOB가격 기준 방법이 주로 이용된다. 이에 대한 구분의 실익은 운임과 보험료가 관세 계산에 포함되는가의 여부이다.

- FOB가격 기준 재조달원가 산정

도입 당시의 FOB(Free On Board)가격이 확인되고 기준시점의 운임과 보험료의 파악이 가능한 경우에는 FOB가격을 기준으로 평가대상 기계의 재조달원가를 산정한다. FOB가격은 발송지가격이라고도 하며 과세가격을 CIF가격에 운임, 보험료를 포함하지 아니하는 가격으로 하는 것을 말한다. FOB가격은 CIF가격에 비해 과세가격이 적어 관세부담(관세수입)이 적다. 따라서 CIF가격에 비해 국내 소비자가격을 하락시키는 효과가 있다. FOB가격은 주로 미국, 캐나다, 호주, 뉴질랜드 등에서 사용하고 있다.

> 재조달원가 = (도입 당시의 FOB 원산지 외화가격 × 기계가격보정지수 × 기준시점의 외화환산률) + 기준시점의 운임 + 기준시점의 보험료 + 적정부대비용

- CIF가격 기준 재조달원가 산정

CIF(Cost Insurance and Freight)가격을 기준으로 한 재조달원가의 산정은 현행 운임 및 보험료의 파악이 곤란하거나 불합리하여 FOB가격의 적용이 어려운 경우에 활용되고 있다. CIF가격은 도착지가격이라고도 하며, FOB가격에 운임, 보험료를 포함하는 가격으로 하기 때문에 FOB가격에 비해 과세가격이 커서 관세부담(관세수입)이 크다. 따라서 FOB가격에 비해 근거리 수입을 촉진하는 효과가 있다. 한국, 일본, EU 등에서 많이 사용한다.

> 재조달원가 = (도입 당시의 CIF 원산지 외화가격 × 기계가격보정지수 × 기준시점의 외화환산률) + 적정부대비용

- FOB가격 기준 및 CIF가격 기준의 감정평가실무상 적용

감정평가업계에서는 도입기계의 재조달원가 산정 시 CIF가격을 기준으로 감정평가하는 경우가 많다. 이는 통관실무에서 CIF가격 기준이 과세기준가격으로 적용하기 간편함을 이유로 널리 활용되고 있고, FOB가격 기준에 따라 감정평가를 진행할 경우 운임, 보험료 등의 자료 수집 및 산정에 시간과 비용이 많이 소요되어 이를 적용하는 것이 불합리한 경우가 있기 때문이다. FOB가격 기준으로 도입기계를 감정평가할 경우 수입기계의 도입금액에 현행 운임 및 보험료를 가산하여 산정하고, CIF가격 기준의 경우 이미 도입가격에 운임 및 보험료가 포함되어 있으므로, 도입시점과 기준시점 간의 시점수정만으로 감정평가를 하게 된다. 현행 운임과 보험료를 적용한다는 측면에서 FOB가격 기준의 감정평가가 합리적이나, 현행 운임 및 보험료를 정확히 산정하는 것은 어려우므로, 감정평가실무상 CIF가격을 기준으로 산정하게 된다. 이 경우 CIF가격에 포함된 운임 및 보험료의 적

정성 여부를 검토하여야 한다. 동일 기계라 하더라도 운송수단 및 기간에 따라 보험료 및 운임이 달라지기 때문이다.

③ 외화환산율

도입기계의 감정평가 시 기준시점 당시의 외화환산율 산정에 대하여는 감정평가업계의 실무상 처리방법은 통일되어 있지 않다. 다만, 감정평가사협회의 「담보평가지침」에서는 가격시점 이전 최근 15일 평균을 적용하되, 환율변동이 심한 경우 가격시점 이전 최근 3월 평균 기준 환율 또는 재정환율을 적용하도록 되어 있다. 또한 감정평가실무상 한국은행에서 고시하는 환율을 적용할지, 시중 은행에서 고시하는 환율을 적용할지, 시중 은행을 적용한다면 어느 은행의 환율을 적용할지 여부가 논란이 있을 수 있다.

④ 적정 부대비용의 산정

적정 부대비용은 L/C개설비, 하역료, 통관비, 창고료, 육상운반비, 설치비, 관세, 농어촌특별세, 소요자금이자, 감독비 등으로 구성된다.

첫째, L/C개설비, 하역료, 통관비, 창고료, 육상운반비 등은 수입가격의 3% 이내에서 적정수준을 고려하여 적용한다.

둘째, 설치비는 일반적으로 수입가격의 1.5% 이내를 적용하되, 대상물건의 규모 또는 종류에 따라 별도로 사정할 수 있다. 즉, 실험기기 및 이동성 기기류의 경우에는 별도의 설치비용이 소요되지 않으므로, 현장조사 시 설비의 규모, 설치현황 등에 따라 설치비의 포함여부를 결정하여야 한다. 별도의 설치공사 항목의 기계장치의 취득원가에 포함되어 있다면, 도입가격의 산정 시 설치비 항목은 고려치 않는다.

셋째, 소요자금이자 및 감독비 등은 상당한 건설기간이 소요된 사업체 설비에 한하여 가산하되, 소요자금 중 외자는 실제 발생한 이자율 적용을 원칙으로 한다. 또한 기준시점에서의 동종 이자율과 현저한 차이가 있을 경우에는 기준시점의 동종 이자율을 참작 조정하여 적용할 수 있으며, 내자(회사채 포함)는 적정한 시설자금의 현행 이자율을 적용한다.

VI. 감가수정

1) 감가수정방법

기계기구류는 설치 및 가동 초기에 기계적 마모가 크게 일어난다는 점이 내용연수 초기에 상각비용이 큰 정률법 적용을 원칙으로 한다. 설비의 성격 및 특성에 따라 정액법 등 다른 감가수정방법의 적용 여지도 있음에 유의하여야 한다.

2) 내용연수

감정평가실무에서 적용되는 내용연수는 경제적 내용연수로서 물리적 내구연한의 범위 내에서 결정된다. 감정평가실무상 특정 설비의 내용연수를 객관적으로 정할 수는 없으나,

개념상 해당 설비의 유지보수비용이 해당 기계로부터 얻어지는 효용치와 같아질 때까지의 기간을 내용연수로 본다. 기계기구류의 내용연수 조정은 설비의 특성에 따라 감정평가 실무에서는 〈유형고정자산 내용연수표〉를 참고하여 감가수정한다. 이 내용연수에 없는 기계기구류는 유사기계기구류 내용연수 또는 대상 기계가 속하는 업종별 내용연수 등을 참작하여 그 이내로 조정할 수 있다.

통상적인 기계기구류의 감가수정은 만년감가에 의하며, 특별히 내용연수가 짧거나 감모의 주기가 빠른 기계기구류의 경우 개월감가를 실시하기도 한다. 경과연수의 조정은 만년으로 하며, 조정기준일은 당해 기계의 제작일자로 함을 원칙으로 하되, 취득 또는 사용개시일자와 시차가 있을 때는 취득일자를 기준으로 할 수 있다.

3) 장래보존연수

장래보존연수의 결정은 대상물건의 가치에 영향을 미칠 수 있는 중요한 부분이다. 장래보존연수는 대상물건의 내용연수를 한도로 하는 범위에서 결정하되, 사용·수리의 정도, 관리상태 등을 종합적으로 고려한 장래 사용가능한 기간으로 결정한다.

기본서 보충

I. 「동산·채권 등의 담보에 관한 법률」

제1조(목적)

이 법은 동산·채권·지식재산권을 목적으로 하는 담보권과 그 등기 또는 등록에 관한 사항을 규정하여 자금조달을 원활하게 하고 거래의 안전을 도모하며 국민경제의 건전한 발전에 이바지함을 목적으로 한다.

제3조(동산담보권의 목적물)

① 법인 또는 「부가가치세법」에 따라 사업자등록을 한 사람(이하 "법인 등"이라 한다)이 담보약정에 따라 동산을 담보로 제공하는 경우에는 담보등기를 할 수 있다.

② 여러 개의 동산(장래에 취득할 동산을 포함한다)이더라도 목적물의 종류, 보관장소, 수량을 정하거나 그 밖에 이와 유사한 방법으로 특정할 수 있는 경우에는 이를 목적으로 담보등기를 할 수 있다.

제7조(담보등기의 효력)

① 약정에 따른 동산담보권의 득실변경은 담보등기부에 등기를 하여야 그 효력이 생긴다.

② 동일한 동산에 설정된 동산담보권의 순위는 등기의 순서에 따른다.

③ 동일한 동산에 관하여 담보등기부의 등기와 인도(「민법」에 규정된 간이인도, 점유개정, 목적물반환청구권의 양도를 포함한다)가 행하여진 경우에 그에 따른 <u>권리 사이의 순위는 법률에 다른 규정이 없으면 그 선후에 따른다.</u>

제21조(동산담보권의 실행방법)

① 담보권자는 자기의 채권을 변제받기 위하여 <u>담보목적물의 경매를 청구할 수 있다.</u>
② 정당한 이유가 있는 경우 담보권자는 담보목적물로써 직접 변제에 충당하거나 담보목적물을 매각하여 그 대금을 변제에 충당할 수 있다.

II. 「동산 · 채권의 담보등기 등에 관한 규칙」

별지 제1호 서식 - 담보권설정자가 법인인 경우 동산담보 등기기록

등기고유번호 0000-0000-000000   등기일련번호 000000

【 담 보 권 설 정 자 】 (담보권설정자에 관한 사항)				
표시번호	상호 / 명칭	법인등록번호	본점 / 주사무소	등기원인 및 등기일자

【 담 보 권 】 (담보권에 관한 사항)				
순위번호	등기목적	접수	등기원인	담보권자 및 기타사항

【 담 보 목 적 물 】 (담보목적물에 관한 사항)			
일련번호	동산의 종류	보관장소 / 특성	기타사항

III. 기계기구의 종류

분류기준		내용
범용성	범용기계	기본 가공에 사용되는 기계(예 공작기계)
	전용기계	특정 가공에 사용되는 기계
구성	설비기계	원동기, 보일러, 공기압축기, 펌프 등
	공작기계	프레스, 선반, 밀링, 드릴링, 보링 등

용도	실험기계	시험기, 검사기, 계측기, 계량기 등
	업종기계	1차산업, 식료품, 제지, 인쇄, 화학, 석유 등

(출처 : 〈기계기구 실무매뉴얼〉, 한국감정평가사협회)

IV. 유형자산내용연수표

설비의 종류(영명) 및 세목	내용연수	표준산업분류
전자계측기 제조시설		33123
휴대용 전류계(Portable Current Meter)	7~10	
휴대용 전압전류계(Portable Voltage Current Meter)	7~10	
휴대용 전력계(Portable Watt Meter)	7~10	
멀티-테스터(Multi-Tester)	7~10	
휴대용 메거 테스터(Megger Tester)	7~10	
클램프 테스터(Clamp Tester)	7~10	
휴대용 조도계(Lux Meter)	7~10	
휴대용 회전계(R.P.M Meter)	7~10	
진공관 전압계(Volt Meter)	7~10	
T.V 필드 레벨 미터(T.V Field Level Meter)	7~10	
어스 테스터(Earth Tester)	10	
DC 파워 서플라이(D.C Power Supply)	7~10	
오실로스코프(Oscilloscope)	10~12	
싱크로스코프(Synchroscope)	10~12	
신호발생기(Signal Generator)	10~12	
유니버설 브리지(Universal Bridge)	10~12	
임피던스 브리지(Impedane Bridge)	10~12	
더블 브리지(Double Bridge)	10~12	
스윕 마커 제너레이터(Sweep Marker Generator)	10~15	
감쇠기(Attenuator)	10	
와우 엔드 플루터 미터(Wow & Flutter Meter)	10~12	

감정평가실무 기출문제

28 감정평가사 K씨는 ㈜ABC로부터 도입기계에 대한 평가의뢰를 받고 다음과 같은 자료를 수집하였다. 도입기계의 평가액을 구하시오. 10점 ▸기출 제17회 4번

(자료 1) 감정개요

1. 평가대상 : Lathe 1대
2. 가격시점 : 2006.8.27.
3. 평가목적 : 공장저당법에 의한 담보평가

(자료 2) 평가기준

1. CIF, 원산지화폐 기준
2. 국내시장가격은 고려하지 않음.
3. 대상기계의 내용연수는 15년, 내용연수 만료 시 잔가율은 10%

(자료 3) 외화환산율

적용시점	통화	해당통화당 미(달러)	미$당 해당통화	해당통화당 한국(원)
2004년 7월	JPY	0.9140(100엔당)	109.4081	1,059.02(100엔당)
2004년 8월	JPY	0.9522(100엔당)	105.0198	1,059.05(100엔당)
2006년 8월	JPY	0.8735(100엔당)	114.4877	832.28(100엔당)

(자료 4) 기계가격보정지수

구분	국명	2005	2004
일반기계	미국	1.0000	1.0606
	영국	1.0000	1.0358
	일본	1.0000	0.9979
전기기계	미국	1.0000	0.9982
	영국	1.0000	0.9954
	일본	1.0000	0.9490

(자료 5) 수입신고서

1. 과세가격(CIF) : $100,000
2. 수입신고일 : 2004.08.01.

3. 적출국 : JP(JAPAN)

4. 관세 8.0%(감면율 50.0%), 농어촌특별세 20.0%, 부가가치세 10.0%

(자료 6) 부대비용

1. 관세, 농어촌특별세, 부가가치세 및 관세감면율 : 도입시점과 동일

2. 설치비 : 도입가격의 1.5%

3. L/C개설비 등 기타 부대비용 : 도입가격의 3%

4. 운임 및 보험료 : 도입시점과 동일

(자료 7) 정률법에 의한 잔존가치율(잔가율 10%, 내용연수 15년 기준)

1. 1년 경과 : 0.858

2. 2년 경과 : 0.736

3. 3년 경과 : 0.631

4. 4년 경과 : 0.541

5. 5년 경과 : 0.464

I. 감정평가의 개요

II. 원가법에 의한 기계기구 감정평가액

1. 재조달원가

　1) 도입원가

　　① 수입원가

　　② 기계가격보정지수

　　③ 환율보정

　　④ 도입원가

　2) 부대비용

　3) 재조달원가

2. 기계기구 감정평가액

29 자동차부품업체를 운영하고 있는 김갑동 사장은 공장을 증설하기 위하여 임야를 매입하고, 자금마련을 위해 개발단계별로 담보대출을 신청하려 한다. 주어진 조건과 자료를 참고하여 2009.09.06.을 가격시점으로 하여 공장을 평가하시오. 25점 ▸기출 제20회 1번

(자료 1) 기계기구 의뢰목록

구분	기계명	수량	제작 및 구입일자	구입가격(원/대)
1	CNC M/C (수치제어선반)	2	수입신고서 참조	수입신고서 참조
2	선반	3	2009.01.01.	50,000,000
3	Air Compressor (컴프레서)	1	2008.08.01.	12,000,000

(자료 2) 현장조사사항

① 기계장치는 신규 설치되어 정상가동되고 있으며 도입기계 중 CNC M/C 1대는 향후 증설을 예상하여 도입하였으나 설치하지 않고 보관 중으로 증설시기는 미정이며, 목록에 포함되지 않은 기계기구의 제작 및 구입일자는 선반과 동일한 것으로 조사되었음.

② 도입기계 관련 수입신고서(요약)

신고일	입항일	반입일	적출국
2009.02.01.	2009.01.05.	2009.01.08.	JP(JAPAN)
품명	**수량**	**단가(USD)**	**금액(USD)**
CNC M/C	2U	100,000	200,000
과세가격(CIF)	$200,000	**원산지표시**	JP-Y-Z-N
	₩280,304,000		
세종	세율	감면율	세액
관	8.00	50.000	11,212,160
농	20.00		2,242,432
부	10.00		29,375,859
결재금액	CIF-USD200,000	**환율**	1,401.52

(자료 3) 심사평가사의 심사의견

업자가 제시한 기계기구 구입가격 및 건물공사비 내역서의 금액은 적정한 것으로 보이나 일부 항목은 건물공사비 산입의 적정성을 재검토하고 특히 기계기구 의뢰목록은 재작성해야 할 것이라는 의견을 제시함.

(자료 4) 가격결정을 위한 참고자료

① 내용연수는 15년, 최종 잔가율은 10%를 적용
② 도입기계 관련 자료
   - CIF, 원산지 화폐를 기준하고 국내 시장가격은 고려하지 아니함.
   - 기계가격보정지수 : 1.0
   - 외화환산율

적용시점	통화	해당통화당 미(달러)	미(달러)당 해당통화	해당통화당 한국(원)
2009.01.	JPY	0.7150(100엔당)	139.8601	1,409.10(100엔당)
2009.02.	JPY	0.7532(100엔당)	132.7669	1,425.05(100엔당)
2009.08.	JPY	0.7635(100엔당)	130.9758	1,405.22(100엔당)

- 도입부대비

설치비는 도입가격의 1.5%, L/C 개설비 등 기타 부대비용은 도입가격의 3%를 적용하고 세율, 감면율 등은 도입시점과 동일하게 적용

- 정률법에 의한 잔존가치율(내용연수는 15년, 최종 잔가율은 10%)

경과연수	1	2	3	4
잔존가치율	0.858	0.736	0.631	0.541

I. 감정평가의 개요

II. 원가법에 의한 기계기구 감정평가액

1. CNC M/C

1) 재조달원가

(1) 도입원가

① 수입원가

② 기계가격보정지수

③ 환율보정

④ 도입원가

(2) 부대비용

(3) 재조달원가

2) 감가수정

3) 감정평가액

2. 선반

1) 재조달원가

2) 감가수정

3) 감정평가액

3. Air Compressor

1) 재조달원가

2) 잔존가치율

3) 감정평가액

4. 기계기구 감정평가액

---

30 감정평가사 甲은 국산 사출기 20대를 보유하고, 플라스틱 제품을 생산하여 수출 중인 사업체(K사) 전체에 대한 적정한 시장가치의 산정을 의뢰받았다. 토지, 건물 및 구축물, 영업권 등의 무형자산에 대한 가치까지 산정한 후, 최종적으로 사업체의 주 생산설비인 국산 사출기 20대에 대하여 관련 규칙 및 기준에 의거하여 평가하고자 한다. 제시된 자료를 참조하여 평가방법을 결정하고, 다음 물음에 답하시오. 20점 ▸ 기출 제27회 3번

(1) 제1라인의 적정가격을 제시하시오. 10점

(2) 제2라인의 적정가격을 제시하시오. 10점

(자료 1) 기본사항

1. 의뢰인 및 사업체명 : 주식회사 K

2. 기준시점 : 2016년 7월 1일

3. 생산라인 구성 : 제1라인과 제2라인으로 구성되어 있으며, 각 생산라인에 10대씩 설치되어 있으나, 제1라인의 사출기는 생산효율이 높지 아니하고 전용불가능한 과잉 유휴설비로 전체를 철거하여 매각할 예정임.

(자료 2) 기계에 관한 사항

1. 제1라인 : 2006년 7월 1일 10대 설치가동, 유지보수상태 보통 이하
2. 제2라인 : 2011년 7월 1일 10대 설치가동, 유지보수상태 양호

(자료 3) 라인별 취득가격 및 유지보수비 등

1. 라인별 취득가격

구분	제1라인 단위당 취득가격(원)	제2라인 단위당 취득가격(원)
본체	50,000,000	80,000,000
부대설비	20,000,000	30,000,000
설치비	5,000,000	5,000,000
시험운전비	5,000,000	5,000,000
부가가치세	8,000,000	12,000,000

2. 제1라인의 경우, 설치 이후 현재까지 단위당 유지보수 등을 위한 수익적 지출에 20,000,000원, 자본적 지출에 20,000,000원이 각각 소요됨.
3. 제2라인의 경우, 설치 이후 현재까지 단위당 유지보수 등을 위한 수익적 지출에 10,000,000원, 자본적 지출에 10,000,000원이 각각 소요됨.

(자료 4) 내용연수 및 잔가율 등

1. 국내생산의 사출기는 물리적 내용연수가 12년, 경제적 내용연수는 10년 정도인 것으로 조사됨.
2. 본 기계의 잔가율은 통상 10%로 조사되고, 감가수정은 관련 법령에서 제시한 원칙적 방법에 따를 예정임.
3. 물가변동에 따른 기계가격 보정지수 : 취득가격에만 적용
   1) 제1라인은 기준시점까지 10% 상승
   2) 제2라인은 기준시점까지 변동사항이 없음.

(자료 5) 기타자료

1. 제1라인의 유사사양 사출기는 생산효율의 저감으로, 해체 및 포장된 상태에서 동남 아 등지에 기계를 수출하는 업자에게 매각가능하며, 단위당 매각가능가격은 잔존가 치와 유사한 것으로 조사됨.

2. 제1라인의 해체 및 철거와 조립 및 포장 운반 등에 소요되는 단위당 관련 비용은
아래와 같이 조사됨.
1) 해체비 : 1,000,000원
2) 철거비 : 1,000,000원
3) 운반비 등 : 1,000,000원
4) 설치비 : 5,000,000원

I. 감정평가의 개요

II. 원가법에 의한 기계기구 감정평가액

1. 제1라인
1) 매각가액
2) 해체처분비용
3) 감정평가액

2. 제2라인
1) 재조달원가
2) 감정평가액

기본목차 연습

Ⅰ. 이용상황의 특수성(제한성)

1. 광천지
2. 골프장용지
3. 공공용지
4. 사도
5. 공법상 제한 토지
6. 일단지
7. 조성 중 토지

Ⅱ. 형상 등의 특수성

1. 광평수/소규모토지
2. 맹지

감정평가실무기준 | **610(토지 및 그 정착물) - 1(토지의 감정평가) - 1.7(특수토지의 감정평가)**

Ⅰ. 이용상황의 특수성

1.7.1 광천지

지하에서 온수·약수·석유류 등이 솟아 나오는 용출구와 그 유지에 사용되는 부지(운송시설 부지를 제외한다. 이하 "광천지"라 한다)는 그 광천의 종류, 광천의 질과 양, 부근의 개발 상태 및 편익시설의 종류와 규모, 사회적 명성, 그 밖에 수익성 등을 고려하여 감정평가하되, 토지에 화체되지 아니한 건물, 구축물, 기계·기구 등의 가액은 포함하지 아니한다.

1.7.2 골프장용지 등

① 골프장용지는 해당 골프장의 등록된 면적 전체를 일단지로 보고 감정평가하되, 토지에 화체되지 아니한 건물, 구축물, 기계·기구 등(골프장 안의 클럽하우스·창고·오수처리 시설 등을 포함한다)의 가액은 포함하지 아니한다. 이 경우 하나의 골프장이 회원제골프 장과 대중골프장으로 구분되어 있을 때에는 각각 일단지로 구분하여 감정평가한다.

② 제1항은 경마장 및 스키장시설, 그 밖에 이와 비슷한 체육시설용지나 유원지의 감정평가 에 준용한다.

1.7.3 공공용지

① 도로·공원·운동장·체육시설·철도·하천의 부지, 그 밖의 공공용지는 용도의 제한이나 거래제한 등을 고려하여 감정평가한다.

② 공공용지가 다른 용도로 전환하는 것을 전제로 의뢰된 경우에는 전환 이후의 상황을 고려하여 감정평가한다.

1.7.4 사도

① 사도가 인근 관련 토지와 함께 의뢰된 경우에는 인근 관련 토지와 사도부분의 감정평가액 총액을 전면적에 균등 배분하여 감정평가할 수 있으며 이 경우에는 그 내용을 감정평가서에 기재하여야 한다.

② 사도만 의뢰된 경우에는 다음 각 호의 사항을 고려하여 감정평가할 수 있다.

1. 해당 토지로 인하여 효용이 증진되는 인접토지와의 관계
2. 용도의 제한이나 거래제한 등에 따른 적절한 감가율
3. 「공익사업을 위한 토지 등의 취득 및 보상에 관한 법률 시행규칙」 제26조에 따른 도로의 감정평가방법

1.7.5 공법상 제한을 받는 토지

① 도시·군계획시설 저촉 등 공법상 제한을 받는 토지를 감정평가할 때(보상평가는 제외한다)에는 비슷한 공법상 제한상태의 표준지공시지가를 기준으로 감정평가한다. 다만, 그러한 표준지가 없는 경우에는 [610-1.5.2.1]의 선정기준을 충족하는 다른 표준지공시지가를 기준으로 한 가액에서 공법상 제한의 정도를 고려하여 감정평가할 수 있다.

② 토지의 일부가 도시·군계획시설 저촉 등 공법상 제한을 받아 잔여부분의 단독이용가치가 희박한 경우에는 해당 토지 전부가 그 공법상 제한을 받는 것으로 감정평가할 수 있다.

③ 둘 이상의 용도지역에 걸쳐있는 토지는 각 용도지역 부분의 위치, 형상, 이용상황, 그 밖에 다른 용도지역 부분에 미치는 영향 등을 고려하여 면적 비율에 따른 평균가액으로 감정평가한다. 다만, 용도지역을 달리하는 부분의 면적비율이 현저하게 낮아 가치형성에 미치는 영향이 미미하거나 관련 법령에 따라 주된 용도지역을 기준으로 이용할 수 있는 경우에는 주된 용도지역의 가액을 기준으로 감정평가할 수 있다.

1.7.6 일단(一團)으로 이용 중인 토지

2필지 이상의 토지가 일단으로 이용 중이고 그 이용 상황이 사회적·경제적·행정적 측면에서 합리적이고 대상토지의 가치형성 측면에서 타당하다고 인정되는 등 용도상 불가분의 관계에 있는 경우에는 일괄감정평가를 할 수 있다.

1.7.14 택지 등 조성공사 중에 있는 토지

① <u>건물 등의 건축을 목적으로 농지전용허가나 산지전용허가를 받거나 토지의 형질변경허가</u>를 받아 택지 등으로 조성 중에 있는 토지는 다음 각 호에 따라 감정평가한다.

    1. 조성 중인 상태대로의 가격이 형성되어 있는 경우에는 그 가격을 기준으로 감정평가한다.

    2. 조성 중인 상태대로의 가격이 형성되어 있지 아니한 경우에는 <u>조성 전 토지의 소지가액, 기준시점까지 조성공사에 실제 든 비용상당액, 공사진행정도, 택지조성에 걸리는 예상기간 등을 종합적으로 고려하여</u> 감정평가한다.

② 「도시개발법」에서 규정하는 환지방식에 따른 사업시행지구 안에 있는 토지는 다음과 같이 감정평가한다.

    1. 환지처분 이전에 환지예정지로 지정된 경우에는 <u>환지예정지의 위치, 확정예정지번(블록 · 롯트), 면적, 형상, 도로접면상태와 그 성숙도 등을 고려하여</u> 감정평가한다. 다만, 환지면적이 권리면적보다 큰 경우로서 청산금이 납부되지 않은 경우에는 권리면적을 기준으로 한다.

    2. 환지예정지로 지정 전인 경우에는 종전 토지의 위치, 지목, 면적, 형상, 이용상황 등을 기준으로 감정평가한다.

③ 「택지개발촉진법」에 따른 택지개발사업시행지구 안에 있는 토지는 그 공법상 제한사항 등을 고려하여 다음과 같이 감정평가한다.

    1. 택지개발사업실시계획의 승인고시일 이후에 택지로서의 <u>확정예정지번이 부여된 경우</u>에는 제2항 제1호 본문을 준용하되, 해당 택지의 지정용도 등을 고려하여 감정평가한다.

    2. 택지로서의 확정예정지번이 부여되기 전인 경우에는 종전 토지의 이용상황 등을 기준으로 그 공사의 시행정도 등을 고려하여 감정평가하되, 「택지개발촉진법」 제11조 제1항에 따라 용도지역이 변경된 경우에는 변경된 용도지역을 기준으로 한다.

II. 형상 등의 특수성

1.7.11 규모가 과대하거나 과소한 토지

<u>토지의 면적이 최유효이용 규모에 초과하거나 미달하는 토지</u>는 대상물건의 면적과 비슷한 규모의 표준지공시지가를 기준으로 감정평가한다. 다만, 그러한 표준지공시지가가 없는 경우에는 <u>규모가 과대하거나 과소한 것에 따른 불리한 정도를 개별요인 비교 시 고려하여</u> 감정평가한다.

1.7.12 맹지

<u>지적도상 공로에 접한 부분이 없는 토지(이하 "맹지"라 한다)는 민법 제219조에 따라 공로에 출입하기 위한 통로를 개설하기 위해 비용이 발생하는 경우에는 그 비용을 고려하여</u> 감정평

가한다. 다만, 다음 각 호의 어느 하나에 해당하는 경우에는 해당 도로에 접한 것으로 보고 감정평가할 수 있다.

1. 토지소유자가 그 의사에 의하여 타인의 통행을 제한할 수 없는 경우 등 관습상 도로가 있는 경우
2. 지역권(도로로 사용하기 위한 경우) 등이 설정되어 있는 경우

실무기준해설서

I. 이용상황의 특수성

1) 광천지

(1) 광천지의 개념

광천지란 지하에서 온수·약수·석유류 등이 용출되는 용출구와 그 유지에 사용되는 부지를 뜻한다. 다만, 온수·약수·석유류 등을 일정한 장소로 운송하는 송수관·송유관 및 저장시설의 부지는 제외한다(「공간정보의 구축 및 관리 등에 관한 법률 시행령」 제58조 제6호).

(2) 감정평가방법 적용 시 유의사항

① 공시지가기준법

광천지의 감정평가는 광천의 종류, 광천의 질과 양, 부근의 개발상태 및 편익시설의 종류와 규모, 사회적 명성, 그 밖에 수익성 등을 고려하여 공시지가기준법을 적용한다.

② 거래사례비교법

우리나라의 온천은 비화산원으로 숫자적으로 희소성이 있어 거래사례가 거의 없고, 일부 있는 경우에도 토지, 건물에 포함하여 일체로 거래되거나 특수한 거래사례를 수반하고 있어 가격자료로 이용할 수 있는 정상거래사례의 포착이 어렵다. 우리나라 실정에서 온천의 정상거래사례가 희소하므로, 거래사례비교법을 적용할 때에는 적정한 거래사례를 확보하여야 함에 유의하여야 한다.

③ 원가법

원가법을 적용하여 광천지를 감정평가하는 방법은 다음과 같다.

$$\text{원가법에 의한 감정평가액} = \text{공구당 총가격} / \text{대상 광천지의 면적}$$

공구당 총가액은 굴착, 그라우팅, 동력, 배관에 소요되는 비용과 가설비, 부대비용, 업자이윤 등의 비용에 소지가격을 더한 금액에서 광천지에 화체되지 아니한 건물, 구축물, 기계 등의 가치상당액을 공제하여 결정한다.

온천개발비용은 굴착비, 그라우팅비, 펌프, 모터, 동력, 배관비 등으로 이는 토지의

심도, 지질의 양상, 사용하는 기기능력에 따라 변동한다. 그러나 광천지의 가치는 대상 광천지 온천수의 수질 및 대상 광천지의 지역적, 개별적 요인에 의하여 형성되므로 온천개발비용을 그대로 광천지의 가치로서 인정하는 것에는 무리가 있다. 즉, 온천개발비는 온천수의 수온, 수량, 수질과 구조적으로 비례한다고 보기 어렵기 때문에 원가법을 적용하여 광천지를 감정평가할 때에는 이러한 점에 유의하여야 한다.

④ 수익환원법

수익가액의 기준인 순수익을 산정하기 위하여 용출량, 온수양탕비용, 방문객 수 등의 정치한 자료가 준비되어야 하나, 대부분의 경우 온천의 운영은 법인이 아닌 개인의 형태로 이루어지므로 신뢰할 만한 자료의 확보가 어렵다. 또한 통상적으로 온천업은 토지, 건물, 광천지로 이루어진 숙박업소의 형태이므로, 숙박업소의 총 순수익에서 광천지만의 순수익을 추출할 필요가 있다.

(3) 참고 규정

「표준지공시지가 조사·평가 기준」 제36조[광천지]

지하에서 온수·약수·석유류 등이 용출되는 용출구와 그 유지에 사용되는 부지(온수·약수·석유류 등을 일정한 장소로 운송하는 송수관·송유관 및 저장시설의 부지를 제외한다. 이하 이 조에서 "광천지"라 한다)는 그 광천의 종류, 질 및 양의 상태, 부근의 개발상태 및 편익시설의 종류·규모, 사회적 명성 및 수익성 등을 고려하여 거래사례비교법에 의하여 다음과 같이 평가하되, 공구당 총가격은 광천지에 화체되지 아니한 건물, 구축물, 기계·기구 등의 가격 상당액을 뺀 것으로 한다. 다만, 인근지역 및 동일수급권 안의 유사지역에서 유사용도 토지의 거래사례 등 가격자료를 구하기가 현저히 곤란한 경우에는 원가법 또는 수익환원법으로 평가할 수 있다.

(공구당 총가격 / 해당 광천지의 면적) = 평가가격

2) 골프장용지 등

(1) 골프장용지

① 개념

골프장용지란 국민의 건강증진 및 여가선용 등을 위하여 체육활동에 적합한 시설과 형태를 갖춘 골프장의 토지와 부속시설물의 부지를 뜻한다. 골프장은 이용형태에 따라 회원제골프장과 대중골프장이 있다. 골프장의 주요 가치형성요인으로는 위치, 접근성, 토양, 배수, 식생, 지형, 전통, 시설관리상태, 코스설계의 적정성 등이 있다.

② 구분
- 개발지

  개발지란 골프코스(티그라운드, 훼어웨이, 라프, 그린 등), 주차장 및 도로, 조정지(골프코스 밖에 설치된 연못), 조경지(형질 변경 후 경관을 조성한 토지), 클럽하우스 등 관리시설의 부지를 뜻한다.

- 원형보존지

  원형보존지란 개발지 이외의 토지로서 해당 골프장의 사업계획승인 시부터 현재까지 원형상태 그대로 보전이 되고 있는 임야, 늪지 등의 토지를 의미한다.

(2) 감정평가방법 적용 시 유의사항

① 골프장용지 특성의 반영

골프장용지를 감정평가할 때에는 골프장의 위치, 교통편의 및 접근성, 개발지의 비율, 홀의 수, 회원수, 명성 등의 제반요인을 비교요인으로 반영하여야 한다. 또한, 골프장의 면적은 「체육시설의 설치・이용에 관한 법률 시행령」 제20조 제1항에 따라 개발지 및 원형보존지 등 골프장으로서 등록된 면적 전체를 일단지로 하여 감정평가한다. 다만, 하나의 골프장이 회원제골프장과 대중골프장 등으로 구분되어 있을 때에는 그 구분된 부분을 각각 일단지로 보고 감정평가한다.

② 거래사례비교법

해당 골프장과 가치형성요인이 유사하고 비교가능성이 높은 골프장의 거래사례가 포착된 경우에 적용할 수 있으며, 해당 거래사례를 기준으로 골프장의 위치, 교통편의 및 접근성, 개발지의 비율, 홀의 수, 회원수, 명성 등을 고려하여 감정평가한다.

③ 원가법

개발지와 원형보존지의 표준적 공사비 및 부대비용을 기준으로 하여 원가법으로 감정평가할 수 있으며, 토지에 화체되지 아니한 건물, 구축물, 수목, 기계・기구 등(골프장 안의 클럽하우스・창고・오수처리시설 등을 포함한다)의 가액은 포함하지 아니한다.

④ 수익환원법

골프장의 전체 순수익에서 토지 이외의 건물, 구축물에 귀속되는 수익을 제외한 토지만의 수익에 해당하는 부분을 추출하여 수익환원법을 적용하여 감정평가할 수 있다.

(3) 참고규정

> ### 「표준지공시지가 조사・평가 기준」 제41조(골프장용지 등)
>
> ① 골프장용지는 원가법에 따라 평가하되, 조성공사비 및 그 부대비용은 토지에 화체되지 아니한 골프장 안의 관리시설(클럽하우스・창고・오수처리시설 등 골프장 안의 모든 건축물을 말한다. 이하 이 조에서 같다)의 설치에 소요되는 금액

상당액을 뺀 것으로 하고, 골프장의 면적은 「체육시설의 설치·이용에 관한 법률 시행령」 제20조 제1항에 따라 등록된 면적(조성공사 중에 있는 골프장용지는 같은 법 제12조에 따라 사업계획의 승인을 얻은 면적을 말한다. 이하 이 조에서 같다)으로 한다. 다만, 특수한 공법을 사용하여 토지를 조성한 경우 등 해당 토지의 조성공사비가 평가가격 산출 시 적용하기에 적정하지 아니한 경우에는 인근 유사토지의 조성공사비를 참작하여 적용할 수 있다.
② 골프장용지는 골프장의 등록된 면적 전체를 일단지로 보고 평가한다. 다만, 하나의 골프장이 회원제골프장과 대중골프장 등으로 구분되어 있어 둘 이상의 표준지가 선정된 때에는 그 구분된 부분을 각각 일단지로 보고 평가한다.
③ 제1항에 따라 원가법으로 평가한 가격이 인근지역 및 동일수급권의 유사지역에 있는 유사규모 골프장용지의 표준지공시지가 수준과 현저한 차이가 있는 경우에는 수익환원법 또는 거래사례비교법으로 평가한 가격과 비교하여 그 적정 여부를 확인하되, 필요한 경우에는 평가가격을 조정하여 유사용도 표준지의 평가가격과 균형이 유지되도록 하여야 한다.
④ 제1항부터 제3항까지의 규정은 경마장 및 스키장시설 등 이와 유사한 체육시설용지의 평가 시에 준용한다.

3) 공공용지

(1) 공공용지의 개념

공공용지란 도시기반시설의 설치에 이용하는 토지 및 주민의 생활에 필요한 시설의 설치를 위한 토지이다. 도로·공원·운동장·체육시설·철도·하천의 부지 등이 있다.

(2) 감정평가방법 적용 시 유의사항

① **용도의 제한이나 거래제한 등을 고려**
공공용지를 감정평가할 때에는 공공용지의 특성에 따라 용도의 제한이나 거래제한 등을 고려하여 감정평가한다.

② **용도폐지를 전제로 한 감정평가**
공공용지가 다른 용도로 전환하는 것을 전제로 의뢰된 경우에는 전환 이후의 상황을 고려하여 감정평가한다.

③ **국공유지의 처분 제한**
「국토의 계획 및 이용에 관한 법률」 제97조 제1항에 따라 도시·군관리계획으로 결정·고시된 국공유지로서 도시·군관리계획시설사업에 필요한 토지는 그 도시·군관리계획으로 정하여진 목적 외의 목적으로 매각하거나 양도할 수 없으므로, 감정평가 시 유의하여야 한다.

(3) 참고규정

> **「표준지공시지가 조사·평가 기준」 제44조(공공용지 등)**
>
> ① 공공청사, 학교, 도서관, 시장, 도로, 공원, 운동장, 체육시설, 철도, 하천, 위험·혐오시설의 부지 및 그 밖에 이와 유사한 용도의 토지(이를 "공공용지등"이라 한다. 이하 이 조에서 같다)는 다음과 같이 평가한다.
>
> 　1. 공공청사, 학교, 도서관, 시장의 부지 및 그 밖에 이와 유사한 용도의 토지는 인근지역의 주된 용도 토지의 거래사례 등 가격자료를 활용하여 거래사례비교법으로 평가. 다만, 토지의 용도에 따른 감가율은 없는 것으로 본다.
>
> 　2. 도로, 공원, 운동장, 체육시설, 철도, 하천, 위험·혐오시설의 부지 및 그 밖에 이와 유사한 용도의 토지는 인근지역에 있는 주된 용도 토지의 표준적인 획지의 적정가격에 그 용도의 제한이나 거래제한 등에 따른 적정한 감가율 등을 고려하여 평가
>
> ② 공공용지 등이 새로이 조성 또는 매립 등이 되어 제1항 각 호에 따라 평가하는 것이 현저히 곤란하거나 적정하지 아니하다고 인정되는 경우에는 원가법으로 평가할 수 있다.

4) 사도

(1) 사도의 개념

「사도법」 제2조에서 "사도란 다음 각 호의 도로가 아닌 것으로서 그 도로에 연결되는 길을 말한다. 다만, 제3호 및 제4호의 도로는 「도로법」 제50조에 따라 시도 또는 군도 이상에 적용되는 도로 구조를 갖춘 도로에 한정한다."고 규정하고 있으며, 제1호부터 제4호의 내용은 다음과 같다.

1. 「도로법」 제2조 제1호에 따른 도로
2. 「도로법」의 준용을 받는 도로
3. 「농어촌도로 정비법」 제2조 제1항에 따른 농어촌도로
4. 「농어촌정비법」에 따라 설치된 도로

(2) 감정평가방법 적용 시 유의사항

① 사도가 인근토지와 함께 의뢰된 경우(제1항의 경우)

사도가 인근토지와 함께 의뢰된 경우에는 인근토지와 사도부분의 감정평가액 총액을 전면적에 균등 배분하여 감정평가할 수 있다. 이 경우에는 그 내용을 감정평가서에 기재하여야 한다. 인근토지와 사도의 가치는 각각 다를 수 있으나, 가치형성 측면에서 밀접한 관련을 갖고 있는 사도와 인근토지가 함께 의뢰된 경우에는 동일한 감정평가액 총액을 전면적에 균등 배분하여 동일한 단가로 결정할 수 있다.

② 사도만 의뢰된 경우(제2항의 경우)
- 해당 토지로 인하여 효용이 증진되는 인접토지와의 관계
  사도만 감정평가 의뢰된 경우에는 <u>해당 토지로 인하여 효용이 증진되는 인접토지와의 관계</u>를 고려하여 감정평가할 수 있다. 사도 자체적인 효용은 낮지만 인접토지는 해당 사도로 인하여 효용이 증진될 수 있는 점을 고려하는 것이다.
- 용도의 제한이나 거래제한 등에 따른 적절한 감가율
  <u>용도의 제한이나 거래제한 등에 따른 적절한 감가율</u>을 적용하여 감정평가할 수 있다. 「사도법」에 따른 용도제한, 특별한 사정이 없는 한 일반인의 통행을 제한하거나 금지할 수 없는 점 등을 고려하여 감가할 수 있다.
- 「공익사업을 위한 토지 등의 취득 및 보상에 관한 법률 시행규칙」 제26조에 따른 도로의 감정평가방법

> 시행규칙 제26조(도로 및 구거부지의 평가)
> ① 도로부지에 대한 평가는 다음 각 호에서 정하는 바에 의한다.
>   1. 「사도법」에 의한 사도의 부지는 인근토지에 대한 평가액의 5분의 1 이내
>   2. 사실상의 사도의 부지는 인근토지에 대한 평가액의 3분의 1 이내
>   3. 제1호 또는 제2호 외의 도로의 부지는 제22조의 규정에서 정하는 방법
> ② 제1항 제2호에서 "사실상의 사도"라 함은 「사도법」에 의한 사도 외의 도로(「국토의 계획 및 이용에 관한 법률」에 의한 도시·군관리계획에 의하여 도로로 결정된 후부터 도로로 사용되고 있는 것을 제외한다)로서 다음 각 호의 1에 해당하는 도로를 말한다.
>   1. 도로개설 당시의 토지소유자가 자기 토지의 편익을 위하여 스스로 설치한 도로
>   2. 토지소유자가 그 의사에 의하여 타인의 통행을 제한할 수 없는 도로
>   3. 「건축법」 제45조에 따라 건축허가권자가 그 위치를 지정·공고한 도로
>   4. 도로개설 당시의 토지소유자가 대지 또는 공장용지 등을 조성하기 위하여 설치한 도로
> ③ 구거부지에 대하여는 인근토지에 대한 평가액의 3분의 1 이내로 평가한다. 다만, 용수를 위한 도수로부지(개설 당시의 토지소유자가 자기 토지의 편익을 위하여 스스로 설치한 도수로부지를 제외한다)에 대하여는 제22조의 규정에 의하여 평가한다.
> ④ 제1항 및 제3항에서 "인근토지"라 함은 당해 도로부지 또는 구거부지가 도로 또는 구거로 이용되지 아니하였을 경우에 예상되는 표준적인 이용상황과 유사한 토지로서 당해 토지와 위치상 가까운 토지를 말한다.

5) 공법상 제한을 받는 토지

(1) 토지에 관한 공법상 제한의 의의

토지에 관한 공법상 제한이란 관계법령의 규정에 의한 토지이용 및 처분 등의 제한을 의미한다. 토지는 다양한 법률에 의하여 제한을 받고 있으며, 이러한 제한은 토지가치에 영향을 미치는 중요한 요인 중 하나이므로, 공법상 제한을 받는 토지의 감정평가 시 어떠한 기준에 따라야 하는지가 중요하다.

(2) 공법상 제한의 유형

공법상 제한은 각 개별 법률에 정해진 내용에 따라 다양하다. 가장 대표적으로는 「국토의 계획 및 이용에 관한 법률」에 의한 용도지역·지구·구역이 있다. 그 외에도 「자연공원법」에 의한 자연공원, 「도로법」에 의한 접도구역, 「하천법」에 의한 하천구역 등 공법상 제한의 유형은 매우 다양하다. 이러한 각각의 제한은 감정평가 대상토지에 가해진 제한사항에 대하여 조사하여 어떻게 감정평가할 것인지 결정하여야 할 것이다.

(3) 공법상 제한을 받는 토지의 감정평가

① 원칙

공법상 제한을 받는 토지를 감정평가할 때(보상평가는 제외한다)에는 비슷한 공법상 제한상태의 표준지공시지가를 기준으로 감정평가한다.

② 잔여부분의 단독이용가치가 희박한 경우

토지의 일부가 공법상 제한을 받아 잔여부분의 단독이용가치가 희박한 경우에는 해당 토지 전부가 그 공법상 제한을 받는 것으로 감정평가할 수 있다. 잔여부분은 그 공법상 제한을 받지 않는다고 하더라도 대상토지의 상당부분 면적이 공법상 제한의 영향을 받아 잔여부분의 단독이용가치가 희박한 경우에는 대상토지 전체를 제한받는 상태대로 감정평가할 수 있도록 한 것이다.

③ 둘 이상의 용도지역에 걸쳐 있는 토지

둘 이상의 용도지역에 걸쳐 있는 토지는 원칙적으로 각 용도지역 부분의 위치, 형상, 이용상황, 그 밖에 다른 용도지역 부분에 미치는 영향 등을 고려하여 면적 비율에 따른 평균가액으로 감정평가한다. 다만, 용도지역을 달리하는 부분의 면적비율이 현저하게 낮아 가치형성에 미치는 영향이 미미하거나, 관련 법령에 따라 주된 용도지역을 기준으로 이용할 수 있는 경우에는 주된 용도지역의 가액을 기준으로 감정평가할 수 있다. 이는 상기의 ②와 유사한 내용으로 볼 수 있다.

6) 일단(一團)으로 이용 중인 토지

(1) 일단지의 개념

일단지란 지적공부상 2필지 이상의 토지가 일단을 이루어 같은 용도로 이용되는 것이

사회적·경제적·행정적 측면에서 합리적이고 대상토지의 가치형성 측면에서 타당하다고 인정되는 등 용도상 불가분의 관계에 있는 토지를 말한다. 용도상 불가분의 관계에 대하여 판례는 "일단의 토지로 이용되고 있는 상황이 사회적·경제적·행정적 측면에서 합리적이고 당해 토지의 가치형성적 측면에서도 타당하다고 인정되는 관계에 있는 경우를 말한다."라고 판시하였으며, 「표준지공시지가 조사·평가 기준」 제20조 제2항에서는 "일단지로 이용되고 있는 상황이 사회적·경제적·행정적 측면에서 합리적이고 해당 토지의 가치형성 측면에서도 타당하다고 인정되는 관계에 있는 경우"로 규정하고 있다.

(2) 일단지의 판단기준

2필지 이상의 토지에 대하여 용도상 불가분의 관계가 인정되어야 한다. 즉, 사회적·경제적·행정적 측면에서 합리적이고 해당 토지의 가치형성적 측면에서도 타당하다고 인정되는 관계에 있어야 한다. 2필지가 용도가 명확하게 구분되거나 가치형성적 측면에서 일단으로 이용하는 것이 타당하다고 인정되지 않는 경우에는 일단지로 볼 수 없다. 일단지 판단과 관련하여 유의사항은 다음과 같으며, 주거용지, 상업용지, 공업용지, 후보지 등 각각의 용도에 따라 그 효용과 기능적 면에서 많은 차이를 가지므로 일단지 판단 시 이를 고려하여야 한다.

① 토지소유자의 동일성

일단지의 판단기준과 토지소유자의 동일성은 원칙적으로 직접적인 관련이 없다. 또한 2필지 이상의 토지가 용도상 불가분의 관계에 있다고 인정되는 경우에는 각각의 토지소유자가 다른 경우에도 「민법」상 공유관계로 보아 일단지에 포함시키고 있다.

② 「공간정보의 구축 및 관리 등에 관한 법률」

「공간정보의 구축 및 관리 등에 관한 법률」상의 지목 분류와 관련하여 볼 때, 일단지의 구체적인 판정기준은 용도상 불가분의 관계에 있는지 여부이지, 지목의 동일성 여부는 아니므로, 지목 분류의 개념과 반드시 일치하는 것은 아니다.

③ 일시적인 이용상황

2필지 이상의 토지가 일단을 이루어 이용되고 있어도 그것이 주위환경 등의 사정으로 보아 일시적인 이용상황인 경우에는 이를 일단지로 보지 않는 것이 타당하다. 이러한 경우의 예로서 가설건축물의 부지, 조경수목재배지, 조경자재제조장, 골재야적장, 간이창고, 간이체육시설용지(테니스장, 골프연습장, 야구연습장 등) 등으로 이용되고 있는 경우를 들 수 있다.

④ 건축물 존재 여부 및 인정시점

인접되어 있는 2필지 이상의 토지상에 기준시점 현재 하나의 건축물 등이 있는 경우에는 용도상 불가분의 관계가 이미 성립되어 있는 것으로 볼 수 있어 일단지로 인정할 수 있다. 그러나 건축물을 건축 중인 경우 또는 나지상태로서 착공 이전인

경우에는 주의 깊게 판단하여야 한다. 「표준지공시지가 조사·평가 기준」 제20조
제4항에서는 건축 중에 있는 토지와 공시기준일 현재 나지상태이나 건축허가 등을
받고 공사를 착수한 때에는 토지소유자가 다른 경우에도 이를 일단지로 본다고 규정
하고 있다. 나지상태의 토지는 용도가 확정되지 않은 상태로서 일단지 판단에 어려
움이 있으나, 주위환경이나 토지의 상황 등을 종합적으로 고려할 때에 장래에 일단
으로 이용되는 것이 확실시된다면 용도상 불가분의 관계를 인정할 수 있을 것이다.

(3) 참고규정

「표준지공시지가 조사·평가 기준」 제20조(일단지의 평가)

① 용도상 불가분의 관계에 있는 2필지 이상의 일단의 토지(이하 "일단지"라 한다)
중에서 대표성이 있는 1필지가 표준지로 선정된 때에는 그 일단지를 1필지의 토
지로 보고 평가한다.
② 제1항에서 "용도상 불가분의 관계"란 일단지로 이용되고 있는 상황이 사회적·
경제적·행정적 측면에서 합리적이고 해당 토지의 가치형성 측면에서도 타당하
다고 인정되는 관계에 있는 경우를 말한다.
③ 개발사업시행예정지는 공시기준일 현재 관계 법령에 따른 해당 사업계획의 승인
이나 「공익사업을 위한 토지 등의 취득 및 보상에 관한 법률」 제20조에 따른 사
업인정(다른 법률에 따라 사업인정으로 보는 경우를 포함한다. 이하 같다)이 있
기 전에는 이를 일단지로 보지 아니한다.
④ 2필지 이상의 토지에 하나의 건축물(부속건축물을 포함한다)이 건립되어 있거나
건축 중에 있는 토지와 공시기준일 현재 나지상태이나 건축허가 등을 받고 공사
를 착수한 때에는 토지소유자가 다른 경우에도 이를 일단지로 본다.
⑤ 2필지 이상의 일단의 토지가 조경수목재배지, 조경자재제조장, 골재야적장, 간
이창고, 간이체육시설용지(테니스장, 골프연습장, 야구연습장 등) 등으로 이용되
고 있는 경우로서 주위환경 등의 사정으로 보아 현재의 이용이 일시적인 이용상
황으로 인정되는 경우에는 이를 일단지로 보지 아니한다.
⑥ 일단으로 이용되고 있는 토지의 일부가 용도지역 등을 달리하는 등 가치가 명확
히 구분되어 둘 이상의 표준지가 선정된 때에는 그 구분된 부분을 각각 일단지로
보고 평가한다.

7) 택지 등 조성공사 중에 있는 토지

(1) 택지 등으로 조성 중에 있는 토지의 감정평가
① 조성 중인 상태대로의 가격이 형성되어 있는 경우
조성 중인 상태대로의 가격이 형성되어 있는 경우에는 비교방식 등을 통하여 감정
평가가 가능하므로, 일반적인 토지의 감정평가방법에 따라 감정평가한다.

② 조성 중인 상태대로의 가격이 형성되어 있지 아니한 경우

조성 중인 상태대로의 가격이 형성되어 있지 아니한 경우에는 비교방식의 적용이 어려울 수 있는 반면, 원가방식의 적용이 신뢰성이 높을 수 있다. 따라서, 조성 전 <u>토지의 소지가액, 기준시점까지 조성공사에 실제 든 비용상당액, 공사진행정도, 택지조성에 걸리는 예상기간 등을 종합적으로 고려</u>하여 감정평가한다. 토지의 감정평가를 원가법을 기준으로 하는 경우 다음의 두 가지 방법이 주로 활용된다.

– 가산방식에 의한 조성택지의 감정평가방법

조성택지의 감정평가는 우선적으로 택지조성시점을 기준으로 감정평가액을 산정한다. 즉, 조성시점을 기준으로 소지의 취득가액을 구한 다음에 조성공사비 및 개발업자의 부대비용을 구하고, 필요한 경우에는 각각에 대하여 사정보정 및 시점수정을 행하여 조성완료시점에 있어서의 표준적인 가액을 구한 후, 이들을 합산한 가액을 <u>유효택지면적</u>으로 나누어 조성완료 시점의 조성택지의 가액을 구한다.

> 조성택지의 감정평가액 = (소지가액 + 조성공사비 + 공공공익시설부담금 + 판매비 및 일반관리비 + 농지조성비 등 + 개발업자의 적정이윤) / 유효택지면적(m^2)

조성택지사업은 소지의 취득에서 분양까지 장기간이 소요되기 때문에 자본과 위험을 수반하는 사업이라 할 수 있다. 조성택지의 감정평가 시 주의할 사항은 다음과 같다.

- 소지가액을 결정하기 위해서는 <u>소지의 매입에 따른 부대비용을 정확하게 파악</u>하고, 소지의 취득가액을 결정할 때, 어느 시점을 기준으로 해야 하는가를 정확히 파악해야 한다.
- <u>조성공사비는 개발업자(도급인)가 건설업자(수급인)에게 지불할 표준적인 건설비</u>를 말한다. 표준적인 공사비는 직접공사비(재료비, 노무비, 경비)에 일반관리비, 수급인의 적정이윤을 가산한 금액으로 한다. 통상의 조성공사비를 직접 구할 수 없거나 불합리한 경우에는 인근지역 및 동일수급권 내 유사지역의 조성공사비를 비교·수정하여 결정할 수 있다.
- <u>공공공익시설부담금은 도로, 상·하수도시설 등의 간접시설에 대한 공사비</u>를 의미한다. 공공공익시설부담금에는 조성택지의 효용증가와 관계있는 것과 관계없는 것이 있다. 그중에서 조성원가에 포함되어야 할 것은 조성택지의 효용증가와 관계가 있는 것이다. 그러나 공공공익시설부담금이 과중한 경우가 있으며, 때로는 효용증가와 직접 관계가 없는 것이 포함되어 있는 경우도 많다.
- <u>판매비는 조성택지의 분양에 따른 광고선전비 기타 판매에 소요된 비용을 말</u>하고, <u>일반관리비는 기업의 유지를 위한 관리업무부분에서 발생하는 제비용을</u> 말한다.

- 개발업자의 적정이윤은 개발기간 동안의 투하자본에 대한 자본비용에 기업의 경영위험 및 재무위험을 고려하여 결정한다.
- 유효택지율이란 총사업면적에 대한 분양가능면적의 비율을 의미한다. 분양가능면적이란 총사업면적에서 공원용지, 도로용지 및 하천 등의 공공시설용지를 공제한 주거용지, 상업용지, 학교용지, 인접생활용지 및 행정업무용지 등을 의미한다.

- 개발법에 의한 토지의 평가

  대상토지를 개발했을 경우 예상되는 총 매매(분양)가격의 현재가치에서 개발비용의 현재가치를 공제한 값을 토지가치로 하는 방법으로서, 현금흐름할인분석법의 절차를 이용하여 개발대상토지의 가액을 산정한다. 법적·물리적·경제적으로 분할 가능한 최적의 획지수를 분석한 후, 분할된 획지의 시장가치와 개발에 소요되는 제비용을 계산하여 개발에서 분양이 완료될 때까지의 매 기간의 현금수지를 예측하고, 이를 현재가치로 할인해서 개발대상토지의 가액을 산정한다.

(2) 환지방식에 의한 사업시행지구 안에 있는 토지의 감정평가

  ① 환지처분 이전에 환지예정지로 지정된 경우

  환지예정지의 위치, 확정예정지번(블록·롯트), 면적, 형상, 도로접면상태와 그 성숙도 등을 고려하여 감정평가한다. 다만, 환지면적이 권리면적보다 큰 경우로서 청산금이 납부되지 않은 경우에는 권리면적을 기준으로 한다.

  ② 환지예정지로 지정 전인 경우

  종전 토지의 위치, 지목, 면적, 형상, 이용상황 등을 기준으로 감정평가한다.

(3) 택지개발사업시행지구 안에 있는 토지

  ① 택지개발사업실시계획의 승인고시일 이후에 택지로서의 확정예정지번이 부여된 경우

  제2항 제1호 본문을 준용하되, 해당 택지의 지정용도 등을 고려하여 감정평가한다.

  ② 택지로서의 확정예정지번이 부여되기 전인 경우

  종전 토지의 이용상황 등을 기준으로 그 공사의 시행정도 등을 고려하여 감정평가하되, 「택지개발촉진법」 제11조 제1항에 따라 용도지역이 변경된 경우에는 변경된 용도지역을 기준으로 한다.

(4) 참고 : 개발법, 공제방식, 가산방식에 의한 토지의 감정평가방법

  ① 개발법

  주로 기존 시가지지역 내에서의 대규모 필지를 대상으로 적용되는 방법으로, 법적·물리적·경제적으로 분할 가능한 최적의 획지수를 분석한 후, 분할된 획지의 시장가치와 개발에 소요되는 제비용을 계산하여 개발에서 분양이 완료될 때까지의 매 기간의 현금수지를 예측하고, 이를 현재가치로 환원해서 개발대상토지의 가액을 산정한다.

> 대상토지의 가액 = 분양판매총액의 현가 - 조성공사비 등 각종 비용의 현가

② 공제방식

택지후보지의 경우 택지화된 후의 나지로 상정한 가액에서 조성공사비, 발주자의 통상적인 부대비용 등을 공제하여 구한 금액을 당해 택지후보지의 성숙도에 따라 적정하게 수정하여 택지후보지의 소지가액을 구한다.

> 대상토지의 가액 = {총분양가격 - (조성공사비 + 공공시설부담금 + 판매관리비
> + 개발부담금 + 업자이윤)} × 택지성숙도 보정

③ 가산방식에 의한 조성택지의 평가방법

조성택지의 평가는 우선적으로 택지조성시점을 기준으로 평가액(재조달원가)을 산정하여야 한다. 즉, 조성시점을 기준으로 소지의 취득가액을 구한 다음에 조성공사비 및 개발업자의 부대비용을 구하고, 필요한 경우에는 각각에 대하여 사정보정 및 시점수정을 행하여 조성완료시점의 표준적인 가액을 구한 후, 조성완료시점과 기준시점의 차이가 있는 경우에는 지가변동률 등을 이용하여 시점수정을 행하여 기준시점에서의 감정평가액을 산정한다.

> 조성택지 감정평가액 = 소지가격 + 조성공사비 + 공공시설부담금 + 판매관리
> 비 + 개발부담금 + 업자이윤
> 대상토지의 가액 = 조성택지 감정평가액(준공시점) × 시점수정(지가변동률)

(5) 관련 규정

> **「표준지공시지가 조사·평가 기준」 제33조(환지방식에 의한 사업시행지구 안의 토지)**
>
> ① 「도시개발법」 제28조부터 제49조까지에서 규정하는 환지방식에 따른 사업시행지구 안에 있는 토지는 다음과 같이 평가한다.
>   1. 환지처분 이전에 환지예정지로 지정된 경우에는 청산금의 납부여부에 관계없이 환지예정지의 위치, 확정예정지번(블록·롯트), 면적, 형상, 도로접면상태와 그 성숙도 등을 고려하여 평가
>   2. 환지예정지의 지정 전인 경우에는 종전 토지의 위치, 지목, 면적, 형상, 이용상황 등을 기준으로 평가
> ② 「농어촌정비법」에 따른 농업생산기반 정비사업 시행지구 안에 있는 토지를 평가할 때에는 제1항을 준용한다.

> **「표준지공시지가 조사·평가 기준」 제34조(택지개발사업시행지구 안의 토지)**
>
> 「택지개발촉진법」에 따른 택지개발사업시행지구 안에 있는 토지는 그 공법상 제한사항 등을 고려하여 다음과 같이 평가한다.
> 1. 택지개발사업 실시계획의 승인고시일 이후에 택지로서의 확정예정지번이 부여된 경우에는 제33조 제1항 제1호를 준용하되, 「택지개발촉진법 시행령」 제13조의2에 따른 해당 택지의 지정용도 등을 고려하여 평가
> 2. 택지로서의 확정예정지번이 부여되기 전인 경우에는 종전 토지의 이용상황 등을 기준으로 그 공사의 시행정도 등을 고려하여 평가하되, 「택지개발촉진법」 제11조 제1항에 따라 공법상 용도지역이 변경된 경우에는 변경된 용도지역을 기준으로 평가

II. 형상 등의 특수성

1) 규모가 과대하거나 과소한 토지

(1) 토지의 가치와 규모의 관계

토지는 최유효이용 면적이어야 시장성이나 효용성이 가장 높은 표준물건이 된다. 나지라고 해서 면적의 과다·과소에 구애 없이 공히 표준물건으로서 효용성이나 시장성이 가장 높고 고가로 매매되는 것은 아니고 적정한 면적이어야 한다. 여기에서 최유효이용 면적이라 함은 보편적이고 객관적인 이용, 양식과 통상의 이용능력을 가진 사람에 의한 이용, 합리적이고 합법적인 이용을 전제로 하며, 이를 판단하기 위해서 인근 건부지의 표준적인 면적상황, 도시계획 지역·지구제의 지정내용, 건축허가가능면적 및 제한조건, 기타 법적인 규제내용과 동지역의 거래관행 등을 조사하여야 한다. 규모가 과소한 토지의 경우에는 규모의 비적합성으로 표준적 규모의 토지보다 낮은 가격으로 가격수준이 형성되는 경우가 일반적이지만, 인접토지와의 합병을 통하여 규모에 따른 불리함을 극복하고 오히려 더 높은 가격수준이 형성될 가능성도 있으므로 유의하여야 한다.

(2) 규모가 과대하거나 과소한 경우 토지의 감정평가

토지의 면적이 최유효이용 규모에 초과하거나 미달하는 토지는 대상물건의 면적과 비슷한 규모의 표준지공시지가를 기준으로 감정평가한다. 다만, 그러한 표준지공시지가가 없는 경우에는 규모가 과대하거나 과소한 것에 따른 불리한 정도를 개별요인 비교 시 고려하여 감정평가한다. 토지를 감정평가할 때에는 유용성이나 시장성이 가장 높은 표준물건으로 감정평가하여야 하는바, 나지의 면적이 최유효이용 단위를 초과하는 경우에는 대상물건의 면적과 유사한 물건의 가격자료에 의하여 감정평가한다. 그러나 가격자료가 없거나 불충분한 경우에는 채택한 가격자료의 최유효이용 단위를 기준하여 정상적으로 예상되는 감보율 및 추가소요비용 등을 감안하여 감정평가한다.

① 규모가 과소한 토지

- 건축이 불가능한 경우

해당 지역에 적용되는 「건축법」상의 최소대지면적 이하인 소규모 토지는 그 규모의 비적합성으로 건축을 통한 독자적 이용가치가 원칙적으로 없기 때문에 표준적 규모의 토지가격 이하의 가격수준에서 거래되는 것이 일반적이다. 그러나 인접토지의 부속용지로 이용되거나 인접토지와 합병을 통하여 사용될 경우 기여도가 월등히 우세하여 건축이 불가능한 장애를 극복하고도 남을 만한 위치적 가치를 갖는 특별한 경우에는 표준적 규모의 토지가격을 상회하는 가격이 될 수도 있다. 따라서 소규모 토지의 감정평가 시 인접토지와의 관계 등을 고려하여 이에 대한 판단이 이루어져야 한다.

- 건축이 가능한 경우

도시계획시설의 설치 또는 구획정리사업의 시행으로 인하여 해당 지역 최소대지 규모에 미달되는 토지는 건축완화 규정이 적용되어 건축허가대상이 될 수 있고, 법령 또는 조례의 제정·개정이나 도시계획의 결정·변동 등으로 인해 해당 지역 최소대지 규모에 미달하게 된 토지는 건축허가의 대상이 될 수 있다. 그러나 이러한 경우에도 건축허가의 대상이 될 수 있는 최소기준 면적이 정해져 있으므로 신중한 판단을 하여야 한다. 이러한 소규모 토지에 대한 건축규제의 완화로 건폐율, 용적률 등에서 해당 지역의 표준적인 제한보다 유리한 경우 등은 표준적 규모의 토지 가격수준을 상회할 수도 있다.

② 규모가 과대한 토지

규모가 과대한 토지는 표준적인 규모의 토지보다 거래하기 쉽지 않다. 따라서 이러한 토지를 거래하기 위하여 주변의 이용방법과 유사한 규모로 분할하는 것을 고려하여 이에 해당되는 감보율 및 분할비용에 상당하는 감가를 할 수 있다. 그러나 표준적 규모보다 현저히 큰 대규모 토지가 인근지역의 지가수준과 무관하게 거래되는 사례도 있을 수 있다. 경제발전에 따라 상업형태의 고도화, 다양화가 이루어지고, 대규모 이용형태를 갖는 상업용지의 상대적 희소성이 증가되어 이를 취득하기 위한 수요의 강도가 증대되어 표준적 규모의 토지 가격수준을 초과하기도 한다. 따라서 대규모 토지의 감정평가 시에는 토지이용 주체에 따라 변화할 수 있는 여러 가지 용도적 관점을 주의 깊게 살펴야 하고, 최유효이용 방법을 객관성 있게 도출하여야 한다. 대규모 토지는 가치를 형성하는 요인이 다양하므로, 일반적으로 토지보다 지역분석이나 개별분석을 면밀히 하여야 할 것이다.

(3) 관련 규정

> ### 「건축법」 제57조(대지의 분할 제한)
>
> ① 건축물이 있는 대지는 대통령령으로 정하는 범위에서 해당 지방자치단체의 조례로 정하는 면적에 못 미치게 분할할 수 없다.
> ② 건축물이 있는 대지는 제44조, 제55조, 제56조, 제58조, 제60조 및 제61조에 따른 기준에 못 미치게 분할할 수 없다.
> ③ 제1항과 제2항에도 불구하고 제77조의6에 따라 건축협정이 인가된 경우 그 건축협정의 대상이 되는 대지는 분할할 수 있다.
>
> ### 「건축법 시행령」 제80조(건축물이 있는 대지의 분할 제한)
>
> 법 제57조 제1항에서 "대통령령으로 정하는 범위"란 다음 각 호의 어느 하나에 해당하는 규모 이상을 말한다.
> 1. 주거지역 : 60제곱미터
> 2. 상업지역 : 150제곱미터
> 3. 공업지역 : 150제곱미터
> 4. 녹지지역 : 200제곱미터
> 5. 제1호부터 제4호까지의 규정에 해당하지 아니하는 지역 : 60제곱미터

2) 맹지

(1) 토지의 가치와 접면도로의 관계

맹지란 원칙적으로 도로와 직접 접하지 않고 주위가 모두 타인의 토지로 둘러싸여 있어 「건축법」상 대지가 될 수 없는 토지를 말한다. 맹지는 건물부지로 이용되지 않는 한, 그리고 진입로의 개설가능성이 없는 한 가치가 낮은 토지가 된다. 경우에 따라서는 주위의 토지이용상태에 따라 상당히 높은 가격으로 매수될 가능성도 있지만, 이러한 가치의 실현은 인접지 토지소유자에게 맡겨져 있는바, 그 가치의 실현 여부는 수동적인 것이며 또한 매우 불확실하다.

(2) 맹지의 감정평가방법

맹지의 감정평가 시 공로에 출입하기 위한 통로를 개설하기 위해 비용이 발생하는 경우에는 그 비용을 고려하여 감정평가한다. 즉, 맹지의 사용·수익에 지장이 없을 정도의 통로를 인접토지에서 금전상 불리한 조건으로 확보하는 것을 전제로 하여 그 통로의 확보에 필요한 비용(도로용지매입비, 도로개설비용 외) 등을 감안하여 감정평가한다. 다만, 지적도상 공로에 접한 부분이 없는 토지로서 관습상 도로 또는 지역권 설정 등이

있거나, 맹지가 아닌 인접토지와 일단으로 이용 또는 이용될 전망이 확실한 경우에는 위와 같은 비용을 고려하지 않고 감정평가할 수 있다.

① 현황평가

맹지의 이용상황이 농지, 임야, 농가주택에 부속된 텃밭 등인 경우 현재 상태로 이용함에 문제가 없고 그것이 인근지역의 상황으로 보아 최유효이용인 경우, 현황 맹지로서의 이용에 따른 가치로 감정평가하는 방법이다. 이러한 현황평가는 읍·면지역의 농경지대·산림지대 등에 적용할 때 무리가 없는 방법이며, 이러한 지역은 건축물의 건축 가능성이 상대적으로 낮은 지역일 뿐만 아니라 현재 상태대로 이용하는 것에 문제될 것이 없는 경우이다. 반드시 농경지대·산림지대 등이 아니더라도 진입로 개설이나 인접토지 합병을 전제로 한 접근이 수월하지 않을 경우에 일반적으로 적용할 수 있는 방법이기도 하다. 유의할 점은 관습상 도로의 유무, 향후 도로 개설 가능성의 정도 등을 검토하여야 하고, 감가율 결정 시 합리적인 근거자료의 확보가 선행되어야 할 것이다.

② 진입로 개설 비용을 감안한 감정평가

도로개설의 가능성이 비교적 높은 경우 진입로 개설을 전제로 자루형 토지를 상정하여 감정평가액을 구한 후, 도로개설비용(진입로 부지 취득원가, 공사부대비용 등)을 공제하여 최종 감정평가액을 결정한다. 진입로 개설에 소송 등으로 인하여 장기간이 소요될 것으로 예상된다면, 진입로 개설 실현시기까지의 기회비용을 감안하여 적정한 할인율로 할인하여 현재가치를 구한다. 그리고 도로개설의 현실성을 고려하여 적정한 감가율로 보정하여 감정평가액을 결정한다. 또한 자루형 토지의 가장 나쁜 조건인 경우와 균형성을 고려하여 감정평가액의 적정성을 검토하여야 할 것이다.

$$\frac{(자루형\ 토지를\ 상정한\ 평가액\ -\ 도로개설비용)}{(1\ +\ 할인율)^n} \times (1\ -\ 감가율)$$

③ 인접토지 합병 조건부 감정평가

해당 맹지와 인접한 토지 중 합병의 가능성이 가장 높은 토지를 매수한다고 가정한 후, 해당 맹지와 인접토지를 합한 획지를 기준의 평가액에서 합병 전 인접토지 평가액을 공제하고 적정한 감가율을 적용하여 최종 감정평가액을 결정하는 방법이다. 고도의 도시화가 이루어진 지역에서 진입로 개설에 필요한 여유 토지의 확보가 사실상 곤란한 경우에 적용할 수 있는 방법이기도 하다.

(합병 후 맹지와 인접토지 전체 평가액 - 합병 전 인접토지 평가액) × (1 - 감가율*)
* 감가율 : 합병가능성, 합병가치 배분액 등을 감안한 감가율

(3) 유의사항

① 관습상의 도로가 개설되어 있는 경우

지적도상 도로가 없는 맹지라 할지라도 관습상의 도로가 개설되어 있는 경우 이러한 토지는 큰 문제없이 이용할 수 있기 때문에 맹지로서의 감가가 상당히 낮은 수준일 것이다. 그러나 관습상의 도로가 개설되어 있다고 하여 모두 현황도로로 인정할 수 있는 것은 아니다. 다음의 경우에는 현황도로로 인정받을 가능성이 높지만 그 외의 경우에는 좀 더 면밀하게 검토 후 결정하여야 할 것이다.

– 폭 4m 이상의 도로가 개설되어 있는 경우
– 폭 4m 이하라 하더라도 차량통행이 가능하며 포장이 되어 있는 경우
– 폭 4m 이하의 비포장도로라 하더라도 해당 도로를 불특정 다수인이 상시 이용하는 경우

② 도로개설 가능성이 높은 맹지의 경우

구거에 접한 맹지와 같이 현재 도로에 접해 있지는 않지만, 주변 여건상 도로개설이 용이한 맹지는 감가의 정도 파악에 유의하여야 한다. 지적도상 구거에 접해 있거나 과거에 구거가 있었던 사실이 인정되면 해당 토지를 관할하는 지자체로부터 구거점용허가를 받을 수 있으며, 해당 구거를 진입로로 사용하면 양호한 획지조건의 토지를 만들 수 있다. 이러한 토지는 점용허가비, 포장비용 등을 부담하여 맹지가 아닌 토지와 동일하게 이용할 수 있는 점을 고려하여야 할 것이다.

③ 인접토지가 동일인 소유의 경우

해당 토지는 맹지이나 인접토지와 동일인 소유이고, 인접토지를 통하여 출입하며 해당 토지의 사용·수익 등에 제한이 없는 경우에는 감가에 유의하여야 한다. 토지소유자가 특별한 사정이 없는 한, 경제 합리성에 반하여 해당 맹지만을 저가에 처분하려는 경우는 발생하기 어려울 것이다.

(4) 참고 규정

「민법」 제219조[주위토지통행권]

① 어느 토지와 공로 사이에 그 토지의 용도에 필요한 통로가 없는 경우에 그 토지 소유자는 주위의 토지를 통행 또는 통로로 하지 아니하면 공로에 출입할 수 없거나 과다한 비용을 요하는 때에는 그 주위의 토지를 통행할 수 있고 필요한 경우에는 통로를 개설할 수 있다. 그러나 이로 인한 손해가 가장 적은 장소와 방법을 선택하여야 한다.

② 전항의 통행권자는 통행지소유자의 손해를 보상하여야 한다.

> ### 「민법」 제220조[분할, 일부양도와 주위통행권]
>
> ① 분할로 인하여 공로에 통하지 못하는 토지가 있는 때에는 그 토지소유자는 공로에 출입하기 위하여 다른 분할자의 토지를 통행할 수 있다. 이 경우에는 보상의 의무가 없다.
> ② 전항의 규정은 토지소유자가 그 토지의 일부를 양도한 경우에 준용한다.

기본서 보충 - 감정평가론(경응수)

토지를 평가함에 있어서는 유용성이나 시장성이 가장 높은 최유효이용 규모를 기준으로 평가하여야 한다. 즉 나지의 면적이 최유효이용면적을 초과하거나 미달하는 경우에는 대상물건의 면적과 유사한 물건의 시장자료에 의하여 평가한다. 그러나 아무런 시장자료가 없거나 불충분할 경우에는 채택한 자료의 최유효이용 단위를 기준하여 정상적으로 예상되는 감보율 및 추가소요비용 또는 합병이익 등을 종합적으로 감안하여 평가하여야 한다. 그러므로 여기서는 표준적인 규모의 토지보다 과대한 토지를 ① 초과토지와 ② 잉여토지로 나누고, 규모가 너무 작은 토지는 ③ 과소토지로 나누어 자세히 설명하기로 한다.

1. 초과토지 excess land

초과토지란 현존 지상개량물에 필요한 적정면적 이상의 토지를 말하며, 건부지와 다른 용도로 분리되어 독립적으로 사용될 수 있으므로 건부지와는 별도로 평가되어야 한다. 건부지에 정상적으로 필요한 면적은 대상부동산의 최유효이용에 해당되는 만큼의 토지면적이므로 초과토지 부분의 최유효이용은 건부지의 적정면적과 다를 수 있다. 따라서 초과토지 여부는 지역분석을 통한 표준적이용과 유사용도 부동산의 시장자료를 토대로 판정된다. 예컨대 오피스빌딩의 주차장이나 학교운동장과 같이, 비록 저밀도이더라도 건부지의 주된 목적에 적합하게 할당되고 있을 때에는 초과토지에 해당되지 않는다. 초과토지는 그 자체가 하나의 독립적인 용도로서 사용하는 것이 최유효이용이 될 수도 있으므로, 초과부분의 토지는 따로 분리하여 사용할 수 있는지 여부를 고려하여 평가된다. 따라서 정상 필요면적 만큼의 토지가치와 초과부분의 토지가치는 각기 별도로 추계하여 전체 토지의 가치를 결정한다. 그리고 적정면적에 대한 판단은 지역분석을 통하여 파악된 전형적인 유사개량물의 건폐율을 바탕으로 이루어진다.

2. 잉여토지 surplus land

잉여토지란 기존 개량물부지와 독립적으로 분리되어 사용될 수 없고, 별도의 최유효이용 용도에 사용할 수 없는 토지를 말한다. 비록 대상부지가 필요 이상으로 크다 하더라도,

그것이 특정한 용도로 분리되어 사용될 수 있는 경우 잉여토지가 아니라 초과토지로 간주된다. 이러한 잉여토지의 예를 들어 보자.

1,000㎡ 규모의 공장부지 지상에 200㎡의 공장건물이 있다 하자. 인근 유사 용도 토지의 건폐율은 50%이고 표준적 토지면적은 400㎡인데, ㎡당 시장가치는 100만 원 수준이라고 조사되었다. 대상토지 중 공장건물 후면의 200㎡ 정도는 공지로서, 별도 진입로가 없다면 이 토지는 잉여토지라 할 수 있다. 왜냐하면 나머지 800㎡의 부지와 분리하여 별도로 거래되기 곤란하기 때문이다. 따라서 이 잉여토지는 설사 장래 확장 가능성 측면에서 이점이 있더라도 ㎡당 100만 원에 상당히 못미치는 가치로 평가될 것이다.

이와 같이 어느 정도의 면적이 초과토지인지 잉여토지인지는 인근 유사토지의 표준적인 이용상황이나 건폐율 그리고 도로진입 가능 여부 등에 따라 달리 판정될 수 있으므로 유의하여야 한다. 잉여토지의 경우 정상적 토지보다 낮게 평가되는 것이 당연하나, 인접 토지와의 합병이 가능한 경우에는 오히려 효용증가로 인한 합병가치가 생길 수 있음에 유의하여야 한다.

경제발전에 따라 산업의 고도화·다양화가 이루어지고, 대규모 유통시설 등 광면적 토지의 상대적 희소성도 늘어나고 있다. 이에 따라 광면적 토지가 표준적 규모의 토지 단가수준을 초과하기도 한다. 그러므로 대규모 토지 감정평가 시 토지이용 주체에 따라 변동될 수 있는 여러 가지 용도적 대안을 주의 깊게 분석하여야 하며, 최유효이용을 객관성 있게 도출하여야 한다. 결론적으로 대규모 토지는 가치를 형성하는 요인이 다양하므로 일반적인 토지보다 지역분석이나 개별분석을 면밀히 하여야 할 것이다.

3. 과소토지

건축관련법령에 의하면 건폐율의 제한규정이 있다. 즉 너무 작은 대지(예컨대 주거지역은 60㎡)에는 소규모 건축물이 밀집하게 되어 도시환경을 악화시키게 되므로 분할제한을 통하여 일정면적 이하로는 건축행위를 할 수 없도록 규제하고 있다. 이같이 대지면적 최소한도 이하인 토지를 과소토지라 할 수 있다.

① **건축이 가능한 경우** : 도시계획시설의 설치 또는 구획정리사업의 시행으로 인하여 해당 지역 최소 대지면적 규정에 미달되는 토지라도 건축완화 규정이 적용되어 건축허가대상이 될 수 있다. 그리고 법령 또는 조례의 제정·개정이나 도시계획의 결정·변동 등으로 인해 해당지역 최소대지 규모에 미달하게 된 토지는 건축허가의 대상이 될 수도 있다. 그러나 이러한 경우에도 건축허가의 대상이 될 수 있는 최소 기준면적이 건축법에 정해져 있으므로 신중한 판단을 하여야 한다. 이러한 소규모 토지에 대한 건축규제의 완화로 건폐율, 용적률 등에서 해당지역의 표준적인 제한보다 유리한 경우 등은 표준적 규모의 토지 가격수준을 상회할 수도 있다. 따라서 건축이 가능한 소규모 토지 감정평가 시 소규모 토지로 된 원인을 파악하고, 건축의 난이도 및 건축가능규모 등을 검토한다. 또한, 인근토지와의 합병 등에 따라 성립될 수 있는 한정가격에도 유의한다.

② 건축이 불가능한 경우 : 인근지역에 적용되는 건축법상의 최소대지면적 이하인 소규모 토지의 경우 대개 건축을 통한 독자적 이용가치가 없다. 그 때문에 표준적 규모의 시장가치 수준 이하에서 거래되는 것이 일반적이다. 그러나 인접토지의 부속용지로 이용되거나 합병을 통하여 사용될 경우 기여도가 늘어나면, 건축가능 토지가 되면서 표준적 규모의 시장가치를 오히려 상회하는 가치가 발휘될 수도 있다. 따라서 소규모 토지 평가시 인접토지와의 관계 등을 종합적으로 고려하여 판단하여야 한다.

감정평가이론 기출문제

31 일단지평가에 관한 다음 물음에 답하시오.　▸기출 [일단지] 제20회 3번

1) 일단지의 개념과 판단 시 고려할 사항에 대하여 설명하시오. 10점

2) 일단지평가가 당해 토지가격에 미치는 영향을 설명하고, 일단지평가의 사례 3가지를 서술하시오. 10점

I. 서설

II. 물음 1 일단지의 개념 및 판단 시 고려사항

1. 일단지의 개념

2. 일단지의 판단 시 고려사항

 1) 용도상 불가분성

 2) 토지소유자의 동일성

 3) 지목의 동일성

 4) 일시적인 이용상황

 5) 건축물의 존재 여부

III. 물음 2 일단지평가의 영향 및 사례

1. 일단지평가가 토지가격에 미치는 영향

 1) 평가방법의 적용

 2) 가치형성요인 비교

2. 일단지평가의 사례

 1) 주거용지 사례

 2) 상업용지 사례

 3) 구분소유건물 사례

IV. 결어

---

32 주거용 건물을 신축하기 위해 건축허가를 득하여 도로를 개설하고 입목을 벌채 중인 임야를 평가하고자 한다. 개발 중인 토지의 평가방식에는 공제방식과 가산방식이 있다. 공제방식은 개발 후 대지가격에서 개발에 소요되는 제반비용을 공제하는 방식이고, 가산방식은 소지가격에 개발에 소요되는 비용을 가산하여 평가하는 방식이다. 두 가지 방식에 따른 감정평가금액의 격차가 클 경우 보상평가, 경매평가, 담보평가에서 각각 어떻게 평가하는 것이 더 적절한지 설명하시오. 10점 　▸기출 [조성 중인 토지] 제26회 2번

I. 서설

II. 개발 중인 토지의 감정평가목적별 평가방법
1. 공제 · 가산방식의 비교
2. 감정평가목적별 평가방법

1) 보상평가 시 평가방법
2) 경매평가 시 평가방법
3) 담보평가 시 평가방법

III. 결어

---

33 초과토지와 잉여토지의 개념을 쓰고, 판정 시 유의사항에 대하여 설명하시오. 10점

▸ 기출 [규모가 과대한 토지] 제33회 4번

I. 서설

II. 초과토지와 잉여토지의 판정 5점
1. 초과토지와 잉여토지의 개념
2. 초과토지와 잉여토지의 판정방법

1) 최유효이용 규모의 판정
2) 초과 면적의 독립적 이용가능성 판정
3. 초과토지와 잉여토지의 판정 시 유의사항
1) 부대시설 여부에 유의
2) 건폐율 및 도로 진입 가능성에 유의

감정평가실무 기출문제

34 토지소유자인 甲 법인은 골프장 개발업체인 乙 법인과 다음과 같은 계약을 맺었다.

〈계약내용〉

- 乙법인은 甲 법인의 토지를 임차하여 골프장(27홀)으로 개발하여 운영한다.
- 골프장 개발과 관련된 인허가 비용은 甲 법인 부담으로 하고, 개발비용은 乙 법인 부담으로 한다.
- 乙 법인은 골프장 준공일로부터 연간 토지 임대료 1,000,000,000원을 甲 법인에 매년 초 지급하며 연간 2%씩 임대료를 상승하여 지급한다.
- 골프장 운영과 관련된 제반 유지보수비용, 보험료, 제세공과 등은 운영자 부담으로 한다.
- 계약기간은 준공일로부터 10년이고, 계약기간 만료일 乙 법인이 개발한 모든 골프장 시설 등은 甲 법인으로 귀속되며, 甲 법인은 乙 법인의 최초 개발비용의 30% 상당액을 乙 법인에 지급한다.

乙 법인의 골프장 개발계획은 순조롭게 진행되어 2013.1.1.에 준공하였다. 감정평가사 丙씨는 甲 법인으로부터 2013.1.1. 자 甲 법인 소유 토지에 대한 가치산정을 의뢰받았다. 주어진 자료를 활용하여 가치를 산정하고 평가방법에 대해 서술하시오. 35점

▶ 기출 [골프장] 제24회 1번

(자료 1) 토지목록(甲 법인)

기호	소재지	지번	지목	면적(㎡)	용도지역
1	B면 C리	200	전	1,000	계획관리
2	B면 C리	200-1	전	2,600	계획관리
3	B면 C리	200-2	전	1,550	계획관리
4	B면 C리	200-3	답	2,350	계획관리
5	B면 C리	200-5	전	1,300	계획관리
6	B면 C리	200-6	전	1,600	계획관리
7	B면 C리	201	전	1,750	계획관리
8	B면 C리	202	답	3,700	계획관리
9	B면 C리	산100-1	임	4,500	계획관리
10	B면 C리	산100-2	임	1,500,000	계획관리
11	B면 C리	산100-3	전	900	계획관리
소계				1,521,250	

※ 사업승인면적은 1,450,000㎡이며, 나머지는 산 100-2번지 일부로서 자연림 상태의 원형을 유지하고 있음.

(자료 2) 표준지공시지가 (2013.01.01.)

일련번호	소재지	지번	면적(㎡)	지목	이용상황	용도지역	도로교통	형상지세	공시지가(원/㎡)
1	D면 E리	14	201,000	임	골프장	계획관리	소로한면	부정형완경사	50,000
2	B면 C리	190	4,627	전	전	계획관리	세로가	부정형완경사	30,000
3	B면 C리	210	1,096	답	답	계획관리	세로불	부정형완경사	20,000
4	B면 C리	산110	32,000	임	임야	계획관리	세로불	부정형완경사	12,000

(자료 3) 요인비교

1. 본건 준공된 골프장과 일련번호 1 비교표준지는 제반 여건이 유사하나 접근성 등에서 본건이 약 2% 우세함.
2. 소지상태로서의 본건은 일련번호 2~4와 비교 시 지목별로 대체로 유사하나 본건 "전"은 표준지 대비 3%, 본건 "답"은 표준지 대비 2%, 본건 "임야"는 표준지 대비 1%씩 각각 우세함.
3. 주변 거래사례나 평가선례를 분석하여 보면 표준지 일련번호 1은 기타요인보정이 필요 없으나, 표준지 일련번호 2, 3은 10%, 표준지 일련번호 4는 20% 기타요인 보정이 필요함.

(자료 4) 제비용

1. 인허가 관련비용
   - 인허가 비용 : 1,500,000,000원
   - 제반부담금 : 2,500,000,000원
   - 제세공과 : 500,000,000원
   - 기타 비용 : 3,000,000,000원
2. 골프장 조성(개발)공사 비용 : 홀당 1,400,000,000원

(자료 5) 주변사례 및 시장동향

주변 유사 골프장의 사례를 보면 연간 9홀 기준으로 20억 원의 영업이익이 발생하는 것으로 조사되었으며, 향후 매년 영업이익 증가율은 1% 정도일 것으로 추정됨. 그러나 시장의 수요·공급을 예측하여 보면 연간 9홀 기준으로 22억 원이 한계점인 것으로 조사됨.

(자료 6) 기타

1. 클럽하우스 등 건물은 고려하지 아니함.
2. 인허가 및 개발에 관한 제비용은 준공일에 투입된 것으로 가정하며, 영업이익의 발생시점은 토지임대료를 지급하는 매년 초에 발생하는 것으로 가정함.
3. 준공 후 제반세금은 고려하지 아니하며 영업이익은 현금유입액으로 봄.
4. 본건 투자에 있어 타인자본은 고려하지 아니함.
5. 현금흐름에 적용된 할인율은 연 7%로 조사되었음.
6. 기말복귀액 산정 시 영업이익과 골프장 가치에 적용할 환원이율은 연 8%로 조사되었음.
7. 본건 주변 표준지공시지가의 향후 10년 후 예상상승률은 10% 정도임.

35 감정평가사 김〇〇은 W시 N구청장으로부터 도시계획시설(도로)사업과 관련하여 토지의 보상평가를 의뢰받았다. 관련 법규 및 이론을 참작하고 제시된 자료를 활용하여 사실상 사도의 개념 및 평가기준을 기술하고, 대상토지의 감정평가액을 구하시오. **15점**

▶ 기출 [사도] 제28회 1번

1. 사업의 개요

　　1) 사업시행지 : W시 N구 M동 100-4번지 일원

　　2) 사업의 종류 : 도시계획시설(도로)사업(소로2-60호선) 개설공사

　　3) 사업시행자 : W시 N구청장

　　4) 사업의 착수 예정일 및 준공예정일 : 인가일 ~ 2018.03.31.

2. 사업추진일정

구분	일정
도시계획시설(도로)결정일	2010.08.21.
도시계획시설(도로)사업 실시계획인가고시일	2016.12.15.
보상계획공고일	2017.03.31.
현장조사완료일	2017.06.01.

※ 보상의뢰서상 가격시점 요구일 : 2017.07.01.

3. 대상토지의 개요(가격시점 현재)

기호	소재지	편입면적 (m²)	지목	현실 이용상황	용도지역	비고(소유자)
1	W시 N구 M동 100-4번지	381	전	도로	준주거지역	홍길동

4. 표준지공시지가 자료

기호	소재지	면적 (m²)	지목	이용 상황	용도 지역	도로 교통	형상 지세	공시지가(원/m²) 16.01.01.	공시지가(원/m²) 17.01.01.
A	W시 N구 M동 105번지	400	대	주거 나지	2종 일주	세로 (불)	가장형 평지	770,000	860,000
B	W시 N구 M동 103번지	420	대	다세대	준주거	세로 (가)	정방형 평지	1,050,000	1,160,000
C	W시 N구 M동 101번지	450	대	주상용	준주거	소로 한면	사다리 평지	1,100,000	1,210,000

5. 시점수정자료(W시 N구 주거지역)

구분	지가변동률(%)	비고
2016.01.01. ~ 2016.12.31.	3.257	2016년 12월 누계
2017.01.01. ~ 2017.05.31.	1.426	2017년 5월 누계
2017.05.01. ~ 2017.05.31.	0.431	2017년 5월 변동률

※ 2017년 6월 이후의 지가변동률은 현재 미고시인 상태로 직전월인 2017년 5월 지가변
동률을 연장적용하기로 함.

6. 개별요인 품등 비교자료

1) 형상

구분	정방형	가장형	세장형	사다리	부정형	자루형
정방형	1.00	1.02	1.00	0.99	0.94	0.89
가장형	0.98	1.00	0.98	0.97	0.92	0.87

세장형	1.00	1.02	1.00	0.99	0.94	0.89
사다리	1.01	1.03	1.01	1.00	0.95	0.90
부정형	1.06	1.09	1.06	1.05	1.00	0.94
자루형	1.12	1.15	1.12	1.11	1.06	1.00

※ 부정형 : 삼각형 포함, 자루형 : 역삼각형 포함

2) 도로접면

구분	중로한면	소로한면	세로(가)	세로(불)	맹지
중로한면	1.00	0.92	0.82	0.78	0.70
소로한면	1.09	1.00	0.89	0.85	0.79
세로(가)	1.22	1.12	1.00	0.95	0.88
세로(불)	1.28	1.18	1.05	1.00	0.93
맹지	1.43	1.27	1.13	1.07	1.00

7. 그 밖의 요인보정치 산정을 위한 자료

1) 보상 평가사례

기호	소재지	면적(㎡)	지목	용도지역	이용상황	도로교통	형상지세	단가(원/㎡)	가격시점
ㄱ	W시 N구 M동 200번지	300	대	주거나지	일반상업	소로한면	부정형 평지	2,500,000	17.01.01.
ㄴ	W시 N구 M동 250번지	350	대	다세대	준주거	세로가	세장형 평지	1,500,000	17.01.01.
ㄷ	W시 N구 M동 300번지	380	대	주상용	준주거	소로한면	사다리 평지	1,800,000	17.01.01.

2) 거래사례(토지만의 정상 거래사례임)

기호	소재지	면적 (m²)	지목	용도 지역	이용 상황	도로 교통	형상 지세	단가 (원/m²)	가격 시점
ㄹ	W시 N구 M동 400번지	400	대	주상 나지	2종 일주	중로 한면	부정형 평지	1,600,000	17.01.01.
ㅁ	W시 N구 M동 420번지	380	대	상업 나지	준주거	중로 한면	세장형 평지	2,200,000	17.01.01.
ㅂ	W시 N구 M동 500번지	350	대	주거 나지	2종 일주	세로가	사다리 평지	1,000,000	17.01.01.

8. 현장조사내용

1) 대상토지 주변은 도심지 내 기존 주택지를 중심으로 형성된 소규모 점포주택과 단독주택 및 다세대주택 등이 혼재하는 지역으로 조사되었음.

2) 비교표준지, 보상 평가사례 및 거래사례는 인근지역에 소재하며, 당해 도시계획시설(도로)사업에 따른 개발이익이 포함되어 있지 않은 것으로 조사되었음.

9. 대상토지 주변 지적현황(축적 없음)

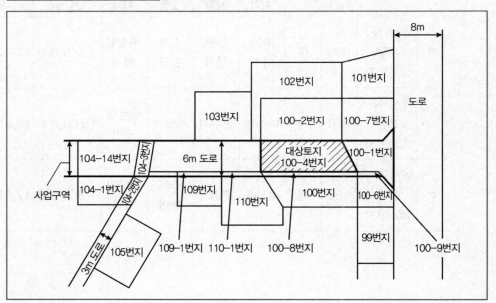

10. 기타사항
　　1) 사업시행자인 N구청장은 대상토지가 사실상 사도임을 보상평가의뢰서에 명기하였음.
　　2) 인접한 M동 100-2번지 소유권자는 대상토지와 동일한 홍길동이고, 1992년 8월부터 홍길동은 M동 100-2번지의 건축허가를 위하여 대상토지를 도로로 개설한 것으로 확인이 되었는바, 대상토지는 M동 100-2번지의 효용증진에 기여하고 있음.
　　3) 대상토지 평가 시 기준이 되는 인근토지 및 인근토지의 토지 특성은 주어진 자료를 활용하여 판단할 것
　　4) 개별요인 비교 시 도로접면과 형상을 제외한 토지 특성은 모두 동일한 것으로 봄.

---

36 개발제한구역 안 토지의 감정평가를 설명하시오. 10점　▸기출 [공법상 제한] 제13회 5번

I. 개발제한구역의 의의

II. 공법상 제한 토지의 감정평가

1. 일반평가

2. 보상평가
　1) 지정 당시 지목 대인 나지
　2) 건부지
　3) 우선해제대상지역 토지

---

37 표준지공시지가를 조사·평가함에 있어서 일단지의 개념과 판단기준 및 평가방법 등을 설명하시오. 10점　▸기출 [일단지] 제12회 4번

I. 일단지의 개념

II. 일단지의 판단기준

1. 용도상 불가분의 관계

2. 유의사항

III. 일단지의 평가방법

1. 기본적 사항의 확정

2. 가치형성요인 비교

---

38 감정평가사 홍길동 씨는 법원으로부터 시장가치 및 예상낙찰가 산정을 의뢰받았다. 주어진 자료를 참고하여 시장가치 및 예상낙찰가를 구하시오. 15점

▸기출 [일단지] 제24회 4번

(자료 1) 평가대상 부동산 개황

1. 소재지 : A시 B구 C동 100-1번지 외
2. 토지

    100-1번지, 200㎡, 대, 준주거지역, 정방형, 평지

    100-2번지, 200㎡, 대, 준주거지역, 정방형, 평지

    100-3번지, 200㎡, 대, 준주거지역, 정방형, 평지
3. 건물

    평가대상토지(100-1, 2, 3번지) 및 평가대상 외 토지(100번지 : 타인 소유) 4필지 일단의 토지 지상 철근콘크리트조 슬래브지붕 1~4층 각 480㎡(지하층 없음) 근린생활시설(신축년도 2003.09.07.)
4. 기준시점 : 2013.09.07.

(자료 2) 주위환경 및 시장상황

1. 본건이 속한 A시 B구 C동은 전면 도로변으로 4~6층 근린생활시설이 혼재하며, 후면은 근린생활시설 및 단독, 다가구 등 주상복합지대로 형성되어 있음.
2. 본건 주위의 최근 2년간 가격변동추이는 보합 정도이며, 향후 전망도 보합 정도이나 용적률이 낮은 오래된 상업용 건물(1970년대 신축)의 경우 개별 또는 합필하여 철거 후 재건축이 진행 중인 필지도 일부 혼재함.
3. 토지소유자와 건물소유자가 다른 경우 건물소유자는 토지의 시장가치에 적정지료를 지불하고 정상적으로 사용·수익할 수 있는 것으로 조사되었으며, 주변의 토지 거래량이나 거래가격도 적정한 것으로 조사됨.

(자료 3) 지적도

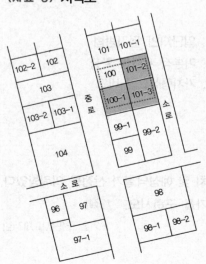

(자료 4) 표준지공시지가

기호	소재지	면적 (㎡)	지목	용도 지역	이용 상황	도로 교통	형상 지세	공시지가 (원/㎡)
1	C동 99-1	200	대	준주거	상업용	중로 한면	정방형 평지	5,200,000
2	C동 101-1	250	대	준주거	주상용	소로 한면	가장형 평지	3,000,000
3	C동 103	400	대	준주거	상업용	중로 한면	세장형 완경사	4,000,000

(자료 5) 개별요인 비교치

1. 접면도로

구분	중로각지	중로한면	소로각지	소로한면
비교치	1.05	1.00	0.90	0.85

2. 형상

구분	가로장방형	정방형	세로장방형	부정형
비교치	1.05	1.00	0.95	0.85

3. 지세

구분	평지	저지	완경사	급경사	저지
비교치	1.05	1.00	0.95	0.90	0.85

(자료 6) 신축단가 등

1. 철근콘크리트조 슬래브지붕(부대설비 포함) @1,400,000원/㎡(2013.01.01.)
   2013년 이후 건축비 변동은 없는 것으로 함.
2. 물리적 내용연수 : 철근콘크리트조 슬래브 50년
3. 잔존가치는 없는 것으로 봄.

(자료 7) 기타

A시 B구 근린생활시설의 최근 낙찰가율은 75% 정도임.

기본목차 연습

감정평가에 관한 규칙 | 제25조(소음 등으로 인한 대상물건의 가치하락분에 대한 감정평가)

감정평가법인등은 <u>소음·진동·일조침해 또는 환경오염 등(이하 "소음 등"이라 한다)</u>으로 대상물건에 직접적 또는 간접적인 피해가 발생하여 대상물건의 가치가 하락한 경우 그 <u>가치하</u>

락분을 감정평가할 때에 소음 등이 발생하기 전의 대상물건의 가액 및 원상회복비용 등을 고려해야 한다.

감정평가실무기준 | 670(동산 등) - 2(소음 등으로 인한 대상물건의 가치하락분에 대한 감정평가)

2.1 정의
"소음 등으로 인한 대상물건의 가치하락분"이란 장기간 지속적으로 발생하는 소음·진동·일조침해 또는 환경오염 등(이하 "소음 등"이라 한다)으로 대상물건에 직접적 또는 간접적인 피해가 발생하여 대상물건의 객관적 가치가 하락한 경우 소음 등의 발생 전과 비교한 가치하락분을 말한다.

2.2 자료의 수집 및 정리
소음 등으로 인한 가치하락분에 대한 감정평가에 참고가 되는 자료는 해당 물건의 자료의 수집 및 정리에 관한 규정을 준용하되, 소음 등의 발생 전·후의 가격자료를 모두 수집하여야 한다.

2.3 소음 등으로 인한 대상물건의 가치하락분에 대한 감정평가방법
① 소음 등으로 인한 대상물건의 가치하락분을 감정평가할 때에는 소음 등이 발생하기 전의 대상물건의 가액과 소음 등이 발생한 후의 대상물건의 가액 및 원상회복비용 등을 고려하여야 한다.
② 가치하락분에는 관련 법령에 따른 소음 등의 허용기준, 원상회복비용 및 스티그마(STIGMA) 등을 고려하되, 일시적인 소음 등으로 인한 가치하락 및 정신적인 피해 등 주관적 가치하락은 제외한다. 다만, 가축 등 생명체에 대한 피해는 가치하락분에 포함할 수 있다.
③ 제1항에서 소음 등의 발생 전과 발생 후의 대상물건의 가액은 거래사례비교법에 의한 비준가액이나 수익환원법에 의한 수익가액으로 산정하되 소음 등이 발생한 후의 대상물건의 가액은 다음 각 호와 같이 산정한다.
  1. 비준가액 : 대상물건에 영향을 미치고 있는 소음 등과 같거나 비슷한 형태의 소음 등에 의해 가치가 하락한 상태로 거래된 사례를 선정하여 시점수정을 하고 가치형성요인을 비교하여 산정
  2. 수익가액 : 소음 등이 발생한 후의 순수익을 소음 등으로 인한 위험이 반영된 환원율로 환원하여 산정
④ 가치하락분을 원가법에 의하여 직접 산정하는 경우에는 소음 등을 복구하거나 관리하는데 드는 비용 외에 원상회복 불가능한 가치하락분을 고려하여 감정평가한다.

실무기준해설서

I. 정의

1) 규정의 취지

산업화와 더불어 환경권의 신장은 관련된 분쟁을 증가시켰으며, 이는 침해받는 권리를 경제적 가치로 산출하는 감정평가 수요로 이어졌다. 이에 우리나라도 2003년 8월 개정된 「감정평가에 관한 규칙」에서 '소음 등으로 인한 토지 등의 가치하락분에 대한 평가'를 규정하였고, 「감정평가 실무기준」에서는 환경권과 관련된 감정평가 수요에 대응하고 그 동안 업계의 관련 연구 내용 등을 반영하여 보다 구체화된 내용을 규정하였다.

2) 소음 등의 유형

(1) 소음

소음이란 「소음·진동관리법」상 기계·기구·시설 기타 물체의 사용으로 인하여 발생하는 강한 소리로 일상생활에서 발생하는 바람직하지 않은 음을 총칭하며, 장기적이고 지속적인 소음은 토지 등 가치하락 및 가축 등 생명체에 대한 피해를 발생시킬 수 있다.

(2) 진동

진동이란 「소음·진동관리법」상 기계·기구·시설 기타 물체의 사용으로 인하여 발생하는 강한 흔들림으로 가진력에 의해 어떤 양의 크기가 시간이 경과함에 따라 어떤 기준 값보다 커지거나 작아져서 주기적으로 변동하는 현상을 말하며, 장기적이고 지속적인 진동은 기계 및 건물의 수명에 부정적 영향을 주고 가축 등 생명체에 대하여 생리적 장애 등의 피해를 발생시킬 수 있다.

(3) 일조침해

일조란 태양광선에 의한 빛, 열량 등의 총칭으로 자외선에 의한 살균, 소독, 복사열에 의한 난방, 방습, 채광, 통풍 등을 통해 토지 등의 객관적 가치에 영향을 미치며, '일조권'이란 태양광선을 차단당해 받는 불이익을 제거시킬 수 있는 권리를 말한다. 즉, 일조침해는 이러한 일조권이 침해되는 것을 말한다.

(4) 환경오염

환경오염이란 쓰레기·연소재·오니·폐유·폐산·폐알카리 등의 토양오염원이 대상토지에 매립되거나, 인근토지에 매립되어 대상토지로 유입되어 경제적 피해가 발생하는 토지·바다·강 등 토양오염, 수질오염, 각종 유해물질로 인한 공기오염 등을 말한다. 넓게 보아 일조·소음·진동 등을 포함하여 칭하기도 한다.

(5) 기타

기타 조망 침해, 수자원 고갈, 전파장애, 지반침하 등으로 인하여 토지 등 가치하락이
발생할 수 있다.

3) 소음 등으로 인한 물건의 가치하락분의 정의

소음 등으로 인한 물건의 가치하락분이란 장기간 지속적으로 발생하는 소음 등으로 인하
여 소음 등의 발생 전과 비교하여 토지 등의 객관적 가치가 하락한 부분을 말하며, 일시적
인 소음 등으로 인한 정신적인 피해 등 주관적 가치 하락은 제외한다. 다만, 공사기간 중
에 발생하는 소음 등으로 인한 가축 등 생명체에 대한 피해는 포함할 수 있다.

II. 자료의 수집 및 정리

1) 조사 및 확인사항

(1) 소음 등의 실태(가치하락을 유발한 원인의 종류 및 특성)
(2) 소음 등의 관련 법령상 허용기준
(3) 소음 등이 대상물건에 미치는 물리적 영향과 그 정도
(4) 소음 등의 복구 시 책임관계
(5) 가치하락을 유발한 원인으로부터의 복구 가능성 및 복구에 걸리는 시간
(6) 소음 등의 복구방법과 소요비용
(7) 소음 등의 발생 전·후 대상물건의 물리적·경제적 상황
(8) 소음 등의 발생 후 대상물건에 대한 시장의 인식
(9) 소음 등을 관련 전문가(전문 연구기관을 포함한다)에 의해 측정한 경우 그 자문이나
용역의 결과

2) 감정평가 시 참고자료

소음 등으로 인한 가치하락분에 관련된 자료는 소음 등으로 인해 가치가 하락된 대상물건
이 무엇인지에 따라 해당 대상물건 관련 자료를 수집한다. 이때 가치하락분을 산정해야
하므로, 소음 등이 발생하기 전·후의 자료를 모두 수집하여 준비할 필요가 있다.

III. 감정평가방법

1) 가치하락분 산정의 일반적인 원리

가치하락분은 결국 소음 등이 발생하기 이전과 이후의 차이를 의미하므로, 소음 등이 발생
하기 전 대상물건의 가치에서 소음 등이 발생한 후 대상물건의 가치를 차감하여 산정한다.

소음 등으로 인한 토지 등의 가치하락분 =
소음 등이 발생하기 전 대상물건의 가치 – 소음 등이 발생한 후 대상물건의 가치

2) 가치하락분의 제외요인 및 포함요인

가치하락분은 객관적인 가치하락분을 대상으로 한다. 즉, 관련 법령 등에 따른 허용사항 및 원상회복에 소요되는 비용과 스티그마 효과가 해당된다. 다만, 일시적이거나 정신적인 피해 등 주관적인 가치하락은 가치하락분에 포함되지 않는다. 그러나 소음 등으로 인하여 가축이나 생명체에 발생한 피해는 가치하락분에 포함할 수 있다. 이때에도 소음 등 발생 전과 후의 차이에 대한 객관적인 근거는 필요하다 할 것이다.

3) 감정평가방법

(1) 거래사례비교법 또는 수익환원법

소음 등의 발생 전과 발생 후의 대상물건의 가액은 거래사례비교법에 의한 비준가액이나 수익환원법에 의한 수익가액으로 산정한다. 즉, 소음 등의 발생 전·후에 대한 가치 산정은 거래사례비교법과 수익환원법이 적용된다.

다만, 소음 등이 발생한 후의 대상물건의 가액의 경우 ① 비준가액은 대상물건에 영향을 미치고 있는 소음 등과 같거나 비슷한 형태의 소음 등에 의해 가치가 하락한 상태로 거래된 사례를 선정하여 시점수정을 하고 가치형성요인을 비교하여 산정하게 되고 ② 수익가액은 소음 등이 발생한 후의 순수익을 소음 등으로 인한 위험이 반영된 환원율로 환원하여 산정하게 된다.

(2) 원가법

가치하락분을 원가법으로 감정평가할 경우에는 소음 등을 복구하거나 관리하는 비용의 산정과 함께 원상회복이 불가능한 가치하락분을 고려하여 감정평가한다.

4) 스티그마 효과의 개념 및 특징

일반적으로 스티그마는 환경오염의 영향을 받는 부동산에 대해 일반인들이 갖는 무형의 또는 양을 잴 수 없는 불리한 인식을 말한다. 즉, 스티그마는 환경오염으로 인해 증가되는 위험을 시장참여자들이 인식함으로 인하여 부동산의 가치가 하락되게 되는 부정적인 효과를 의미한다. 환경오염의 영향을 받는 부동산은 시장참여자들에게 '오염부동산'이라는 부정적 낙인이 붙여지고, 이 낙인으로 인해 오염정화가 관련 기준에 부합되게 완료된 후에도 그 가치가 하락된다. 이와 같이 스티그마는 불확실성과 위험할지도 모른다는 인식의 결과로 인해 평가 대상 부동산에 부정적인 영향을 미치는 외부적 감가요인을 말한다. 스티그마는 무형적이고 심리적 측면이 강하며, 언제 나타날지 모르는 건강상의 부가적인

위험요소에 대한 대중의 염려·공포에서부터 현재로서는 기술적 한계 등으로 인하여 알려지지 않은 오염피해에 대한 우려까지 부동산의 가치에 영향을 주는 모든 무형의 요인들을 포함한다. 스티그마를 정성적으로 간주하여 감가의 정도를 검토한 연구결과에 따르면, 스티그마는 다음과 같은 특징이 있다.

첫째, 오염 정화 전의 스티그마 감가는 정화 후의 스티그마보다 크다.

둘째, 주거·상업·공업용지의 스티그마 감가는 주거용지에서 가장 크고, 공업용지에서 가장 작다.

셋째, 스티그마 감가는 오염원으로부터 멀어짐에 따라 감소한다.

넷째, 오염 정화 후 남게 되는 스티그마는 시간이 경과함에 따라 감소하고 소멸한다.

관련 논문

I. 「토양오염 부동산 평가에 관한 연구」 권현진(한국부동산연구원), 2014

1) 토양오염 부동산의 감정평가 수요

국내에서는 용산 미군기지 이전과 관련한 부지 유류오염 문제가 보도되면서 국민적인 관심을 불러일으켰으며, 최근에는 구제역 등 고위험성 병원균에 감염·폐사된 가축 매몰지에 대하여 주변 지역에서의 민원이 제기되는 등 오염토지의 가치평가에 대한 사회적인 수요가 증가하고 있다.

최근 토양오염 부동산의 가치평가에 대한 관심이 증가하고 분쟁사례가 빈번해지면서 2013년 5월 정부는 부동산 거래 시 토양환경평가제도를 도입하여 토양오염 여부를 사전에 확인하도록 하였다. 또한 감정평가협회와 환경부 공동으로 감정평가사를 대상으로 전문교육과정을 추진하여 토양오염으로 인한 감가가 부동산 가치에 반영될 수 있도록 시장여건을 마련하고 있다.

2) 토양오염 부동산의 감정평가 의의

토양오염은 해당 부지뿐만 아니라 주변 농지의 농작물 생산성 감소 문제, 임대차 및 매매 거래에 있어서 수요 저하 등이 발생하고 있어 이를 토지가치의 감가요인으로 적용할 필요성이 있다. 그러나 사실상 현재까지 이를 고려한 부동산 가치평가는 이루어지고 있지 않다. 감정평가 시 토양오염의 반영여부를 파악하기 위하여 오염기준초과지역 40곳에 대한 최근 5개년 공시지가 및 평가전례자료를 검토하였다. 그 결과 초과지역임에도 불구하고 표준지로 선정된 지역도 존재하였으며, 공시지가 추이 역시 주변 지역과 비교하여 특별한 감가를 발견하지 못하였다. 이는 공시지가의 토지특성항목에서 토양오염에 관한 항목이 존재하지 않으므로 가격비율의 조정이 이루어지지 않은 것으로 보인다.

3) 토양오염 부동산의 3방식 감정평가방법

(1) 비용방식

<u>정상상태의 부동산 가치</u>를 평가하고 오염으로 인한 토지이용규제 및 <u>정화 등 사회적</u> <u>비용 및 스티그마를 차감</u>하여 부동산의 가치 감소를 고려하는 모형

(2) 비교방식

객관적 시장자료에 근거한다는 장점이 있으나, 과거 자료를 이용하여 미래의 가치를 평가한다는 점, 매매자료의 부족으로 인한 적용의 한계 등 단점이 있다.

(3) 수익방식

오염토지의 순영업소득이 오염발생을 인식한 시점에서 정화완료 후 일정시점까지 감소할 것이라 가정하고, 스티그마의 적용은 자본환원율을 상향 조정함으로써 산정 가능하다고 보았다.

4) 토양오염 부동산의 기타 감정평가방법

(1) 특성가격함수모형(HPM, Hedonic Pricing Model)

오염부동산의 모든 요소비용은 매수자가 거래 시 지불하였던 가격에 모두 포함되어 있다고 가정

(2) 조건부가치측정법(CVM, Contingent Valuation Method)

비시장재화에 대해 설문조사를 통해 지불용의의사를 파악하여 간접적으로 가치를 측정하는 방법. 응답자가 오염토지에 대한 경험 또는 정보가 없을 경우 결과가 왜곡될 수 있으며, 개인의 주관적 의견 또는 판단에 근거하고 있다는 단점이 있다.

(3) 델파이기법(Delphi Method)

해당 분야의 전문가 또는 대표 소비계층을 대상으로 하는 설문조사하여 간접적으로 가치를 측정하는 방법. 개인의 주관적 의견 또는 판단에 근거하고 있다는 단점이 있다.

(4) 대쌍자료분석법(Paired Data Analysis)

대상부동산과 동일 시장권역 내에 존재하는 부동산의 최근 거래사례를 바탕으로 오염영향의 정도 차이를 비교하여 추정하는 방법

5) 제도 개선방안

(1) 사전조사 시 유의사항

토양오염관련 토지이력사항은 환경부·국립환경과학원에서 발표하는 오염기준초과지역 및 오염우려지역을 통하여 파악이 가능하므로, 감정평가사는 평가대상부지의 오염

여부를 사전 조사하여야 한다. 토양환경평가제도가 활성화되지 못한 국내 현실을 감안하여, 한국토지정보시스템 등과 연계하고 「감정평가 실무기준」상 사전조사 사항으로 명시할 필요성이 있다.

(2) 스티그마에 대한 실증적 연구

국내에서는 스티그마에 대한 실증분석 연구는 부족한 것이 현실이므로, 국외 연구결과 및 평가사례의 스티그마를 충분히 검토한 후 국내 실증연구가 선행되어야 평가적용이 가능할 것이다.

(3) 유형별 표준정화비용 구축

일본에서는 표준정화비용을 제시하여 오염토지의 평가 시 기초자료로 활용하고 있다. 국내에서도 공신력 있는 기관에서 표준정화비용을 유형별로 제시한다면, 감정평가사는 기존의 부동산 및 토양오염유형관련 자료만으로도 단시간에 예상되는 정화비용을 알 수 있다.

II. 「쓰레기 소각장이 인근 아파트 가격에 미치는 영향에 관한 연구」 정수연(한국부동산연구원)

1) 혐오시설의 감정평가 의의

<u>쓰레기 소각장과 같은 혐오시설은 인근지역 주민들에게는 기피하고자 하는 대상이자, 재산권을 침해하는 부정적 요인이기는 하나 사회 전체적 관점에서는 없어서는 안 될 공공시설로서의 성격을 지니고 있다.</u> 때문에 사회 전체적인 공공의 이익을 도모하여야 하는 정책입안자로서는 입지갈등을 최소화하면서 공공시설을 입지하는 방법을 모색할 수밖에 없는데, 이의 가장 효과적인 방법은 무엇보다도 그러한 시설입지로 인한 재산가치의 하락을 보상하여 주는 것이다. 합리적이고 객관적인 보상근거를 마련하기 위해서는 혐오시설의 입지가 재산가치, 특히 토지나 주택 등의 부동산가격에 미치는 영향의 정도를 파악하는 것이 중요하다.

2) 특성에 따른 혐오시설의 분류

(1) 혐오성 : 쓰레기매립장, 분뇨처리장, 화장장, 공원묘지, 하수종말처리장 등

(2) 위험성 : 주유저장시설, 원자력발전소, 군부대시설, 핵폐기물처리장, 교도소, 구치소 등

(3) 공익성 : 양로원, 아동복지시설, 정신병원, 장애인시설, 도서관, 보건소, 상수원보호구역 등

3) 혐오시설에 의한 재산가치의 하락분 감정평가방법

(1) 특성가격함수모형(HPM, Hedonic Pricing Model)

$$P(Z) = P(Z_1, Z_2, Z_3, Z_4, \cdots, Z_n)$$

변수	형태	내용
면적	수준(m^2)	–
층	더미(양호/불량)	① 1~2층 ② 그 외층
향	더미(양호/불량)	① 남향 ② 그 외향
소음	더미(양호/불량)	① 인접 광대로 ② 그 외
브랜드	더미(있음/없음)	① 시공순위 200위 ② 그 외
학교와의 거리	더미(300m 이상/미만)	직선거리
지하철역까지의 거리	더미(500m 이상/미만)	직선거리
쓰레기 소각장까지의 거리	수준(m)	직선거리

(2) 분석결과

아파트단지의 규모를 나타내는 동수, 소음, 전철역까지의 거리가 유의하지 않은 변수로 나타났고, 그 외 다른 변수들은 모두 유의한 것으로 나타났다.

즉, 전용면적이 증가할수록, 층이 로얄층일수록, 건설사 지명도가 높을수록, 학교와의 거리가 가까울수록, 쓰레기 소각장까지의 거리가 멀수록 아파트가격은 상승한다.

감정평가이론 기출문제

39 감정평가에 관한 규칙 제25조(소음 등으로 인한 대상물건의 가치하락분에 대한 평가)에 환경오염이 발생한 경우의 평가에 대한 기준을 제시하고 있다. 토양오염이 부동산의 가치에 미치는 영향과 평가 시 유의사항에 대하여 설명하시오. **20점** ▸기출 제16회 2번

I. 서설

II. 토양오염이 부동산 가치에 미치는 영향
1. 토양오염의 의의 및 특징
2. 토양오염이 부동산 가치에 미치는 영향
   1) 가치손실의 유형
   2) 가치손실의 단계

III. 오염토지의 감정평가 시 유의사항
1. 오염토지의 감정평가방법
2. 오염토지의 감정평가 시 유의사항
   1) 자료수집 시 유의사항
   2) 감정평가방법 선정 시 유의사항
   3) 무형적 손실 측정 시 유의사항

4) 시간 경과에 따른 가치변동 고려

IV. 결어

---

40 토양오염이 의심되는 토지에 대한 감정평가안건의 처리방법을 설명하시오. `15점`

▶ 기출 제25회 1번

I. 서설

II. 토양오염이 의심되는 토지
1. 오염토지의 정의
2. 오염토지의 가치하락분

III. 오염토지의 감정평가안건 처리방법
1. 기본적 사항의 확정

2. 대상물건 확인 및 자료수집
3. 감정평가방법의 적용
1) 원가법
2) 거래사례비교법 및 수익환원법
3) 기타 평가방법

IV. 결어

---

41 사회가 발전하면서 부동산의 가치가 주위의 여러 요인에 따라 변동하게 되었는바, 소음·환경오염 등으로 인한 대상물건의 가치하락분에 대한 감정평가와 관련하여 다음 물음에 답하시오. `20점`

▶ 기출 제27회 3번

1) 가치하락분 산정의 일반적인 원리와 가치하락분의 제외요인 및 포함요인에 관해 설명하고, 부동산가격제원칙과의 연관성에 관해 논하시오. `15점`

2) 스티그마 효과의 개념 및 특징에 관해 설명하시오. `5점`

I. 서설

II. `물음 1` 오염토지의 가치하락분과 부동산가격제원칙
1. 오염토지의 가치하락분
1) 가치하락분의 의의
2) 가치하락분의 산정원리
3) 가치하락분 제외·포함요인
2. 부동산가격제원칙의 의의 및 종류

3. 오염토지 가치하락분 관련 가격제원칙
1) 최유효이용의 원칙
2) 외부성의 원칙
3) 예측·변동의 원칙

III. `물음 2` 스티그마 효과
1. 스티그마 효과의 개념
2. 스티그마 효과의 특징

IV. 결어

42 다음 자료를 참고하여 물음에 답하시오. 20점

▶기출 제33회 3번

법원감정인인 감정평가사 甲은 손해배상(기) 사건에서 원고가 주장하는 손해액을 구하고 있다.

본 사건 부동산(제2종 일반주거지역 : 건폐율 60%, 용적률 200%) 매매 당시 매수자인 원고는 부지 내에 차량 2대의 주차가 가능하다는 피고의 주장을 믿고 소유권이전을 완료하였으나, 부지 내의 공간(공지) 부족으로 현실적으로는 주차가 불가능함을 알게 되었다.

현장조사 결과 대상 건물(연와조)의 외벽과 인접부동산 담장 사이에 공간이 일부 있으나 협소하여 주차가 불가능한 것으로 나타났다.

기준시점 현재 대상 건물은 용적률 110%로 신축 후 50년이 경과하였으나 5년 전 단독주택에서 근린생활시설(사무소)로 용도변경 허가를 받은 후 수선을 하여 경제적 잔존내용연수는 10년인 것으로 판단되었다.

대상부동산의 인근지역은 기존주택 지역에서 소규모 사무실로 변화하는 특성을 보이고 있고 현재 건물의 용도(이용상황)에 비추어 차량 2대의 주차공간 확보가 최유효이용에 해당한다고 조사되었다.

물음 1 이 사안에서 시장자료를 통하여 손해액을 구하기 위한 감정평가방법과 해당 감정평가방법의 유용성 및 한계점에 대하여 설명하시오. 10점

물음 2 만일 물음 1에서 시장자료를 구할 수 없는 경우, 적용 가능한 다른 감정평가방법들에 대하여 설명하고, 이러한 접근방식을 따르는 경우 손해액의 상한은 어떻게 판단하는 것이 합리적인지 설명하시오. 10점

I. 서설

II. 물음 1 손해액의 감정평가방법

1. 시장자료 기반 손해액 감정평가방법
   1) 손해액의 정의
   2) 거래사례비교법(대상비교법)
   3) 수익환원법(임대료손실환원법)

2. 감정평가방법의 유용성

3. 감정평가방법의 한계

III. 물음 2 그 외의 감정평가방법

1. 적용 가능한 다른 감정평가방법
   1) 원가법에 의한 건물개량비용 산정
      (1) 건물 대수선 비용의 산정
      (2) 건물 철거 후 신축비용의 산정
      (3) 외부 주차공간 확보비용의 산정
   2) 조건부가치평가법에 의한 차액 산정

2. 손해액 상한의 판단방법(기회비용의 원칙)

IV. 결어

감정평가실무 기출문제

43 D건설회사는 총 720세대 규모의 아파트단지 조성사업을 시행하여 입주가 완료되었으나 그중 12세대는 일반적인 아파트와는 달리 거실 유리창의 일부가 감소되도록 설계되어 입주 후 가치하락액을 산정하여 환불해주기로 하고 환불대상세대 및 환불액 결정을 K감정평가법인에 의뢰하였다. 아래에 제시된 조건과 자료의 범위 내에서 K감정평가법인이 수행해야 할 환불대상세대 결정 및 대상세대의 최종 환불액을 평가하시오. 20점

▸ 기출 제22회 3번

(자료 1) 기본적 사항

1) 환불액 평가의 가격시점은 2011.08.01.로 한다.

2) 환불액 지급대상세대는 〈자료 2〉에 제시된 세대 중 연속일조시간이 2시간 미만이고 총일조시간이 4시간 미만인 세대만을 대상으로 한다.

3) 환불액은 일조시간을 기초로 산정한 가치하락액을 기준으로 결정한다. 이 경우 본 아파트단지에서 일조권 가치가 전체가치에서 차지하는 비율은 평형에 관계없이 6%이며 총일조시간(x분)과 해당세대의 가치하락율(y) 간의 관계는 다음 산식으로 산정한다.

$$y = 0.06 \left(1 - x / 240\right)$$

4) 환불대상세대 중 1년 이내에 거래사례가 있는 경우에는 거래사례에 의해 산정한 가치하락액과 일조시간을 기준으로 산정한 가치하락액을 비교하여 적은 금액으로 환불액을 결정한다.

(자료 2) 대상 아파트단지 개요

– 소재지 : S시 A구

– 규모 : 총 720세대(10개동 × 각 동 72세대)

– 층수 : 각 동 공히 18개층 높이이며 각 층별 세대수는 동일하게 건축되었음.

– 동별 현황
  • 101동~108동 : 전세대 85㎡형
  • 109동, 110동 : 전세대 110㎡형

(자료 3) 창면적 감소세대 현황

동번호	해당세대	창면적감소비율 (%)	총 일조시간 (분)	연속일조시간 (분)
101	301호	45	165	95
	302호	18	265	183

	401호	45	170	98
	402호	18	270	185
102	602호	60	160	93
	702호	25	250	170
109	301호	45	165	125
	302호	18	265	183
	401호	45	170	128
	402호	18	270	185
110	602호	60	160	93
	702호	25	250	170

(자료 4) 본건 아파트단지의 층별 효용지수(단위 : %)

층	1	2	3	4	5	6	7	8	9	10
효용지수	90	94	96	98	99	100	100	100	100	100
층	11	12	13	14	15	16	17	18	–	–
효용지수	100	100	100	100	100	100	100	98	–	–

(자료 5) 본건 아파트단지의 위치별 효용지수

위치	1호	2호	3호	4호
효용지수(%)	98	100	98	96

(자료 6) 본건 아파트단지의 면적 타입별 효용지수

면적(㎡)	85	110
효용지수(%)	100	104

(자료 7) 본건 아파트단지 내 거래사례 자료

1) 창면적 감소가 없는 사례
   - 동, 호수 : 107동 503호
   - 거래시점 : 2011.06.25.
   - 거래가격 : 322,000,000원

2) 창면적 감소가 있는 사례
   - 동, 호수 : 101동 401호
   - 거래시점 : 2011.03.12.
   - 거래가격 : 305,000,000원

(자료 8) 인근지역의 아파트가격 변동지수

`11.01.01.	`11.02.01.	`11.03.01.	`11.04.01.	`11.05.01.	`11.06.01.	`11.07.01.
113	114	116	116.8	117.8	119	120

(자료 9) 기타 평가조건

1) 각 호별 정상가격 산정에 있어서 개별소유자가 개별투자한 내부마감재, 구조변경, 추가설비 및 관리상태의 차이 등의 개별적 사항은 고려하지 않는다.

2) 본건 아파트단지 내 각 동별 효용격차는 없는 것으로 가정한다.

---

44 감정평가사 김〇〇은 산업단지 내의 염색공장으로 사용되었던 오염토지에 대하여 시가참고 목적의 감정평가를 의뢰받았다. 관련 법규 및 이론을 참작하고 제시된 자료를 활용하여 다음 물음에 답하시오. 30점 ▸기출 제28회 2번

(1) 오염 전의 토지가액을 구하시오. 10점

(2) 오염 후의 토지가액을 구하시오. 15점

(3) 오염된 토지의 스티그마(Stigma) 감정평가방법을 기술하시오. 5점

(자료 1) 대상토지의 개요

기호	소재지	지목	면적(㎡)	용도지역	도로교통	형상지세
1	서울특별시 A구 가동 99	공장용지	9,999	준공업지역	중로한면	사다리평지

(자료 2) 기본적 사항

1. 감정평가목적 : 시가참고

2. 기준시점 : 2017.07.01.

3. 현장조사 : 2017.03.01.~2017.07.01.

4. 대상토지는 2005년부터 산업단지 내에 공업용으로 사용되었고, 토양오염이 발견되어 최근 오염조사 및 정화전문업체가 시료채취를 하여 오염여부를 조사하였음. 대상토지는 2010.07.01.부터 오염이 시작된 것으로 보이며, 현 상황에서 오염정화에 필요한 기간은 2017.07.01.부터 3년이 소요될 것으로 예상됨. 대상토지가 속한 인근지역은 최근 주택 건축이 늘어나고 있으며, 대상토지 역시 Y주택건설㈜이 주택부지로 분양하기 위하여 2015.07.01.에 29,997,000,000원에 매입하였음(종전 건물의

철거비용 150,000,000원은 종전 소유자가 부담). Y주택건설㈜는 대상토지를 주택부지로 분양하기 위하여 기초공사를 하던 중 2016.07.01.에 토양이 오염된 것을 발견하였고 관련 조사가 진행 중임.

(자료 3) 오염물질 조사사항

구분	오염요인	조사된 오염물질(단위 : mg/kg)
대상토지 일부	공장운영에 따른 배관 부식과 오염물질 누출로 추정됨.	트리클로로에틸렌(TCE) : 75 테트라클로로에틸렌(PCE) : 50 톨루엔 : 110 페놀 : 50 카드뮴 : 110 납 : 1,300 6가크롬 : 80 비소 : 400 수은 : 60

- 감정평가사 김○○은 오염조사 및 정화전문업체의 조사 보고서를 검토한 결과, 대상토지 일부가 「토양환경보전법 시행규칙」 제1조의5 관련 별표 3 토양오염우려기준을 상당히 초과하였다고 판단함.
- 향후 오염제거 및 정화공사가 필요하며 이는 합리적이라고 판단함.
- 토양오염의 규모는 2,000㎥로 조사됨.

(자료 4) 거래사례 자료

구분	사례 1	사례 2	사례 3
소재지	서울특별시 A구 가동 97	서울특별시 B구 나동 100	서울특별시 C구 다동 101
지목	공장용지	공장용지	공장용지
면적(㎡)	9,000	8,000	7,500
이용상황	공업용	공업용	공업용
도로교통	중로한면	중로한면	중로한면
형상지세	사다리 평지	사다리 평지	사다리 평지
거래시점	2016.09.23.	2016.09.14.	2016.11.06.
거래금액(원)	15,500,000,000 (@1,722,000원/㎡)	12,500,000,000 (@1,562,000원/㎡)	35,000,000,000 (@4,666,000원/㎡)
용도지역	준공업지역	준공업지역	준공업지역
오염여부	오염(TCE, PCE 등 1,000㎥ 정화 필요)	오염(TCE, PCE 등 500㎥ 정화 필요)	토양오염 없음

※ 사례 3은 정상적인 거래라고 판단함.

(자료 5) 시점수정 자료(지가변동률)

구분	A구 공업지역	B구 공업지역	C구 공업지역
2016년 9월	−0.041%	0.021%	1.081%
2016년 10월	−0.042%	1.085%	0.752%
2016년 11월	−0.040%	0.024%	0.020%
2016년 12월	−0.044%	1.083%	1.080%
2017년 1월	1.025%	−1.022%	1.500%
2017년 2월	1.124%	0.099%	1.670%
2017년 3월	2.013%	0.077%	1.080%
2017년 4월	−1.012%	−0.044%	1.020%
2017년 5월	0.051%	0.022%	0.750%

※ 2017년 6월 이후의 지가변동률은 현재 미고시인 상태로 직전 월인 2017년 5월 지가
변동률을 연장적용하기로 함.

(자료 6) 기타 참고자료

1. 오염 전의 토지가액은 비교방식을 적용하고, 거래단가를 기준으로 산정함.
2. 비교요인표

구분	본건	거래사례 1	거래사례 2	거래사례 3
지역요인 비교	100	100	98	115
개별요인 비교	100	95	85	135

※ 요인 비교에서 본건과 사례의 가치형성요인 사항에는 오염에 대한 비교요인은 고려
되지 않았음.

3. 토양오염 조사비용 자료

토양오염의 규모는 2,000㎥로 조사되었고, 관련 토양오염 조사비용으로 토양이 오
염된 규모를 기준으로 1,000,000원/㎥을 2017.07.01.에 지급함.

4. 정화비용 자료

정화방법은 생물학적 처리, 화학적 처리 및 열처리를 복합적으로 적용할 예정이며,
정화기간은 3년이 소요될 것으로 추정되고 연간 정화비용은 600,000원/㎥이 소요
되며 매년 연말에 지급함.

5. 정화공사 기간 중 토지이용계약에 따른 임대료손실 자료

임대료 조사사항은 향후 4년간 시장임대료를 기준으로 보증금 3,000,000,000원,
연간 임대료는 600,000,000원이며, 정화공사 기간 중 임대료손실이 예상되고, 임대
와 관련된 지출비용은 미미함.

6. 스티그마 자료(오염 전 토지가액을 기준으로 한 가치감소분)

감가율	오염 전	오염된 상태	정화공사 중	정화공사 후
오염조사 전문업체 보고서 기준	0%	−30%	−10%	−5%
시장조사 자료	0%	−20%	−15%	−10%

※ 정화공사 기간은 3년이며, 스티그마 존속기간은 공사완료 후 1년까지 예상됨.

※ 본건 스티그마 금액을 산정하는 경우에는 현재 '오염된 상태'의 보고서 및 시장조사 자료의 감가율을 기준으로 각각 산정한 후 평균금액을 적용

7. 이율 자료

1) 보증금은 기간초 지급, 임대료 기간말 지급, 보증금 운용이율은 연 2% 적용함.

2) 시장이자율(할인율) 연 6%, 화폐의 시간가치 고려함.

3) 연복리표(이자율 6% 기준)

기간	일시불 내가계수	연금 내가계수	연금 현가계수
3년	1.191016	3.183600	2.673012
4년	1.262477	4.374616	3.465106

8. 기타

1) 토양오염 이외의 악취 등 가치감소요인은 없는 것으로 봄.

2) Y주택건설㈜ 대표 장○○은 대상토지 오염으로 인하여 30,000,000원의 정신적 손실이 발생함.

3) 종전 소유자(매도인)의 책임사항은 논외로 함.

4) 토지단가는 천원 미만 절사, 물음 (1), 물음 (2)의 토지가액 및 비용산정 등 금액은 백만원 미만 절사함.

특수토지 II

기본목차 연습

1. 제시 외 건물 등이 있는 토지

1) 일반평가   정상토지 - 정착물이 미치는 영향

2) 담보평가   평가제외 cf. (조건부)정상평가

3) 보상평가   나지상정

2. 지상 정착물과 소유자가 다른 토지

1) 일반평가   정상토지 - 정착물이 미치는 영향

2) 담보평가   평가제외 cf. (정상/철거조건부)정상평가

3) 보상평가   나지상정 cf. 나지상정-불리한 정도/지상 정착물

3. 지상권이 설정된 토지

1) 일반평가   정상토지 - 지상권(수익/비율)

2) 담보평가   정상토지 - 지상권(비준/수익/비율)

3) 보상평가   cf.(채권확보)정상평가

4) 지상권의 평가   나지상정 cf. 나지상정-불리한 정도/지상권

4. 고압선 등 통과 토지

1) 손실의 종류

2) 평가방법

  (1) 일반평가   정상토지 - 송전선에 따른 가치감소액

  (2) 담보평가   나지상정 cf. 나지상정-구분지상권/구분지상권

  (3) 보상평가

3) 제도개선

5. 공유지분 토지

1) 「민법」상 공유

2) 구분소유적 공유

1.7.8 제시 외 건물 등이 있는 토지

의뢰인이 제시하지 않은 지상 정착물(종물과 부합물을 제외한다)이 있는 토지의 경우에는 소유자의 동일성 여부에 관계없이 [610-1.7.7]을 준용하여 감정평가한다. 다만, 타인의 정착물이 있는 국·공유지의 처분을 위한 감정평가의 경우에는 지상 정착물이 있는 것에 따른 영향을 고려하지 않고 감정평가한다.

1.7.7 지상 정착물과 소유자가 다른 토지

토지 소유자와 지상의 건물 등 정착물의 소유자가 다른 경우에는 해당 토지는 그 정착물이 토지에 미치는 영향을 고려하여 감정평가한다.

1.7.10 지상권이 설정된 토지

① 지상권이 설정된 토지는 지상권이 설정되지 않은 상태의 토지가액에서 해당 지상권에 따른 제한 정도 등을 고려하여 감정평가한다.

② 저당권자가 채권확보를 위하여 설정한 지상권의 경우에는 이에 따른 제한 등을 고려하지 않고 감정평가한다.

1.7.13 고압선 등 통과 토지

① 송전선 또는 고압선(이하 "고압선 등"이라 한다)이 통과하는 토지는 통과전압의 종별, 고압선 등의 높이, 고압선 등 통과부분의 면적 및 획지 안에서의 위치, 철탑 및 전선로의 이전 가능성, 지상권설정 여부 등에 따른 제한의 정도를 고려하여 감정평가할 수 있다.

② 고압선 등 통과부분의 직접적인 이용저해율과 잔여부분에서의 심리적·환경적인 요인의 감가율을 파악할 수 있는 경우에는 이로 인한 감가율을 각각 정하고 고압선 등이 통과하지 아니한 것을 상정한 토지가액에서 각각의 감가율에 의한 가치감소액을 공제하는 방식으로 감정평가한다.

1.7.9 공유지분 토지

① 1필지의 토지를 2인 이상이 공동으로 소유하고 있는 토지의 지분을 감정평가할 때에는 대상토지 전체의 가액에 지분비율을 적용하여 감정평가한다. 다만, 대상지분의 위치가 확인되는 경우에는 그 위치에 따라 감정평가할 수 있다.

② 공유지분 토지의 위치는 공유지분자 전원 또는 인근 공유자 2인 이상의 위치확인동의서를 받아 확인한다. 다만, 공유지분 토지가 건물이 있는 토지(이하 "건부지"라 한다)인 경우에는 다음 각 호의 방법에 따라 위치확인을 할 수 있으며 감정평가서에 그 내용을 기재한다.

  1. 합법적인 건축허가도면이나 합법적으로 건축된 건물로 확인하는 방법
  2. 상가·빌딩 관리사무소나 상가번영회 등에 비치된 위치도면으로 확인하는 방법

실무기준해설서

I. 제시 외 건물 등이 있는 토지

1) 제시 외 건물의 개념

제시 외 건물이란 종물과 부합물을 제외하고 의뢰인이 제시하지 않은 지상 정착물을 뜻한다. 제시 외 건물 등이란 토지만 의뢰되었을 경우 그 지상건물, 구축물 등을 의미하고 토지와 건물이 함께 의뢰되었을 경우에는 대상물건의 종물이나 부합물이 아닌 것으로서 독립성이 강한 물건을 말한다. 제시 외 건물 등이 소재하는 토지의 경우 그 처리방법은 다음과 같다.

2) 제시 외 건물 등이 소재하는 토지의 감정평가

(1) 지상 정착물과 소유자가 다른 토지의 감정평가 준용 원칙

의뢰인이 제시하지 않은 지상 정착물이 있는 토지의 감정평가는 토지와 제시 외 건물 소유자의 동일성 여부에 관계없이 [610-1.7.7] 기준을 준용하여 감정평가한다. 제시 외 건물 등이 토지와 별개로 매매되는 경우 등에 따라 법정지상권의 성립 가능성 등을 고려하여 보수적인 관점에서 지상 정착물과 소유자가 다른 경우로 보아 감정평가한다.

(2) 예외

타인의 정착물이 있는 국·공유지의 처분을 위한 감정평가의 경우에는 지상 정착물이 있는 것에 따른 영향을 고려하지 않고 감정평가한다. 이러한 경우에 해당 정착물의 소유자에게 국·공유지를 처분하는 경우로서 지상 정착물의 존재 여부와 관계없이 해당 토지의 적정한 감정평가액을 구하면 되는 것이다.

3) 제시 외 건물 등의 소재에 따른 감가방법

제시 외 건물 등의 소재로 인하여 토지이용에 제한을 받는 점을 고려할 때 실무상 등기여부, 구조, 면적, 용도 등에 따라서 통상 정상평가금액의 일정비율을 감가하여 감정평가하며, 제시 외 건물 등의 위치에 따라서 잔여부분의 이용에 제한이 있을 수 있는 점 등을 종합적으로 고려하여 감가한다.

II. 지상 정착물과 소유자가 다른 토지

1) 토지와 지상 정착물의 소유권 관계의 중요성

토지와 지상 정착물의 소유권이 서로 다른 경우 법정지상권이 설정될 수 있다. 토지와 건물 간에 불일치하는 소유 관계로 인하여 토지의 이용 등에 제한을 받을 수 있으므로, 토지와 지상 정착물의 소유권 관계를 명확히 파악하여야 정착물의 존재로 인한 토지가치에 대한 영향을 적정하게 고려할 수 있다.

법정지상권이란 당사자의 설정계약에 의하지 않고 법률의 규정에 의하여 당연히 인정되는 지상권을 말한다. 우리나라 「민법」에서 토지와 건물을 별개의 부동산으로 취급한 결과 토지와 그 토지 위의 건물이 각각 다른 자에게 귀속하면서도 그 건물을 위한 토지의 사용·수익권이 존재하지 않는 경우가 있게 된다. 이러한 경우에 그 토지 위의 건물을 위한 토지에 대한 잠재적인 용익관계를 현실적인 권리로 인정함으로써 토지와 그 토지 위의 건물과의 결합관계를 유지하여 사회경제적 이익을 도모하려는 데에 법정지상권 제도의 취지가 있다고 하겠다.

2) 토지와 지상 정착물의 소유권이 일치하지 않는 경우 토지의 감정평가방법

<u>토지 소유자와 지상의 건물 등 정착물의 소유자가 다른 경우에 해당 토지는 그 정착물이 있음으로 인하여 미치는 영향을 고려하여 감정평가한다. 즉, 다른 소유자의 건물이 존재함에 따른 불리함 등을 고려하여 감정평가한다.</u> 이 경우에 법정지상권이 성립된다면 지상권이 설정된 인근토지의 거래사례 등을 조사하여 지상권에 의한 제한으로 말미암아 토지가 그 제한이 없는 토지에 비해 얼마 정도 감액되어 거래되고 있는지를 밝힌 뒤 대상토지의 특수성을 고려하여 평가한다. 따라서 [610-1.7.10] 기준을 준용할 수 있을 것이다.

III. 지상권이 설정된 토지

1) 지상권 개관

(1) 지상권의 의의

타인의 토지에 건물, 기타 공작물이나 수목을 소유하기 위하여 그 토지를 사용할 수 있는 물권을 말한다. 통상적으로 지상권이 설정되면 그 토지의 사용 및 수익이 제한되므로 감정평가 시 이를 반영하여야 한다.

(2) 지상권의 유형

구분지상권은 제3자가 토지를 사용·수익할 권리를 가진 때에도 그 권리자 및 그 권리를 목적으로 하는 권리를 가진 자 전원의 승낙이 있으면 이를 설정할 수 있다. 이 경우 토지를 사용·수익할 권리를 가진 제3자는 그 지상권의 행사를 방해하여서는 아니 된다.

(3) 지상권 설정의 효과

지하 또는 지상의 공간은 상·하의 범위를 정하여 건물 기타 공작물을 소유하기 위한 지상권의 목적으로 할 수 있다. 이 경우 설정행위로써 지상권의 행사를 위하여 토지의 사용을 제한할 수 있다.

2) 지상권이 설정된 토지의 감정평가방법

(1) 지상권에 따른 제한 정도 등을 고려한 감정평가

지상권이 설정된 토지는 지상권이 설정되지 않은 상태의 토지가액에서 해당 지상권에 따른 제한 정도 등을 고려하여 감정평가한다. 지상권에 따른 제한 정도를 고려하는 방법으로는 ① 지상권의 가치를 구하여 지상권이 설정되지 않은 상태의 토지가액에서 차감하는 방법, ② 지상권이 설정되지 않은 상태의 토지가액에 제한 정도에 따른 적정한 비율을 결정하여 곱하는 방법이 있다.

① 지상권의 가치를 구하여 차감하는 방법

지상권자에게 지급하는 대가 등을 파악할 수 있는 경우, 아래 산식에 의거하여 지상권의 가치를 구하여 지상권이 설정되지 않은 상태의 토지가액에서 차감한다.

$$\text{지상권 가치} = \{(P \times R) + C - L\} \times \frac{(1+r)^n - 1}{r \times (1+r)^n}$$

C : 필요제경비   L : 실제지불임료(또는 지상권의 지료)
P : 토지의 시장가치   R : 적정기대이율
n : 지상권의 존속기간   r : 이율

② 제한의 정도를 감안한 일정비율의 적용

일반적으로 토지에 대한 지상권이 설정된 경우에는 토지소유자의 토지이용이 제한된다. 따라서 제한의 정도를 고려한 적정비율을 적용하여 감정평가할 수 있다. 적정비율은 일률적으로 판단하기보다는 대상토지의 제반 요인을 고려하여 결정하도록 한다.

(2) 저당권자가 채권확보를 위하여 설정한 지상권의 경우

저당권자가 채권확보를 위하여 지상권을 설정한 경우에는 이에 구애 없이 평가한다. 이러한 경우는 통상적으로 저당권자가 해당 토지의 사용・수익을 위한 것이 아니라 단순하게 채권확보를 위하여 설정한 것이기 때문이다.

3) 참고사항

보상평가 시에는 「공익사업을 위한 토지 등의 취득 및 보상에 관한 법률 시행규칙」 제29조에 따라 지상권이 설정되지 않은 상태의 대상토지 가치에서 지상권의 가치를 차감하여 토지를 감정평가한다.

「공익사업을 위한 토지 등의 취득 및 보상에 관한 법률 시행규칙」 제29조(소유권 외의 권리의 목적이 되고 있는 토지의 평가)

취득하는 토지에 설정된 소유권 외의 권리의 목적이 되고 있는 토지에 대하여는 당해 권리가 없는 것으로 하여 제22조 내지 제27조의 규정에 의하여 평가한 금액에서 제28 조의 규정에 의하여 평가한 소유권 외의 권리의 가액을 뺀 금액으로 평가한다.

Ⅳ. 고압선 등 통과 토지

1) 용어의 정의

한국전력공사 내부규정인 「용지보상규정」(2021.7.7. 개정)과 「전기설비기준」(2023.10.12. 개정)의 제3조에서는 다음과 같이 관련 용어를 정의하고 있다.

(1) 전선로

해당 발전소, 변전소, 개폐소 및 이와 유사한 곳과 전기사용장소 상호 간의 전선 중 선간전압 35,000V를 초과하는 것과 이를 지지하거나 보장하는 시설물을 말한다.

(2) 전선로용지

해당 전선로 중 양측 최외선으로부터 수평으로 3m 이내의 거리를 각각 더한 범위 내에 있는 직하의 토지를 말한다. 다만, 지형·건조물의 형상·가선의 상태 등에 따라 특히 필요한 경우에는 전기설비기술기준이 정하는 전압별 측방 이격거리를 한도로 3m를 초과하는 경우를 포함한다.

(3) 지지물용지

철탑, 철주, 철근콘크리트주, 목주 또는 이와 유사한 시설물을 지지 또는 보호하기 위하여 필요한 토지를 말한다.

(4) 선하지

전선로용지에서 지지물용지를 제외한 토지를 말한다.

(5) 1차 접근상태

가공전선이 다른 시설물과 접근(병행하는 경우를 포함하며 교차하는 경우 및 동일 지지물에 시설하는 경우를 제외한다)하는 경우에 가공전선이 다른 시설물의 위쪽 또는 옆쪽에서 수평거리로 가공전선로의 지지물의 지표상의 높이에 상당하는 거리 내에 시설(수평거리로 3m 미만인 곳에 시설되는 것을 제외한다)됨으로써 가공전선로의 전선의 절단, 지지물의 도괴 등의 경우에 그 전선이 다른 시설물에 접촉할 우려가 있는 상태를 말한다.

(6) 선간지

2개 이상의 송전선로가 병행 또는 교차할 때 송전선로 사이가 1차 접근상태 이내에 해당되는 토지 중 사업구역 및 송주법에서 보상하는 토지를 제외한 토지를 말한다.

(7) 통과전압의 종별(「전기설비기술기준」 제3조 제2항)
- 저압 : 직류는 1.5kV 이하, 교류는 1kV 이하인 것
- 고압 : 직류는 1.5kV, 교류는 1kV를 초과하고, 7kV 이하인 것
- 특고압 : 7kV를 초과하는 것

2) 고압선 등 통과 토지의 개념

고압선이란 송전 효율을 높이기 위해 높은 전압으로 전력을 보내는 것을 목적으로 하는 송전선과 배전선을 뜻한다. 고압선 등이 통과하는 토지는 해당 토지 전부 또는 일부에 고압선이 통과하는 토지를 의미하는 것으로, 해당 토지 내에 선하지가 존재하는 토지라고 볼 수 있다. 선간지도 대상토지의 가치에 영향을 미친다면 이에 대한 부분도 고려되어야 할 부분이라고 보인다. 선하지의 범위는 전선로용지 범위에 따라 전선로 중 양측 최외선으로부터 수평으로 3m 이내의 거리를 각각 더한 범위 내에 있는 직하의 토지로 판단하되, 일정한 경우 3m를 초과하는 경우가 있을 수 있음에 유의한다.

3) 고압선 등 통과 토지의 감가요인

(1) 건축 및 시설제한

특별고압가공전선과 건축물의 접근상태에 따라 받게 되는 건축의 금지 또는 제한으로 건축물의 이격거리, 고압전선의 지표상의 높이제한 등이 있다.

(2) 위험시설로서의 심리적 부담감

선하지는 TV 수신장애 등 전파장애는 물론 송배전 시 수반되는 소음으로 인한 불쾌감, 전선의 단락이나 과전류로 인한 감전사고의 위험이 상존하고 있어 하나의 위험시설로 간주된다. 또한, 조망 및 경관미가 저해되는 경우도 있으며, 이러한 위험시설이 존재함으로 소유자에게 심리적·정신적 고통을 주게 되므로 감가요인이 된다.

(3) 등기사항전부증명서상 하자

토지등기사항전부증명서에 구분지상권 등 지상의 전선을 보호하기 위한 권리가 설정되면 지상권자 등은 이 권리를 보전하기 위해 여러 가지 행위제한을 요구할 수 있다. 그리고 권리 설정으로 대상토지의 최유효이용이 전혀 제한받지 않는 경우라 할지라도 일반금융기관에서는 담보설정을 기피할 가능성이 있고, 건축허가를 받기 위해 해당기관의 심의를 거쳐야 하는 등 번거로운 행정상의 규제가 따르므로 이러한 요인도 하나의 감가요인이 된다.

(4) 입체이용저해

토지의 공중공간에 고압선이 설치되어 입체이용을 제한하는 경우 그 이용이 저해되는 정도에 따라 토지의 가치가 감가된다. 이때 공중이용 범위의 저해 정도는 토목이나 건

축기술, 경제적 타당성 등의 조건 이외에도 「건축법」이나 「국토의 계획 및 이용에 관한 법률」 등의 법적 규제를 고려해야 한다.

(5) 장래 기대이익의 상실

비록 현재 임야 또는 농지로 이용 중에 있는 토지라도 도심권의 확장으로 도시지역에 포함되거나 유용성이 높은 택지로의 이용이 가능할 경우가 있다. 이러한 토지의 공중공간에 송전선로가 설치됨으로 인하여 지상권이나 임차권이 설정된다면 이로 인해 비록 장기적이나 먼 장래에 있을 토지의 입체이용에서 오는 기대이익은 상실되거나 또는 감소되게 된다.

(6) 기타 감가요인

감가요인은 앞에서 열거한 내용 이외에도 여러 가지가 있을 수 있으나, 택지로 이용 중인 시가지 토지의 경우에는 고압선의 통과로 받는 건축제한 때문에 잔여토지의 형태가 불량하게 되어 본래 의도된 대로의 토지이용을 할 수 없는 경우에는 감가요인이 된다.

4) 고압선 등 통과 토지의 감가방법

(1) 제한을 감안한 감정평가방법

고압선 등이 통과하고 있는 토지를 평가하는 경우에는 통과전압의 종별 및 송전선의 높이, 선하지 부분의 면적 및 획지 내에서의 통과위치, 건축 및 기타 시설의 규제 정도, 구분지상권의 유·무, 철탑 및 전선로의 이전가능성 및 그 난이도, 고압선 등이 심리적·신체적으로 미치는 영향 정도, 장래 기대이익의 상실 정도, 기타 이용상의 제한 정도 등 <u>감가요인을 종합적으로 고려하여 감정평가</u>하여야 한다.

(2) 감가액을 공제하는 감정평가방법

고압선 등 통과부분의 직접적인 이용저해율과 잔여부분에서의 심리적·환경적인 요인의 감가율을 파악할 수 있는 경우에는 각각의 적정 비율을 결정한다. 감가율을 각각 정하고 고압선 등이 통과하지 아니한 것을 상정한 토지가액에서 <u>각각의 감가율에 의한 가치감소액을 공제하는</u> 방식으로 감정평가한다.

V. 공유지분 토지

1) 공유지분 토지 및 구분소유적 공유

(1) 의의

「민법」상 공유는 물건의 지분에 의하여 수인의 소유로 귀속되고 있는 공동소유의 형태를 말한다(제262조 제1항). <u>공유지분 토지는 하나의 토지를 2인 이상의 다수인이 공동으로 소유하고 각 공유자가 지분을 가지고 있는 토지를 의미한다.</u>

> 「민법」 제262조(물건의 공유)
>
> ① 물건이 지분에 의하여 수인의 소유로 된 때에는 공유로 한다.
> ② 공유자의 지분은 균등한 것으로 추정한다.

(2) 구분소유적 공유

"구분소유적 공유"란 1필의 토지 중 위치, 면적이 특정된 일부를 양수하고서도 분필에 의한 소유권이전등기를 하지 않은 채 편의상 그 필지의 면적에 대한 양수부분의 면적비율에 상응하는 공유지분등기를 경료한 경우가 대표적이다. 이러한 구분소유적 공유 관계는 공유자 간 상호명의신탁관계로 보기 때문에 내부적으로는 토지의 특정 부분을 소유한 것이지만, 공부상으로는 공유지분을 갖는 것으로 본다. 따라서 공유지분 토지를 감정평가할 때에는 먼저, 공유자 간 구분소유적 공유 관계에 있는지를 파악하는 것이 필요하다.

본 기준에서는 대상지분의 위치 확인이 가능한지 여부에만 국한하여 특정 위치의 감정평가를 할 수 있는지를 판단하고 있으나, 이는 향후 검토가 필요한 사항으로 보인다. 대법원(1998.8.23. 선고 86다59, 86다카307 판결)에서는 "한 필지의 토지 중 일부를 특정하여 매수하고 다만 그 소유권이전등기만은 한 필지 전체에 관하여 공유지분권이 전등기를 한 경우에는 그 특정부분 이외의 부분에 관한 등기는 상호명의신탁을 하고 있는 것이라고 보아야 한다."고 판시하였고, 또 다른 대법원 판례(1997.3.28. 선고 96다56139 판결)에서는 "공유자 간 공유물을 분할하기로 약정하고 그때부터 자신의 소유로 분할된 각 부분을 특정하여 점유·사용하여 온 경우, 공유자들의 소유형태는 구분소유적 공유관계이다."라고 하여 구분소유적 공유 관계를 인정하였다.

2) 공유지분 토지의 감정평가

(1) 원칙(지분비율 기준)

공유지분을 감정평가할 때에는 대상토지 전체의 가액에 지분비율을 적용하여 감정평가한다.

(2) 구분소유적 공유 관계인 경우

대상지분의 위치가 확인되는 경우에는 그 위치에 따라 감정평가할 수 있다. 즉, 위치가 특정되어 공유하고 있을 때에는 그 특정 위치의 토지를 기준으로 하여 감정평가할 수 있다. 다만, 이 경우에는 위치확인을 어떻게 할 것인지가 문제가 된다.

3) 공유지분 토지의 위치확인 방법 및 고려사항

위치확인 방법과 관련하여 본 기준에서는 단지 위치확인이 가능한 경우에는 그 위치에 따라 감정평가를 할 수 있다고 규정하고 있으나, 공유지분으로 현재 점유하고 있는 위치를 확인하는 것에 그쳐서는 안 된다. 또한 위치, 면적을 특정하고 그에 대한 약정이 있는 등 구분소유적 공유 관계에 있는 것을 증명할 수 있어야만 그 위치에 따른 감정평가를 할 수 있을 것이며, 이때 확인방법 및 내용을 감정평가서에 기재한다.

일반적으로 공유지분 토지의 위치를 확인하는 방법으로 다음의 것들이 있다.

① 공유지분자 전원 및 인근 공유지분자 2인 이상의 <u>위치확인동의서</u>를 받아 확인할 수 있다. 다만, 이 경우 공증을 통해 확인된 위치를 공적으로 증명하는 절차가 필요하다.

② 건부지의 경우에는 합법적인 <u>건축허가도면</u>이나 합법적으로 건축된 건물로 확인할 수 있다.

③ 상가 · 빌딩 관리사무소나 상가번영회 등에 비치된 <u>위치도면</u>으로 확인할 수 있다.

4) 참고 : 「공유토지분할에 관한 특례법」

「공유토지분할에 관한 특례법」은 공유토지를 현재의 점유상태를 기준으로 분할할 수 있게 함으로써 토지에 대한 소유권 행사와 토지의 이용에 따르는 불편을 해소하고 토지관리 제도의 적정성을 도모함을 목적으로, 2012년 5월 23일부터 2015년 5월 22일까지 한시적으로 운영되고 있다.

구분소유적 공유 관계에 있는 토지가 이 법의 적용을 받고 분할 신청에 대한 공유토지분할토지위원회의 분할개시결정이 있는 경우, 그 결정서정본은 그 위치를 확정할 수 있는 방법이 될 수 있으므로 감정평가 시 검토의 대상이 될 수 있을 것이다.

관련 법령

I. <담보평가 실무매뉴얼>

6.1.5 지상 정착물과 소유자가 다른 토지 및 제시 외 건물 등이 있는 토지

① 토지 소유자와 지상의 건물 등 정착물의 소유자가 다른 토지나 의뢰인이 제시하지 않은 지상 정착물(종물과 부합물을 제외한다)이 있는 토지가 담보평가로 의뢰된 경우에는 <u>감정평가 진행 여부 등을 의뢰인과 협의한다.</u>

② 제1항에 따라 감정평가를 하는 경우에는 각각 <u>「감정평가 실무기준」 [610-1.7.7] 또는 [610-1.7.8]에 따라 감정평가하고,</u> 의뢰인과 협의한 내용을 감정평가서에 기재한다.

II. 「담보평가지침」

제15조(지상권이 설정된 토지)

지상권이 설정되어 있는 토지의 평가는 다음 각 호의 기준에 따라 평가한다. 다만, 저당권자가 채권확보를 위하여 지상권을 설정한 경우에는 정상평가할 수 있다.

1. 지상권이 설정되어 있는 상태대로 거래되는 토지가격을 알 수 있는 경우에는 그 가격을 기준으로 평가한다.
2. 실제지불임료(또는 지상권의 지료)와 필요제경비 등의 파악이 가능하고 적정 기대이율 및 복리연금현가율을 산정할 수 있는 경우에는 산식에 의한다.
3. 제1호 및 제2호의 규정에 의한 평가가 사실상 곤란한 경우에는 지상권이 설정되어 있지 아니한 상태의 당해 토지에 대한 적정가격의 70퍼센트 이내 수준으로 평가한다.

제16조(지상건축물의 소유자가 다른 토지)

① 지상건축물의 철거가 예상되지 아니한 타인소유의 지상건축물이 소재하는 토지는 평가하지 아니함을 원칙으로 한다. 다만, 토지와 그 지상건축물이 함께 담보물건으로 평가의뢰된 경우에는 정상평가할 수 있다.
② 지상건축물의 소유자가 다른 토지는 그 지상건축물이 법률적·사실적으로 철거가 용이하거나 확실시되어 철거를 전제로 의뢰된 경우에는 정상적으로 평가하되 철거에 소요되는 통상적인 비용 등을 고려한 가격으로 평가가격을 결정한다.
③ 금융기관 등의 의뢰에 의하여 당해 토지만을 평가할 경우에는 당해 토지 또는 인근토지의 임대수익을 기초로 한 수익가격으로 평가하거나 제15조의 규정(지상권이 설정된 토지)을 준용하여 평가할 수 있다.

제17조(제시 외 건축물이 있는 토지)

① 제시 외 건축물(종물 및 부합물은 제외한다)이 있는 토지는 금융기관 등으로부터 추가의 뢰목록 또는 정상평가조건 등을 제시받은 경우에는 정상적으로 평가한다.
② 제시 외 건축물이 무허가건축물 등으로서 추가의뢰목록 또는 평가조건의 제시가 없는 경우에는 제16조의 규정(지상건축물의 소유자가 다른 토지)을 준용한다.

III. 「공익사업을 위한 토지 등의 취득 및 보상에 관한 법률 시행규칙」

제29조(소유권 외의 권리의 목적이 되고 있는 토지의 평가)

취득하는 토지에 설정된 소유권 외의 권리의 목적이 되고 있는 토지에 대하여는 당해 권리가 없는 것으로 하여 평가한 금액에서 소유권 외의 권리의 가액을 뺀 금액으로 평가한다.

제28조(토지에 관한 소유권 외의 권리의 평가)

① 취득하는 토지에 설정된 소유권 외의 권리에 대하여는 당해 권리의 종류, 존속기간 및 기대이익 등을 종합적으로 고려하여 평가한다. 이 경우 점유는 권리로 보지 아니한다.
② 제1항의 규정에 의한 토지에 관한 소유권 외의 권리에 대하여는 거래사례비교법에 의하여 평가함을 원칙으로 하되, 일반적으로 양도성이 없는 경우에는 당해 권리의 유무에 따른 토지의 가격차액 또는 권리설정계약을 기준으로 평가한다.

제31조(토지의 지하·지상공간의 사용에 대한 평가)

① 토지의 지하 또는 지상공간을 사실상 영구적으로 사용하는 경우 당해 공간에 대한 사용료는 제22조의 규정에 의하여 산정한 당해 토지의 가격에 당해 공간을 사용함으로 인하여 토지의 이용이 저해되는 정도에 따른 적정한 비율(이하 이 조에서 "입체이용저해율"이라 한다)을 곱하여 산정한 금액으로 평가한다.

② 토지의 지하 또는 지상공간을 일정한 기간 동안 사용하는 경우 당해 공간에 대한 사용료는 제30조의 규정에 의하여 산정한 당해 토지의 사용료에 입체이용저해율을 곱하여 산정한 금액으로 평가한다.

IV. 「토지보상평가지침」

제6조(건축물 등이 없는 상태를 상정한 감정평가)

① 토지 보상평가는 그 토지에 있는 건축물·입목·공작물, 그 밖에 토지에 정착한 물건(이하 "건축물 등"이라 한다)이 있는 경우에도 그 건축물 등이 없는 상태를 상정하여 감정평가한다.

② 제1항에도 불구하고 다음 각 호의 어느 하나에 해당하는 경우에는 그에 따른다.

  1. 「집합건물의 소유 및 관리에 관한 법률」에 따른 구분소유권의 대상이 되는 건물부분과 그 대지사용권이 일체로 거래되는 경우 또는 건축물 등이 토지와 함께 거래되는 사례나 관행이 있는 경우에는 그 건축물 등과 토지를 일괄하여 감정평가한다.

  2. 개발제한구역 안의 건축물이 있는 토지의 경우 등과 같이 관계법령에 따른 가치의 증가요인이 있는 경우에는 그 건축물 등이 있는 상태를 기준으로 감정평가한다.

제46조의2(선하지 등의 평가)

① 토지의 지상공간에 고압선이 통과하고 있는 토지(이하 "선하지"라 한다)에 대한 평가는 그 제한을 받지 아니한 상태를 기준으로 한다.

② 제1항에도 불구하고 선하지에 해당 고압선의 설치를 목적으로 「민법」 제289조의2에 따른 구분지상권이 설정되어 있는 경우에는 제47조(제5항은 제외한다)를 준용한다.

제47조(소유권 외의 권리의 목적이 되고 있는 토지의 평가)

① 소유권 외의 권리의 목적이 되고 있는 토지에 대한 평가는 다음과 같이 한다.

  1. 의뢰자가 토지에 관한 소유권 외의 권리를 따로 감정평가할 것을 요청한 경우에는 다음과 같이 하되, 그 내용을 감정평가서에 기재한다.

> 감정평가액 = 해당 토지의 소유권 외의 권리가 없는 상태의 감정평가액 −
> 해당 토지의 소유권 외의 권리에 대한 감정평가액

제50조(「도시철도법」 등에 따른 지하사용료의 감정평가)

① 「도시철도법」에 따른 도시철도 및 「철도건설법」에 따른 철도의 건설을 위하여 토지의 지하부분 또는 지상부분을 「민법」 제289조의2에 따른 구분지상권을 설정하여 사실상 영구적으로 사용하는 경우에 그 사용료의 감정평가는 「도시철도법」 제9조와 같은 법 시행령 제10조 및 별표 1에 따라 해당 토지가 속한 시·도에서 조례로 정한 도시철도 건설을 위한 지하부분 토지사용에 관한 보상기준(이하 이 조에서 "조례"라 한다) 또는 「철도건설법」 제12조의2 및 같은 법 시행령 제14조의2에 따라 국토교통부장관이 정한 「철도건설을 위한 지하부분 토지사용 보상기준」 등에서 정한 기준에 따르되, 해당 토지가 속한 시·도의 조례에서 정한 것을 우선 적용하여 다음 각 호에서 정하는 기준에 따른다.

1. 토지의 한계심도 이내의 지하부분을 사용하는 경우에는 토지의 단위면적당 적정가격에 입체이용저해율과 구분지상권 설정면적을 곱하여 산정한다.

> 지하사용료 = 토지의 단위면적당 적정가격 × 입체이용저해율 × 구분지상권 설정면적

2. 토지의 한계심도를 초과하는 지하부분을 사용하는 경우에는 토지의 단위면적당 적정가격에 다음 율을 적용하여 산정한다. 다만, 해당 토지의 여건상 지하의 광천수를 이용하는 등 특별한 사유가 인정되는 경우에는 따로 지하사용료를 산정할 수 있다.

토피	한계심도초과		
	20미터 이내	20미터~40미터	40미터 이상
적용률(퍼센트)	1.0~0.5	0.5~0.2	0.2 이하

② 제1항에서 "한계심도"란 토지소유자의 통상적인 이용행위가 예상되지 아니하고 지하시설물을 따로 설치하는 경우에도 일반적인 토지이용에 지장이 없을 것으로 판단되는 깊이를 말하며, 고층시가지는 40미터, 중층시가지는 35미터, 저층시가지 및 주택지는 30미터, 농지·임지는 20미터로 한다.

④ 토지의 지하사용료의 평가를 위한 평가대상토지의 용도지역은 현황여건·개발잠재력 등 객관적인 상황을 고려하여 다음과 같이 분류한다.

1. 고층시가지 : 16층 이상의 고층건물이 최유효이용으로 판단되는 지역으로서 중심상업지역과 일반상업지역 등을 말한다.

2. 중층시가지 : 11~15층 건물이 최유효이용으로 판단되는 지역으로서 고층시가지로 변화되고 있는 일반상업지역·근린상업지역·준주거지역 등을 말한다.

3. 저층시가지 : 4~10층 건물이 최유효이용으로 판단되는 지역으로서 주택·공장·상가 등이 혼재된 일반상업지역·근린상업지역·준주거지역·일반주거지역 등을 말한다.

4. 주택지 : 3층 이하 건물이 최유효이용으로 판단되는 지역으로서 일반주거지역·녹지지역·공업지역 등을 말하며, 가까운 장래에 택지화가 예상되는 지역을 포함한다.

5. 농지·임지 : 농지·임지가 최유효이용으로 판단되는 지역으로서 사회, 경제 및 행정적 측면에서 가까운 장래에 택지화가 예상되지 아니하는 녹지지역 등을 말한다.

제51조(입체이용저해율의 산정)

① 제50조 제1항 제1호에서 규정한 입체이용저해율은 다음과 같이 산정한다.

> 입체이용저해율 = 건물의 이용저해율 + 지하부분의 이용저해율 + 그 밖의 이용저해율

② 제1항에서 규정한 건물 등 이용저해율은 다음 각 호에서 정하는 기준에 따라 산정한다.

1. 건물의 이용저해율 ≒ 건물의 이용률(α) × 저해층수의 층별효용비율(B) 합계 / 최유효건물층수의 층별효용비율(A) 합계

2. 건물 등 이용률(α)은 별표 8의 "입체이용률배분표"에서 정하는 기준에 따른다.

〈별표 8〉 입체이용률배분표

해당 지역 이용률 구분 \ 용적률	고층시가지 800% 이상	중층시가지 550~750%	저층시가지 200~500%	주택지 100% 내외	농지·임지 100% 이하
건물의 이용률(α)	0.8	0.75	0.75	0.7	0.8
지하부분의 이용률(β)	0.15	0.10	0.10	0.15	0.10
그 밖의 이용률(γ)	0.05	0.15	0.15	0.15	0.10
(γ)의 상하 배분비율	1 : 1 -2 : 1	1 : 1 -3 : 1	1 : 1 -3 : 1	1 : 1 -3 : 1	1 : 1 -4 : 1

1. 이 표의 이용률 및 배분비율은 통상적인 기준을 표시한 것이므로 여건에 따라 약간의 보정을 할 수 있다.

2. 이용저해심도가 높은 터널 토피 20m 이하의 경우에는 (γ)의 상하배분비율을 최고치를 적용한다.

3. 저해층수의 층별효용비율(B) 및 최유효건물층수의 층별효용비율(A) 합계의 산정은 별표 9의 "층별효용비율표"에 따른다.

〈별표 9〉 층별효용비율표

층별	고층 및 중층 시가지		저층시가지				주택지
	A형	B형	A형	B형	A형	B형	
20	35	43					
19	35	43					
18	35	43					
17	35	43					
16	35	43					
15	35	43					
14	35	43					
13	35	43					
12	35	43					
11	35	43					
10	35	43					
9	35	43	42	51			
8	35	43	42	51			
7	35	43	42	51			
6	35	43	42	51			
5	35	43	42	51	36	100	
4	40	43	45	51	38	100	
3	46	43	50	51	42	100	
2	58	43	60	51	54	100	100
지상1	100	100	100	100	100	100	100
지하1	44	43	44	44	46	48	–
2	35	35	–	–	–	–	–

1. 이 표의 지수는 건물가격의 입체분포와 토지가격의 입체분포가 같은 것을 전제로 한 것이다.
2. 이 표에 없는 층의 지수는 이 표의 경향과 주위환경 등을 고려하여 결정한다.
3. 이 표의 지수는 각 용도지역별 유형의 개략적인 표준을 표시한 것이므로 여건에 따라 보정할 수 있다.
4. A형은 상층부 일정층까지 임료수준에 차이를 보이는 유형이며, B형은 2층 이상이 동일한 임료수준을 나타내는 유형이다.

4. 저해층수는 최유효건물층수에서 건축가능한 층수를 뺀 것으로 한다.

5. 최유효건물층수는 해당 토지에 건물을 건축하여 가장 효율적으로 이용할 경우의 층수로서 다음 각 호의 사항을 고려하여 결정한다.

　　가. 인근토지의 이용상황·지가수준·성숙도·잠재력 등을 고려한 경제적인 층수

　　나. 토지의 입지조건·형태·지질 등을 고려한 건축가능한 층수

　　다. 「건축법」 또는 「국토의 계획 및 이용에 관한 법률」 등 관계법령에서 규제하고 있는 범위 내의 층수

6. 건축가능층수는 토지의 지하부분 사용 시에 해당 토지의 지반상태·건축시설물의 구조·형식 그 밖에 공법상으로 건축이 가능한 층수를 말하며, 이의 판정은 별표 10의 "건축가능층수기준표"에 따른다.

〈별표 10〉 건축가능층수기준표(단위 : 층)

1. 터널 : 패턴별 구분 판단

가. 풍화토(PD-2) 패턴

건축구분 ＼ 토피(m)	10	15	20	25
지상	12	15	18	22
지하	1	2	2	3

나. 풍화암(PD-3) 패턴

건축구분 ＼ 토피(m)	10	15	20	25	30
지상	17	19	21	23	25
지하	1	2	2	3	4

다. 연암(PD-4) 패턴

건축구분 ＼ 토피(m)	10	15	20	25	30	35
지상	19	24	28	30	30	30
지하	1	2	3	3	4	4

라. 경암(PD-5) 패턴

토피(m) 건축구분	10	15	20	25	30	35	40
지상	30	30	30	30	30	30	30
지하	1	2	3	4	5	6	7

2. 개착

토피(m) 건축구분	5	10	15	20
지상	7	12	19	19
지하	1	2	2	2

7. 지질 및 토피는 평가의뢰자가 제시한 기준에 따르되, 지질은 토사 또는 암석으로 분류되며, 토피는 지하시설물의 최상단에서 지표까지의 수직거리로 한다.

③ 제1항에서 규정한 지하부분이용저해율은 다음과 같이 산정한다.

1. 지하부분이용저해율 = 지하이용률(β) × 심도별 지하이용효율(P)
2. 지하이용률은 별표 8의 "입체이용률배분표"에서 정한 기준에 따른다.
3. 심도별 지하이용효율(P)은 별표 11의 "심도별 지하이용저해율표"의 기준에 따른다.

〈별표 11〉 심도별 지하이용저해율표

한계심도 (M) 체감율 (%) 토피 심도(m)	40m		35m		30m			20m	
	P	$\beta \times P$ 0.15 $\times P$	P	$\beta \times P$ 0.10 $\times P$	P	$\beta \times P$ 0.10 $\times P$	0.15 $\times P$	P	$\beta \times P$ 0.10 $\times P$
0~5 미만	1.000	0.150	1.000	0.100	1.000	0.100	0.150	1.000	0.100
5~10 미만	0.875	0.131	0.857	0.086	0.833	0.083	0.125	0.750	0.075
10~15 미만	0.750	0.113	0.714	0.071	0.667	0.067	0.100	0.500	0.050
15~20 미만	0.625	0.094	0.571	0.057	0.500	0.050	0.075	0.250	0.025
20~25 미만	0.500	0.075	0.429	0.043	0.333	0.033	0.050		
25~30 미만	0.375	0.056	0.286	0.029	0.167	0.017	0.025		
30~35 미만	0.250	0.038	0.143	0.014					
35~40 미만	0.125	0.019							

> 1. 지가형성에 잠재적 영향을 미치는 토지이용의 한계심도는 토지이용의 상황, 지질, 지표면하중의 영향 등을 고려하여 40m, 35m, 30m, 20m로 구분한다.
> 2. 토피심도의 구분은 5m로 하고, 심도별 지하이용효율은 일정한 것으로 본다.
> 3. 지하이용저해율 = 지하이용률(β) × 심도별 지하이용효율(P)

④ 제1항에서 규정한 기타 이용저해율은 다음과 같이 산정한다.
　1. 지상 및 지하부분 모두의 그 밖의 이용을 저해하는 경우에는 별표 8의 "입체이용률배분표"에서의 "γ"로 한다.
　2. 지상 또는 지하 어느 한쪽의 그 밖의 이용을 저해하는 경우에는 별표 8의 "입체이용률배분표"의 "γ"에서 지상 또는 지하의 배분비율을 곱하여 산정한다.

⑤ 최유효건물층수 및 규모로 사용(이하 "최유효사용"이라 한다)하거나 이와 비슷한 이용상태의 기존 건물이 있는 경우에는 입체이용저해율을 다음과 같이 산정한다. 다만, 기존건물이 최유효이용에 뚜렷하게 미달되거나 노후 정도와 관리상태 등으로 보아 관행상 토지부분의 가격만으로 거래가 예상되는 경우에는 제1항에 따른다.
　1. 입체이용저해율 = 최유효이용의 토지로 본 건물의 이용저해율 + 지하부분의 이용저해율 × 노후율 + 그 밖의 이용저해율
　2. 노후율 = 해당 건물의 유효경과연수 / 해당 건물의 경제적 내용연수

⑥ 해당 건물의 경제적 내용연수는 별표 12의 "건물내용연수표"를 기준으로 산정하고 유효경과연수는 실제경과연수·이용 및 관리상태·그 밖에 수리 및 보수 정도 등을 고려하여 산정한다.

감정평가이론 기출문제

45 지상권이 설정된 토지가 시장에서 거래되고 있다. 이와 관련된 다음 물음에 답하시오.
25점
　　　　　　　　　　　　　　　　　　　　　　　▶ 기출 [지상권] 제20회 1번

　1. 위 토지의 담보평가 시 유의할 점과 감가 또는 증가요인을 설명하시오. 15점

　2. 위 토지의 보상평가 시 검토되어야 할 주요사항을 설명하시오. 10점

Ⅰ. 서설

Ⅱ. 물음 1 지상권 설정 토지의 담보평가

1. 담보평가의 의의

2. 지상권 설정 토지의 담보평가방법
　1) 지상권에 따른 제한을 감하는 방법
　2) 지상권 설정 토지를 기준하는 방법

3. 지상권 설정 토지의 담보평가 시 유의할 점

　　1) 환가성에 유의

　　2) 지상권 설정 목적에 유의

　4. 지상권 설정 토지의 증·감가요인

　　1) 증가요인

　　2) 감가요인

Ⅲ. 물음 2 지상권 설정 토지의 보상평가

1. 보상평가의 의의

　2. 지상권 설정 토지의 보상평가방법

　　1) 나지상정평가

　　2) 지상권 가치의 차감

　3. 지상권 설정 토지의 보상평가 시 주요 검토사항

　　1) 보상평가의 일반적 유의사항

　　2) 개별평가 여부의 검토

Ⅳ. 결어

---

46 A법인은 토지 200㎡ 및 위 지상에 건축된 연면적 100㎡ 1층 업무용 건물(집합건물이 아님)을 소유하고 있다. A법인은 토지에 저당권을 설정한 이후 건물을 신축하였으나 건물에 대해서는 저당권을 설정하지 않았다. A법인이 이자지급을 연체하자 저당권자가 본건 토지의 임의경매를 신청하였다. 이 경우 토지의 감정평가방법에 관해 설명하시오. 15점

▸기출 [제시 외 건물 토지] 제26회 1번

Ⅰ. 서설

Ⅱ. 제시 외 건물이 있는 토지의 감정평가

1. 개설

　2. 제시 외 건물이 있는 토지의 감정평가방법

　3. 사례 토지의 감정평가방법 검토

---

47 최근 전력난을 완화하기 위한 초고압 송전선로 설치가 빈번하게 발생하고 있으며 이를 둘러싼 이해관계자들의 갈등도 증폭되고 있는데, 이와 관련된 선하지 보상평가방법과 송전선로 설치에 따른 '보상되지 않는 손실'에 대해 설명하시오. 15점

▸기출 [구분지상권] 제22회 1번

Ⅰ. 서설

Ⅱ. 선하지 보상평가방법

1. 선하지 보상평가의 의의

2. 선하지 보상평가방법

　Ⅲ. 송전선로 설치에 따른 보상되지 않는 손실

　1. 송전선로 설치에 따른 피해

　　1) 재산적 피해

2) 신체적 피해	1) 잔여지 및 주변 토지의 손실
3) 정신적 피해	2) 신체적, 정신적 피해
2. 송전선로 설치에 따른 보상되지 않는 손실	IV. 결어

감정평가실무 기출문제

48 주어진 자료를 활용하여 2002.03.31. 가격시점의 경매평가액을 구하시오.

▶ 기출 [제시 외 건물 토지] 제13회 3번

가. 제시 외 건물이 토지와 일괄경매되는 조건
나. 제시 외 건물이 타인 소유인 것으로 상정

(자료 1) 감정평가의뢰내용

C시 S읍 C리 121번지, 자연녹지, 답, 350㎡

(자료 2) 사전조사사항

1. 등기부등본 확인사항 : 답, 350㎡
2. 토지대장등본 확인사항 : 토지대장등본을 확인한바 C시 S읍 C리 121번지의 토지이
   동사항은 아래와 같고 소유자는 관련 등기부등본상의 소유자와 동일함.

이동 전	이동 후	비고
답, 360㎡	답, 350㎡	2001.11.01.에 답, 10㎡가 분할되어 C시 S읍 C리 121번지와 합병(등기부 정리 완료)
답, 350㎡	답, 300㎡	2001.12.01.에 답, 50㎡가 분할되어 C시 S읍 C리 121-1번지로 분할

3. 당해토지 용도지역은 2001.12.01.에 확정, 변경되었음.
4. 인근의 공시지가 표준지 현황(공시기준일 2002.01.01.)

일련 번호	소재지	지목	면적(㎡)	용도 지역	이용 상황	도로 교통	공시지가 (원/㎡)
1	C시 126-2	대	500	자연 녹지	상업용	소로 한면	40,000
2	C시 119	답	400	자연 녹지	답	세로(불)	20,000
3	C시 226	답	365	자연 녹지	답	세로가	22,000

5. 지가변동률(C시, 단위 : %)

용도지역	주거지역	상업지역	녹지지역	준농림지역	농림지역
2002년 1/4분기	1.00	0.80	2.00	2.05	1.75

(자료 3) 현장조사사항

1. 지적도 및 이용상태(지적선 : 실선)

<table>
<tr><td colspan="4" align="center">노폭 5m의 포장도로</td></tr>
<tr><td>120번지</td><td>121번지
(ㄱ)</td><td>121-1
번지</td><td>122번지</td></tr>
<tr><td>131번지</td><td>132번지</td><td>132-1
번지</td><td>133번지</td></tr>
</table>

가. 현황도로인 C시 S읍 C리 121-1번지는 C시 농로를 개설하기 위해 직권분할 하였으며, 보상감정평가는 이루어졌으나 보상금은 미수령 상태인 것으로 조사되었음.

나. 지적도상 C시 S읍 C리 121번지는 부지조성을 공정률 20% 정도 진행하다 중단된 상태로 현재까지 지출된 비용은 3,000,000원(제시 외 건물과는 무관함)이고 이는 적정한 것으로 조사되었음.

2. 제시 외 건물에 관한 사항

가. 본 토지상에 기호(ㄱ)인 제시 외 건물이 소재하고 있으며 소유자는 알 수 없었음.

나. 구조, 용도, 면적 : 경량철골조, 판넬지붕, 간이숙소, 30㎡

다. 신축시점 : 탐문결과 2002.01.01.에 신축된 것으로 조사됨.

3. 보상선례 : 대상토지의 정상적인 거래시세 및 기타사항 등을 종합 참작한 적정가격으로 분석되었으며, 공동 등으로 이용되는 대상토지는 보상평가 기준에 의거 감정평가한 것으로 조사되었음.

소재지	지목	면적(㎡)	이용상태	가격시점	보상단가 (원/㎡)
C시 S읍 C리 121-1번지	답	50	도로	2002.03.31.	8,500

※ 보상선례를 기준한 단가는 백원 미만을 절사함.

(자료 4) 기타사항

1. 대상토지에 적용되는 건폐율은 60%임.

2. 토지의 지역요인 : 동일함.

3. 토지의 개별요인

구분	대상토지	표준지(1)	표준지(2)	표준지(3)
평점	100	160	90	100

※ 단, 대상토지의 평점은 현황도로 및 단독효용성 희박부분 외의 토지를 기준함.

4. 경량철골조, 판넬지붕, 간이창고건물의 2002.03.31. 기준 표준적인 신축가격은 150,000원/㎡이며 간이숙소에 설치하는 난방, 위생설비 등의 설비단가는 30,000원/㎡임(내용연수는 30년).

5. 본 지역 관할법원에서는 토지와 제시 외 건물의 소유자가 상이하여 일괄경매가 되지 않을 경우의 토지가격을 별도로 감정평가해 줄 것을 요구하고 있음. 이 경우 해당 부분의 토지에 지상권이 설정된 정도의 제한을 감안(30%)하여 감정평가하는 것이 일반적임.

---

49 다음을 설명하시오. `15점` ▶기출 [제시 외 건물 토지] 제15회 3번

(1) 무허가건축물 및 그 부지, 무허가건축물에서의 영업보상, 무허가건축물과 관련된 생활보상 등에 대해 현행 손실보상관련법령에서 정하는 처리방법 `10점`

(2) 손실보상평가 시 가설건축물 및 그 부지에 대한 처리의견 `5점`

I. `물음 1` 무허가건축물
1. 무허가건축물의 정의
2. 무허가건축물의 평가
3. 무허가건축물 부지의 평가
4. 무허가건축물에서의 영업보상
5. 무허가건축물에서의 생활보상

II. `물음 2` 가설건축물
1. 가설건축물의 정의
2. 가설건축물의 평가
3. 가설건축물 부지의 평가

---

50 감정평가사 김공정씨는 다음 물건에 대하여 ○○지방법원으로부터 경매 목적의 감정평가를 의뢰받았다. 기준시점을 2015.09.19.로 하여 관련법규 및 이론을 참작하고 주어진 자료를 활용하여 감정평가하시오. `10점` ▶기출 [제시 외 건물 토지] 제26회 4번

(자료 1) 법원감정평가 명령서 내용 요약 및 평가대상
1. 기호 (1) : S시 S구 S동 1210번지, 대, 200㎡, 제2종일반주거지역

2. 기호 (가) : S시 S구 S동 1210번지 지상 철근콘크리트조 및 벽돌조 슬래브지붕 2층
   주택(사용승인일 : 2009.12.05, 완공일 : 2008.05.05.)
   1층 : 철근콘크리트조 단독주택 100㎡
   2층 : 벽돌조 단독주택 12㎡(2012.02.03. 증축)

3. 현장조사사항 : 기호 (1) 토지 지상에는 〈자료 2〉 현황도와 같이 법원의 제시목록
   외 기호 ㉠, ㉡이 소재함. 제시목록뿐 아니라 등기사항전부증명서 및 대장에도 등재
   되어 있지 아니하여 소유권에 대한 재확인이 필요함.

4. 유의사항 : 제시 외 건물이 있는 경우에는 반드시 그 가액을 평가하고, 제시 외 건물
   이 경매대상에서 제외되어 그 대지가 소유권의 행사를 제한받는 경우에는 그 제한을
   반영하여 평가함.

(자료 2) 현황도

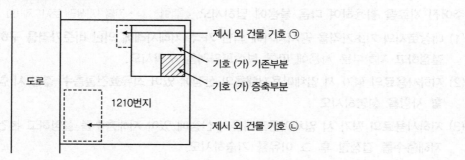

(자료 3) 건물평가자료

구분	구조	이용상황	재조달원가 (원/㎡)	면적 (㎡)	적용단가 (원/㎡)
기호 (가) 기존	철근콘크리트조 슬래브지붕	주택(방1, 거실, 주방, 화장실1)	750,00		
기호 (가) 증축	벽돌조 슬래브지붕	방1	600,000		
제시 외 건물 기호 ㉠	경량철골조 판넬지붕	보일러실	―	4	100,000
제시 외 건물 기호 ㉡	벽돌조 슬래브지붕	주택(방1, 주방1, 화장실1)	600,000	48	

※ 철근콘크리트조 내용연수 50년, 벽돌조 내용연수 45년, 잔가율 0%

※ 제시 외 건물 기호 ㉠은 신축연도가 불명확하여 관찰감가를 병용하여 적용단가를 산정
   하였으며, 면적은 실측면적임.

※ 제시 외 건물 기호 ㉡은 잔존내용연수가 20년으로 추정됨.

(자료 4) 기타자료

제시 외 건물이 토지에 미치는 영향을 고려하지 아니하고 공시지가 기준으로 평가한 금액은 6,530,000원/㎡임. 제시 외 건물이 토지에 미치는 영향이 있다고 판단될 경우에는 아래사항을 감안하여 평가하기 바람.

	전체 토지에 미치는 영향
제시 외 건물 기호 ㉠	1%
제시 외 건물 기호 ㉡	12%

51 감정평가사 K씨는 S시장으로부터 도시철도건설공사와 관련하여 지하부분 사용에 따른 감정평가를 의뢰받고 사전조사 및 실지조사를 한 후 다음과 같이 자료를 정리하였다. 주어진 자료를 활용하여 다음 물음에 답하시오. 25점 ▶기출 [지상권 토지] 제11회 2번

(1) 대상토지의 기초가격을 공시지가에 의한 가격, 거래사례에 의한 비준가격을 구하여 결정하고 지하부분 사용에 따른 보상평가액을 구하시오.

(2) 지하사용료의 평가 시 입체이용저해율의 산정에 있어 최유효건물층수 결정 시 참작할 사항을 설명하시오.

(3) 지하사용료의 평가 시 입체이용저해율의 산정에 있어 저해층수를 설명하고 본건의 저해층수를 결정한 후 그 이유를 기술하시오.

(자료 1) 감정평가 대상물건

1. 소재지 : S시 K구 D동 257번지
2. 지목 및 면적 : 대, 500㎡
3. 이용상황 및 도로교통 : 나지, 소로한면
4. 도시계획사항 : 일반상업지역, 도시철도에 저촉함.
5. 가격시점 : 2000.8.1.

(자료 2) 감정평가 대상토지에 대한 관련자료

1. 감정평가의뢰 내용은 관련공부의 내용과 일치함.
2. 대상토지의 주위환경은 노선상가지대임.
3. 감정평가 대상토지는 지하 18m에 지하철이 통과하고 있어 하중제한으로 지하 2층, 지상 8층 건물의 건축만 가능함.
4. 대상지역의 지역분류는 11~15층 건물의 최유효이용으로 판단되는 지역임.
5. 대상토지의 지반구조는 풍화토(PD-2) 패턴임.

6. 대상토지의 토피는 18m임.

7. 대상지역에 소재하는 건물은 상층부 일정층까지 임료수준에 차이를 보이고 있음.

8. 대상토지의 최유효이용은 지하 2층, 지상 15층 건물로 판단됨.

(자료 3) 인근의 공시지가 표준지 현황

일련 번호	소재지	면적 (㎡)	지목		이용 상황	용도 지역	주위 환경	도로 교통	형상 지세	공시지가 (원/㎡)
			공부	실제						
1	S시 K구 D동 150	450	전	대	단독 주택	일반 주거	정비된 주택지대	중로 한면	가장형 평지	1,850,000
2	S시 K구 D동 229	490	대	대	상업 나지	일반 상업	노선 상가지대	소로 한면	부정형 평지	2,540,000
3	S시 K구 D동 333	510	대	대	업무 용	일반 주거	미성숙 상가지대	광대 세각	부정형 평지	2,400,000

(자료 4) 거래사례자료

1. 토지 : S시 K구 A동 230번지, 대, 600㎡

2. 건물 : 철근콘크리트조 슬라브지붕 5층, 근린생활시설, 연면적 2,460㎡
   (지층 360㎡, 1층~5층 각 420㎡)

3. 거래가격 : 3,530,000,000원

4. 거래시점 : 2000.4.1.

5. 도시계획사항 : 일반상업지역

6. 건물준공일은 1997.8.1.이고, 내용연수는 60년임.

7. 본 거래사례는 최유효이용으로 판단됨.

(자료 5) 건설사례자료

1. 토지 : S시 K구 D동 230번지, 대, 400㎡

2. 건물 : 철근콘크리트조 슬라브지붕 5층, 근린생활시설, 연면적 2,400㎡
   (지층~5층 각 400㎡)

3. 건축공사비 : 900,000원/㎡

4. 본 건물은 가격시점 현재 준공된 건설사례로서 표준적이고 객관적임.

5. 건설사례건물과 거래사례건물의 개별적인 제요인은 대등함.

(자료 6) 지가변동률

1. 용도지역별(단위 : %)

행정 구역	평균	주거 지역	상업 지역	공업 지역	녹지 지역	비도시 지역	비고
K구	0.74	0.54	1.27	–	0.54	–	1/4분기
	0.93	0.62	1.75	–	0.61	–	2/4분기

2. 이용상황별(단위 : %)

행정 구역	전	답	대		임야	공장 용지	기타	비고
			주거용	상업용				
K구	0.59	–	0.52	0.94	–	–	0.43	1/4분기
	0.73	–	0.43	11.31	–	–	0.58	2/4분기

(자료 7) 건축비지수

시점	건축비지수
1998.8.1.	100
1999.8.1.	104
2000.8.1.	116

(자료 8) 지역요인 및 개별요인의 비교

1. 지역요인의 비교 : 동일수급권 내의 유사지역으로 동일한 것으로 판단
2. 개별요인의 비교

구분	대상지	표준지 1	표준지 2	표준지 3	표준지 4
평점	100	110	100	122	95

(자료 9) 입체이용배분률표

해당 지역	고층시가지	중층시가지	저층시가지	주택지	농지·임지
용적률	800% 이상	550~750%	200~500%	100% 내외	100% 이하
건물등이용률	0.8	0.75	0.75	0.7	0.8
지하이용률	0.15	0.10	0.10	0.15	0.10
기타이용률	0.05	0.15	0.15	0.15	0.10
기타이용률 상하배분비율	1 : 1 ~ 2 : 1	1 : 1 ~ 3 : 1	1 : 1 ~ 3 : 1	1 : 1 ~ 3 : 1	1 : 1 ~ 4 : 1

※ 이용저해심도가 높은 터널 토피 20m 이하의 경우에는 (γ)의 상하배분비율은 최고치
를 적용한다.

(자료 10) 층별효용비율표

층별	고층 및 중층시가지		저층시가지				주택지
	A형	B형	A형	B형	A형	B형	
20	35	43					
19	35	43					
18	35	43					
17	35	43					
16	35	43					
15	35	43					
14	35	43					
13	35	43					
12	35	43					
11	35	43					
10	35	43					
9	35	43	42	51			
8	35	43	42	51			
7	35	43	42	51			
6	35	43	42	51			
5	35	43	42	51	36	100	
4	40	43	45	51	38	100	
3	46	43	50	51	42	100	
2	58	43	60	51	54	100	100
지상1	100	100	100	100	100	100	100
지하1	44	43	44	44	46	48	–
지하2	35	35	–	–	–	–	–

※ A형은 상층부 일정층까지 임료차이를 보이는 유형, B형은 2층 이상이 동일한 임료 유형

(자료 11) 건축가능층수기준표

1. 터널 : 풍화토(PD-2) 패턴(단위 : 층)

토피(m)	10	15	20	25
지상	12	15	18	22
지하	1	2	2	3

2. 개착(단위 : 층)

토피(m)	5	10	15	20
지상	7	12	19	19
지하	1	2	2	2

(자료 12) 심도별 지하이용저해율표

한계심도(M)	40m		35m		30m			20m	
체감율(%)		$\beta \times P$		$\beta \times P$		$\beta \times P$			$\beta \times P$
토피 심도(m)	P	0.15 $\times P$	P	0.10 $\times P$	P	0.10 $\times P$	0.15 $\times P$	P	0.10 $\times P$
0~5 미만	1.000	0.150	1.000	0.100	1.000	0.100	0.150	1.000	0.100
5~10 미만	0.875	0.131	0.857	0.086	0.833	0.083	0.125	0.750	0.075
10~15 미만	0.750	0.113	0.714	0.071	0.667	0.067	0.100	0.500	0.050
15~20 미만	0.625	0.094	0.571	0.057	0.500	0.050	0.075	0.250	0.025
20~25 미만	0.500	0.075	0.429	0.043	0.333	0.033	0.050		
25~30 미만	0.375	0.056	0.286	0.029	0.167	0.017	0.025		
30~35 미만	0.250	0.038	0.143	0.014					
35~40 미만	0.125	0.019							

1. 지가형성에 잠재적 영향을 미치는 토지이용의 한계심도는 토지이용의 상황, 지질, 지표면하중의 영향 등을 고려하여 40m, 35m, 30m, 20m로 구분한다.
2. 토피심도의 구분은 5m로 하고, 심도별 지하이용효율은 일정한 것으로 본다.
3. 지하이용저해율 = 지하이용률(β) × 심도별 지하이용효율(P)

I. 감정평가의 개요

II. 물음 1 지하부분 사용료의 감정평가
1. 기초가격의 결정
2. 입체이용저해율의 산정
  1) 저해층수 및 한계심도
  2) 건물이용저해율
  3) 지하이용저해율
  4) 기타이용저해율
  5) 입체이용저해율

3. 지하사용료 감정평가액

III. 물음 2 최유효건물층수 결정 시 참고사항
1. 최유효이용 판단기준
2. 최유효건물층수 결정 시 참고사항

IV. 물음 3 저해층수
1. 저해층수의 정의
2. 본건 적용 저해층수

52 감정평가사 김공정은 택지개발사업과 관련하여 보상목적의 감정평가를 의뢰받았다. 관련법규 및 이론을 참작하고 제시된 자료를 활용하여 다음의 물음에 답하시오. 30점

▶ 기출 [지상권 설정 토지] 제26회 2번

(1) 자료와 같은 내용의 구분지상권이 설정된 토지가 공익사업에 편입되어 해당 송전선을 철거하는 경우 보상목적의 구분지상권 감정평가방법에 대해 구체적으로 기술하되 각 방법의 장점과 단점도 포함하여 기술하시오. 10점

(2) 주어진 자료를 활용하여 대상물건의 보상액을 구하되, 적용가능한 방법을 모두 활용한 후 시산가액의 조정을 통해 구하시오. 20점

(자료 1) 공익사업에 관한 사항

1. 사업명 : ○○지구 택지개발사업(공익사업 근거법 : 택지개발촉진법)
2. 사업지구면적 : 180,000㎡
3. 사업시행자 : G지방공사
4. 사업추진일정
    1) 택지개발지구 지정·고시일 : 2011.09.09.
    2) 보상계획공고일 : 2012.02.20.
    3) 실시계획 승인·고시일 : 2013.04.04.

(자료 2) 감정평가의 기본적 사항

1. 대상물건 : 경기도 A시 B읍 C리 1번지의 구분지상권
2. 감정평가목적 : 보상
3. 기준시점 : 2015.09.02.

(자료 3) 구분지상권에 관한 사항

1. 구분지상권자 : H전력공사
2. 구분지상권의 목적 : 154kV 가공 송전선로 건설
    ※ 가공 송전선로 : 송전철탑을 통해 공중으로 설치한 송전선로
3. 구분지상권의 범위 : 경기도 A시 B읍 C리 1번지 토지 상공 15m에서 30m까지의 공중공간(선하지면적 : 300㎡)
    ※ 선하지면적은 구분지상권 설정면적을 말함.
4. 구분지상권의 존속기간 : 해당 송전선로 존속 시까지
5. 구분지상권 설정일 : 2010.03.03.
6. 당시 보상액(구분지상권 설정대가) : 32,000,000원

7. 특약사항 : 존속기간 동안 구분지상권 설정대가의 증감은 없음.

8. 기타사항 : 송전선로가 필지의 중앙을 통과함.

(자료 4) 토지에 관한 사항

1. 소재지 : 경기도 A시 B읍 C리 1번지

2. 면적 : 300㎡, 지목 : 전, 실제 이용상황 : 전

3. 접면도로 : 폭 6m의 도로와 접함.

4. 토지이용계획의 변동사항

    1) 2010.01.01. ~ 2013.04.03. : 자연녹지지역

    2) 2013.04.04. ~ 2015.09.02. : 일반주거지역(택지개발사업으로 인해 변경)

(자료 5) 주변지역 현황

1. 구분지상권이 설정된 토지(경기도 A시 B읍 C리 1번지 토지) 주변은 송전선 건설 당시 농지지대에서 주택지대로 전환되는 중이었고(단독주택이 지속적으로 건설되고 있었음), 당시 인근지역에 속한 토지로서 ○○택지개발지구 인근의 지구 밖 토지 대부분은 기준시점 현재 단독주택부지로 이용하고 있음.

2. 조사결과 기준시점 현재 ○○택지개발지구와 접한 지구 밖 토지의 표준적 이용은 2층의 단독주택부지이며, 주택의 표준적인 각 층의 층고는 3.5m임.

(자료 6) 표준지공시지가 자료

기호	소재지 지번	면적(㎡)	지목	이용상황	도로교통	형상지세
가	B읍 C리 10	360	답	과수원	세로(불)	세장형 완경사
나	B읍 C리 250	280	대	주거나지	세로(가)	세장형 평지
다	B읍 D리 500	350	전	과수원	세로(가)	가장형 평지

※ 표준지 '가' ~ '다'는 모두 동일수급권 내에 소재함.

기호	용도지역	공시지가(원/㎡)		비고
		공시기준일	공시지가	
가	자연녹지	2011.01.01.	300,000	○○지구 택지개발사업지구 내의 토지로 도시계획시설 도로에 40% 저촉함.
		2013.01.01.	380,000	
	일반주거	2015.01.01.	480,000	
나	자연녹지	2011.01.01.	340,000	○○지구 택지개발사업지구 내의 토지로 가공 송전선으로 인해 구분 지상권이 설정되어 있음.
		2013.01.01.	420,000	
	일반주거	2015.01.01.	500,000	
다	자연녹지	2011.01.01.	300,000	○○지구 택지개발사업지구 밖의 토지로 가공 송전선으로 인해 구분 지상권이 설정되어 있음.
		2013.01.01.	360,000	
		2015.01.01.	500,000	

※ 도시계획시설 도로에 저촉하는 표준지의 경우 해당 부분에 대해 20%의 감가율을 적용하여 공시하였음.

(자료 7) 시점수정 자료 : 경기도 A시 지가변동률

기간	지가변동률(단위 : %)	
	주거지역	녹지지역
2010.01.01. ~ 2010.12.31.(누계)	1.103	2.758
2011.01.01. ~ 2011.12.31.(누계)	2.154	3.085
2012.01.01. ~ 2012.12.31.(누계)	2.060	2.072
2013.01.01. ~ 2013.12.31.(누계)	2.058	2.085
2014.01.01. ~ 2014.12.31.(누계)	2.064	3.082
2015.01.01. ~ 2015.07.31.(누계)	− 0.130	− 0.120
2015.07.01. ~ 2015.07.31.(당월)	0.060	0.072

※ 2015년 8월 이후 지가변동률은 미고시 상태이며 2015년 7월 지가변동률과 동일하게 변동하는 것으로 추정함.

(자료 8) 보상사례 자료

1. 보상물건 : 경기도 A시 B읍 D리 500번지[〈자료 6〉의 기호 '다' 토지임]의 구분지상권(구분지상권 설정일 : 2010.03.03.)
2. 보상사유 : 도시개발사업(사업인정고시일 : 2013.05.01, 사업지구면적 : 100,000 ㎡)에 편입되어 154kV 가공 송전선로 철거
3. 보상액 : 37,400,000원

4. 보상액 감정평가 시 기준시점 : 2015.07.31.

5. 구분지상권의 범위 : 경기도 A시 B읍[D리 500번지 토지 상공 16m에서 30m까지의 공중공간(선하지면적 : 280㎡)]

6. 구분지상권의 존속기간 : 해당 송전선로 존속 시까지

7. 특약사항 : 존속기간 동안 구분지상권 설정대가의 증감은 없음.

8. 기타사항 : 송전선로가 필지의 중앙을 통과함.

(자료 9) 구분지상권의 가치형성요인 비교 자료 등

1. 조사결과 가공 송전선로를 위한 구분지상권의 가치는 해당 부지의 지역요인 및 개별요인, 송전선로로 인한 입체이용저해율 및 추가보정률(쾌적성 저해요인, 시장성 저해요인, 기타 저해요인), 선하지면적에 영향을 받음.

2. 조사결과 〈자료 8〉의 보상사례와 대상물건은 〈자료 10〉 및 〈자료 11〉의 내용과 같이 비교치가 산정됨.

3. 조사결과 구분지상권의 가치는 지가변동률과 동일하게 변동함.

(자료 10) 지가형성요인 비교 자료

1. 지역요인 비교치 : 표준지와 비교한 B읍 C리 1번지의 비교치

표준지 '가'	표준지 '나'	표준지 '다'
1.00	1.00	1.10

※ 비교치는 표준지공시지가의 공시기준일이 상이해도 동일하게 적용함.

2. 개별요인 비교치 : 표준지와 비교한 B읍 C리 1번지의 비교치

표준지 '가'	표준지 '나'	표준지 '다'
1.10	0.90	1.00

※ 비교치는 표준지공시지가의 공시기준일이 상이해도 동일하게 적용함.

3. 그 밖의 요인 보정치

토지의 감정평가에 적용할 그 밖의 요인 보정치는 공시기준일에 상관없이 표준지 '가' ~ '다' 모두 1.30으로 적용함.

(자료 11) 보정률 산정 자료

1. 건조물의 이격거리

건조물은 가공전선의 전압 35kV 이하는 3m, 35kV를 초과하는 경우에는 초과하는 10kV 또는 그 단수마다 15cm를 가산한 수치씩 이격하여야 함.

2. 주택지대의 층별효용지수

　　1층 : 100,　2층 : 100

3. 입체이용률배분표

구분	건물이용률 (α)	지하이용률 (β)	그 밖의 이용률 (γ)	γ의 상하 배분비율
주택지대·택지후보지대	0.7	0.15	0.15	3 : 1
농지지대	0.8	0.1	0.1	4 : 1

4. 추가보정률 산정기준표

구분	적용범위		상·중·하 구분 기준
	주택지대·택지후보지대	농지지대	
쾌적성 저해요인	상 : 10.0% 중 : 7.5% 하 : 5.0%	상 : 5.0% 중 : 4.0% 하 : 3.0%	송전선로의 높이를 기준으로 구분 적용 • 10m 이하 : 전압에 관계없이 '상' • 10m 초과 20m 이하 : 154kV 이하는 '중', 154kV 초과는 '상' • 20m 초과 : 754kV 이상은 '상', 345kV 이상은 '중', 154kV 이하는 '하'
시장성 저해요인	상 : 10.0% 중 : 7.0% 하 : 4.0%	상 : 7.0% 중 : 5.0% 하 : 3.0%	선하지 면적비율 또는 송전선로의 통과위치를 기준으로 구분 적용 • 선하지 면적비율이 40%를 초과하거나 송전선로가 필지의 중앙을 통과하는 경우 : '상' • 선하지 면적비율이 20%를 초과하거나 송전선로가 필지의 측면을 통과하는 경우 : '중' • 선하지 면적비율이 20% 이하이거나 송전선로가 필지의 모서리를 통과하는 경우 : '하'
기타 저해요인	상 : 10.0% 중 : 6.0% 하 : 3.0%	상 : 8.0% 중 : 5.0% 하 : 3.0%	송전선로의 존속기간을 기준으로 구분 적용 • 존속기간이 30년을 초과하는 경우 : '상' • 존속기간이 10년을 초과하는 경우 : '중' • 존속기간이 10년 이하인 경우 : '하'

※ 추가보정률 산정기준 : 각 해당 항목을 가산하여 산정

(자료 12) 기타 자료

1. 일시금운용이율(또는 환원율) : 연 5.0%

53 감정평가사 甲은 철도건설사업과 관련하여 지하공간 사용에 따른 보상목적의 감정평가를 의뢰받았다. 관련 법규 및 감정평가이론을 참작하고 제시된 자료를 활용하여 다음의 물음에 답하시오. 40점 ▸기출 [지상권 설정 토지] 제29회 1번

물음 1 감정평가사 甲은 대상토지의 지역요인을 분석하여 인근지역, 동일수급권, 유사지역의 범위를 판정하려고 한다. 인근지역의 개념과 판정기준에 대해 설명하고, 제시된 자료를 활용하여 표준지 기호 1과 기호 2, 보상선례 토지에 대해 각각 대상토지와 인근지역의 여부를 판정하시오. 10점

물음 2 지하공간 사용에 대한 보상금을 산정하기 위한 대상토지의 적정가격을 감정평가하시오. 15점

물음 3 대상토지의 지하공간 사용에 대한 보상금을 산정하시오. 10점

물음 4 관련 법규상 지하공간 사용에 대한 보상금을 감정평가하는 기준의 문제점에 대해 설명하시오. 5점

(자료 1) 공익사업에 관한 사항

1. 사업명 : ○○~○○ 간 철도건설사업
2. 사업시행자 : ○○공단
3. 사업추진일정
   1) 기본계획의 수립·고시일 : 2017.02.02.
   2) 보상계획 공고일 : 2017.08.08.
   3) 실시계획승인·고시일 : 2018.06.06.
4. 권원확보방법 : 구분지상권 설정

(자료 2) 감정평가의 기본적 사항

1. 대상물건 : 경기도 B시 C동 산1번지의 지하터널 사용부분
2. 구분지상권 설정(예정)면적 : 1,200㎡
3. 감정평가목적 : 협의보상
4. 가격시점(기준시점) : 2018.06.01.

(자료 3) 대상토지에 관한 사항

1. 소재지 : 경기도 B시 C동 산1번지
2. 면적 : 12,000㎡, 지목 : 임야, 실제 이용상황 : 자연림
3. 토지이용계획 : 자연녹지지역, 도시·군계획시설 공원 저촉(100%)

4. 등기사항증명서의 확인사항 : 구분지상권이 설정됨

   1) 구분지상권자 : ○○ 전력공사

   2) 목적 : 154kV 가공 송전선로 건설

   3) 범위 : 동측 토지 상공 30m에서 60m까지의 공중공간

   4) 구분지상권 설정면적 : 1,800㎡, 존속기간 : 해당 송전선로 존속 시까지

   5) 구분지상권 설정일 : 2010.09.09.

(자료 4) 지하공간 사용에 관한 사항

1. 지하시설물의 유형 : 지하터널

2. 지하시설물의 크기 : 높이 3m, 너비 8m

3. 토피 : 대상토지가 완경사로서 위치마다 토피가 다르며, 최소 15m~최대 22m임
   (사업시행자에게 질의한 결과 평균 토피는 18m임).

4. 지하시설물 사용기간 : 지하터널 존속 시까지

(자료 5) 표준지공시지가 자료

기호	소재지	면적 (㎡)	지목	이용 상황	용도 지역	도로 접면	형상 지세	공시지가(원/㎡)	
								2017년	2018년
1	경기도 B시 C동 산11	10,000	임야	자연림	자연 녹지	맹지	부정형 완경사	62,000	66,000
2	경기도 E시 F동 산20	12,500	임야	자연림	자연 녹지	세로 (불)	세장형 완경사	58,000	60,000

※ 표준지 기호 1은 도시·군계획시설 공원에 100% 저촉함.

※ 표준지 기호 2는 도시자연공원구역에 100% 저촉함.

※ 도시·군계획시설 공원 또는 도시자연공원구역에 저촉하는 표준지의 경우 해당 부분에 대해 공시지가의 감정평가 시 40%의 감가율을 적용함.

※ 표준지 기호 1과 표준지 기호 2에는 154kV 가공 송전선로 건설로 인한 구분지상권이 설정되어 있음.

(자료 6) 지가변동률 자료

1. 경기도 B시

구분		지가변동률(단위 : %)		
		2017년 (누계)	2018년 (1월~4월 누계)	2018년 4월 (당월)
용도지역별	자연녹지	2.010	0.890	- 0.005
이용상황별	임야	2.110	0.990	- 0.003

※ 2018년 5월 이후 지가변동률은 미고시 상태임.

2. 경기도 E시

구분		지가변동률(단위 : %)		
		2017년 (누계)	2018년 (1월~4월 누계)	2018년 4월 (당월)
용도지역별	자연녹지	2.120	1.008	0.002
이용상황별	임야	2.450	0.990	− 0.002

※ 2018년 5월 이후 지가변동률은 미고시 상태임.

(자료 7) 보상선례 자료

1. 소재지 : 경기도 E시 F동 산50번지
2. 공익사업의 종류 : 송전선로 건설사업(철탑부지)
3. 권원확보방법 : 소유권 취득
4. 보상액 : 80,000원/㎡
5. 가격시점(기준시점) : 2018.05.01.
6. 면적 : 15,000㎡, 지목 : 임야, 실제 이용상황 : 자연림
7. 토지 이용계획 : 자연녹지지역, 도시자연공원구역(100%)
8. 도시자연공원구역에 저촉하는 토지는 보상목적의 감정평가 시 40%의 감가율을 적용함.

(자료 8) 토지의 지역요인에 관한 자료

1. 경기도 B시 C동과 E시 F동은 서로 지리적으로 접하고 있음.
2. 대상토지, 표준지 기호 1과 기호 2, 보상선례 토지는 서로 대체·경쟁관계가 성립하고 가격(가치)형성에 서로 영향을 미치고 있음.
3. 대상토지, 표준지 기호 1과 기호 2, 보상선례 토지는 모두 완경사의 국도주변 야산지대에 속하고, 소나무와 활잡목이 혼재한 자연림지대로서 가격(가치)형성요인 중 지역요인이 같거나 유사하며 가격(가치)수준이 동일함.
4. 대상토지와 표준지 기호 1이 속한 B시 C동과 표준지 기호 2와 보상선례 토지가 속한 E시 F동 사이에는 중앙분리대가 있는 왕복 4차선의 국도가 개설되어 있음.

(자료 9) 토지의 위치도

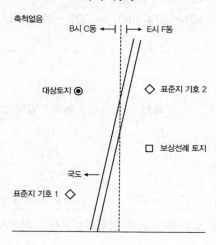

(자료 10) 토지의 개별요인에 관한 자료

각 토지의 개별요인에 관한 자료는 다음의 표와 같으며, 세항목별 격차율은 감정평가사가 판단할 사항임.

구분	대상토지	표준지 기호 1	표준지 기호 2	보상선례 토지
면적	$12,000m^2$	$10,000m^2$	$12,500m^2$	$15,000m^2$
취락과의 거리	500m	750m	750m	750m
도로의 상태	폭 3m	맹지	폭 3m	맹지
방위	동향	남향	동향	동향
경사도	14°	10°	10°	14°
형상	세장형	부정형	세장형	부정형
용도지역	자연녹지지역	자연녹지지역	자연녹지지역	자연녹지지역
도시·군계획시설	공원(100%)	공원(100%)	없음	없음
도시자연공원구역	없음	없음	저촉(100%)	저촉(100%)
구분지상권 (설정면적)	설정 ($1,800m^2$)	설정 ($1,500m^2$)	설정 ($2,500m^2$)	없음

(자료 11) 구분지상권의 감가율

154kV 가공 송전선으로 인한 구분지상권이 설정된 임야(임지)는 주변의 시장조사 결과 필지별로 선하지의 면적비율에 따라 다음과 같이 토지가 감가되는 것으로 조사됨.

구분	선하지 면적비율		
	10% 미만	10%~20% 미만	20%~30% 미만
토지 감가율	15%	20%	25%

(자료 12) 입체이용률배분표

구분	저층시가지	주택지	농지·임지
건물 등 이용률(α)	0.75	0.7	0.8
지하부분 이용률(β)	0.10	0.15	0.10
그 밖의 이용률(γ)	0.15	0.15	0.10
(γ)의 상하배분비율	1:1 ~ 3:1	1:1 ~ 3:1	1:1 ~ 4:1

※ 이용저해심도가 높은 터널 토피 20m 이하의 경우에는 (γ)의 상하배분비율을 최고치를 적용함.

(자료 13) 심도별 지하이용저해율표

한계심도(M) / 체감율(%) / 토피심도(m)	30m		20m	
	P	$\beta \times P$	P	$\beta \times P$
		0.15×P		0.10×P
0~5 미만	1.000	0.150	1.000	0.100
5~10 미만	0.833	0.125	0.750	0.075
10~15 미만	0.667	0.100	0.500	0.050
15~20 미만	0.500	0.075	0.250	0.025
20~25 미만	0.333	0.050	—	—

※ P는 심도별 지하이용효율

(자료 14) 한계심도에 관한 사항

1. 한계심도는 주택지는 30m, 농지 및 임지는 20m임.
2. 한계심도를 초과하는 경우 보상율은 1.0% 이하임.

기본목차 연습

I. 기술통계

1. 중심경향 측도

  1) 산술평균

  2) 중위값

  3) 최빈값

  4) 기하평균

2. 산포도 측도

  1) 범위

  2) 사분위범위

  3) 분산과 표준편차

  4) 변동계수

3. 분포도 측도

  1) 대칭

  2) 왜도

  3) 첨도

4. 상관성 측도

  1) 선형상관관계

  2) 비선형상관관계

II. 추론통계

1. 다중회귀분석의 의의

  1) 다중회귀분석의 정의

  2) 전통적 시장접근법의 한계

2. 다중회귀분석의 절차 및 방법

  1) 표본의 선정

  2) 변수의 설정

  3) 특성의 입력

  4) 결과의 분석

    (1) t-검증

    (2) 다공선성

    (3) 결정계수

    (4) 잔차비율

    (5) 추정의 표준오차

  5) 자료의 검토

  6) 모형의 재검토

3. 각 절차별 유의사항

4. 다중회귀분석의 한계

III. 부동산가격지수

1. 부동산가격지수의 의의

2. 부동산가격지수의 기능

3. 부동산가격지수 산정방법

  1) 동일표본에 의한 시세기준

    (1) 라스파레이스방법

    (2) 파쉐방법

  2) 혼합표본에 의한 실거래기준

    (1) 특성가격함수모형

    (2) 반복매매모형

    (3) 가격평가비율모형

    (4) 중위수지수모형

기본서 정리 | 〈감정평가론〉 (경응수, 나무미디어, 제5판)

I. 계량적 평가기법

1) 전통적 시장접근법의 한계

전통적 시장접근법에서는 몇 개의 비교매매사례를 분석하여 대상부동산의 가치를 추계한다. 평가사들은 과거의 경험, 교육훈련, 통찰력 등을 바탕으로, 보통 3~4개, 많아야 10개 미만의 매매사례를 분석하여 시장가치를 추계한다. 추계된 시장가치의 정확성이나 신뢰성은 평가사들이 얼마나 대표성 있는 매매사례를 선택했느냐에 따라 크게 영향을 받는다. 일반 비교매매사례의 선정이 잘못되면, 그 후에 아무리 정치한 평가기법을 동원하고 철저한 분석을 한다고 하더라도 정확한 시장가치를 추계하기는 쉽지 않다. 이른바 '불추종의 오류'가 발생하는 것이다. 다중회귀분석법은 수많은 매매사례를 통계학적으로 분석하여 시장가치를 추계하므로, 평가사의 주관적 판단에 의해 야기될 수 있는 오류의 가능성을 줄일 수 있다.

2) 계량적 평가기법의 전제

계량적 평가기법이 일반화되기 위해서는, 먼저 다음 두 가지가 전제되어야 한다. 하나는 컴퓨터 이용이 일반화되어 있어야 한다는 것이며, 다른 하나는 평가사가 부동산 매매사례 정보에 쉽게 접근할 수 있어야 한다는 것이다.

3) 계량적 평가기법의 정의

다중회귀분석이란 부동산특성변수와 매매가격과의 관계를 파악하고, 이것으로부터 시장가치를 추론해 내는 것이다. 부동산의 가치는 여러 가지 요인에 의해 달라지며, 어느 한 가지 변수만으로 시장가치를 추계한다는 것은 오류를 범할 가능성이 많다. 다중회귀분석은 여러 가지 변수들을 종합적으로 고찰해서 대상부동산의 시장가치를 추계한다. 부동산의 특성은 독립변수가 되며, 부동산의 가치는 종속변수가 된다. 어떤 부동산의 시장가치에 영향을 미치는 요소가 X_1, X_2, X_3, …, X_t라면, 다중회귀분석에 의한 시장가치 추계식은 다음과 같이 나타낼 수 있다.

$$시장가치 = a + b_1X_{x1} + b_2X_{x2} + b_3X_{x3} … + b_tX_{xt} + e$$

여기서 a는 상수항, e는 오차항, 그리고 b_1, b_2, b_3, …, b_t은 회귀계수이다. 회귀계수는 부동산의 특성이 각각 시장가치에 미치는 영향의 정도를 나타낸다. 시장가치에 좋은 영향을 미치는 회귀계수는 (+)로 나타나지만, 나쁜 영향을 미치는 변수는 회귀계수가 (−)로 나타난다. 다중회귀분석의 장점은 개별특성들이 시장가치에 미치는 기여도를 정확하게 파악할 수 있다는 것이다.

4) 계량적 평가기법의 절차 및 유의사항

(1) 사례표본의 설정

매매사례는 공간적으로 동질적일 뿐만 아니라, 시간적으로도 충분히 동질적이어야 한다. 평가사는 매매사례표본을 선정하는 데 있어, 적절한 공간적 범위와 시간적 범위를 획정하는 문제에 특히 주의를 해야 한다.

① 공간적 범위

공간적 범위는 평가사의 주관적 판단에 의한 방법과 통계학적 분석방법에 의한 방법으로 설정할 수 있다. 통계학적 방법으로는 공간거리를 기준변수로 사용하거나, 부동산의 특성을 기준변수로 사용할 수 있다.

② 시간적 범위

매매사례의 선정은 통상 일년이 표준단위로 되어 있으나, 매매사례의 수가 충분하지 않으면 다소 연장될 수 있다. 시간적 범위를 1년 이내로 한정한다고 하더라도 부동산의 가치가 변할 수 있으므로, 시간을 하나의 독립변수로 취급하여 해결한다. 이 경우 다중회귀분석을 통해 부동산을 평가할 경우 별도로 시점수정을 할 필요가 없다.

(2) 특성변수의 설정

특성변수의 선정은 평가사의 주관에 따라 좌우될 수도 있다. 평가사는 전형적인 매수자와 매도자가 가격협상과정에 있어, 시장의 어떠한 요소를 중요시 여기는가를 충분히 고려하여 특성변수를 선정하여야 한다.

(3) 부동산특성의 코드화

코딩이란 컴퓨터 분석을 용이하게 하기 위하여, 부동산특성을 적절하게 정리하는 것을 말한다. 코딩이 잘못된 경우에는 분석결과를 왜곡할 수 있으므로, 어떠한 특성변수의 차이가 부동산의 가치에 미치는 영향을 분석하기 위해서는, 근린지역을 가변수(dummy variable)로 취급해야 한다.

(4) 다중회귀통계치의 분석

분석결과로 도출된 회귀식을 바로 평가모형으로 사용할 수는 없다. 그 전에 다중회귀통계치에 대한 검증을 하고, 회귀식을 평가수식으로 활용할 수 있는지를 판단해야 한다.

① t-검증

t-검증은 회귀계수가 일정한 유의수준에서 통계학적으로 0인지 아닌지, 또는 0보다 큰지 작은지를 판별하는 것으로서, 각 회귀계수가 통계학적으로 의미있는지를 확인하는 검증방법이다.

② 다공선성(multicollinearity)

표본의 수가 적거나, 표본의 수가 충분하더라도 개별표본의 수가 충분하지 못할 경우에는 변수들 상호 간에 다공선성이 발생하여, t-검증 결과 회귀계수가 유의성이 없는 것으로 나타날 수 있다. 다공선성이란 유사매매사례 간에 두 개 이상의 특성이 동시에 공통적으로 발생하는 것을 의미한다. 예를 들어, 토지면적, 건물면적, 방수를 각각 독립변수로 회귀분석을 한다면, 이들 중 특정 변수는 의미가 없는 것으로 나타날 수도 있다. 다공선성은 변수 상호 간의 상관계수를 통해 확인할 수 있으며, 중요한 변수 외 나머지 변수를 분석에서 제외할 수 있다.

③ 결정계수(coefficient of determination)

결정계수란 종속변수들이 독립변수의 변화를 어느 정도 설명해 줄 수 있느냐를 나타내는 지표이다. 즉, 분석에 포함된 부동산특성이 시장가치를 얼마나 정확하게 추계할 수 있느냐를 나타낸다. 결정계수가 높을수록 평가모형은 시장가치를 그만큼 정확하게 추계할 수 있다. 예를 들어, 결정계수가 0.95라고 한다면, 이것은 종속변수인 시장가치에 대한 총변량 중 95%는 모형에 포함된 독립변수로서 설명이 된다는 뜻이다.

④ 추정의 표준오차(standard error of estimate)

추정의 표준오차란 매매사례들의 매매가격과 회귀식으로 추정한 매매가격과의 차이(잔차)의 표준편차로서, 평균 매매가격의 5%를 넘지 않을 경우에 한하여 평가모형으로 사용할 것을 권장하고 있다.

⑤ 잔차비율과 평균잔차

잔차에 대한 검증은 개별매매사례의 잔차비율을 검토하거나 평균잔차의 검토를 통해서 이루어진다. 잔차비율이 비정상적으로 크다는 것은 자료정리나 컴퓨터 입력과정상에 오류가 있었다는 것을 의미하며, 잔차비율이 15% 이상인 매매사례는 개별적으로 재검토하는 것이 원칙이다.

(5) 투입자료에 대한 검토

자료에 대한 재검토는 매매사례를 검토하거나 독립변수의 타당성을 검토하는 것이다.

① 매매사례의 검토

다중회귀분석으로 부동산의 시장가치를 평가할 경우, 먼저 분석에 사용되는 자료가 요구하는 기준치를 충족시키고 있는지를 검토하여야 한다. 만약, 자료가 이 같은 기준을 충족시키지 못한다면, 다중회귀분석으로 대상부동산의 시장가치를 평가하는 것은 오류를 범할 가능성이 많다.

첫째, 자료의 수가 충분해야 한다. 자료의 수가 충분해야 된다는 것은, 단순히 매매사례의 수가 많아야 한다는 것만을 의미하는 것은 아니다. 매매사례의 수도 많아야 하지만, 개별 특성에 관한 자료의 수도 많아야 한다. 거래가 빈번하지 않은 부동산의 평가에는 이것을 적용하지 말아야 한다.

둘째, 수집된 매매사례의 매매가격이나 개별특성들의 값은 정규분포를 이루고 있어야 한다. 종속변수와 독립변수가 정규분포에서 지나치게 벗어나 있을 때에는 정확한 평가결과를 기대하기 어렵다.

셋째, 분석에 사용되는 매매사례들은 여러 가지 특성으로 보아 상당한 정도의 유사성이 있어야 한다. 매매사례들 간에 가격차이가 심할 경우에는, 회귀분석으로 인한 가치추계식의 정확도가 떨어진다고 볼 수 있다.

넷째, 분석에 사용되는 매매사례는 동일한 시장지역으로부터 나온 것이어야 한다.

다섯째, 통계학적으로 종속변수와 독립변수 사이에 선형관계가 있어야 하며, 오차들 상호 간에는 자기상관이 없어야 분포상 등분산성이 있어야 한다.

평가모형이 최소한의 요구수준을 만족시키지 못할 경우, 매매사례의 수를 증가시키거나, 매매사례의 수집범위를 조정하거나, 매매사례를 계층화시키거나, 표본과 어울리지 않는 매매사례를 제외하는 등의 방식을 통해 조정할 수 있다. 이렇게 했음에도 불구하고 평가모형의 정확도가 향상되지 않을 경우, 독립변수의 타당성을 검토한다.

② 독립변수의 타당성 검토

평가사는 특성변수를 선정하는 데 있어, 자신의 지식이나 과거의 경험에 의존하는 수가 많다. 그러나, 매수자와 매도자의 기호나 취향은 상황에 따라 끊임없이 변하는 것이므로, 과거에 중요했던 변수가 현재나 앞으로도 계속 같은 정도로 중요할 것이라고는 장담할 수 없다. 중요한 특성변수가 평가모형에 빠져 있을 때에는 매매사례의 수를 증가시키고 그것을 보다 동질적인 것으로 만든다고 하더라도, 모형의 정확성이 크게 향상되지는 않는다. 특히 실제 매매가격과 추계치 간에 괴리가 큰 부동산을 주의 깊게 검토하면, 누락된 중요 요인을 의외로 쉽게 발견할 수도 있다.

(6) 평가모형의 검증과 적용

평가모형이 완성되면 평가모형이 실제로 대상부동산의 시장가치를 정확하게 추계하고 있는지를 최종적으로 다시 검증해야 한다. 평가모형에 대한 검증은 유사매매사례 중에서 표본에 포함되지 않은 사례를 대상으로 한다. 이때 검증대상이 되는 매매사례는 표본에 포함된 매매사례들과 여러 가지 측면에서 유사해야 한다. 유사성이 없는 부동산 매매사례를 대상으로 평가모형을 검증할 수는 없다.

관련 논문

I. <감정평가사를 위한 통계학 입문> 한국부동산연구원 2013

1) 서문

전통적인 감정평가 3방식 접근법은 실무에서 널리 활용되고 있지만 아쉽게도 시장자료에 근거한 실증분석이나 계량적 평가방법은 충분히 이루어지지 않고 있는 것이 현실이다. 또한 선진국에서는 평가 및 매매사례에 관한 정보를 쉽게 접근할 수 있어 계량적 평가기법을 통한 감정평가가 일반화되어 있으나, 우리는 현재 정보화 사회가 요구하는 패러다임에 맞출 수 있는 선진 평가기법에 대한 관심과 이를 뒷받침하는 감정평가 정보구축이 부족한 실정이다.

최근 들어 정부와 감정평가업계는 감정평가의 공정성과 신뢰성 제고를 위하여 감정평가정보체계를 구축하고 입체적 부동산 정보 및 통계의 선진화를 위해 노력하고 있다. 이제는 감정평가사도 방대한 자료를 평가에 활용할 수 있도록 통계적 지식을 갖추고 우리나라 실정에 맞는 계량적 평가기법을 연구하여 전문성과 독립성을 다져갈 준비를 해야 할 것이다.

2) 기술통계분석의 의의

통계학은 수리통계학과 응용통계학으로, 응용통계학은 다시 기술통계학과 추론통계학으로 나눌 수 있다.

자료는 자체만으로 의미 있는 정보를 제공해주지 못하며, 분석목적에 맞게 분류·정리하는 것이 중요하며, 수집된 모집단 자료나 표본 자료 모두 자료유형에 따라 정리·요약하는 방법이 다르다. 기술통계분석은 수집된 자료를 전반적으로 파악하는 분석으로 ① 자료의 이상치를 파악·제거하여 적정 자료를 선별하고 ② 자료의 분포를 파악하여 이에 적합한 통계분석을 선택하기 위해서 필요하다.

3) 기술통계분석의 방법

기술통계분석을 통해 자료 분포의 특성을 살피고 통계적으로 유용하게 처리·분석할 수 있으며, 대표적으로 ① 중심경향, ② 산포도, ③ 분포, ④ 상관성 등이 있다.

(1) 중심경향 측도

중심경향 측도란 자료가 어떤 값을 중심으로 분포되어 있는가를 나타내는 측도를 말한다. 중심경향 측도는 연구목적과 자료의 유형, 분포에 따라 적합한 것을 선택해야 한다.

① 산술평균

대상의 자료를 모두 더하여 자료의 수로 나눈 값으로서, 이상치가 존재할 경우 중심경향 측도의 역할에 한계가 있다.

② 중위수

자료를 크기순으로 배열하였을 때 중앙의 위치에 놓은 자료의 값으로서, 이상치에 민감하지 않아 <u>분포상태가 극도로 비대칭일 때 산술평균보다 대푯값으로서 더 큰 의미가 있다</u>.

③ 최빈값

자료에서 가장 빈도가 높은 값

④ 기하평균

변화율과 같은 비율의 평균을 구할 때 사용한다.

$$기하평균 = \sqrt{(자료_1 \times 자료_2 \times \cdots \times 자료_n)}$$

(2) 산포도 측도

산포도는 자료와 대푯값 사이의 흩어진 정도를 나타내는 측도로, 자료가 대푯값으로부터 얼마나 퍼져 있는지 알 수 있는 측도이다.

① 범위

범위는 자료의 최댓값에서 최솟값을 뺀 값으로, 자료의 변동성을 쉽게 측정할 수 있으나, 극단적인 값에 민감하다.

$$범위 = 자료의 최댓값 - 자료의 최솟값$$

② 사분위범위

사분위범위는 자료를 크기순으로 배열하고 4개의 등간격으로 구분하여 나타낸 상대적인 위치를 말한다. 범위에 비해 극단적인 값에 덜 민감하다는 장점이 있으나, 자료의 수가 짝수 개일 때 구하는 방식에 따라 값이 달라질 수 있다.

③ 분산과 표준편차

모든 자료의 분포를 계산하여, 자료가 평균 근처에 어떻게 분포되어 있는지 나타내는 측도로서, 평균값이 클수록 표준편차가 커지는 경향이 있다.

$$분산 = \sum(평균 - 자료값) / 자료수$$
$$표준편차^2 = 분산$$

④ 변동계수

평균 1단위에 대한 표준편차의 상대적 크기로 구하며, 평균의 차이가 큰 자료 간의 산포도를 비교할 때 사용된다.

$$변동계수 = 표준편차 / 평균$$

(3) 분포 측도

① 대칭(Symmetry)

평균을 중심으로 양쪽 분포가 동일한 경우 예 정규분포

② 왜도(Skewness)

자료 분포의 치우침 정도를 수치로 나타낸 측도

> [평균 = 중위수] → 대칭
> [평균 > 중위수] → 오른쪽 왜도
> [평균 < 중위수] → 왼쪽 왜도

③ 첨도(Kurtosis)

분포의 뾰족한 정도

(4) 상관성 측도

상관관계는 산점도를 통해 시각화할 수 있고 상관계수를 통해 수치적으로 파악할 수 있다.

① 선형상관관계(피어슨 상관계수)

> [상관계수 = 1] → 완전한 양의 상관관계
> [상관계수 = 0] → 상관관계 없음
> [상관계수 = −1] → 완전한 음의 상관관계

② 선형ㆍ비선형상관관계(스피어만 상관계수)

Ⅱ. 「부동산가격지수의 포트폴리오 분산효과에 관한 연구」 장대섭(전주대학교 대학원) 2014.02.

1) 부동산가격지수의 등장배경

1997년 국내 외환위기와 2000년 세계 각국의 부동산시장의 이상 과열이 2008년 글로벌 금융위기를 초래하면서 부동산시장과 금융시장이 매우 밀접한 상관관계가 있다는 것을 상기시켰다. 최근 국제통화기금(IMF)과 국제결제은행(BIS)은 부동산자산의 가격변동성이 금융시스템의 스트레스로 전이되는 것을 사전에 인지하고 이에 대한 대책 수립을 위하여 부동산가격지수 개발을 모든 회원국에 강력하게 권고하고 있다.

2) 국내 부동산가격지수의 의의

지수(Indexes)란 한 상황에서 다른 상황으로서의 양적인 변화를 측정하는 것으로서, 부동산가격지수는 부동산가격의 변화에 대한 측정치를 의미한다. 현재 기본적인 주거용 부동산 중 아파트 실거래가격지수는 공급되고 있으나 상업용, 공업용 등 부동산가격지수는 거의 전무하고 부동산 스톡에 관한 시계열도 매우 제한적이라고 볼 수 있다.

3) 부동산가격지수의 기능

부동산가격지수는 부동산과 관련된 제반 거래에서 나타나는 다양한 <u>체계적, 비체계적인 위험에 대한 평가지표로 활용</u>할 수 있고 나아가서는 <u>일반투자자나 기관투자자 등 다양한 수요자들에게 부동산 가치변화를 측정하는 지표로 이용</u>될 수 있으며, <u>부동산 선물지수와 같은 파생금융상품의 구성을 위한 기초가격</u>으로도 활용되어 금융산업의 선진화와 다양화를 위한 주요 정보로 활용될 수 있게 된다.

4) 부동산가격지수 산정방법

지수란 한 상황에서 다른 상황으로서의 양적인 변화를 측정하는 것이다. 이때 비교되는 상황은 시간 또는 공간이 될 수 있으며, 시간적 비교는 <u>시간의 변화에 있어서 두 상황을 직접 비교하는 '두 시점 비교'와 변화 시간에 걸쳐 누적적으로 비교하는 '연쇄 비교' 방법이 있다.</u> 일반적으로 많이 사용하는 가격지수(Price Index)를 산정하기 위해서는 <u>두 시점이나 지역 간 물량을 일정한 값으로 가정하고 가격변화를 추적</u>한다.

5) 부동산가격의 측정방법

부동산은 거래단계나 목적별로 다양한 형태의 가격이 존재한다. 시장에 매물로 나온 부동산의 호가나 주택담보대출 승인 시 기준이 되는 감정평가가격 또는 실제 거래에서 얻어지는 실거래가격을 이용하여 부동산(주택)가격지수를 작성할 경우, 지수작성 대상이 되는 주택이 매번 상이하다. 이처럼 지수작성 대상이 되는 주택이 매번 달라지는 것을 보고 <u>혼합표본</u>이라고 부르는 반면, 사전에 정해 놓은 주택(표본주택)의 거래가능가격을 조사하여 지수를 작성할 경우, 지수작성 대상이 되는 주택이 매번 동일하게 되는데, 이를 보고 <u>동일표본</u>이라고 부른다.

(1) 시세지수모형(동일표본)

동일표본인 시세지수모형은 시점 간 표본주택을 선정하여 가격(감정평가액, 시세가격)을 가중평균하여 지수를 산출함으로써 주택의 특성이 달라지지 않고 시점별로 특성가격의 변화만을 비교는 방식인 라스파이레스방법과 파쉐방법이 있다.

① 라스파이레스방법(Laspeyres Method)

라스파이레스방법은 대부분의 국가에서 소비자물가지수 등에 부동산 서비스의 가격변동을 포함하기 위하여 사용하고 있으며, 특히 필리핀, 스페인 등에서는 부동산 가치평가 방식으로 활용하고 있다. <u>감정평가를 기반으로 작성하는 라스파이레스방법은 먼저 모집단(전체 재고주택)을 대표하는 표본들을 설정한 후, 해당 표본주택의 가격을 매기에 정기적으로 조사한다.</u> 라스파이레스방법으로 작성한 평가기반 가격지수는 지수작성 시 표본조사가격이나 감정평가액으로 계산해야 하기 때문에 매기 동일한 주택에 대한 가격자료를 이용하여 작성해야 하지만 현실적으로 매번 조사시기에 거래가 없는 경우가 빈번히 발생할 수 있어 이때에 감정평가사의 평가가격을 반영하여 지수를 작성해야 하는 근본적인 문제점이 존재한다. 이러한 이유로 평가기반 가격지수에는 평활화 현상이 존재한다고 보는 것이 일반적인 시각이다. 이 방법은 기준시점에서 멀어질수록 기준시점 이후의 가격변화를 과대평가하게 되어 현실반영이 미흡하고, 표본교체와 평가 및 조사 등 지수작성에 많은 비용이 소요된다는 단점과 표본의 개편 전·후의 지수 값이 달라진다는 문제점이 있다.

② **파쉐방법**(Paasche Method)

파쉐방법은 당해 연도에 거래된 주택의 양을 기준으로 해마다 다른 가중치를 적용하여 가격의 평균적인 동향을 파악하는 방식으로 산출하는 물가지수를 말하며, 매년도 가중치 산정에 따른 비용이 소요된다는 단점이 있다.

(2) **실거래가격지수모형(혼합표본)**

실거래가격지수모형은 거래된 주택의 가격(실거래가격)변화율과 시간변수의 값들을 체계적으로 반영함으로써 주택의 특성변화를 감안하여 지수를 산출고자 하는 계량적인 방법인 혼합표본방법이다. 주택가격지수를 작성하기 위해서는 기준시점의 가격과 비교시점의 가격을 상호 비교하여야 하는데, 실거래가격에 기초하여 주택가격지수를 작성할 경우에는 기준시점에 거래된 주택의 특성과 비교시점에 거래된 주택의 특성이 다르기 때문에 직접 비교가 불가능하여 매번 거래된 주택의 특성차이에 따른 가격 차이를 통제해야 하는 어려움 때문에 다음과 같은 두 가지 방법을 일반적으로 사용하고 있다.

① **특성가격지수모형**(Hedonic Price Index Model)

특성가격지수모형은 기준시점에 거래된 주택의 특성과 비교시점에 거래된 주택의 특성을 상호 비교하여 가격을 관찰하는 방법이다. 특성가격지수모형은 주택특성변수들을 지수 산출과정에 반영하는 장점이 있지만, 주택거래에 대한 모든 정보를 이용하고 있지 못하고 있어 비효율적이라는 단점이 있다.

② **반복매매가격지수모형**(Repeat Sale Price Index)

반복매매가격지수모형은 개별 부동산의 질에 변동이 없다면 총합적인 부동산의 가격변동이 개별 토지나 주택의 변동과 같은 것이기 때문에 개별 토지나 주택의 질에 변동이 없다는 가정하에 동일 목적물에 대한 반복거래 가격을 관찰하는 방법이다. 반복매매가격지수모형은 주택특성변수들을 모형으로부터 제거함으로써 오차의 확률을 낮추는 장점도 있지만, 거래량 중에서 반복매매된 동일 주택들에 대한 통계자료만을 분석함으로써 다른 활용 가능한 잠재적인 관측 자료들을 충실히 다루지 않는다는 비효율성이 존재한다.

감정평가이론 기출문제

54 시장가격이 없는 부동산 혹은 재화의 가치를 감정평가하는 방법에 대하여 설명하시오.
20점
▶ 기출 제15회 2번

I. 서설

II. 비시장부동산 및 비시장재화
1. 비시장부동산의 의의 및 종류
2. 비시장재화의 의의 및 종류

III. 비시장재화의 감정평가방법
1. 비시장재화의 가치이론
2. 비시장재화의 감정평가방법
　　1) 원가방식 및 수익방식

　　2) 그 외 적용가능한 평가방법
　　　(1) 조건부가치측정법
　　　(2) 특성가격함수모형
　　　(3) 여행비용법
　　　(4) 보상가격평가법

IV. 결어

---

55 개별부동산을 평가함에 있어 통계적 평가방법에 의한 가격이 전통적인 감정평가 3방식에 의한 가격보다 정상가격과의 차이가 크게 나타날 가능성이 있다. 그 이유를 설명하시오. 30점
▶ 기출 제18회 1번

I. 서설

II. 감정평가 3방식과 통계적 평가방법
1. 감정평가 3방식
　　1) 원가방식
　　2) 비교방식
　　3) 수익방식
2. 통계적 평가방법
　　1) 통계적 평가방법의 의의
　　2) 통계적 평가방법의 절차
　　3) 통계적 평가결과의 분석

III. 통계적 평가방법과 시장가치와의 차이 발생 이유
1. 시장가치의 의의
2. 시장가치와의 차이 발생 이유
　　1) 비교사례의 질적 차이
　　2) 비교사례의 정상화 절차 부재
　　3) 비용 · 수익적 측면의 고려 부재
　　4) 시산가액 조정절차의 부재
　　5) 그 외 통계적 평가방법의 한계점

IV. 결어

56 동적DCF와 정적DCF를 비교하라. `10점` ▸기출 제18회 4번

I. 서설

II. 정적DCF의 한계 및 동적DCF의 의의

1. 정적DCF의 한계

2. 동적DCF의 의의

III. 정적DCF와 동적DCF의 비교

1. 현금흐름의 추정방법

2. 할인율의 추정방법

3. 수익가액의 표현방법

---

57 부동산가격지수와 관련하여, 다음을 설명하시오. `20점` ▸기출 제19회 2번

(1) 부동산가격지수의 필요성과 기능을 설명하시오. `10점`

(2) 부동산가격지수를 산정하는 데 사용되는 대표적인 계량모형인 특성가격모형 (Hedonic Price Model)과 반복매매모형(Repeat Sale Model)의 원리와 각각의 장·단점을 설명하시오. `10점`

I. 서설

II. `물음 1` 부동산가격지수의 필요성 및 기능

1. 부동산가격지수의 의의

2. 부동산가격지수의 필요성

1) 부동산의 물리적 특성

2) 부동산시장의 불균형성

3. 부동산가격지수의 기능

1) 부동산시장의 가격정보 제공

2) 부동산정책 결정의 근거자료

III. `물음 2` 부동산가격지수의 산정방법

1. 개요

2. 특성가격함수모형에 의한 부동산가격 지수

1) 의의

2) 원리 및 장·단점

3. 반복매매모형에 의한 부동산가격지수

1) 의의

2) 원리 및 장·단점

IV. 결어

---

58 부동산 감정평가 시 다양한 평가방법이 있고 정확한 가격 평가를 위해서는 경제적 상황의 변화도 고려해야 할 필요가 있다. 감정평가에 사용될 수 있는 계량적(정량적) 방법인 특성가격함수모형(Hedonic Price Model)에 대해 설명하고, 감정평가사의 주관적 평가와 비교하여 그 장·단점을 논하시오. `10점` ▸기출 제22회 2번

I. 서설

II. 특성가격함수모형의 의의 및 내용

1. 특성가격함수모형의 의의

2. 특성가격함수모형의 내용

III. 감정평가사의 주관적 평가와의 비교

1. 비교방식으로서의 공통점

2. 시장 증거력의 우수성 및 대량평가에의 활용성

3. 시산가액 조정과정의 부재

---

59 실물옵션에 대해 설명하시오. 10점

▶기출 제23회 3번

I. 서설

II. 실물옵션

1. 실물옵션의 의의 및 종류

2. 실물옵션의 활용분야

III. 실물옵션평가법

1. 실물옵션평가법의 의의

2. 실물옵션평가법의 절차

3. 실물옵션평가법의 분류

감정평가실무 기출문제

60 아래 자료를 이용하여 B부동산 건물의 가치를 결정하라. (가격시점 2002.07.01.) 15점

▶기출 제13회 4번

(자료 1) B부동산의 개요

1. 토지 : F시 G구 E동 120번지, 100㎡, 일반상업지역

2. 건물 : 연면적 200㎡, 3층, 상업용, 2001.07.01. 신축

3. 기타사항 : 토지와 건물은 해당 지역의 표준적 이용과 유사하며 최고최선의 이용상태에 있는 것으로 분석되었음.

(자료 2) B부동산의 건물 감정평가자료

1. 본 건물의 2002.07.01. 감정평가가격은 유사거래사례로부터 회귀분석모형을 구축하여 도출하는 것으로 함.

$$Y = a + bX$$

$$회귀상수(a) = \frac{(\sum y \cdot \sum x^2 - \sum x \cdot \sum xy)}{n\sum x^2 - (\sum x)^2}$$

$$회귀상수(b) = \frac{(n\sum xy - \sum x \cdot \sum y)}{n\sum x^2 - (\sum x)^2}$$

2. 유사거래사례자료

가. 사례건물은 대상건물과 경과연수요인을 제외한 제반요인이 거의 동일하며, 건물 가격과 경과연수 간에는 선형관계가 있고 다른 요인의 건물가격 영향은 무시함.

나. 건물거래사례자료

사례	거래가격에서 적절하게 보정된 가격시점의 건물가격(원/㎡)	가격시점 현재의 경과연수
1	580,000	3
2	500,000	10
3	520,000	7
4	560,000	5
5	600,000	0

※ 구축한 모형의 R2(결정계수)값은 충분히 유의하여 모형채택이 가능하다고 봄.

---

61 부동산에 투자를 고려하고 있는 투자자가 당신에게 자문을 요청하였다. 투자자가 자문을 의뢰한 부동산은 상업용으로 인근유사지역의 부동산 A, B, C 3건이다. 부동산 A, B, C는 동일한 가격으로 매입할 수 있고 투자자가 투자할 수 있는 현금보유액은 450,000,000원이며 나머지 부족분은 K은행으로부터 대출받아 연간 저당지불액 255,000,000원으로 해결할 계획이라고 한다. 부동산 A를 조사한 결과 첫해의 예상 수익자료를 아래와 같이 얻을 수 있었다.

조사항목	비관적으로 보는 경우	일반적으로 보는 경우	낙관적으로 보는 경우
잠재적 총소득(PGI)	500,000,000원	530,000,000원	560,000,000원
공실률(Vacancy)	8%	6%	5%
영업경비비율(OER)	42%	38%	35%
확률(Probability)	25%	50%	25%

다음 물음에 답하시오. 25점 ▸ 기출 제15회 2번

(1) 확률을 고려한 부동산 A의 자기지분환원율(R_E = Equity Capitalization Rates)과 부동산 A의 시나리오별 R_E에 대한 표준편차를 구하시오. 12점

표준편차(Standard Deviation) $= \sqrt{분산(Variance)}$

분산(Variance) $= \sum P_i(X_i - E(X))^2$

(2) 부동산 B와 부동산 C도 같은 방법으로 조사·분석하여 다음과 같은 결과를 얻었다. 어느 부동산에 투자하는 것이 바람직한 선택인지를 위험을 고려하여 부동산 상호간을 각각 비교 설명하시오. 5점

	가중평균 R_E	표준편차(%)
부동산 B	11.6%	4.5
부동산 C	12.5%	6.2

62 자료에 주어진 투자조건을 만족하는 토지의 투자가격을 결정하시오. 35점
(가격시점 : 2008.01.01.)
▶ 기출 제19회 2번

(자료) 투자가격결정을 위한 참고자료

1) 투자조건

① 투자대상 : 숙박시설(모텔 : 객실 30개)

② 투자조건 : 가격시점에서 소득수익률 ≥ 15%이면 투자

(단, 소득수익률 = 순영업소득 / 부동산평가액으로 하되, 부동산평가액은 691,200,000원)

2) 기타 조사자료 및 참고사항

① 인근의 숙박업소 조사내역

인근의 숙박업소에 대하여 규모를 제외한 가격요인보정 후의 안정화된 소득자료는 다음 표와 같으며 현재가치는 신뢰할 만한 것으로 보인다. 감정평가사 S씨의 선임평가사는 가능총소득(PGI), 객실점유율 등의 자료를 분석하여 적절히 활용할 것을 권고하였다. 추세가 있는 경우에는 회귀분석법(Regression Analysis)을 적용하되, 평가서에 세밀한 계산과정은 기술하지 않아도 무방하다고 조언하였다. (단, 구축모형은 유의하다고 가정하고 회귀계수와 회귀상수는 소수점 둘째자리까지 산정함.)

조사시점	규모(객실 수)	PGI/객실·월(천 원)	객실점유율(%)
'06.12.	15	700	75.5
'07.02.	30	800	82.2
'07.03.	31	810	81.8
'07.05.	16	690	74.1
'07.06.	30	800	80.5
'07.08.	29	790	80.0

| '07.10. | 15 | 710 | 72.2 |
| '07.12. | 30 | 800 | 78.8 |

※ 조사시점은 매월 초일을 기준하고, 충당금은 무시함.

② 기타소득은 자판기 등의 수익으로 1만원/월·객실을 거둘 수 있을 것으로 본다.

③ 운영경비(OE)는 제반자료를 분석한바 아래와 같이 의미 있는 결과를 얻을 수 있었다.

$$Y = 1,200,000원 + 0.4X \ (Y : 운영경비, \ X : 가능총소득, \ R^2 = 0.951)$$

$$회귀상수(a) = \frac{(\sum y \cdot \sum x^2 - \sum x \cdot \sum xy)}{n\sum x^2 - (\sum x)^2}$$

$$회귀상수(b) = \frac{(n\sum xy - \sum x \cdot \sum y)}{n\sum x^2 - (\sum x)^2}$$

63 주어진 자료는 2010년 상반기에 월별로 수집된 실거래 사례의 토지단가(원/㎡)이다. A시 외곽의 동일수급권 내 자연녹지지역의 '답'에 대한 자료로서 용도 및 규모가 유사하며 제반 요인의 차이가 없다. 또한, 대상 기간 동안 지가변동도 미미하였다. 이 자료에만 의거하여 금년 7월 1일을 기준으로 「부동산 가격공시 및 감정평가에 관한 법률」상 언급되는 '성립될 가능성이 가장 높다고 인정되는 가격'을 결정하고자 한다. 다음의 순서에 입각하여 요구하는 값을 모두 구하고, 적정가격을 결정하되, 그 사유를 설명하시오.
`10점`

▶ 기출 제21회 5번

`물음 1` 범위(range) 및 평균(mean)의 산정

`물음 2` 중위값(median) 및 최빈치(mode)의 산정

`물음 3` 적정가격 결정 사유의 설명

(자료) 수집된 토지 가격자료 : 총 12개
1) 2010년 1월 : 190,000원, 180,000원
2) 2010년 2월 : 190,000원, 200,000원
3) 2010년 3월 : 238,000원, 190,000원,   210,000원
4) 2010년 4월 : 225,000원
5) 2010년 5월 : 210,000원, 210,000원
6) 2010년 6월 : 195,000원, 210,000원

64 다음 물음에 답하시오.

▶ 기출 제25회 4번

A국에서 과거 약 20년간 상업용 부동산(A, B, C)과 주식(D)의 연간 평균수익률 추이를 조사한 후, 다음의 표와 같이 정리하였다.

(단위 : %)

구분 (자료기호)	작성 기초자료의 성격	기하평균 수익률	산술평균 수익률	표준 편차	시계열 상관계수
CREF (A)	매년의 감정평가액 집계	10.8	10.9	2.6	0.43
REITs (B)	리츠의 수익률 집계	14.2	15.7	15.4	0.11
C&S (C)	실거래가격의 통계처리	8.5	8.6	3.0	0.17
S&P 500 (D)	주요주식의 거래가격	12.3	13.5	16.7	− 0.10

이 자료의 해석과 관련하여,

(1) 기하평균수익률과 산술평균수익률이 상이할 때 무엇을 채택하는 것이 합리적인지,

(2) 상기 자료 B와 자료 D는 표준편차가 유사하고, 시계열 상관계수도 낮은 경향을 보인 반면 자료 A는 표준편차가 가장 낮고, 시계열 상관계수가 가장 높은 특징을 보이는 이유를 기초자료의 성격과 관련하여 약술하시오. 10점

---

65 한국○○공사는 보유 중인 부동산을 매각하기 위해 김공정 감정평가사에게 일반거래 (시가참고) 목적의 감정평가를 의뢰하였다. 관련법규 및 이론을 참작하고 제시된 자료를 활용하여 답하시오. 40점

▶ 기출 제26회 1번

(자료) 가치형성요인의 계량분석

1. 헤도닉가격모형을 이용하여 해당지역의 가치형성요인을 분석함.

2. 토지만의 거래사례를 이용하여 업무용 토지가격을 종속변수로 한 모형을 추정한 결과 모형의 설명력은 0.875(수정된 R제곱)이고, F-value는 629.430으로 나타남. 다음은 분석내용임.

   1) 설명변수로 채택된 업무용 토지의 면적은 5% 유의수준에서 5,000㎡~16,500㎡ 면적의 토지는 5,000㎡ 미만 면적의 토지에 대해 다른 조건이 일정할 때 가격측면에서 약 10% 우세한 것으로 나타났으며 이는 통계적으로 유의함.

   2) 설명변수로 채택된 본건과 지하철역과의 거리는 5% 유의수준에서 유의했는데, 지

하철과의 거리가 0.5km~1km인 토지는 0.5km 미만의 토지에 대해 다른 조건이 일정할 때 가격 측면에서 3% 열세한 것으로 나타났으나 1km 초과 토지는 통계적으로 유의하지 않음.

3. 집합건물인 업무시설(사무실)의 거래사례를 이용하여 업무시설가격을 종속변수로 한 모형을 추정한 결과 모형의 설명력은 0.825(수정된 R제곱)이고, F-value는 523.257로 나타남. 다음은 분석내용임.

1) 설명변수로 채택된 층의 경우 본 계량모형상의 1층 가격은 약 3,500,000원/㎡ 정도임. 한편, 다른 조건이 모두 동일한 경우 지하1층은 1% 유의수준에서 880,000원/㎡ 정도가 1층에 비해 가격이 낮게 나타남. 한편, 2층부터 6층까지는 5% 유의수준에서 2층은 410,000원/㎡, 3층은 295,000원/㎡, 4층은 385,000원/㎡, 5층은 350,000원/㎡, 6층 이상은 400,000원/㎡ 정도가 1층에 비해 가격이 낮게 나타났으며 이는 통계적으로 유의함.

2) 설명변수로 채택된 지하철역까지의 거리 변수는 5% 유의수준에서 유의했고 지하철역에서 멀어질수록 업무시설가격은 하락(−)함.

3) 설명변수로 채택된 전용율의 경우 전체면적이 통제된 상태에서 전용면적의 증가는 업무시설가격에 긍정적인(+) 효과를 미쳤고 1% 유의수준에서 유의한 것으로 나타남. 구체적으로 전용율 45% 미만의 업무시설은 전용율 45% 이상의 업무시설에 비해 가격 측면에서 약 3% 열세한 것으로 나타남. 한편, 전용면적이 통제된 상태에서 공용면적의 증가는 통계적으로 유의하지 않음.

4) 설명변수로 채택된 업무시설의 전체면적은 1% 유의수준에서 4,000㎡~8,000㎡ 면적의 업무시설은 4,000㎡ 미만 면적의 업무시설에 비해 다른 조건이 일정할 때 가격 측면에서 약 5% 열세한 것으로 나타났으며 통계적으로 유의함.

PART

02

예시답안편

【유형 01 기업가치 감정평가이론 제27회 1번】

문1 40점

Ⅰ. 서설

기업이란 영리를 위해 재화나 용역을 생산하고 판매하는 조직을 말한다. 기업은 성장과정에서 일반 재화와 마찬가지로 전체 또는 부분(사업부 또는 보유자산)에 대한 거래, 기업권익(주식)에 대한 거래가 이루어질 수 있는바, 기준가격의 제시가 요구된다.

Ⅱ. 〔물음 1〕 기업가치의 구성요소 및 감정평가 시 유의사항

1. 기업가치의 의의

<기업가치>란 기업체가 보유하고 있는 유·무형자산의 가치를 말한다. 기업가치는 개별자산의 합계가 아닌 개별자산의 일괄가치로서, 개별자산의 가치뿐만 아니라 기업의 수익성, 시장성에 대한 종합적인 판단 속에서 결정된다.

2. 기업가치의 구성요소

1) 조달자본 측면의 구성요소

기업가치는 기업 활동에 필요한 자금의 조달원천에 따라 타인자본(이자부부채)과 자기자본(주식)으로 나눌 수 있다. 기업가치는 채권자인 타인자본에 우선적으로 할당되며, 차액은 자기자본가치(주식가치)에 할당된다.

2) 보유자산 측면의 구성요소

기업가치는 기업이 보유한 자산의 특성에 따라 유동자산, 투자자산, 유형자산, 무형자산으로 나눌 수 있다. 기업자산은 영업활동과의 관련성에 따라 영업용자산과 비영업용자산으로 분류할 수도 있다.

3. 기업가치의 감정평가 시 유의사항

1) 가치전제 결정 시 유의사항

가치전제란 감정평가에 적용할 실제 또는 가상적 상황이나 조건을 말하며, 계속기업 또는 청산기업을 전제할 수 있다. 대상기업의 특성, 평가목적 등에 따라 달리 적용하므로 유의해야 한다.

2) 감정평가방법 결정 시 유의사항

기업가치를 적정하게 평가하기 위해서는 가치의 3가지 측면이 모두 고려되어야 하며, 대상기업의 성격 및 가치전제에 유의해야 한다. 계속기업인 경우 수익환원법을 우선적으로 적용하되, 부방법에 의해 합리성을 검토해야 하며, 청산기업 또는 비영업기업의 경우 원가법을 적용하되 이유를 기재한다.

III. (물음 2) 기업가치의 감정평가방법

1. 기업가치 감정평가의 이론적 배경

기업가치 역시 가치의 3면성에 근거하여 평가할 수 있다. <원가방식>은 기업 자신의 구성 및 자본비용에 근거하며, <비교방식>은 기업거래시장에서의 거래가격에 근거한다. <수익방식>은 기업이 창출하는 영업이익에 기초하여 기업가치를 평가한다.

2. 기업가치의 감정평가방법 및 장·단점

1) 개요

기업가치는 수익환원법을 주된 방법으로 평가하며(「감정평가에 관한 규칙」 제24조), 부방법으로 거래사례비교법과 원가법을 병용할 수 있다.

2) 수익환원법

(1) 개요

<할인현금흐름분석법>이란 기업의 미래 현금흐름을 기준으로 예측기간의 영업가치와 예측기간 이후의 영구영업가치를 합산하여 평가하는 방법이다. <직접환원법>이란 단일 연도의 예상이익 추정액을 환원율로 환원하여 평가하는 방법이다. <옵션평가모형>이란 기업환경 변화, 경영자의 의사결정 등을 고려하여 현금흐름을 산정하여 평가하는 방법이다.

(2) 유의사항 및 장·단점

<직접환원법>은 간편하게 기업가치를 산정할 수 있지만, 단일 연도의 예상이익을 추정하기 어렵다는 단점이 있다. <옵션평가모형>은 기업 의사결정의 유연성을 반영할 수 있지만, 경영주체의 의사결정에 따라 기업가치가 변동할 수 있다는 단점이 있다.

3) 거래사례비교법

(1) 개요

<유사기업이용법>은 대상기업과 비슷한 상장기업들의 주가를 기초로 산정된 시장배수를 이용하여 대상기업의 주식가치를 산정한 후 부채가치를 가산하여 기업가치를 평가하는 방법이다. <유사거래이용법>은 유사기업의 주식거래가격에 기초하며, <과거거래이용법>은 대상기업 주식의 과거 거래가격에 기초한다.

(2) 유의사항 및 장·단점

거래사례비교법은 시장증거에 근거하므로 구체적·실증적인 평가방법이지만 ① 비교대상기업의 선정이 어렵고 ② 거래구조와 배경, 거래조건에 대한 조정, ③ 비영업용자산에 대한 조정이 필요하다는 한계가 있다.

4) 원가법

(1) 개요

기준시점에서 대상기업의 유·무형 개별자산의 공정가치를 재평가하고, 재무상태표에 누락되어 있는 부외자산 및 부외부채의 공정가치를 산정하여 수정재무상태표를 작성하여, 개별자산 가치의 합산으로 기업가치를 평가하는 방법이다.

(2) 유의사항 및 장·단점

원가법은 기업이 보유한 개별자산의 가치에 근거한 평가방법으로 적용이 용이하고 실증적인 평가방법이다. 계속적 영업활동에 의한 수익성을 반영하고 있지 못하고, 개별자산 간 결합을 통한 무형적 가치를 배제한다는 단점이 있다.

5) 그 외 평가방법

<배당금평가법>은 배당금 현금흐름과 주식 처분가격을 투자자의 요구수익률로 현재가치화하여 기업가치를 평가하는 방법이다. <순이익평가법>은 주당순이익을 투자자의 요구수익률로 현재가치화하며, <경제적 부가가치법>은 세후영업이익에서 투하자본 비용을 차감한 경제적 부가가치를 자본비용으로 현재가치화하여 기업가치를 평가하는 방법이다.

IV. (물음 3) 기업가치 시산가액 조정과 구성요소별 배분방법

1. 기업가치 시산가액 조정

1) 시산가액 조정의 의의

<시산가액>이란 감정평가 3방식에 의하여 산정된 가액을 의미한다. 기업가치를 적정하게 평가하기 위해서는 가치의 3가지 측면, 각 평가방법의 장·단점, 대상기업의 성격, 가치전제 등을 종합적으로 판단하여 이를 조정하여야 한다.

2) 시산가액 조정기준 및 방법

시산가액을 조정하기 위해서는 각 시산가액을 ① 적절성, ② 정확성, ③ 증거의 양, ④ 시장상황, ⑤ 평가목적(가치전제)에 따라 검토하여야 하며, 주된 평가방법(수익환원법)에 의한 시산가액의 합리성 여부 및 조정여부를 판단하여야 한다. 시산가액 조정방법으로는 ① 가중평균에 의한 방법, ② 주된 평가방법에 의한 방법, ③ 종합적인 판단에 의한 방법, ④ 통계적 분석기법 등이 있다.

2. 조정된 시산가액의 구성요소별 배분

1) 조달자본 측면의 배분

<타인자본>의 가치는 채권자에게 귀속되는 현금흐름을 적정한 할인율(시장이자율)로 할인하여 산정하며, <자기자본>가치는 기업가치에서 타인자본가치를 차감하여 산정한다. 자기자본가치에서 <주식가치>를 공제하여 <영업권>에 배분한다.

2) 보유자산 측면의 배분

<유동자산>은 자산의 특성별로 원가법(재생산원가법), 거래사례비교법(시장가치법)

또는 순실현가치법으로 평가한다. <유형고정자산>의 경우 「감정평가에 관한 규칙」 등 물건별 평가규정에 근거하여 평가한다. 지식재산권과 같이 권리를 특정할 수 있는 <무형자산>은 수익환원법 및 거래사례비교법, 원가법을 병용하여 평가하고, 기업가치에서 개별 유·무형자산의 가치를 공제하여 <영업권> 가치를 산정한다.

V. 결어

기업의 인수·합병 거래 시, 총 거래금액은 회계·세무처리 목적에 따라 구성요소별로 배분되어야 한다. 자기자본가치에서 주식가치를 공제한 전체 무형자산의 가치는 산업재산권과 같이 식별 가능한 무형자산에 우선적으로 배분한 후 잔여가치를 영업권에 할당해야 하므로, 시산가액의 배분에 유의하여야 한다. <끝>

【유형 01 기업가치 감정평가실무 제23회 4번】

문2 5점

Ⅰ. 기업가치평가의 의의

기업가치의 감정평가란 대상기업이 보유하고 있는 유·무형자산의 가치를 감정평가하는 것이다. 기업가치는 수익환원법을 주된 방법으로 평가하며(「감정평가에 관한 규칙」제24조), 부방법으로 거래사례비교법과 원가법을 병용할 수 있다. 잉여현금흐름할인모형 적용 시, 잉여현금흐름은 회계 관점의 영업이익인 EBITDA에서 세금, 자본적 지출, 운전자본증감 등 비현금흐름을 가산(공제)하여 산정하므로, EBITDA의 정확한 산정이 중요하다. <EBITDA>는 감가상각비, 이자, 세금 공제 전 영업이익을 말한다.

Ⅱ. EBITDA 산정 방법

1. 영업이익(EBIT)의 산정

영업이익은 매출액에서 매출원가 및 판매관리비를 공제하여 산정한다. <매출원가>는 매출액을 발생시킨 재화를 생산하는 데 투여된 재료비, 노무비 및 경비의 합계이며, <판매관리비>는 재화의 판매 및 기업의 유지·관리를 위해 투여된 고정비 및 변동비의 합계이다. <이자 및 세금>은 매출원가 및 판매관리비에 포함되지 않는다.

2. 감가상각비의 가산

<감가상각비>란 건물, 기계장치, 비품 및 차량운반구 등 유형자산의 취득원가에 상응하는 회계적 비용으로, 매출원가의 경비 및 판매관리비의 고정비에 반영되어 있다. EBITDA는 감가상각비 공제 전 영업이익이므로, 상기 영업이익에 감가상각비를 가산하여 산정한다. <끝>

문3 25점

I. 감정평가의 개요

1. 평가대상 : (주)A의 기업가치

2. 평가목적 : 일반거래(시가참고)

3. 기준시점 : 2020.01.01.

4. 평가방법 : 수익환원법(할인현금수지분석법)

II. 기업가치의 감정평가

1. 수익환원법에 의한 기업가치

 1) 영업가치

  (1) 현금흐름 추정

   ① 매출액

    - 기준 매출액 : 2,205,000,000원(2019년 매출액)

    - 매출액 증가율

     대상기업 과거 매출액 기준 : 5.0%

     동종 및 유사업종 기준 : (4.92 + 4.82 + 5.24) ÷ 3 = 4.99%

     결정 : (5.0 + 4.99) ÷ 2 = 5.0%

   ② 매출원가

    - 매출원가율 : 매출액 대비 50% 적용

   ③ 판매비와 관리비

    - 판관비율 : 매출액 대비 10% 적용

④ 감가상각비 : 추정기간 동안 매년 5,000,000원 증가

⑤ 자본적 지출 : 매출액의 3%

⑥ 순운전자본

　– 운전자본소요율 : 1/8 + 1/10 – 1/20 = 17.5%

⑦ 법인세율 : 22%

(2) 할인율 산정

① 자본비율 : 자기자본비율 40%, 타인자본비율 60%

② 자기자본비용

　– 무위험수익률 : 3.5%

　– 베타계수 : (0.9654 + 0.9885 + 0.9763) ÷ 3 = 0.9767

　– 시장위험률 : 12% – 3.5% = 8.5%

　– 자기자본비용 : 3.5% + 0.9767 × 8.5% = 11.8%

③ 타인자본비용 : 7%

④ 할인율 : 40% × 11.8% + 60% × 7% = 8.92%

(3) 영업가치

① 1기 ~ 5기 현금흐름의 현재가치(단위: 백만 원)

	1기	2기	3기	4기	5기
매출액	2,315	2,431	2,553	2,680	2,814
– 매출원가	1,158	1,216	1,277	1,341	1,408
– 판관비	232	243	255	268	282

–	법인세	204	214	225	236	248
+	감가상각비	115	120	125	130	135
–	자본적 지출	69	73	77	80	84
–	순운전자본 증감	19	20	21	22	23
=	잉여현금흐름	749	785	823	864	905
×	현가계수	0.918	0.843	0.774	0.711	0.652
=	현재가치	687	662	637	614	590

추정기간 내 현금흐름의 현재가치 : 687 + … + 590 = 3,190,000,000

② 추정기간 이후 현금흐름의 현재가치

905,000,000 ÷ 8.92% × 0.652 = 6,615,000,000원

③ 영업가치

3,190,000,000 + 6,615,000,000 = 9,805,000,000원

2) 비영업가치

(1) 단기금융상품 : 700,000,000원

(2) 장기투자자산 : 300,000,000원

(3) 비영업가치 : 700,000,000 + 300,000,000 = 1,000,000,000원

3) 기업가치의 수익가액

9,805,000,000 + 1,000,000,000 = 10,805,000,000원

2. 기업가치 감정평가액의 결정 및 의견

주된 감정평가방법인 수익환원법에 의한 수익가액은 10,805,000,000원이며, 다른 감

정평가방법을 적용하는 것이 곤란하여 수익가액을 최종 감정평가액으로 결정함.

<감정평가액 : 10,805,000,000원>

02 주식

유형

【유형 02 주식 감정평가이론 제17회 5번】

문4 5점

Ⅰ. 비상장주식의 의의

<비상장주식>이란 증권시장에 상장되지 않은 비상장법인의 주권을 말한다. 비상장주식은 상장주식과 달리 거래소를 통한 거래가격이 존재하지 않으므로, 주식가치에 대한 객관적인 감정평가가 요청된다.

Ⅱ. 비상장주식의 감정평가방법

1. 순자산가치법

<순자산가치법>이란 해당 기업의 자산, 부채 및 자본항목을 기준시점 현재의 가액으로 평가하여 수정재무상태표를 작성한 후, 자산총계에서 부채총계를 공제한 순자산가치를 발행주식수로 나누어 비상장주식을 평가하는 방법으로, 「감정평가에 관한 규칙」 제24조에 근거한다. 해당 기업가치를 평가할 경우에는 수익환원법, 거래사례비교법, 원가법이 적용될 수 있다.

2. 거래사례비교법

대상 비상장주식의 거래가격이나 시세 또는 시장배수 등을 파악할 수 있는 경우에는 둘 이상의 시장배수를 선정하여 산정할 수 있다. <끝>

【유형 02 주식 감정평가이론 제19회 3번】

문5 20점

I. 서설

A기업은 비상장영리법인이므로,「감정평가에 관한 규칙」제24조 및 관련 규정의 비상장주식 평가방법에 근거하여 당해 기업의 주식가치를 평가하되, 기술개발에 지출된 무형자산 외 별도의 자산 및 부채가 없는 점에 유의하여 적합한 평가방법을 적용한다.

II. 비상장주식의 일반적 감정평가방법

1. 원가방식에 의한 감정평가(순자산가치법)

1) 기업가치의 평가

(1) 수익환원법

<기업가치>란 기업체가 보유하고 있는 유·무형자산의 가치를 말한다. 기업가치는「감정평가에 관한 규칙」제24조에 근거하여 수익환원법을 주된 방법으로 평가하며 ① 할인현금흐름분석법, ② 직접환원법, ③ 옵션평가모형 등이 있다.

(2) 거래사례비교법

거래사례비교법에 의해 기업가치를 평가할 때는 ① 유사기업이용법, ② 유사거래이용법, ③ 과거거래이용법 등을 적용한다. 거래사례비교법 적용을 위한 비교 대상의 선정 시 대상기업과 동일한 산업에 속한 기업을 선정해야 한다.

(3) 원가법

원가법에 의해 기업가치를 평가할 때는 대상기업이 보유한 유·무형의 개별자산 가치를 합산하여 감정평가한다. 모든 자산은 기준시점에서의 공정가치로 측정되어

야 하며, 재무상태표에 누락되어 있는 부외자산 및 부외부채의 공정가치도 산정해

야 한다.

2) 부채의 공제 및 주당가치 산정

3방식에 의해 적정하게 산정된 기업가치에서 기준시점 현재의 공정가치로 조정된 부

채의 총계를 차감한 후, 이를 발행주식수로 나누어 주식가치를 평가한다.

2. 비교방식에 의한 감정평가

대상 비상장주식에 대한 거래가격이나 시세 또는 시장배수 등을 파악할 수 있는 경우

에는 대상 비상장주식의 기준시점 이전 30일간 실제거래가액의 합계액을 30일간 실제

총 거래량으로 나누어 주식가치를 평가하거나, 대상기업과 유사한 상장기업들의 주가

를 기초로 산정된 시장배수를 이용하여 평가할 수 있다.

III. 대상 비상장주식에 적합한 평가방법

1. 대상기업의 특성 검토

대상기업은 ① 부채를 보유하고 있지 않아 주식가치와 기업가치가 동일하며, ② 무형

자산 외 다른 자산을 보유하고 있지 않고, ③ 영업활동을 영위하지 않아 무형자산가치

와 주식·기업가치가 동일하다.

2. 대상 비상장주식에 적합한 평가방법

대상 비상장주식에 대한 거래가격 또는 유사기업의 시장배수가 존재한다면 비교방식

을 적용할 수 있을 것으로 판단되나, 대상기업의 특수성을 반영하기 어려울 것으로

판단된다. 따라서, 원가방식을 적용하되, 영업활동을 영위하지 않은 점을 고려할 때 기업가치는 수익환원법이 아닌 원가법을 적용해야 할 것으로 판단된다.

3. 각 평가방법의 장·단점 검토

1) 원가방식의 장·단점

원가방식에 의한 감정평가는 주식가치의 기반이 되는 기업가치에 근거하여 주식가치를 평가하며, 기업이 보유한 자산의 3면성을 반영하고 있어 이론적인 설득력이 높다. 그러나 투자자의 주식가치와 기업가치가 상이할 수 있어 이에 유의한다.

2) 비교방식의 장·단점

비교방식에 의한 감정평가는 거래가격, 시장배수 등 구체적이고 실증적인 시장자료에 근거한 평가방법으로 객관성과 설득력이 높다. 그러나 비상장주식은 거래소에 상장되지 않아 거래량이 부족하고 거래행위에 사정이 개입될 가능성이 높으며, 시장배수에 근거한 평가방법은 단순화된 지수로 기업의 개별성을 반영하기 어렵다.

IV. 결어

대상 비상장기업은 무형자산 외 다른 자산을 보유하고 있지 않으므로, 원가방식에 의한 기업가치는 무형자산가치와 동일하다. 무형자산 감정평가 시 「감정평가에 관한 규칙」 제23조에 근거하여 수익환원법을 주된 방법으로 적용하되, 거래사례비교법과 원가법에 의해 합리성을 검토할 수 있다. <끝>

【유형 02 주식 감정평가이론 제21회 2번】

문6　30점
Ⅰ. 서론
비상장주식은 상장주식과 달리 거래소를 통한 거래가격이 존재하지 않으므로, 주식가치
에 대한 객관적인 감정평가가 요청된다. 따라서 각 평가방법의 장·단점과 기업의 특성
을 고려하여 적정한 평가방법을 선정해야 할 것이다.
Ⅱ. [물음 1] 비상장주식의 감정평가방법
1. 비상장주식의 의의 및 평가개요
<비상장주식>이란 증권시장에 상장되지 않은 비상장법인의 주권을 말한다. 비상장주
식은 상장주식과 달리 거래소를 통한 거래가격이 존재하지 않으므로, 원가방식에 의한
감정평가(순자산가치법)가 원칙이나, 부방법으로 비교방식을 적용할 수 있다.
2. 원가방식에 의한 감정평가(순자산가치법)
1) 기업가치의 평가
기업가치란 기업체가 보유하고 있는 유·무형자산의 가치를 말한다. 기업가치는 「감
정평가에 관한 규칙」 제24조에 근거하여 수익환원법을 주된 방법으로 평가하며, 부
방법으로 거래사례비교법과 원가법을 병용할 수 있다.
2) 부채의 공제 및 주당가치 산정
3방식에 의해 적정하게 산정된 기업가치에서 기준시점 현재의 공정가치로 조정된 부
채의 총계를 차감한 후, 이를 발행주식수로 나누어 주식가치를 평가한다.

3. 비교방식에 의한 감정평가

대상 비상장주식에 대한 거래가격이나 시세 또는 시장배수 등을 파악할 수 있는 경우에는 비상장주식의 기준시점 이전 30일간 실제거래가액의 합계액을 30일간 실제 총거래량으로 나누어 주식가치를 평가하거나, 대상기업과 유사한 상장기업들의 주가를 기초로 산정된 시장배수를 이용하여 평가할 수 있다.

4. 각 방식의 장·단점

1) 원가방식의 장·단점

원가방식에 의한 감정평가는 주식가치의 기반이 되는 기업가치에 근거하여 주식가치를 평가하며, 기업이 보유한 자산의 3면성을 반영하고 있어 이론적인 설득력이 높다. 그러나 투자자의 주식가치와 기업가치가 상이할 수 있어 이에 유의한다.

2) 비교방식의 장·단점

비교방식에 의한 감정평가는 거래가격, 시장배수 등 구체적이고 실증적인 시장자료에 근거한 평가방법으로 객관성과 설득력이 높다. 그러나 비상장주식은 거래소에 상장되지 않아 거래량이 부족하고 거래행위에 사정이 개입될 가능성이 높으며, 시장배수에 근거한 평가방법은 단순화된 지수로 기업의 개별성을 반영하기 어렵다.

5. 본건 적용 감정평가방법

대상기업은 제조업과 임대업 각각 영업자산을 보유하고 영업수익이 발생하고 있다. 대상기업이 복수의 업종을 영위하는 점을 감안할 때 유사기업의 주식 거래사례를 포착하기 어려울 것으로 판단되며, 각 사업분야의 잉여현금흐름에 기초한 수익환원법을 적용하여 기업가치를 산정하고, 부채를 공제하여 주식가치를 평가하여야 할 것으로 판단된다.

Ⅲ. (물음 2) 기타 비상장주식 평가방법

1. 수익방식

① 신주인수권, 스톡옵션과 같이 장래 행사할 수 있는 특정 권리가 부가된 주식가치를 평가하는 <옵션평가모형>, ② 주주에게 지급될 배당금 현금흐름과 장래 처분시점의 주식 처분가격을 투자자의 요구수익률로 할인하여 산정하는 <배당평가모형>, ③ 주당 순이익을 투자자의 요구수익률로 할인하여 산정하는 <순이익평가모형> 등이 있다.

2. 비교방식

① 대상기업과 유사한 상장기업들의 주가를 기초로 산정된 시장배수를 이용하여 평가하는 <유사기업이용법>, ② 대상 주식과 비슷한 기업들의 주식이 기업인수 및 합병 거래시장에서 거래된 가격을 기초로 평가하는 <유사거래이용법>, ③ 대상 주식의 과거 거래가격을 기초로 시장배수를 산정하여 평가하는 <과거거래이용법> 등이 있다.

3. 원가 · 수익 병용방식

1) 「국유재산법」

<상장주식>의 경우 평가기준일 이전 30일간의 증권시장 최종 시세가액을 가중산술평균하여 산정하며, <비상장주식>은 자산가치, 수익가치 및 상대가치를 고려하여 산출한 가격 이상으로 산정한다(동법 시행령 제43조, 제44조).

2) 「상속세 및 증여세법」

<상장주식>의 경우 평가기준일 전후 각 2개월 동안 공표된 거래소 최종 시세가액의 평균액을 기준하여 산정하며, <비상장주식>의 경우 순손익가치와 순자산가치를 각각 3과 2의 비율로 가중평균하여 결정하도록 규정하고 있다. 순손익가치는 최근 3년간의 순손익액을 가중평균하여 이자율로 나누어 산정하며, 순자산가치는 순자산가액을 발행주식총수로 나누어 산정한다(동법 시행령 제63조, 제54조).

3) 「증권의 발행 및 공시에 관한 규정」

<상장주식>의 경우 최근 1개월, 최근 1주일, 최근일의 종가를 산술평균하여 산정하며, <비상장주식>은 자산가치와 수익가치를 가중산술평균하여 산정한다. 자산가치는 순자산가액을 발행주식총수로 나누어 산정하며, 수익가치는 할인현금흐름모형, 배당할인모형 등을 활용하여 산정한다.

4. 각 방식의 이론적 타당성

1) 수익방식의 타당성

수익방식은 주식의 수익성에 근거한 평가방법으로 투자자에 대한 설득력이 높으나, 기업의 배당정책(배당평가모형), 회계정책(순이익평가모형)에 따라 주식가치가 변동될 수 있다는 한계가 있다.

2) 병용방식의 타당성

원가방식은 기업이 보유한 자산의 가치에 근거한 평가방법으로 객관성이 높으나, 자산 간 결합효과 및 무형자산에 대한 고려가 미흡하다는 한계가 있다. 따라서 주식가치의 평가를 위해서는 가치의 3면성을 모두 고려하여야 하며, 각 평가방법의 장·단점, 적용가능성 및 대상기업의 특성을 종합적으로 고려하여야 한다.

IV. 결론

「감정평가에 관한 규칙」은 주식의 감정평가방법으로 원가방식과 비교방식만을 규정하고 있으나, 감정평가이론 및 타 법령에서는 수익방식 및 병용방식을 폭넓게 규정하고 이의 타당성이 인정되므로 관련 규정의 개선이 필요할 것으로 판단된다. <끝>

【유형 02 주식 감정평가이론 제24회 4번】

문7 10점

Ⅰ. 서설

부동산자산을 보유하고 있는 부동산법인의 주식가치 평가 시, 자산 측면의 부동산가치와 수익 측면의 부동산기업가치는 상이할 수 있다. 따라서, 주식가치 감정평가 시, 업종의 특성, 부동산자산의 성격, 상장여부 등을 고려하여 적정한 평가방법을 적용해야 한다.

Ⅱ. 주식가치의 평가방법

1. 상장주식의 평가방법

증권상장 규정에 따라 증권시장에 상장된 상장주식의 경우 「감정평가에 관한 규칙」 제24조에 근거하여, 기준시점 이전 30일간 거래가액의 합계액을 30일간 총 거래량으로 나누어 평가한다. 상장주식이나 증권거래소 등의 시세가 없는 경우 기업가치에서 부채의 가치를 빼고 산정한 자기자본가치를 발행주식수로 나누어 감정평가한다.

2. 비상장주식의 평가방법

비상장주식이란 주권비상장법인의 주권을 말한다. 비상장주식은 순자산가치법으로 평가하되, 비슷한 주식의 거래가격이나 시세 또는 시장배수 등이 있는 경우 이를 기준으로 주당가치를 직접 평가할 수 있다.

Ⅲ. 부동산법인의 주식가치 평가방법

1. 부동산업의 의의

부동산업이란 부동산을 상품으로 취급하는 업으로서, 부동산공급업, 부동산임대업, 부동산서비스업으로 분류할 수 있다. 세부 분류에 따라 부동산은 재무상태표상 재고자산 또는 유형자산에 속한다.

2. 부동산공급업의 주식가치 평가방법

부동산공급업이 보유한 부동산은 시장성(분양수익)에 기초하므로, <순자산가치법>을 적용하기 위한 기업가치 산정 시, 분양상황에 따라 수익환원법과 원가법에 의한 결과가 괴리될 가능성이 있다. 따라서 부동산공급업의 중장기 분양사이클을 반영할 수 있도록 수익환원법을 우선 적용하되, 원가법에 의해 합리성을 검토하여 최종 기업가치를 산정하여야 하며, 이에 부채의 가치를 공제하여 주식가치를 평가한다. 상장기업인 경우, <거래사례비교법>을 적용할 수 있다.

3. 부동산임대업의 주식가치 평가방법

부동산임대업이 보유한 부동산은 수익성(임대수익)에 기초하므로, <순자산가치법>을 적용하기 위한 기업가치 산정 시, 원가법과 수익환원법에 의한 결과가 상호 유사할 것으로 판단된다. 따라서 수익환원법에 의하여 임대용 부동산자산을 평가하는 등 기업가치를 산정한 후, 부채의 가치를 공제하여 주식가치를 평가한다. 상장기업인 경우, <거래사례비교법>을 적용할 수 있다. <끝>

【유형 02 주식 감정평가실무 제17회 1번】

문8　40점

I. [물음 1] 오피스 빌딩 예상 매입가격 [풀이생략]

1. 대상부동산 A : 8,652,000,000원

2. 대상부동산 B : 5,151,600,000원

II. [물음 2] 현금흐름 예상 및 배당수익률

1. 순영업소득 [풀이생략]

1) 대상부동산 A : 737,100,000원

2) 대상부동산 B : 388,368,000원

2. 부채서비스액

1) 차입금액 : (8,652,000,000 + 5,151,600,000 − 5,000 × 1,000,000)

　= 8,803,600,000원

2) 차입조건 : 만기 5년, 연 1회 이자지급(6.5%), 만기일시원금상환

3) 부채서비스액 : 8,803,600,000 × 6.5% = 572,234,000원

3. 배당수익

1) 배당가능금액 : (737,100,000 + 388,368,000) − 572,234,000

　= 553,234,000원

2) 배당예정율 : 95%

3) 배당수익 : 553,234,000 × 95% = 525,572,300원

4. 배당수익률

525,572,300 ÷ (5,000 × 1,000,000) = 10.51%

III. [물음 3] 지분배당률

1. 대상부동산 A

1) 투자수익률 : 737,100,000 ÷ 8,652,500,000 = 8.5%

2) 타인자본수익률 : 6.5%

3) 자기자본비중 : 5,000,000,000 ÷ 13,803,600,000 = 36%

4) 지분배당률 : 12.08%

8.5% = 지분배당률 × 36% + 6.5% × (1 - 36%)

2. 대상부동산 B [풀이생략]

9.37%

IV. [물음 4] 주식가치

1. 감정평가의 개요

① 평가대상 : 주식가치

② 평가목적 : 일반시가

③ 기준시점 : 2007.08.27.

④ 평가방법 : 수익환원법(「감정평가에 관한 규칙」 제24조 및 제12조 제1항)

2. 수익환원법에 의한 주식가치

1) 배당수익 [풀이생략]

579,355,600원

2) 주식의 수익가액

579,355,600(배당수익) ÷ 10.51%(배당수익률) ÷ 1,000,000(발행주식수)

= 5,501원/주

3. 주식가치 감정평가액의 결정 및 의견

베스트부동산투자회사의 배당예정률은 배당가능금액의 95%로서, 지분배당률은 배당수익률을 다소 상회하는 것으로 나타났음. 주식발행가는 5,000원/주이나, 경기상황에 대한 우호적인 전망에 기초할 때 2차년도의 주식가치는 <5,501원/주>로 상승할 것으로 판단됨. <끝>

문9 15점

Ⅰ. 감정평가의 개요

① 평가대상 : (비상장)주식가치

② 평가목적 : 일반시가

③ 기준시점 : 2008.12.31.

④ 평가방법 : 원가법(「감정평가에 관한 규칙」 제24조)

Ⅱ. 주식가치의 감정평가

1. 원가법에 의한 주식가치

1) 수정재무상태표

(1) 유가증권 : 130,000,000원

(2) 대손충당금 : (500,000,000 + 800,000,000) × 2% = 26,000,000원

(3) 미지급비용 : 150,000,000 + 30,000,000(미지급이자) = 180,000,000원

(4) 선급비용 : 20,000,000원

(5) 부도어음 : 100,000,000 − 50,000,000(회수불능) = 50,000,000원

(6) 퇴직급여충당금 : 200,000,000원

(7) 창업비 : 전액 상각

(8) 유형자산 : 토지 1,260,000,000원, 건물 1,187,550,000원,

　　　　　　　기계기구 1,763,200,000원

2) 자기자본의 가치

(1) 자산

(550,000 + 130,000 + 500,000 + 800,000 + 200,000 + 20,000 +

50,000 + 1,260,000 + 1,187,550 + 1,763,200) × 1,000

= 6,460,750,000원

(2) 부채

(400,000 + 600,000 + 180,000 + 2,000,000 + 26,000 + 200,000) ×

1,000 = 3,406,000,000원

3) 주식의 적산가액

6,460,750,000 − 3,406,000,000 = 3,054,750,000원

3,054,750,000(자기자본) ÷ 300,000(발행주식수) = 10,183원/주

2. 주식가치 감정평가액의 결정 및 의견

주된 감정평가방법인 원가법에 의한 적산가액은 10,183원/주이며, 다른 감정평가방법

을 적용하는 것이 곤란하여 적산가액을 최종 감정평가액으로 결정함. 역사적 재무상태

표에 기초한 주식가치는 8,992원/주이나, 기준시점의 수정재무상태표를 반영하여 주식

가치가 상승하였음.

<감정평가액 : 10,183원/주>

【유형 03 채권 감정평가실무 제20회 3번】

문10 20점

I. [물음 1]

1. 감정평가의 개요

① 평가대상 : 부동산   ② 평가목적 : 일반시가

③ 기준시점 : 2009.09.06.

④ 평가방법 : 원가법, 거래사례비교법 및 수익환원법

2. 원가법에 의한 적산가액 [풀이생략]

1,312,550,000원

3. 일괄 거래사례비교법에 의한 비준가액 [풀이생략]

1,289,079,000원

4. 일괄 수익환원법에 의한 수익가액 [풀이생략]

660,000,000원

5. 시산가액 조정 및 최종 감정평가액의 결정 및 의견

개별평가 원칙에 근거한 적산가액이 비준가액에 의해 합리성이 인정되므로, 적산가액을 기준하여 결정함. 수익가액의 경우 인근지역의 노후화를 반영하여 다소 낮게 산정되었으나, 재개발추진위원회가 설립된 점, 매도호가가 상승하고 있는 점, 인근지역의 Age-cycle(천이기) 등에 비추어 볼 때 적절성이 떨어진다고 판단됨.

<감정평가액 : 1,312,550,000원>

II. (물음 2)

1. 감정평가의 개요

① 평가대상 : 비상장채권(부실채권)

② 평가목적 : 일반시가

③ 기준시점 : 2009.09.06.

④ 평가방법 : 수익환원법(「감정평가에 관한 규칙」 제24조 제2항)

2. 예상낙찰가

1) 기초가액 : 1,312,550,000원

2) 예상낙찰가율

   (1) 낙찰가율 기준 : 70%(최근 6개월, A시 B구, 단독주택 기준)

   (2) 낙찰사례 기준 : 1,070,000,000 ÷ 1,600,000,000 ≒ 67%

   (3) 결정 : 67%(권리관계 등 제반 사항이 본건과 유사한 낙찰사례 기준)

3) 예상낙찰가

   1,312,550,000 × 67% = 879,408,500원

3. 예상현금흐름

1) 예상낙찰가 : 879,408,500원

2) 평가수수료 및 집행비용 : 7,000,000원

3) 소액임차인 : 16,000,000원

4) 선순위물권 : 400,000,000원

5) 기타 : 후순위물권 및 일반채권은 고려하지 않음.

6) 예상현금흐름

    1) - 2) - 3) - 4) = 456,408,500원

4. 부실채권 감정평가액의 결정 및 의견

부실채권은 정상적인 원리금의 회수가 어려운 채권으로서, 수익환원법 적용 시 이자에

의한 현금흐름이 발생하지 않고, 원금의 예상낙찰가 및 예상현금흐름 추정이 중요함.

본 평가에서는 현금흐름의 현재가치를 고려하지 않으므로, 예상현금흐름을 최종 감정

평가액으로 결정함.

<감정평가액 : 456,408,500원>

【유형 04 영업권 감정평가이론 제28회 4번】

문11 10점

Ⅰ. 서설

기업은 자본을 조달하여 자산을 취득한 후, 이를 기업활동에 활용하여 수익을 창출한다. 영업권과 권리금은 기업의 수익력에 기초한 자산이라는 점에서 동일하나, 유형재산 포함여부, 장소성 반영여부, 초과이익 고려여부, 법률적 보호여부 등에서 차이점이 있다.

Ⅱ. 영업권과 상가권리금의 의의

1. 영업권의 의의

<영업권>이란 대상기업이 경영상의 유리한 관계 등 배타적 영리기회를 보유하여 같은 업종의 다른 기업들에 비하여 초과수익을 확보할 수 있는 능력으로서 경제적 가치가 있다고 인정되는 권리를 말한다.

2. 상가권리금의 의의

<권리금>이란 임대차 목적물인 상가건물에서 영업을 하는 자 또는 영업을 하려는 자가 영업시설·비품, 거래처, 신용, 영업상의 노하우, 상가건물의 위치에 따른 영업상의 이점 등 유형·무형의 재산적 가치의 양도 또는 이용대가로서 임대인, 임차인에게 보증금과 차임 이외에 지급하는 금전 등의 대가를 말한다.

Ⅲ. 영업권과 상가권리금의 비교

1. 유형재산 포함여부

<권리금>은 영업활동에 사용하는 영업시설, 비품, 재고자산 등 유형재산을 포함하나, <영업권>에는 유형재산의 가치가 배제되어 있다.

2. 장소성 반영여부

<권리금>은 건물의 위치에 따른 영업상의 이점을 반영하나, <영업권>은 장소성을 반영하지 않는다.

3. 초과이익 고려여부

<권리금>은 영업이익이나 현금흐름을 현재가치로 할인하거나 환원하는 방법으로 감정평가하나, <영업권>은 초과수익을 대상으로 한다.

4. 법률적 보호여부

<권리금>은 「상가건물 임대차보호법」에 의해 회수기회 등이 보호되나, <영업권>은 거래당사자 사이의 사적자치에 근거하여 별도의 법적 보호장치가 존재하지 않는다.

<끝>

【유형 04 영업권 감정평가실무 제14회 4번】

문12   10점
Ⅰ. 감정평가의 개요
1. 평가대상 : 영업권
2. 평가목적 : 일반시가
3. 기준시점 : 2003.12.31.
4. 평가방법 : 수익환원법(「감정평가에 관한 규칙」 제23조)
Ⅱ. 영업권의 감정평가
1. 수익환원법(잔여법)에 의한 영업권가치
1) 영업관련 기업가치(순자산가치법)
{380 + (1,100 - 210) + 2,000 + 8,500 + (6,500 - 650) + (3,500 - 1,876)}
× 1,000,000 = 19,244,000,000원
2) 영업투하자본
(1) 영업자산
매출채권, 재고자산, 유형자산의 합계로 결정함.
{(1,100 - 210) + 2,000 + 8,500 + (6,500 - 650) + (3,500 - 1,876)}
× 1,000,000 = 18,864,000,000원
(2) 영업부채
외상매입금, 퇴직급여충당금의 합계로 결정함.
(1,950 + 2,120) × 1,000,000 = 4,070,000,000원

(3) 영업투하자본 : (1) - (2) = 14,794,000,000원

3) 영업권가치(잔여법에 의한 수익가액)

1) - 2) = 4,450,000,000원

2. 수익환원법(초과이익환원법)에 의한 영업권가치

1) 초과수익

(1) 대상기업수익

(6,861 - 2,900 - 1,157) × 1,000,000 = 2,804,000,000원

(2) 동종업종평균수익

(19,984 - 1,950 - 9,500 - 210 - 2,120) × 1,000,000 × 10%

= 620,400,000원

(3) 초과수익 : (1) - (2) = 2,183,600,000원

2) 할인율 : 9%

3) 영업권가치(초과이익환원법에 의한 수익가액)

2,183,600,000 × PVAF(3년, 9%) ≒ 5,527,000,000원

3. 영업권 감정평가액의 결정 및 의견

잔여법은 기업가치 결정 시 원가법(순자산가치법)에 의존하여 기업의 수익성 등이 적

절하게 반영되지 못하였고, 기업가치 및 영업권 가치가 과소평가될 수 있음. 따라서

기업의 수익성(초과수익력)을 반영하고 있는 초과수익환원법에 근거하여 최종 감정평

가액을 결정함.

<감정평가액 : 5,527,000,000원>

【유형 04 영업권 감정평가실무 제30회 1번】

문13 40점

Ⅰ. 감정평가의 개요

1. 평가대상 : (주)A의 영업권

2. 평가목적 : 일반거래(시가참고)

3. 기준시점 : 2020.01.01.

4. 평가방법 : 수익환원법(「감정평가에 관한 규칙」제23조)

Ⅱ. [물음 1] [주]A의 기업가치 [풀이생략]

<감정평가액 : 10,805,000,000원>

Ⅲ. [물음 2] [주]A의 특허권 가치 [풀이생략]

<감정평가액 : 1,146,000,000원>

Ⅳ. [물음 3] [주]A의 영업권 가치

1. 수익환원법에 의한 시산가액

1) 영업관련 기업가치 : 9,805,000,000원

2) 영업투하자본

(1) 영업용자산(단위 : 백만 원)

당좌자산 500 + 재고자산 600 + 유형자산 4,300 = 5,400,000,000원

(2) 영업용부채 : 1,100,000,000원(유동부채)

(3) 영업투하자본 : (1) - (2) = 4,300,000,000원

3) 특허권 가치 : 1,146,000,000원

4) 영업권 수익가액 : 1) - 2) - 3) = 4,359,000,000원

2. 영업권 감정평가액의 결정 및 의견

주된 감정평가방법인 수익환원법에 의한 수익가액은 4,359,000,000원이며, 다른 감정

평가방법을 적용하는 것이 곤란하여 수익가액을 최종 감정평가액으로 결정함.

<감정평가액 : 4,359,000,000원>

【유형 04 영업권 감정평가실무 제31회 1번】

문14 10점

Ⅰ. 감정평가의 개요

1. 평가대상 : 주식회사 B의 영업권

2. 평가목적 : 일반거래(시가참고)

3. 기준시점 : 2020.09.19.

4. 평가방법 : 수익환원법(「감정평가에 관한 규칙」 제23조)

Ⅱ. 주식회사 B의 영업권 감정평가

1. 수익환원법에 의한 영업권가치

1) 영업관련 기업가치

  (1) 기업가치 : 70,000,000,000원

  (2) 비영업가치 : 25,700,000,000원(자가사용 외의 집합건물)

  (3) 영업관련 기업가치 : (1) - (2) = 44,300,000,000원

2) 영업투하자본

  (1) 영업자산 : 유동자산(350억 원) + 유형자산(224억 원) = 57,400,000,000원

  (2) 영업부채 : 20,000,000,000원(외상매입금)

  (3) 영업투하자본 : (1) - (2) = 37,400,000,000원

3) 영업권 수익가액

  1) - 2) = 6,900,000,000원

2. 영업권 감정평가액의 결정 및 의견

주된 감정평가방법인 수익환원법에 의한 수익가액은 6,900,000,000원이며, 다른 감정

평가방법을 적용하는 것이 곤란하여 수익가액을 최종 감정평가액으로 결정함.

<감정평가액 : 6,900,000,000원>

【유형 05 광업권 감정평가실무 제13회 2번】

문15 15점

Ⅰ. [물음 1] 광산 및 광업권의 감정평가

1. 감정평가의 개요

① 평가대상 : 광산 및 광업권   ② 평가목적 : 일반시가

③ 기준시점 : 가격조사완료일

④ 평가방법 : 수익환원법(「감정평가에 관한 규칙」제19조 및 제23조)

2. 광산의 감정평가

1) 추정기간

확정·추정광량, 석탄광산의 가채율 및 월간생산량을 기준하여 산정함.

(5,500,000 × 70% + 8,000,000 × 42%) ÷ 50,000 × 12 ≒ 12년

2) 순수익

(50,000t × 12개월 × 5,000원) × (1 - 10%) - (500,000,000 +

350,000,000 + 150,000,000) = 1,700,000,000원

3) 환원이율 : 16% + SFF(12년, 10%) = 20.7%

4) 장래소요기업비 : 1,450,000,000원

5) 광산 감정평가액

1,700,000,000 ÷ 20.7% - 1,450,000,000 = <6,762,560,000원>

---

3. 광업권의 감정평가

  1) 광산 감정평가액 : 6,762,560,000원

  2) 현존시설 가치 : 3,300,000,000원

  3) 과잉유휴시설의 고려 : 없음

  4) 광업권 감정평가액

   6,762,560,000 - 3,300,000,000 = <3,462,560,000원>

II. [물음 2] 광산 감정평가 시 조사사항

1. 사전조사사항

  ① 권리사항 : 광업원부, 광업재단등기부

  ② 자산사항 : 광산의 배치도, 광구도, 시설(토지·건물) 및 설비(기계기구)내역 등

  ③ 운영사항 : 광산의 채굴, 생산, 매출 및 비용내역 등

2. 현장조사사항

  ① 입지사항 : 교통, 지형, 지세 등

  ② 자산사항 : 광상, 시설, 설비현황 등

3. 가격조사사항

① 비용자료 : 토지매입비, 조성공사비, 기계기구매입비, 시설설치비 등

② 시장자료 : 지가변동률, 건축비지수, 기계가격보정지수, 광물시세추이, 인건비 지수

③ 수익자료 : 재무제표, 생산계획, 자금조달계획 등

Ⅲ. [물음 3] 환원이율과 축적이율

1. 각 이율의 정의

<환원이율>이란 대상물건이 장래 산출할 것으로 기대되는 표준적인 순수익과 가격의 비율이며, <축적이율>은 소모성 자산의 자본회수분을 안전하게 회수하는 데 사용되는 이율이다.

2. 각 이율의 비교

① <환원이율>은 자본수익률과 자본회수율로 구성되며 회수가정에 따라 감가상각 률, 감채기금계수로 자본회수율을 산정하나, <축적이율>은 자본회수율의 성격 을 갖는다.

② <환원이율>은 부동산 고유의 위험을 반영하나, <축적이율>은 안전율에 해당한다.

③ <환원이율>은 시장추출법, 요소구성법(조성법), 투자결합법, 유효총수익승수법, 시장 통계자료 등을 활용하여 산정하나, <축적이율>은 정기예금, 장기국고채이 율 등 무위험 자산의 수익률에 기초하여 산정한다. <끝>

권리금

【유형 07 권리금 감정평가이론 제25회 4번】

문16 10점

I. 서설

상가권리금은 임대차 관행에 의한 대표적인 지하경제로 사회적 문제가 되었으나, 정부의 보호방안 제도화 시 감정평가에 의한 거래 양성화가 예상된다. 경제사회의 발달로 다양한 무형자산에 대한 감정평가 수요가 증대되고 있으므로 이에 대비해야 한다.

II. 상가권리금의 의의 및 도입배경

1. 상가권리금의 의의

<권리금>이란 임대차 목적물인 상가건물에서 영업을 하는 자 또는 영업을 하려는 자가 영업시설·비품, 거래처, 신용, 영업상의 노하우, 상가건물의 위치에 따른 영업상의 이점 등 유·무형의 재산적 가치의 양도 또는 이용대가로서 임대인, 임차인에게 보증금과 차임 이외에 지급하는 금전 등의 대가를 말한다.

2. 상가권리금 보호방안 도입배경

상가권리금은 임대차 관행을 통해 거래되어 왔으나, 명확한 법적 정의와 규정 없이 일부 세법 및 판례에 의해서 간접적으로 인정되어 왔다. 정부는 상가권리금의 보호를 위해 「상가건물 임대차보호법」을 개정하여 회수기회 보호를 명문화하였고, 거래질서 확립을 위해 「감정평가 실무기준」을 통해 권리금 평가방법을 규정하였다.

III. 권리금 감정평가방법 및 업무 변화

1. 권리금 감정평가방법

권리금은 유·무형재산마다 개별로 감정평가하는 것을 원칙으로 하며, 일괄하여 감정

평가할 경우 합리적인 배분기준에 따라 유·무형재산에 배분한다. 유형재산은 원가법을 적용하나, 부방법으로 거래사례비교법을 적용할 수 있다. 무형재산은 수익환원법을 적용하나, 부방법으로 거래사례비교법이나 원가법을 적용할 수 있다.

2. 감정평가업무의 변화

1) 평가지침 및 심사기준 제정

「감정평가 실무기준」에서 권리금 감정평가방법을 규정하고 있으나, 규정의 포괄성으로 인해 실무적으로 한계가 있다. 따라서 세부적인 평가지침, 사례 연구, 표준 감정평가서, 심사기준 등 실무적 통일성을 확보할 수 있는 방안이 강구될 것이다.

2) 권리금 양성화 및 업무영역 확대

상가권리금 법제화로 임차인의 권리금 회수가 법적으로 보장되었으나, 시장관행 및 조세회피에 따라 권리금 양성화는 미진한 상태이다. 향후 권리금 양성화에 따라 일반 거래 목적의 권리금 감정평가, 컨설팅 목적의 권리금 투자타당성 등 업무영역이 지속적으로 확대될 것으로 예상된다. <끝>

【유형 07 권리금 감정평가이론 제28회 4번】

문17 10점

I. 서설

기업은 자본을 조달하여 자산을 취득한 후, 이를 기업활동에 활용하여 수익을 창출한다. 영업권과 권리금은 기업의 수익력에 기초한 자산이라는 점에서 동일하나, 유형재산 포함여부, 장소성 반영여부, 초과이익 고려여부, 법률적 보호여부 등에서 차이점이 있다.

II. 영업권과 상가권리금의 의의

1. 영업권의 의의

영업권이란 대상기업이 경영상의 유리한 관계 등 배타적 영리기회를 보유하여 같은 업종의 다른 기업들에 비하여 초과수익을 확보할 수 있는 능력으로서 경제적 가치가 있다고 인정되는 권리를 말한다.

2. 상가권리금의 의의

권리금이란 임대차 목적물인 상가건물에서 영업을 하는 자 또는 영업을 하려는 자가 영업시설·비품, 거래처, 신용, 영업상의 노하우, 상가건물의 위치에 따른 영업상의 이점 등 유형·무형의 재산적 가치의 양도 또는 이용대가로서 임대인, 임차인에게 보증금과 차임 이외에 지급하는 금전 등의 대가를 말한다.

III. 영업권과 상가권리금의 비교

1. 유형재산 포함여부

<권리금>은 영업활동에 사용하는 영업시설, 비품, 재고자산 등 유형재산을 포함하나, <영업권>에는 유형재산의 가치가 배제되어 있다.

2. 장소성 반영여부

<권리금>은 건물의 위치에 따른 영업상의 이점을 반영하나, <영업권>은 장소성을 반영하지 않는다.

3. 초과이익 고려여부

<권리금>은 영업이익이나 현금흐름을 현재가치로 할인하거나 환원하는 방법으로 감정평가하나, <영업권>은 초과수익을 대상으로 한다.

4. 법률적 보호여부

<권리금>은 「상가건물 임대차보호법」에 의해 회수기회 등이 보호되나, <영업권>은 거래당사자 사이의 사적자치에 근거하여 별도의 법적 보호장치가 존재하지 않는다.

<끝>

【유형 07 권리금 감정평가실무 제33회 4번】

문18 10점

Ⅰ. 감정평가의 개요

1. 평가대상 : 권리금

2. 평가목적 : 소송 참고 목적

3. 기준시점 : 2022.07.16.

4. 평가방법 : 원가법(유형재산), 수익환원법(무형재산)

Ⅱ. 권리금의 감정평가

1. 유형재산(시설권리금)의 적산가액

1) 재조달원가

(1) 적용단가 : 600,000원/㎡ × 1.313 ≒ 788,000원/㎡

(2) 재조달원가 : 788,000원/㎡ × 120㎡ = 94,560,000원

2) 감가수정

(1) 경과연수(내용연수) : 5년(10년)

(2) 감가수정 : 94,560,000원 × (5 ÷ 10) = 47,280,000원

3) 적산가액

1) - 2) = 47,280,000원

2. 무형재산(영업권리금)의 수익가액

1) 추정기간 : 5년

2) 순수익 : (23,000,000 − 19,000,000) × 50% = 2,000,000원/년

3) 할인계수 : 0.899 + 0.808 + 0.726 + 0.653 + 0.587 = 3.673

4) 수익가액 : 2) × 3) = 7,346,000원

3. 권리금 감정평가액의 결정 및 의견

유형 무형재산에 대한 적산 수익가액이 적용된 감정평가방법의 적절성, 정확성, 평가 목적 및 시장상황에 비추어 볼 때 적정한 것으로 판단되어 아래와 같이 감정평가액을 결정함.

<감정평가액 : 54,626,000원>

시설권리금 : 47,280,000원

영업권리금 :   7,346,000원

【유형 08 지식재산권 감정평가이론 제33회 1번】

문19 40점

I. 서설

감정평가는 대상물건의 개념과 경제적 특성에 대한 이해, 가치 3면성에 근거한 가치 추계이론에 대한 이해를 양축으로 이루어진다. 지식재산권 감정평가 시, 지적창작물의 특성을 고려하여 적절한 감정평가방법이 적용되어야 할 것이다.

II. [물음 1] 지식재산권의 개념

1. 지식재산권의 개념

<지식재산권>이란 특허권, 실용신안권, 디자인권, 상표권 등 산업재산권 또는 저작권 등 지적창작물에 부여된 재산권에 준하는 권리를 말한다.

2. 지식재산권의 종류

1) 산업재산권

<산업재산권>이란 산업 및 경제활동과 관련된 지적창작물에 부여된 권리를 말한다. 산업재산권에는 ① 발명 등에 관한 독점적 권리인 특허권, ② 물품의 형상, 구조에 관한 권리인 실용신안권, ③ 상품을 식별하기 위한 기호, 도형, 문자의 결합에 대한 권리인 상표권, ④ 상품의 디자인에 대한 권리인 디자인권이 있다.

2) 저작권

<저작권>이란 사상이나 감정을 표현한 창작물에 대한 독점적인 권리를 말한다. 저작물에는 소설, 시, 논문, 음악, 사진, 컴퓨터프로그램 등이 있다.

3. 지식재산권의 가격자료

1) 수익 및 비용자료

지식재산권을 감정평가하기 위한 가격자료로 ① 지식재산권과 관련된 상품이나 제품의 매출액 및 영업이익, ② 지식재산권의 실시계약에 따른 실시료율 및 실시료 수입과 같은 <수익자료>, 지식재산권의 개발, 등록, 취득에 소요되는 <비용자료>가 있다.

2) 거래사례 및 시장자료

지식재산권을 감정평가하기 위한 가격자료로 지식재산권의 매매, 양도한 가격인 <거래사례>, 지식재산권을 활용한 기업활동에 관련된 산업동향, 경제성장률, 물가, 금리, 환율 등의 경제지표인 <시장자료>가 있다.

III. [물음 2] 감정평가 3방식

1. 감정평가 3방식의 의의 및 성립근거

1) 원가방식과 생산비가치설

<원가방식>이란 비용성에 근거한 감정평가방식으로, 가격을 구하기 위한 원가법과 임료를 구하기 위한 적산법으로 분류할 수 있다. 원가방식은 재화의 가치가 생산에 소요된 생산요소의 비용이라는 생산비가치설에 근거한다.

2) 수익방식과 한계효용가치설

<수익방식>이란 수익성에 근거한 감정평가방식으로, 가격을 구하기 위한 수익환원법과 임료를 구하기 위한 수익분석법으로 분류할 수 있다. 수익방식은 재화의 가치가 수요자의 주관적 효용에 의하여 결정된다는 한계효용가치설에 근거한다.

3) 비교방식과 대체의 원칙

<비교방식>이란 시장성에 근거한 감정평가방식으로, 가격을 구하기 위한 거래사례비교법, 공시지가기준법, 임료를 구하기 위한 임대사례비교법으로 분류할 수 있다. 비교방식은 재화의 가치가 대체재의 거래가격에 의하여 결정된다는 대체의 원칙에 근거한다.

2. 감정평가 3방식의 관계

1) 상호 작용 관계

재화의 가격은 시장의 수요, 공급에 의하여 결정된다. 원가방식은 재화의 공급측면, 수익방식의 재화의 수요측면을 반영하고 있으며, 비교방식은 공급과 수요의 균형측면을 반영하고 있으므로, 감정평가 3방식 역시 상호 작용 관계에 있다.

2) 단기적 불균형, 장기적 균형 관계

현실의 불완전한 시장에서는 감정평가 3방식에 의한 시산가액이 상호 일치하기 어려우나, 장기적 관점에서는 시장가격이 수요공급의 경쟁에 따라 생산비로 수렴하여 안정적 균형에 도달할 수 있다.

IV. [물음 3] 지식재산권의 감정평가방법

1. 지식재산권의 감정평가방법

1) 수익방식

(1) 현금흐름 할인(환원)법

<현금흐름 할인(환원)법>이란 해당 지식재산권으로 인한 현금흐름을 현재가치로

할인하거나 환원하는 감정평가방법이다. 지식재산권의 현금흐름은 ① 절감 가능한 사용료, ② 증가된 현금흐름 등으로 산정할 수 있다.

(2) 기술기여도 산정법

<기술기여도 산정법>이란 기업 전체의 영업가치에서 해당 지식재산권의 기술기여도를 곱하는 감정평가방법이다. 기술기여도는 해당 지식재산권이 영업이익 창출에 기여한 비율로서 ① 유사 지식재산권의 기여도, ② 산업기술요소, 개별기술강도, 기술 비중 등을 고려하여 산정할 수 있다.

2) 비교방식

<비교방식(거래사례비교법)>은 ① 해당 지식재산권과 유사한 지식재산권의 거래사례를 기준으로 가치형성요인을 비교하거나, ② 매출액이나 영업이익에 유사한 지식재산권의 실시료율을 곱한 현금흐름을 할인 또는 환원하여 감정평가하는 방법이다.

3) 원가방식

(1) 재취득비용 기준법

<재취득비용 기준법>은 해당 지식재산권을 기준시점에서 새로 취득하기 위해 필요한 예상비용에서 감가수정하여 결정하는 감정평가방법이다.

(2) 제작·취득비용 기준법

<제작·취득비용 기준법>은 해당 지식재산권을 제작하거나 취득하는 데 소요된 비용을 물가변동률 등에 따라 시점수정하여 결정하는 감정평가방법이다.

2. 지식재산권 감정평가 시 유의사항

1) 수익방식 적용 시 유의사항

(1) 경제적 내용연수에 유의

수익방식 적용 시 해당 지식재산권 관련 수익의 추정기간을 결정하여야 한다. 추정기간은 지식재산권의 출원·등록시점을 기준한 법적 내용연수의 범위에서 지식재산권의 경제적 이익이 지속될 수 있는 경제적 내용연수로 결정해야 한다.

(2) 기술사업화위험의 고려

수익방식에서 지식재산권의 현금흐름에 적용하는 할인율 산정 시, 대상기업의 할인율에 추가적인 위험율(기술사업화위험)을 고려하여야 한다. 이는 지식재산권이 제품의 제조, 판매로 이어지는 과정에서 발생할 수 있는 위험성을 반영한다.

2) 비교방식 적용 시 유의사항

지식재산권은 독창적인 지적창작물에 부여된 권리이므로, 현실적으로 동일한 지식재산권의 거래사례를 포착하는 데 어려움이 있다. 따라서, 거래사례를 선정할 때에는 지식재산권의 권리성, 기술성, 시장성 측면에서 비교 가능성을 판단하여야 한다.

3) 원가방식 적용 시 유의사항

지식재산권은 지적창작물의 특성상 개발 및 창작에 투입된 원가를 측정하기 어려우며, 원가와 수익이 비례하지 않는다. 또한, 물리적 감가요인 및 물가변동의 영향력이 제한적이므로 감가요인의 파악 및 적절한 시점수정에 유의하여야 한다.

V. 결어

가격은 시장에서 거래행위의 기준이자 수요·공급의 조절장치로 기능한다. 지식재산권 시장이 활성화되기 위해서는 지식재산권의 적정 시장가치가 전제되어야 하므로, 지적 창작물의 특성을 고려하여 객관적이고 과학적인 감정평가가 이루어져야 할 것이다.

<끝>

【유형 08 지식재산권 감정평가실무 제30회 1번】

문20 40점

I. 감정평가의 개요

1. 평가대상 : (주)A의 특허권

2. 평가목적 : 일반거래(시가참고)

3. 기준시점 : 2020.01.01.

4. 평가방법 : 수익환원법(기술기여도법)

II. [물음 1] (주)A의 기업가치 [풀이생략]

<감정평가액 : 10,805,000,000원>

III. [물음 2] (주)A의 특허권가치

1. 특허권의 유효 잔존수명

1) 경제적 수명 잔존기간

(1) 특허인용수명 : 9년(중앙값)

(2) 영향요인 평점 합계 : 6점

(3) 경제적 수명 : 9 × (1 + 6/20) = 11.7년

(4) 특허권 경과연수 : 6.5년(2013.05.26. ~ 2020.01.01.)

(5) 경제적 수명 잔존기간 : 11.7 - 6.5 = 5.2년

2) 법적 잔존기간 : 12.4년(2020.01.01. ~ 2033.05.26.)

3) 유효 잔존수명 : 5년

특허권의 경제적 실질을 고려하여 경제적 수명으로 결정함.

2. 특허권의 감정평가

1) 수익환원법에 의한 특허권가치

(1) 영업가치 : 3,190,000,000원 [풀이생략]

유효 잔존수명 5년 동안의 영업가치

(2) 기술기여도

① 산업기술요소 : 51.3%(C10, 식료품 제조업)

② 개별기술강도 : (36 + 34) ÷ 100 = 70%

③ 기술기여도 = 51.3% × 70% = 35.91%

(3) 특허권의 수익가액

3,190,000,000 × 35.91% = 1,146,000,000원

2) 특허권 감정평가액의 결정 및 의견

주된 감정평가방법인 수익환원법에 의한 수익가액은 1,146,000,000원이며, 다른 감

정평가방법을 적용하는 것이 곤란하여 수익가액을 최종 감정평가액으로 결정함.

<감정평가액 : 1,146,000,000원>

【유형 09 임차권 감정평가이론 제26회 3번】

문21 20점

I. 서설

토지소유제도는 사용권, 수익권, 처분권을 배분하는 방법에 따라 다양한 형태가 성립할 수 있다. 중국, 북한과 같은 공산권 국가는 토지의 사적소유를 금지하고 국가가 토지를 소유하였으나, 개혁·개방정책에 따라 토지 장기사용권의 거래가 이루어지고 있다. 해당국에 대한 직접투자 및 경제협력은 토지사용권에 기반하므로 이에 대한 이해가 필요하다.

II. 토지 장기사용권

1. 토지사용권의 의의

토지사용권이란 일정 기간 토지를 사용하고 수익할 수 있는 권리로서, 사용·수익·처분을 통해 토지를 전면 지배할 수 있는 권리에서 처분권을 유보한 물권이다. 토지사용권 제도는 부동산의 사적소유를 금지하고 있는 중국, 베트남, 몽골 등 일부 국가에서 채택하고 있다.

2. 토지사용권의 내용

1) 취득 및 처분

토지사용권의 최초 취득은 국가 또는 지방정부로부터 토지사용료를 일시불로 지불하고 토지사용권을 분배받는 '출양방식'에 의해 이루어진다. 토지사용권자는 일정 기간 내에서 토지를 직접 이용하거나 양도, 임대, 저당, 교환 등의 자유로운 거래활동을 할 수 있다. 토지사용기간이 만료될 경우, 정부는 토지사용권, 지상건축물, 부착물의 소유권을 무상으로 회수할 수 있다.

2) 이용

토지사용권의 기한은 토지용도별로 주거용지 70년, 공업용지 50년, 교육·문화·체육용지 50년, 상업용지 40년 등으로 구분되어 있다. 사용기간이 만료된 경우 연장신청을 할 수 있으며, 정부는 공공필요가 있는 경우를 제외하고 이를 승인해야 하므로 사실상 토지소유권과 유사하다고 볼 수 있다.

3. 토지사용권의 감정평가

1) 과세의 기준

토지사용권은 사용권자의 재산에 해당하므로, 재산세 과세의 기준이 되는 과세표준 산정 시 토지사용권의 감정평가가 필요하다.

2) 가격·임대료의 산정

토지사용권의 감정평가액은 출양 시 기준가격이 되며, 매매 또는 임대 시 참고가격으로 활용될 수 있다.

3) 담보의 제공

토지사용권은 법적으로 보호될 수 있는 물권이므로 담보의 제공이 가능하며, 담보물의 처분가치를 산정하기 위해 감정평가가 필요하다.

III. 토지 장기사용권의 평가방법

1. 원가방식

원가방식이란 비용성에 근거한 감정평가방법으로, 대상물건의 재조달원가에 감가수정을 하여 대상물건의 가액을 산정한다. <재조달원가>는 토지사용권을 취득하기 위해 지불한 출양금(일시불의 토지사용료)과 취득 이후에 지출한 개발비용 등을 가산하여 산정하고, <감가수정>은 잔존사용기간 및 연장 가능여부를 감안하여 산정할 수 있다.

2. 비교방식

비교방식이란 시장성에 근거한 감정평가방식으로, 대상물건과 유사한 물건의 거래사례와 비교하여 대상물건의 가액을 산정하는 감정평가방법을 말한다. <거래사례>는 대상과 위치·용도의 유사성이 있는 토지사용권의 출양·양도사례를 기준하고, <요인비교> 시 지역·개별적 가치형성요인 및 잔존사용기간을 고려한다.

3. 수익방식

수익방식이란 수익성에 근거한 감정평가방법으로, 대상물건이 장래 산출할 것으로 기대되는 순수익이나 미래의 현금흐름을 환원하거나 할인하여 대상물건의 가액을 산정하는 감정평가방법을 말한다. 대상토지에서 발생가능한 임대수익에서 운영경비 등을 공제하여 <순수익>을 산정하고, 이를 잔존사용기간 동안 현재가치화하여 평가한다.

IV. 결어

토지사용권의 감정평가는 중국, 북한(개성공업지구) 등에 진출해 있는 기업이 자산을 취득 또는 매각하는 경우, 담보로 제공하는 경우에 요청되며, 기업자산에 대한 과세의 기준이 된다. 토지사용권에 대한 정확한 이해를 통해 공정한 감정평가가 이루어져야 한다.

<끝>

문22 10점

I. [물음 1] 임차권의 수익률

1. 임차권의 가치

1) 소유권의 가치 : 120,000,000원

2) 임대권의 가치

$9,000,000 \times$ PVAF(10년, 9%) $+ 120,000,000 \times$ PVF(10년, 9%)

$\fallingdotseq 108,448,000$원

3) 임차권의 가치

$120,000,000 - 108,448,000 = 11,552,000$원

2. 임차권의 수익

$12,000,000 - 9,000,000 = 3,000,000$원

3. 임차권의 수익률

$3,000,000 \times$ PVAF(10년, X%) $= 11,552,000$원 <22.6%>

II. [물음 2] 소유권, 임대권, 임차권의 가치

① <소유권>은 최유효이용을 기준하나, <임대권>은 현재상태를 기준으로 성립함.

② <임대권>은 임차인의 신용위험에 따라 적용 이율이 상이함. <끝>

【유형 09 임차권 감정평가실무 제27회 2번】

문23 10점

Ⅰ. 임차권의 수익률

1. 임차권의 가치

604,600,000 - 593,604,000 = 10,792,000원

2. 임차권의 수익

{(1,100,000 - 1,000,000) × 2% + (16,500 - 15,000) × 12} × 100

= 2,000,000원

3. 임차권의 수익률

2,000,000 × PVAF(4년, X%) = 10,792,000원 <18.5%>

4. 임차권의 수익률이 높은 이유

임대권과 임차권의 수익률은 현금흐름의 불확실성에 기반하여 추정할 수 있음.

임대권의 현금흐름은 계약임대료와 복귀가치로서 각각 임차인의 신용위험 및 시장위

험을 가지나, 임차권의 현금흐름은 시장임대료와 계약임대료의 차액으로서 불확실성

이 높음. <끝>

문24 20점

I. 감정평가의 개요

1. 평가대상 : 장기임차권

2. 평가목적 : 일반거래(시가참조)

3. 기준시점 : 2022.07.16.

4. 평가방법 : 원가방식 및 비교방식

II. 장기임차권의 감정평가

1. (물음 1) 원가방식의 적용

1) 재조달원가

(1) 적용단가 : 120,000원/㎡ × 1.72072 ≒ 206,000원/㎡

(2) 재조달원가 : 206,000원/㎡ × 2,000㎡ = 412,000,000원

2) 감가수정

(1) 잔존가치율 : (50 × 12 − 138) ÷ (50 × 12) ≒ 0.77

(2) 감가수정 : 412,000,000 × (1 − 0.77) = 94,760,000원

3) 적산가액 : 1) − 2) = 317,240,000원

2. (물음 2) 비교방식의 적용

1) 사례의 선정 및 이유 : 기호(나)

용도지역, 이용상황이 동일하고, 기준시점으로부터 가장 가까운 날짜의 거래사례

2) 사정보정 : 1.000(거래가액 적정)

3) 시점수정 : 1.00102(2022.07.01. ~ 2022.07.16.)

4) 지역요인 : 1.000

5) 개별요인 : 도로접면(1.02) × 획지조건(1.01) = 1.030

6) 잔가율 비교 : 0.77 ÷ 1.00 = 0.77

7) 비준가액 : 1) × … × 6) ≒ 222,000원/㎡ × 2,000㎡ = 444,000,000원

3. (물음 3) 시산가액의 검토 및 감정평가액 결정

1) 적산가액은 자료의 양과 질에 있어서 객관적이나, 계약 후 장기 시장상황 변동에

대한 반영이 미흡하고 일반거래 평가목적과 부합하지 않는다는 단점이 있음.

2) 비준가액은 자료의 양과 질에 있어 구체적·실증적이며, 최근 시점의 거래사례로

기준시점의 시장상황을 반영하고 있어 일반거래 평가목적에 부합한다고 판단됨.

3) 감정평가액은 시산가액 검토 결과와 잔존 계약일 등을 종합 고려하여, 비준가액

과 적산가액을 각각 8:2의 비율로 가중평균하여 결정함.

<감정평가액 : 405,958,400원>

유형

의제부동산

【유형 10 의제부동산 감정평가실무 제12회 3번】

문25 10점

I. 감정평가의 개요

1. 평가대상 : 선박

2. 평가목적 : 보상

3. 기준시점 : 2001.08.01.

4. 평가방법 : 원가법(「감정평가에 관한 규칙」 제20조)

II. [물음 1] 원가법에 의한 선박 감정평가액

1. 선체

① 재조달원가 : 4,500,000 × 79 = 355,500,000원

② 감가수정(정률법) : 잔존가치율 0.773

③ 적산가액 : ① × ② = 274,802,000원

2. 기관

200,000 × 600 × 0.631 = 75,720,000원

3. 의장

250,000,000 × 0.541 = 135,250,000원

4. 선박 감정평가액

1. + 2. + 3. = <485,772,000원>

Ⅲ. (물음 2) 어선 감정평가의 기초자료

1. 확인사항

선박원부, 선박국적증서, 선박등기사항전부증명서 등

2. 가격조사사항

① 원가자료 : 선체·기관·의장별 생산원가 등

② 시장자료 : 신조가격, 거래가격, 중고선박시세 등

③ 수익자료 : 원자재, 해운시장 시황 등

문26 15점

Ⅰ. 감정평가의 개요

1. 평가대상 : 입목

2. 평가목적 : 매수

3. 기준시점 : 가격조사완료일

4. 평가방법 : 시장가역산법(「감정평가에 관한 규칙」 제17조 및 제12조)

Ⅱ. 시장가역산법에 의한 입목 감정평가액

1. 원목 시장가의 현재가치

1) 원목 시장가

조재율은 흉고직경을 기준하여 중급 85% 적용

(1) 참나무 : 90,000 × 1,653.8 × (0.3 + 0.2 × 90%) = 71,444,000원

(2) 기타활엽수 : 85,000 × 3,307.5 = 281,138,000원

(3) 소나무 : 95,000 × 551.3 = 52,374,000원

(4) 잣나무 : 90,000 × 1,047.4 = 94,266,000원

(5) 낙엽송 : 95,000 × 748.1 = 71,070,000원

(6) 리기다소나무 : 90,000 × 1,197.0 = 107,730,000원

(7) 원목 시장가 : {(1) + … + (6)} × 85% = 576,318,700원

2) 할인율

1 + (7.0% × 6/12개월) + 10% + 5% = 1.185

3) 원목 시장가의 현재가치

1) ÷ 2) ≒ 486,344,895원

2. 원목 생산비용

1) 벌목조재비

(80,000 + 80,000 + 30,000) ÷ 10 × 8,505.1 = 161,596,900원

2) 산지집재비 및 운반비

(80,000 + 80,000 + 110,000) ÷ 10 × (8,505.1 × 85%) = 195,192,045원

3) 임도 보수 및 설치비

90,000 × (2.1 ÷ 0.3) = 630,000원

4) 생산비용

{1) + 2) + 3)} × (1 + 10%) = 393,160,840원

3. 입목 감정평가액

1. - 2. ≒ <93,100,000원>

【유형 10 의제부동산 감정평가실무 제29회 3번】

문27 20점

I. 감정평가의 개요

1. 평가대상 : 선박

2. 평가목적 : 일반시가(매각)

3. 기준시점 : 2018.06.30.

4. 평가방법 : 해체처분가액(「감정평가에 관한 규칙」 제20조 제5항)

II. 〔물음 1〕 전체 해체처분가격의 결정

1. 해체처분가격의 성격

<해체처분가격>은 대상물건을 본래의 용도로 사용할 수 없는 경우, 이를 해체하여 각 구성품을 별도로 매각처분할 때의 가치를 말한다. 해체처분가격의 성격은 ① 용도적 측면에서 본래 용도의 '전용', ② 물리적 측면에서 결합된 일체가 아닌 해체된 '부분'의 의미를 갖는다.

2. 해체처분가격의 결정

1) 파키스탄

   매각수입(260,000원/톤 × 15,000톤) - 운송비용(9억 원) = 3,000,000,000원

2) 한국

   매각수입(240,000원/톤 × 15,000톤) - 운송비용(6억 원) = 3,000,000,000원

3) 싱가포르

   매각수입(200,000원/톤 × 15,000톤) - 운송비용(매수부담) = 3,000,000,000원

III. [물음 2] 분리 해체처분가격 및 매각방식 결정

1. 해체처분가격의 결정

1) 전용가치

(1) 기관

① 재조달원가 : 300,000원/마력 × 2,000마력 × 2대 = 1,200,000,000원

② 잔존가치율 : 0.178(정률법 적용 – 잔존가치율 10%, 잔존내용연수 5년)

③ 적산가격 : ① × ② = 213,600,000원

(2) 저장품

① 재조달원가 : 5,000,000,000원

② 잔존가치율 : 0.2

③ 적산가격 : ① × ② = 1,000,000,000원

(3) 선체 및 의장품 : 재사용 불가

200,000원/톤 × (15,000 – 100)톤 = 2,980,000,000원

(4) 매각가치

(1) + (2) + (3) = 4,193,600,000원

2) 전용비용

200,000,000 × 4개월 = 800,000,000원

3) 해체처분가격

1) – 2) = <3,393,600,000원>

2. 매각방식 결정

분리매각이 전체매각 대비 393,600,000원 더 유리함.

문28 10점

I. 감정평가의 개요

① 평가대상 : 기계기구

② 평가목적 : 담보

③ 기준시점 : 2006.08.27.

④ 평가방법 : 「감정평가에 관한 규칙」 제21조 및 제12조에 근거하여 원가법

II. 원가법에 의한 기계기구 감정평가액

1. 재조달원가

1) 도입원가

① 수입원가(CIF) : $100,000

② 기계가격보정지수(적출국, 입항일 기준) : 0.9979

③ 환율보정(도입시점 적출국, 기준시점 원화) : 105.0198 × (832.28/100)

④ 도입원가 : ① × ② × ③ = 87,222,000원

2) 부대비용(기준시점)

① 도입부대비용 : {8% × (1 - 50%)} × (1 + 20%)

② 설치부대비용 : 1.5%

③ 기타부대비용 : 3%

④ 부대비용 : 87,220,000 × (① + ② + ③) = 8,112,000원

3) 재조달원가

    1) + 2) = 95,334,000원

2. 기계기구 감정평가액

    95,334,000 × 0.736 = <70,166,000원>

문29 **25점**

Ⅰ. 감정평가의 개요

① 평가대상 : 기계기구

② 평가목적 : 담보

③ 기준시점 : 2009.09.06.

④ 평가방법 : 원가법(「감정평가에 관한 규칙」 제21조 및 제12조)

Ⅱ. 원가법에 의한 기계기구 감정평가액

1. CNC M/C

1) 재조달원가

(1) 도입원가

① 수입원가(CIF) : $100,000

② 기계가격보정지수 : 1.0

③ 환율보정(도입시점 적출국, 기준시점 원화) : 132.7669 × (1,405.22/100)

④ 도입원가 : ① × ② × ③ = 186,567,000원

(2) 부대비용(기준시점)

① 도입부대비용 : {8% × (1 - 50%)} × (1 + 20%)

② 설치부대비용 : 1.5%

③ 기타부대비용 : 3%

④ 부대비용 : 186,567,000 × (① + ② + ③) = 17,351,000원

(3) 재조달원가

(1) + (2) = 203,917,000원

2) 감가수정 : 없음.

3) 감정평가액 : 203,917,000원

운휴설비 1대를 제외하고 산정함.

2. 선반

1) 재조달원가 : 50,000,000원

2) 감가수정 : 없음.

3) 감정평가액

50,000,000 × 3 = 150,000,000원

3. Air Compressor

1) 재조달원가 : 12,000,000원

2) 잔존가치율 : 0.858

3) 감정평가액

12,000,000 × 0.858 = 10,296,000원

4. 기계기구 감정평가액

1. + 2. + 3. = <364,213,000원>

문30 [20점]

I. 감정평가의 개요

1. 평가대상 : 기계기구

2. 평가목적 : 일반시가

3. 기준시점 : 2016.07.01.

4. 평가방법 : 「감정평가에 관한 규칙」 제21조 및 제12조에 근거하여 원가법을 적용

하되, 과잉유휴설비인 제1라인은 해체처분가격으로 평가함.

II. 원가법에 의한 기계기구 감정평가액

1. 제1라인

1) 매각가액

① 취득가격 : (50,000 + 20,000) × 1,000 = 70,000,000원

② 기계가격보정지수 : 1.1

③ 유지보수비용(자본적 지출) : 20,000,000원

④ 매각가능가격 : (① × ② + ③) × 10% = 9,700,000원

2) 해체처분비용

(1,000,000 + 1,000,000 + 1,000,000) = 3,000,000원

3) 감정평가액

{1) - 2)} × 10대 = <47,000,000원>

2. 제2라인

1) 재조달원가

① 취득가격 : (80,000 + 30,000 + 5,000 + 5,000) × 1,000 = 120,000,000원

② 기계가격보정지수 : 1.0

③ 유지보수비용 : 10,000,000원

④ 재조달원가 : ① × ② + ③ = 130,000,000원

2) 감정평가액

{① × 10%$^{(5/10)}$} × 10대 = <411,000,000원>

【유형 12 특수토지 I 감정평가이론 제20회 3번】

문31 20점

I. 서설

「감정평가에 관한 규칙」 제7조는 감정평가 시 대상물건마다 개별로 하여야 한다고 규정하고 있으나, 일단지의 경우 둘 이상의 대상물건 상호 간에 용도상 불가분의 관계가 있는 경우로서 일괄하여 감정평가하므로, 일단지의 판단은 토지가격에 영향을 미친다.

II. [물음 1] 일단지의 개념 및 판단 시 고려사항

1. 일단지의 개념

<일단지>란 지적공부상 2필지 이상의 토지가 일단을 이루어 같은 용도로 이용되는 것이 사회적·경제적·행정적 측면에서 합리적이고 대상토지의 가치형성 측면에서 타당하다고 인정되는 등 용도상 불가분의 관계에 있는 토지를 말한다.

2. 일단지의 판단 시 고려사항

1) 용도상 불가분성

일단지가 되기 위해서는 2필지 이상의 토지에 대하여 용도상 불가분의 관계가 인정되어야 한다. 용도상 불가분성이란 사회적·경제적·행정적 측면에서 합리적이고 대상토지의 가치형성 측면에서 타당하다고 인정되는 관계를 말한다.

2) 토지소유자의 동일성

토지소유자의 동일성은 일단지의 판단과 직접적인 관련이 없으므로, 2필지 이상의 토지가 용도상 불가분의 관계에 있다고 인정되는 경우에는 토지소유자가 상이한 경우에도 일단지에 해당된다.

3) 지목의 동일성

지목의 동일성은 일단지의 판단과 직접적인 관련이 없으므로, 2필지 이상의 토지가 용도상 불가분의 관계에 있다고 인정되는 경우에는 지목이 상이한 경우에도 일단지에 해당된다.

4) 일시적인 이용상황

2필지 이상의 토지가 일단을 이루어 이용되고 있어도, 주위환경에 비추어 볼 때 일시적인 이용상황(가설건축물 부지, 조경수목재배지, 야적장, 간이창고 등)인 경우에는 이를 일단지로 보지 않는다.

5) 건축물의 존재 여부

2필지 이상의 토지상에 하나의 건축물 등이 있는 경우에는 용도상 불가분의 관계가 성립되어 일단지로 인정할 수 있다. 그러나, 착공 이전인 경우와 건축물을 건축 중인 경우에는, 건축허가 등을 받고 공사를 착수하는 등 주위환경이나 토지상황에 따라 장래에 일단으로 이용되는 것이 확실시 될 때 일단지로 인정한다.

Ⅲ. [물음 2] 일단지평가의 영향 및 사례

1. 일단지평가가 토지가격에 미치는 영향

1) 평가방법의 적용

「감정평가에 관한 규칙」 제7조는 감정평가 시 대상물건마다 개별로 하여야 한다고 규정하고 있으나, 일단지의 경우 둘 이상의 대상물건 상호 간에 용도상 불가분의 관계가 있는 경우로서 일괄하여 감정평가하므로, 토지가격에 영향을 미친다.

2) 가치형성요인 비교

일단지는 개별요인 등 가치형성요인 비교 시 일단의 형상, 지세, 도로접면, 면적 등을 기준하므로 토지가격에 영향을 미친다.

2. 일단지평가의 사례

1) 주거용지 사례

아파트 개발사업의 시행주체가 다수의 토지를 매입한 후 합필 등의 과정을 거치지 않고 아파트를 건축한 경우, 해당 토지는 건축물(아파트)의 존재에 의해 일단지에 속한다. 따라서 해당 토지를 일괄감정평가하며, 개별요인은 전체를 기준한다.

2) 상업용지 사례

골프장용지, 유원지와 같은 상업용지는 이용상황의 특성상 광대 면적이 필요하여 다수의 토지가 필요하다. 따라서 소유자의 동일여부, 지목의 일치여부와 무관하게 관련 법령상의 시설부지면적 전체를 일단지로 판단한다.

3) 구분소유건물 사례

각기 소유자가 다른 다수의 토지 위에 하나의 건축물을 건축하여 건물을 수평적으로 구분하여 소유·이용하고 있는 경우, 소유자의 동일여부와 무관하게 일단지로 판단한다. 다만, 지상건물이 수직적으로 구분되어 있는 경우에는 건물의 위치, 외관상 구분식별여부에 따라 신중하게 판단하여야 한다.

IV. 결어

「감정평가 실무기준」 및 「표준지공시지가 조사·평가 기준」은 일단지 판단의 원칙을 제시하고 있으나, 구체적인 판단기준은 규정하고 있지 않아 실무적으로 혼란이 있다. 특히, 개발 단계에 있는 토지의 경우 어떤 시점을 기준으로 일단지를 인정해야 하는지가 문제된다. 일단지 인정여부에 따라 토지가격에 변동이 발생할 수 있으므로, 구체적인 판단기준을 규정하여 감정평가의 일관성을 확보해야 할 것이다. <끝>

【유형 12 특수토지 I 감정평가이론 제26회 2번】

문32 **10점**

Ⅰ. 서설

감정평가란 토지 등의 경제적 가치를 판정하여 그 결과를 가액으로 표시하는 활동이다.

경제적 가치는 기준과 방법에 따라 달라질 수 있으므로, 가치 판정을 위해서는 기준가치

가 전제되어야 한다. 「감정평가에 관한 규칙」 제5조에서는 감정평가 시 기준가치로 시

장가치를 규정하여 일반적 가치기준을 제시하고 있으나, 보상·경매·담보평가 등 평가

목적에 따라 감정평가액이 달라질 수 있으므로 평가방법 적용 시 유의한다.

Ⅱ. 개발 중인 토지의 감정평가목적별 평가방법

1. 공제·가산방식의 비교

<공제방식>은 대상토지에 대한 개발행위의 완성을 전제하고 있으므로 미래 지향적이

고 수요자 중심인 평가방법이다. 반면, <가산방식>은 과거시점에 투입된 비용에 기초

하므로 과거 지향적이고 공급자 중심인 평가방법이다.

2. 감정평가목적별 평가방법

1) 보상평가 시 평가방법

보상평가 시 대상물건의 개발행위에 대한 제한 또는 중단을 고려하여야 하므로, 개

발 행위가 전제된 공제방식보다는 <가산방식>을 채택해야 할 것으로 판단된다.

2) 경매평가 시 평가방법

경매평가 시 대상물건의 시장성을 고려하여야 하므로, 개발행위의 난이도 및 성숙도

에 따라 <공제방식> 또는 <가산방식>을 채택할 수 있을 것으로 판단된다.

3) 담보평가 시 평가방법

담보평가 시 보수주의에 의거해야 하므로, 미래시점의 개발 후 토지가격을 기준하는 공제방식보다는 과거시점에 투입된 소지취득비, 입목벌채비 등이 가산된 <가산방식>을 채택해야 할 것으로 판단된다.

III. 결어

감정평가는 손실보상, 공평과세 등 정책적 목표를 충족시키기 위한 기능과 채권회수, 투자의사결정 등 경제적 목표를 충족시키기 위한 기능을 수행한다. 감정평가 시 의뢰인의 목적에 부합하는 결과를 제시하기 위해 평가조건 및 평가방법이 달라질 수 있으며, 그에 따라 감정평가액의 차이가 발생할 수 있다. 감정평가 시 평가목적과 평가방법을 명시적으로 표기하고 의뢰인의 혼란이 없도록 하여야 한다. <끝>

【유형 12 특수토지 I 감정평가이론 제33회 4번】

문33 [10점]

I. 서설

토지 가격은 다양한 가격형성요인의 영향을 받아 결정된다. 면적은 토지의 자연적, 개별적 가격형성요인으로, 개량물의 규모와 토지의 효용에 직접적인 영향을 미친다. 따라서 면적이 과대한 토지는 최유효이용 규모를 기준으로 감정평가하여야 할 것이다.

II. 초과토지와 잉여토지의 판정

1. 초과토지와 잉여토지의 개념

<초과토지>란 지상 개량물에 필요한 적정면적 이상의 토지로, 건부지와 분리되어 독립적으로 이용될 수 있는 것을 말한다. 반면, <잉여토지>는 기본 부지와 독립적으로 분리되어 이용될 수 없는 토지를 말한다.

2. 초과토지와 잉여토지의 판정방법

1) 최유효이용 규모의 판정

<최유효이용>이란 객관적으로 보아 양식과 통상적인 이용능력을 갖는 사람에 의한 합리적, 합법적인 최고·최선의 이용방법을 말한다. 초과·잉여토지는 최유효이용 면적보다 과대한 토지인 경우에 해당한다.

2) 초과 면적의 독립적 이용가능성 판정

초과토지는 최유효이용 면적 대비 과대한 토지가 독립적 이용가능성이 있는 경우에 해당하며, 잉여토지는 독립적 이용가능성이 없는 경우에 해당된다.

3. 초과토지와 잉여토지의 판정 시 유의사항

1) 부대시설 여부에 유의

최유효이용 면적 대비 과대한 토지가 독립적 이용가능성이 있다 하더라도, 해당 부분이 기존 부지의 이용목적에 부속된 경우라면 초과토지에 해당하지 않는다. 이는 대형 할인점에 부속된 주차장 또는 교육시설에 부속된 운동장 등이 해당된다.

2) 건폐율 및 도로 진입 가능성에 유의

과대 토지의 독립적 이용가능성을 판단하기 위해서는 건폐율 및 도로 진입 가능성에 유의한다. 법정 건폐율을 충족하고 있거나 도로 개설 가능성이 없는 경우, 잉여토지에 해당한다. <끝>

문34 35점

I. 감정평가의 개요

1. 평가대상 : 골프장(사업승인면적 1,450,000㎡) 및 원형보존지(71,250㎡)

2. 평가목적 : 일반시가

3. 기준시점 : 2013.01.01.

4. 평가방법 : 골프장은 관련 규정에 의거하여 일단지 기준하며, 「감정평가에 관한 규칙」 제14조 및 제12조에 근거하여 공시지가기준법, 원가법 및 수익환원법을 적용하고 시산가액 조정함.

II. 골프장의 감정평가

1. 공시지가기준법에 의한 골프장가치

1) 비교표준지 : 용도지역, 이용상황 기준 일련번호 <#1>

2) 시점수정 : 1.00000

3) 지역요인 : 1.00

4) 개별요인 : 1.02

5) 그 밖의 요인 : 1.00

6) 골프장 비준가액 : 50,000 × 1.02 ≒ <@51,000>

2. 원가법에 의한 골프장가치

1) 소지매입비

① 전 : 비교표준지 <#2> 30,000 × 1.03 × 1.10 ≒ 34,000원

② 답 : 비교표준지 <#3> 20,000 × 1.02 × 1.10 ≒ 22,000원

③ 임야 : 비교표준지 <#4> 12,000 × 1.01 × 1.20 ≒ 15,000원

④ 소지매입비

① × 10,700 + ② × 6,050 + ③ × 1,433,250 = 21,995,650,000원

2) 인허가 및 조성비용

(1,500 + 2,500 + 500 + 3,000 + 1,400 × 27) × 1,000,000

= 45,300,000,000원

3) 골프장 적산가액

{1) + 2)} ÷ 1,450,000 ≒ <@46,000>

3. 수익환원법에 의한 골프장가치

1) 순수익

① 계약기간 내 : 20억 × 3 × (1 + 7%) = 6,420,000,000원

② 계약기간 만료일 : (22억 × 3) ÷ 8% = 82,500,000,000원

2) 할인율

① PVAF(10년, 6%) = 7.3601

② PV(10년, 7%) = 0.5083

3) 골프장 수익가액

(6,420 × 7.3601 + 82,500 × 0.5083) × 1,000,000 ÷ 1,450,000 ≒ <@62,000>

4. 시산가액 조정 및 최종 감정평가액 결정

<적산가액>은 개발이윤 등이 고려되지 않았으며, <수익가액>은 토지귀속순수익이 아

닌 골프장 전체 영업이익을 기준하여 타당성이 결여됨. 따라서 공시지가기준가액을 기

준하여 최종 감정평가액을 결정함.

@51,000 × 1,450,000 = <감정평가액 : 73,950,000,000원>

【유형 12 특수토지 I 감정평가실무 제28회 1번】

문35 15점

Ⅰ. 감정평가의 개요

1. 평가대상 : 사실상 사도

2. 평가목적 : 보상

3. 기준시점 : 2016.12.15.(실시계획인가고시일)

4. 평가방법 :「공익사업을 위한 토지 등의 취득 및 보상에 관한 법률 시행규칙」제26

조에 근거하여 인근 토지 평가액의 1/3 이내(이용상 제약 감안)로 평가함.

Ⅱ. 사실상 사도의 감정평가

1. 공시지가기준법에 의한 사도가치

① 비교표준지 : 용도지역, 이용상황 기준 일련번호 <#B> 공시기준일 2016년

② 시점수정 : 2016.01.01. ~ 2016.12.15. 주거지역

③ 지역요인 : 1.00

④ 개별요인 : 가장형·세로가/정방형·세로가, 도로/표준적 이용

⑤ 그 밖의 요인 : 1.38(풀이생략)

⑥ 사도의 공시지가기준가액

$$1,050,000 \times 1.05181 \times (1.02 \times 0.33) \times 1.38 = @512,000$$

(× 381㎡ = 195,072,000원)

2. 최종 감정평가액 결정

「감정평가에 관한 규칙」제14조 및 보상 규정에 근거하여, 공시지가기준가액으로

최종 감정평가액을 결정함.

<감정평가액 : 195,072,000원>

【유형 12 특수토지 I 감정평가실무 제13회 5번】

문36 10점

Ⅰ. 개발제한구역의 의의

개발제한구역이란 도시의 무질서한 확산을 방지하고 도시주변의 자연환경을 보전하여 도시민의 건전한 생활환경을 확보하기 위하여 도시의 개발을 제한할 필요가 있거나, 국방부장관의 요청이 있어 보안상 도시의 개발을 제한할 필요가 있다고 인정되는 지역으로서, 「국토의 계획 및 이용에 관한 법률」에 근거한다. 개발제한구역에서는 건축물의 건축 및 용도변경, 공작물의 설치, 토지의 형질변경, 죽목의 벌채, 토지의 분할, 물건을 쌓아놓는 행위 등이 제한된다.

Ⅱ. 공법상 제한 토지의 감정평가

1. 일반평가

공법상 제한을 받는 토지는 「감정평가에 관한 규칙」 제14조에 근거하여 공시지가 기준법으로 평가하되, 비슷한 공법상 제한 상태의 표준지공시지가를 기준으로 평가한다. 다만, 그러한 표준지가 없는 경우에는 다른 표준지공시지가를 기준하되 공법상 제한 정도를 고려하여 감정평가할 수 있다.

2. 보상평가

1) 지정 당시 지목 대인 나지(이하 "나대지")

① 농경지 등 다른 용도로 이용되고 있는 토지는 나지를 기준으로 평가하되, 대지 조성에 필요한 비용 상당액을 고려하여 평가하며, ② 별도의 형질변경이 불필요한 나대지는 나지 상태인 표준지공시지가를 기준으로 평가하며, 개발제한구역 내 이용 제한 및 기반시설 미비 등에 따른 가격격차를 개별요인에 반영한다.

2) 건부지

인근지역 내 건부지로 이용 중인 표준지공시지가를 기준하되, 대상토지의 면적이 표준적 획지규모를 초과하는 경우에 초과 부분은 나대지 평가규정을 준용한다.

3) 우선해제대상지역 토지

우선해제대상지역에 속한 토지는 개발제한구역 해제 및 용도지역·용도지구의 변경을 감안하여 평가한다. 우선해제대상지역 내에 있는 표준지공시지가를 기준하며, 그 밖의 요인을 통해 정상적인 지가상승분을 반영한다. <끝>

문37 10점

Ⅰ. 일단지의 개념

일단지란 지적공부상 2필지 이상의 토지가 일단을 이루어 같은 용도로 이용되는 것이 사회적·경제적·행정적 측면에서 합리적이고 대상토지의 가치형성 측면에서 타당하다고 인정되는 등 용도상 불가분의 관계에 있는 토지를 말한다.

Ⅱ. 일단지의 판단기준

1. 용도상 불가분의 관계

「감정평가에 관한 규칙」 제7조는 개별물건기준 원칙을 명시하고, 그 예외로서 둘 이상이 ① 대상물건이 일체로 거래되거나, ② 대상물건 상호 간에 용도상 불가분의 관계가 있는 경우 일괄평가할 수 있다고 규정하고 있다. 따라서 일단지가 되기 위해서는 용도상 불가분의 관계가 인정되어야 한다.

2. 유의사항

일단지 판단 시 ① 소유자의 동일성, ② 지목의 동일성은 요구되지 않으며, ③ 일시적인 이용상황은 배제한다. 또한, ④ 기준시점 현재 나지 상태이나 건축허가 등을 받고 공사를 착수한 때에는 일단지로 인정할 수 있다.

Ⅲ. 일단지의 평가방법

1. 기본적 사항의 확정

기본적 사항의 확정 시 일단지의 <u>이용상황 및 도로접면, 형상, 지세 등 물적현황</u>은 일단의 토지를 기준하여 판단한다. 일단지 중 1필지가 표준지로 선정된 경우, 일단의 토지 전체를 표준지로 보고 평가한다.

2. 가치형성요인 비교

가치형성요인 비교 시 토지의 개별요인은 일단의 토지를 기준하여 비교한다. <끝>

문38 15점

I. 감정평가의 개요

1. 평가대상 : 복합부동산

2. 평가목적 : 일반시가

3. 기준시점 : 2013.09.07.

4. 평가방법 : 「감정평가에 관한 규칙」 제7조에 근거하여 개별평가하고, 토지는 공시지가기준법, 건물은 원가법으로 평가한다. 평가대상토지 및 제시 외 토지상에 1동의 건물이 소재하므로 일단지(중로각지, 정방형, 평지) 기준함.

II. 원가방식에 의한 복합부동산 감정평가

1. 토지가치

1) 비교표준지 선정 : 준주거, 상업용, 도로접면 동일한 표준지 <#1> 선정

2) 시점수정 : 최근 2년간 가격변동추이는 보합세임. (1.00000)

3) 지역요인 : 표준지와 본건은 인근지역 내 소재함. (1.00)

4) 개별요인 : 중로각지 · 정방형 · 평지 / 중로한면 · 정방형 · 평지 (1.05)

5) 그 밖의 요인 : 별도 자료제시 없음. (1.00)

6) 토지의 공시지가기준가액

   5,200,000 × 1.05 = @5,460,000 (× 600㎡ = 3,276,000,000원)

2. 건물가치

1) 재조달원가 : 1,400,000원

2) 감가수정 : 2003.09.07. ~ 2013.09.07. 기준(10/50)

3) 건물의 적산가액

   1,400,000 × (1 - 10/50) = @1,120,000(× 480 × 4 = 2,150,400,000원)

3. 적정지료

별도의 자료제시가 없으므로, 지상권 평가규정 준용하여 토지가치의 30% 적용함.

@5,460,000 × 30% × 200㎡ = 327,600,000원

4. 부동산 감정평가액

   (1. + 2. - 3.) = <5,098,800,000원>

III. 예상낙찰가

5,098,800,000 × 75% = <3,824,100,000원>

【유형 13 오염토지 감정평가이론 제16회 2번】

문39 20점

Ⅰ. 서설

환경권의 신장에 따라 토양오염 관련 분쟁이 증가하고 있으며, 침해받은 권리에 대한 감정평가 수요도 증가하고 있다. 감정평가업계도 「감정평가에 관한 규칙」의 개정을 통해 이에 대응하고 있으나, 환경오염의 유형적·직접적 가치손실과 더불어 무형적·간접적 가치손실의 측정에 유의해야 한다.

Ⅱ. 토양오염이 부동산 가치에 미치는 영향

1. 토양오염의 의의 및 특징

<토양오염>이란 쓰레기, 연소재, 오니, 폐유, 폐산, 폐알카리 등의 토양오염원이 대상토지에 매립되거나, 인근 토지에 매립되어 대상토지로 유입되는 경우에 발생한다. 토양오염의 영향력은 부동산의 고정성과 외부성에 의해 대상토지 내외부에 미친다.

2. 토양오염이 부동산 가치에 미치는 영향

1) 가치손실의 유형

<유형적 손실>은 대상토지의 원상회복에 소요되는 비용 또는 오염으로 인한 가치하락분을 의미한다. <무형적 손실>은 시장참여자에 의한 불리한 인식, 즉 스티그마 효과를 말한다.

2) 가치손실의 단계

토양오염이 부동산 가치에 미치는 영향은 3단계로 구분할 수 있다. <1단계>는 토양오염으로 인한 직접적인 가치하락이 발생하는 단계이다. <2단계>는 오염의 원인이 파악되어 가치하락이 구체화되는 단계로서 대상토지의 유·무형적 가치손실이 정확하게 반영된다. <3단계>는 오염이 복구되고 시간의 경과에 따른 부정적 인식의 개선을 통해 부동산 가치가 정상화되는 단계이다.

III. 오염토지의 감정평가 시 유의사항

1. 오염토지의 감정평가방법

「감정평가에 관한 규칙」 제25조는 원가방식에 의한 감정평가를 규정하고 있다.

<원가방식>은 오염이 발생하기 전의 토지의 가액에서 원상회복비용과 스티그마 효과를 공제하여 오염토지의 가치를 평가한다. <비교방식>은 대상토지와 유사한 원인에 의해 가치가 하락된 상태로 거래된 거래사례를 기준으로 비교하여 평가한다. <수익방식>은 오염이 발생한 이후의 순수익을 위험이 반영된 환원율로 환원하여 오염토지의 가치를 평가한다. 그 외에 통계적 기법으로 <특성가격함수모형> 또는 <조건부가치접근법>을 적용할 수 있다.

2. 오염토지의 감정평가 시 유의사항

1) 자료수집 시 유의사항

오염토지에 대한 자료수집 시 오염의 실태, 오염의 원인, 오염 관련 법령, 오염 복구에 소요되는 비용과 책임, 대상토지에 대한 오염 전후의 시장인식 등을 파악하여야 하며, 필요시 관련 전문가 또는 전문기관의 자문이나 용역을 수행한다.

2) 감정평가방법 선정 시 유의사항

감정평가방법 선정 시 원가법을 기준하되 거래사례비교법과 수익환원법을 통해 합리성을 검토해야 한다. 원가법 적용 시 무형적 가치손실에 대한 측정이 어려우며, 거래사례비교법 적용 시 오염으로 인한 거래사례의 수집이 곤란하다.

3) 무형적 손실 측정 시 유의사항

무형적 손실 측정 시 거래사례비교법과 수익환원법과 같은 시장증거력의 확보에 유의하되, 오염으로 인해 거래사례, 임대사례의 수집이 어려운 경우 조건부가치접근법과 같은 이론적 기법으로 보조할 수 있다.

4) 시간 경과에 따른 가치 변동 고려

오염에 따른 무형적 가치손실은 시장참여자의 부정적 인식 등 심리적 측면이 강하므로, 시간 경과에 따라 감소하고 소멸하게 된다. 따라서 시산가액 조정 시 각 방법에 적용한 자료의 시간적 측면에 유의하여 판단한다.

IV. 결어

토양오염으로 인한 피해는 직접적, 유형적 피해로부터 간접적, 무형적 피해로 확산되고 있다. 간접적, 무형적 피해에 대한 측정은 피해의 종류와 범위에 대한 구체적인 규정으로부터 시작할 수 있으므로, 토양오염의 피해사례에 대한 연구가 필요하다. <끝>

【유형 13 오염토지 감정평가이론 제25회 1번】

문40 15점

Ⅰ. 서설

환경권의 신장에 따라 토양오염 관련 분쟁이 증가하고 있으며, 침해받은 권리에 대한 감정평가 수요도 증가하고 있다. 감정평가업계도 「감정평가에 관한 규칙」의 개정을 통해 이에 대응하고 있으나, 환경오염의 유형적·직접적 가치손실과 더불어 무형적·간접적 가치손실의 측정에 유의해야 한다.

Ⅱ. 토양오염이 의심되는 토지

1. 오염토지의 정의

<토양오염>이란 쓰레기, 연소재, 오니, 폐유, 폐산, 폐알카리 등의 토양오염원이 대상토지에 매립되거나, 인근 토지에 매립되어 대상토지로 유입되는 경우에 발생한다. 토양오염의 영향력은 부동산의 고정성과 외부성에 의해 대상토지 내외부에 미친다.

2. 오염토지의 가치하락분

<오염토지의 가치하락분>이란 오염 등이 발생하기 이전과 이후의 차이로서, 객관적인 가치하락분을 대상으로 한다. <포함요소>로서 ① 원상회복비용, ② 무형적 가치감소(스티그마), ③ 가축이나 생명체에 발생한 피해 등이 포함된다. <제외요소>로는 일시적·정신적 피해 등 주관적인 가치하락분이 있다.

Ⅲ. 오염토지의 감정평가안건 처리방법

1. 기본적 사항의 확정

환경오염은 무형적·간접적 손실을 동반하고 시간에 따라 피해정도가 변화할 수 있으므로, 기본적 사항 확정 시 의뢰인과 평가목적, 평가조건, 기준시점을 명확하게 확정하여야 한다.

2. 대상물건 확인 및 자료수집

오염토지에 대한 자료수집 시 오염의 실태, 오염의 원인, 오염 관련 법령, 오염 복구에 소요되는 비용과 책임, 대상토지에 대한 오염 전후의 시장인식 등을 파악하여야 하며, 필요시 관련 전문가 또는 전문기관의 자문이나 용역을 수행한다.

3. 감정평가방법의 적용

1) 원가법

오염 발생 전 대상물건의 가액을 비준가액 또는 수익가액으로 산정한 후, 원상회복비용, 관리비용 및 원상회복이 불가능한 가치하락분(스티그마 효과)을 공제하여 평가한다.

2) 거래사례비교법 및 수익환원법

① 동일 또는 유사한 원인에 의해 가치가 하락된 상태로 거래된 사례를 기준으로 비교하여 평가하거나, ② 오염이 발생한 이후의 순수익을 위험이 반영된 환원율로 환원하여 평가한다.

3) 기타 평가방법

통계적 기법으로 <특성가격함수모형> 또는 <조건부가치접근법> 등을 활용할 수 있다. 특성가격함수모형이란 대상토지의 주요 특성과 가격과의 관계를 다중회귀분석을 통해 산출한 후, 대상토지의 특성을 입력하여 가격을 산정하는 방법이다. 조건부 가치접근법은 시장참가자의 의사를 직접 설문하여 가격을 결정하는 방법으로, 무형적 인식의 파악에 유리하다.

IV. 결어

토양오염에 따른 무형적 가치손실은 시장참여자의 부정적 인식 등 심리적 측면이 강하므로, 시간 경과에 따라 감소하고 소멸하게 된다. 따라서 감정평가 시 적용한 자료의 시간적 측면에 유의하여 판단한다. <끝>

문41 20점

Ⅰ. 서설

환경권의 신장에 따라 소음·오염 관련 분쟁이 증가하고 있으며, 침해받은 권리에 대한 감정평가 수요도 증가하고 있다. 감정평가업계도 「감정평가에 관한 규칙」의 개정을 통해 이에 대응하고 있으나, 환경피해의 유형적·직접적 가치손실과 더불어 무형적·간접적 가치손실의 측정에 유의해야 한다.

Ⅱ. [물음 1] 오염토지의 가치하락분과 부동산가격제원칙

1. 오염토지의 가치하락분

1) 가치하락분의 의의

<오염토지의 가치하락분>이란 오염 등이 발생하기 이전과 이후의 차이를 의미한다. 오염 등이 발생하기 전 대상물건의 가치와 오염 등이 발생한 후 대상물건의 가치의 차이를 의미한다.

2) 가치하락분 산정원리

가치하락분은 <원상회복의 관점>에서 오염 등을 복구하거나 관리하는 비용과 원상회복이 불가능한 가치하락분까지 고려하여 산정할 수도 있고, <가치손실의 관점>에서 오염 등 발생 전·후 대상물건의 가액을 기준으로 오염 발생 후 가치를 차감하여 산정할 수도 있다.

3) 가치하락분 제외·포함요인

오염토지의 가치하락분은 객관적인 가치하락분을 대상으로 한다. <포함요소>로서

① 관련 법령 등의 허용기준에 따른 원상회복비용, ② 오염토지에 대한 무형적 가치 감소분(스티그마), ③ 소음 등으로 인하여 가축이나 생명체에 발생한 피해 등이 포함된다. <제외요소>로는 일시적·정신적 피해 등 주관적인 가치하락분이 있다.

2. 부동산가격제원칙의 의의 및 종류

<부동산가격제원칙>이란 부동산가격의 형성과 유지에 관한 법칙으로서, 감정평가의 행위기준이 된다. 부동산 역시 시장재화로서 일반 경제원칙의 영향을 받아 가격이 성립되므로 일반 경제원칙이 부동산가격제원칙에 포함되며, 부동산 고유의 원칙으로는 최유효이용의 원칙, 적합의 원칙, 외부성의 원칙이 있다.

3. 오염토지 가치하락분 관련 가격제원칙

1) 최유효이용의 원칙

부동산은 용도의 다양성으로 인해 장기적으로 최유효이용에 토지가 할당되나, 오염토지는 오염의 발생으로 인해 최유효이용을 유지할 수 없으므로 <최유효이용의 원칙>에 의해 가치가 하락한다.

2) 외부성의 원칙

오염토지는 대상토지 외부환경의 변화, 즉 외부불경제의 발생으로 인한 것이므로 <외부성의 원칙>에 따라 가치가 하락한다.

3) 예측·변동의 원칙

오염토지는 오염의 정화가 이루어진 이후에도 상당기간 시장참여자의 부정적 인식에 의해 시장성이 제약되므로 <예측·변동의 원칙>에 따라 가치가 하락한다.

III. (물음 2) 스티그마 효과

1. 스티그마 효과의 개념

스티그마 효과란 오염이 발생한 부동산에 대한 무형의 불리한 인식을 말한다. 스티그마는 무형적이고 심리적 측면이 강하며, 오염정화 이후에도 감가요인으로 작용한다.

2. 스티그마 효과의 특징

① 스티그마는 알려지지 않은 오염피해, 건강상의 피해 등에 대한 대중의 염려·공포에 기반하여 무형성과 심리성이 강하다. ② 스티그마는 대상토지의 용도(주거·상업·공업 등)에 따라 상이하며, ③ 오염원으로부터 멀어짐에 따라 감소하는 경향을 보인다. ④ 스티그마는 오염정화가 완료된 이후에도 존재하나, 시간의 경과에 따라 지속적으로 감소하고 소멸하게 된다.

IV. 결어

오염 등에 따른 무형적 가치손실은 시장참여자의 부정적 인식 등 심리적 측면이 강하므로, 시간 경과에 따라 감소하고 소멸하게 된다. 따라서 감정평가 시 적용한 자료의 시간적 측면에 유의하여 판단해야 한다. <끝>

【유형 13 오염토지 감정평가이론 제33회 3번】

문42 20점
Ⅰ. 서설
「감정평가에 관한 규칙」은 물건별 주된 감정평가방법의 적용을 원칙으로 하고 있다. 그러나 대상물건 특성상 주된 감정평가방법을 적용할 수 없는 경우에는 다른 감정평가방법을 적용할 수 있다.
Ⅱ. [물음 1] 손해액의 감정평가
1. 시장자료 기반 손해액 감정평가방법
1) 손해액의 정의
<손해액>이란 사례에서 업무용 부동산 내에 주차공간이 확보되지 않음에 따른 효용(수요) 감소로 발생할 수 있는 경제적 손실을 의미한다. 이는 적정 주차공간이 확보된 부동산의 가치에서 그렇지 않은 부동산의 가치를 차감하여 산정한다.
2) 거래사례비교법(대쌍비교법)
<거래사례비교법>이란 대상물건과 가치형성요인이 유사한 물건의 거래사례와 비교하여 대상물건의 가액을 산정하는 감정평가방법을 말한다. 거래사례비교법 적용 시 주차공간 외에 다른 특성이 유사한 대쌍자료를 활용하여 주차공간에 따른 손해액을 산정할 수 있다.
3) 수익환원법(임대료손실환원법)
<수익환원법>이란 장래 기대되는 순수익(현금흐름)을 환원(할인)하여 대상물건의 가액을 산정하는 감정평가방법을 말한다. 수익환원법 적용 시 주차공간 제공에 따른

임대료 격차를 활용하여 주차공간에 따른 손해액을 산정할 수 있다.

2. 감정평가방법의 유용성

거래사례비교법과 수익환원법은 시장자료에 근거하므로 객관적이고 실증적인 감정평가 결과를 도출할 수 있다. 또한 수요자가 체감하는 효용에 근거한 접근방법으로 손해배상의 취지에 적합하다고 판단된다.

3. 감정평가방법의 한계

주차공간이 확보되지 않은 부동산은 수요자의 효용을 감소시켜 가격 또는 임대료에 부정적인 영향을 미칠 뿐만 아니라, 시장에서 거래(임대) 가능성도 낮아질 수 있다. 그에 따라 적절한 거래사례 또는 임대사례를 포착할 수 없다면, 거래사례비교법과 수익환원법의 적용에는 한계가 있다.

III. (물음 2) 그 외의 감정평가방법

1. 적용 가능한 다른 감정평가방법

1) 원가법에 의한 건물개량비용 산정

(1) 건물 대수선 비용의 산정

원가법은 회복비용의 관점에서 적정 주차공간을 확보하기 위한 비용을 감정평가하는 방법이다. 건물의 연면적을 유지하되 바닥면적을 축소해 주차공간을 확보할 수 있는 대수선 공사비용을 통해 손해액을 산정할 수 있다.

(2) 건물 철거 후 신축비용의 산정

건물의 대수선이 불가능한 경우, 건물의 철거 후 신축비용을 통해 손해액을 산정할 수 있다. 다만, 기존 건물과 신축 건물의 구조, 규모, 경제적 내용연수 등에 대한 별도의 보정이 필요할 것으로 판단된다.

(3) 외부 주차공간 확보비용의 산정

현재의 건물을 그대로 유지해야 하는 경우, 외부 주차공간을 확보하는 비용으로 손해액을 산정할 수 있다. 외부 주차공간의 임대료를 기준으로 적정한 환원이율 또는 할인율을 적용하여 산정한다.

2) 조건부가치평가법에 의한 차액 산정

<조건부가치평가법>이란 가상적 시장을 설정하고 설문조사를 통해 지불의사금액을 도출하는 감정평가방법을 말한다. 주차공간이 확보되지 않은 부동산에 대한 시장자료를 구할 수 없는 경우, 설문조사를 통한 지불의사금액을 최유효이용 상태의 시장가치에서 차감하여 손해액을 산정할 수 있다.

2. 손해액 상한의 판단방법(기회비용의 원칙)

<기회비용의 원칙>이란 부동산가격이 특정 투자안의 선택으로 포기하게 되는 가장 큰 가치를 반영하여 형성된다는 원칙을 말한다. 손해액의 상한은 여러 감정평가방법으로 산정된 시산가액 중 가장 큰 금액을 기준해야 할 것으로 판단된다.

IV. 결어

「감정평가에 관한 규칙」은 3방식 병용을 기본 원칙으로 하고 있다. 그러나 대상물건 특성상 적정한 시장자료를 구할 수 없는 경우에는 부득이 원가방식 또는 기타 방법을 활용할 수 있으며, 이 경우 감정평가방법의 적용 이유를 충실히 기재해야 한다. <끝>

【유형 13 오염토지 감정평가실무 제22회 3번】

문43 20점

I. 감정평가의 개요

1. 평가대상 : 일조 감소에 따른 가치하락분

2. 평가목적 : 일반시가

3. 기준시점 : 2011.08.01.

4. 평가방법 : 「감정평가에 관한 규칙」 제25조에 근거하여 일조 침해 발생 전 대상물

건의 가액, 발생 후 가액, 가치하락분 등을 감안하여 평가함.

II. 환불대상세대 결정

1. 기준 : 연속일조시간 2시간 미만, 총 일조시간 4시간 미만

2. 결정 : 101동 301호, 101동 401호, 102동 602호, 110동 602호

III. 환불액 감정평가

1. <101동 301호>

1) 일조침해 발생 전 대상물건의 가액(거래사례비교법)

① 사례 선정 : 322,000,000

② 사정보정 : 1.00

③ 시점수정 : 2011.06.25. ~ 2011.08.01. 아파트가격지수(1.01001)

④ 개별요인 : 3층 1호/5층 3호(96/99)

⑤ 면적 : 1.00

⑥ 비준가액 : 322,000,000 × 1.01001 × 96/99 ≒ 315,000,000원

2) 환불액(가치하락액)

315,000,000 × {0.06 × (1 - 165/240)} ≒ <5,900,000원>

2. <101동 401호>

1) 일조침해 발생 전 대상물건의 가액(거래사례비교법)

322,000,000 × 1.01001 × 98/99 ≒ 322,000,000원

2) 일조침해 발생 후 대상물건의 가액

305,000,000 × 1.04061 ≒ 317,000,000원

3) 가치하락액

1) - 2) = 5,000,000원

4) 가치하락율에 의한 가치하락액

322,000,000 × {0.06 × (1 - 170/240)} ≒ 5,640,000원

5) 환불액

3)과 4) 중 적은 금액으로 결정   <5,000,000원>

3. <102동 602호> [풀이생략]   <6,700,000원>

4. <110동 602호> [풀이생략]   <9,020,000원>

【유형 13 오염토지 감정평가실무 제28회 2번】

문44 30점

Ⅰ. 감정평가의 개요

1. 평가대상 : 오염토지

2. 평가목적 : 일반시가

3. 기준시점 : 2017.07.01.

4. 평가방법 : 「감정평가에 관한 규칙」 제25조에 근거하여 오염 발생 전 대상물건의

가액, 발생 후 가액, 가치하락분 등을 감안하여 평가함.

Ⅱ. [물음 1] 오염 전 토지가액 : 거래사례비교법

1. 사례 선정 : 준공업, 공업용, 토양오염 없는 <사례 #3>

2. 사정보정 : 정상거래(1.00)

3. 시점수정 : 2016.11.06. ~ 2017.07.01. C구 공업지역(1.08133)

4. 지역요인 : 100/115

5. 개별요인 : 100/135

6. 공시지가기준가액

4,666,000 × 1.08133 × 100/115 × 100/135 ≒ @3,249,000

<× 9,999㎡ = 32,486,000,000원>

Ⅲ. [물음 2] 오염 후 토지가액

1. 거래사례비교법

1) 사례 선정 : 준공업, 공업용, 오염규모 유사 <사례 #1>

2) 시점수정 : 2016.09.23. ~ 2017.07.01. A구 공업지역(1.03126)

3) 지역요인 비교 : 1.00

4) 개별요인 비교 : 100/95

5) 비준가액

　　1,722,000 × 1.03126 × 100/95 ≒ @1,869,000

(× 9,999㎡ = 18,688,000,000원)

2. 원가법

1) 오염 전 토지가액 : 32,486,000,000원

2) 가치하락분

(1) 개요 : 원상회복비용 및 스티그마 효과를 고려하되, 정신적 손실은 제외함.

(2) 원상회복비용

① 조사비용 : 1,000,000 × 2,000 = 2,000,000,000원

② 정화비용 : 600,000 × PVAF(3년, 6%) × 2,000 = 3,207,000,000원

③ 임대료손실 : (30억 × 2% + 6억) × PVAF(4년, 6%) = 2,286,000,000원

(3) 스티그마 : 32,486,000,000 × 25% = 8,121,000,000원

(4) 가치하락분 : (2) + (3) = 15,614,000,000원

3) 오염 후 토지가액

　　1) - 2) = 16,872,000,000원

3. 시산가액 조정 및 최종 감정평가액 결정

비준가액은 사례·대상 간 오염 정도에 대한 비교가 미비하고, 스티그마를 고려하고

있지 않아 부적절하므로, 적산가액을 기준으로 결정함.

＜감정평가액 : 16,872,000,000원＞

IV. (물음 3) 스티그마의 감정평가방법

1. 스티그마의 의의

스티그마란 오염이 발생한 부동산에 대한 무형의 불리한 인식을 말한다. 스티그마는 무형적이고 심리적 측면이 강하며, 오염정화 이후에도 감가요인으로 작용한다.

2. 스티그마의 감정평가방법

1) 가치하락분에서 원상회복비용을 차감하는 방법

스티그마 효과는 오염 전·후 대상물건의 가치하락분에서 원상회복비용 등 직접적인 비용을 차감하여 산정할 수 있다. 그러나 오염 후 토지에 대한 가격자료의 수집에 어려움이 있다.

2) 그 외 통계적 방법

그 외 통계적 방법으로 <특성가격함수모형> 또는 <조건부가치접근법> 등을 적용할 수 있다. 특성가격함수모형이란 대상토지의 주요 특성과 가격과의 관계를 다중회귀분석을 통해 산출한 후, 대상토지의 특성을 입력하여 가격을 산정하는 방법이다. 조건부가치접근법은 시장참가자의 의사를 직접 설문하여 가격을 결정하는 방법으로, 무형적 인식의 파악에 유리하다. 조건부가치접근법과 유사한 방법으로 <델파이기법> 등이 있다. <끝>

문45 25점

Ⅰ. 서설

지상권이란 타인의 토지에 건물, 기타 공작물이나 수목을 소유하기 위하여 그 토지를 사용할 수 있는 물권을 말한다. 통상적으로 지상권이 설정되면 토지의 사용 및 수익이 제한되므로 감정평가 시 이를 반영하여야 하나, 담보평가·보상평가 등 평가목적에 따라 반영방법에 차이가 있다.

Ⅱ. [물음 1] 지상권 설정 토지의 담보평가

1. 담보평가의 의의

<담보평가>란 담보를 제공받고 대출 등을 하는 은행·보험회사·신탁회사·일반기업체 등이 대출을 하거나 채무자가 대출을 받기 위하여 의뢰하는 담보물건에 대한 감정평가를 말한다.

2. 지상권 설정 토지의 담보평가방법

1) 지상권에 따른 제한을 감하는 방법

지상권이 설정된 토지는 지상권이 설정되지 않은 상태의 토지가액에서 해당 지상권에 따른 제한을 고려하여 감정평가한다. ① 지상권 가치를 직접 구하여 차감하는 방법(공제법), ② 제한에 따른 적정 비율을 결정하여 곱하는 방법(비율법)이 있다.

2) 지상권 설정 토지를 기준하는 방법

지상권이 설정되어 있는 상태대로 거래되는 토지가격을 알 수 있는 경우에는, 거래사례를 기준하여 사정보정, 시점수정, 지역요인, 개별요인 등 가치형성요인을 비교하여 평가할 수 있다.

3. 지상권 설정 토지의 담보평가 시 유의할 점

1) 환가성에 유의

담보평가는 채권 회수를 감안하여 처분주의, 보수주의에 입각하여 평가한다. 처분주의에 따라 지상권 설정에 따른 환가성 제약에 유의하여야 하며, 보수주의에 따라 ① 공제법, ② 비율법, ③ 거래사례비교법에 따른 시산가액 중 낮은 금액을 채택한다.

2) 지상권 설정 목적에 유의

기존 저당권자가 채권의 확보를 위하여 지상권을 설정한 경우에는, 저당권자가 해당 토지의 사용·수익을 목적으로 지상권을 설정한 것이 아니므로, 이에 구애되지 않고 정상적으로 평가한다.

4. 지상권 설정 토지의 증·감가요인

1) 증가요인

지상권 설정자(토지소유자)와 지상권자 사이의 계약임료가 통상적인 시장임료를 상회하는 경우, 토지에 대한 초과수익이 발생하므로 이는 해당 토지에 대한 증가요인이 될 수 있으며, 이는 평가목적에 따라 적정하게 반영될 수 있다.

2) 감가요인

지상권자는 지상권의 행사를 위하여 지상권 설정자(토지소유자)로 하여금 토지의 사용을 제한할 수 있다. 사용상의 제한은 해당 토지에 대한 감가요인이 된다.

III. [물음 2] 지상권 설정 토지의 보상평가

1. 보상평가의 의의

<보상평가>란 「공익사업을 위한 토지 등의 취득 및 보상에 관한 법률」에 따라 공익사업을 목적으로 취득하는 토지 등에 대한 손실보상을 위한 감정평가를 말한다.

2. 지상권 설정 토지의 보상평가방법

1) 나지상정평가

지상권 설정 토지는 지상권이 설정되지 않은 것으로 하여 평가한 금액(나지상정평가)에서 지상권의 가치를 차감하여 감정평가한다(「공익사업을 위한 토지 등의 취득 및 보상에 관한 법률 시행규칙」 제29조).

2) 지상권 가치의 차감

지상권의 평가는 지상권의 존속기간, 기대이익 등을 종합적으로 고려하여 평가한다. 거래사례비교법을 적용하여 평가함을 원칙으로 하되, 양도성이 없다고 판단될 경우에는 지상권 유무에 따른 토지의 가격차액 또는 권리설정계약을 기준으로 평가한다(동법 시행규칙 제28조).

3. 지상권 설정 토지의 보상평가 시 주요 검토사항

1) 보상평가의 일반적 유의사항

보상평가는 ① 기준시점에서의 일반적 이용방법에 따른 객관적 상황과 ② 현실적인 이용상황을 기준하며 ③ 대상토지 및 소유권 외의 권리마다 개별로 감정평가한다. 또한 ④ 건축물 등이 없는 상태를 상정하여 평가하며 ⑤ 해당 공익사업으로 인한 가격의 변동은 배제하여 평가함을 원칙으로 한다.

2) 개별평가 여부의 검토

보상평가는 토지 및 권리를 개별로 평가하는 것이 원칙이므로, 사업시행자 등의 요청에 따라 개별로 평가하는 경우에는 지상권 설정토지를 사법상 권리가 설정되지 않은 나지 상태로 평가한 가격에서 지상권의 가치를 직접 차감하여 평가한다. 다만, 사업시행자가 개별로 평가의뢰하지 않은 경우에는 일반적인 평가기준에 따라 토지의 사용·수익에 따른 제한 정도를 감안하여 평가한다.

IV. 결어

감정평가 시 대상물건의 특성, 평가목적에 따라 기준가치와 평가방법이 상이할 수 있다. 지상권 설정 토지는 ① 담보평가 시 공제법, 비율법, 거래사례비교법 등을 활용하고 처분주의 및 보수주의에 입각하여 감정평가액을 결정하나, ② 보상평가 시에는 개별평가 원칙에 따라 지상권의 가치를 별도로 평가하는 공제법을 적용하므로, 평가목적에 유의하여야 한다. <끝>

문46 15점

Ⅰ. 서설

「감정평가에 관한 규칙」은 감정평가의 원칙으로서 ① 시장가치기준 원칙(제5조), ② 현황기준 원칙(제6조), ③ 개별물건기준 원칙(제7조)을 규정하고 있으며, 각각 그 예외로서 ① 시장가치 외 평가, ② 조건부평가, ③ 일괄·구분·부분평가를 규정하고 있다. 각 예외적 감정평가규정은 대상물건의 종류와 특성, 의뢰인의 요청, 관련 법령의 규정 등을 종합적으로 판단하여 적용여부를 결정하여야 한다.

Ⅱ. 제시 외 건물이 있는 토지의 감정평가

1. 개설

대상물건은 토지와 건물로 구성된 복합부동산이나, 저당권자에 의해 토지만의 감정평가가 의뢰되었다. 이 경우 의뢰인이 제시하지 않은 지상 정착물은 제시 외 건물에 해당하므로, 토지의 감정평가방법이 문제된다.

2. 제시 외 건물이 있는 토지의 감정평가방법

「감정평가 실무기준」은 제시 외 건물이 있는 토지의 경우, 소유자의 동일성 여부와 관계없이 지상 정착물과 소유자가 다른 것으로 하여 정착물이 토지에 미치는 영향을 고려하여 감정평가하도록 규정하고 있다.

3. 사례 토지의 감정평가방법 검토

사례의 경우 저당권 설정자가 건물을 신축하였으므로, 건물의 소유권은 토지의 소유권과 동일하다. 그러나 경매 목적의 토지 감정평가 시, 토지와 제시 외 건물은 개별 감정평가한다. 또한, 토지는 제시 외 건물에 의한 토지 소유권 행사의 제한을 별도로 감안하여 감정평가한다. <끝>

문47 15점

I. 서설

최근 송전선로 설치에 따른 사회적 갈등이 빈번하게 발생하여, 선하지에 대한 보상평가의 중요성이 커지고 있다. 선하지에 대한 보상평가는 「공익사업을 위한 토지 등의 취득 및 보상에 관한 법률」 등 관계 법령과 실무지침에 근거하여 이루어지므로, 관련 규정의 내용을 인지하고 제도의 한계점을 인식할 필요가 있다.

II. 선하지 보상평가방법

1. 선하지 보상평가의 의의

<선하지>란 토지의 지상공간에 고압선이 통과하고 있는 토지를 말하며, <보상평가>란 「공익사업을 위한 토지 등의 취득 및 보상에 관한 법률」에 따라 공익사업을 목적으로 취득하는 토지 등에 대한 손실보상을 위한 감정평가를 말한다.

2. 선하지 보상평가방법

① 고압선 설치에 따른 구분지상권이 설정되지 않은 경우에는, 고압선에 의한 제한이 없는 상태를 기준하여 평가하며, ② 구분지상권이 설정된 선하지는 나지상태의 평가가격에서 구분지상권에 대한 평가가격을 차감하여 결정한다. 구분지상권의 가치는 공나지상태 평가가격에 기본율(입체이용저해율)과 추가보정률을 곱하여 평가한다.

III. 송전선로 설치에 따른 보상되지 않는 손실

1. 송전선로 설치에 따른 피해

1) 재산적 피해

송전선로 설치에 따른 재산적 피해로서 ① 송전선으로부터의 건축물 이격, ② 건축의 금지 또는 제한, ③ 지표상의 높이제한에 따른 입체이용제한, ④ 지상권 설정에 따른 행위제한, ⑤ 금융기관의 담보취득 기피, ⑥ 장래 기대이익의 상실 등이 발생할 수 있다.

2) 신체적 피해

송전선로 설치에 따른 신체적 피해로서 ① 송·배전 소음으로 인한 불쾌감, ② 전선의 단락이나 과전류로 인한 감전사고의 위험 등이 발생할 수 있다.

3) 정신적 피해

송전선로 설치에 따른 정신적 피해로서 ① 송전선에 의한 조망 및 경관미의 저해, ② 위험시설의 존재로 인한 심리적·정신적 고통 등이 발생할 수 있다.

2. 송전선로 설치에 따른 보상되지 않는 손실

1) 잔여지 및 주변 토지의 손실

현행 지침은 선하지의 범위를 송전선로의 양측 최외선으로부터 수평으로 3m를 더한 범위 안에서 정한 직하의 토지로 제한하고 있다. 따라서 선하지로 인한 잔여 토지의 가치하락 및 주변 토지에 대한 영향은 고려되고 있지 않다.

2) 신체적, 정신적 피해

현행 지침은 추가보정률 중 쾌적성 저해요인을 통해 송전선로가 심리적·신체적으로 미치는 영향, 조망·경관의 저해 등을 반영하도록 하고 있으나, 산정 기준 및 보정률의 적정성에 대한 검토가 필요하다.

IV. 결어

선하지의 손실보상과 관련하여 「공익사업을 위한 토지 등의 취득 및 보상에 관한 법률」에는 구체적이고 실무적인 내용이 없으며, 한국감정평가사협회의 실무지침인 「선하지의 공중부분사용에 따른 손실보상평가지침」에 근거하여 감정평가가 이루어지고 있다. 그러나 ① 전압별 선하지의 인정범위, ② 송전선로 외 배전선로의 피해, ③ 잔여지 및 주변토지의 피해, ④ 신체적, 정신적 피해 등에 대한 평가지침이 미비하여 사회적 갈등을 초래할 수 있는바, 이에 대한 보완조치가 필요할 것으로 판단된다. <끝>

【유형 14 특수토지 Ⅱ 감정평가실무 제13회 3번】

문48 20점

Ⅰ. 감정평가의 개요

1. 평가대상 : 토지

2. 평가목적 : 경매

3. 기준시점 : 2002.03.31.

4. 평가방법 : 공시지가기준법(「감정평가에 관한 규칙」 제14조)

Ⅱ. 토지의 감정평가액

1. 제시 외 건물과 일괄경매 의뢰 시

1) 개요

제시 외 건물이 있는 토지는 이용상의 제약을 감안하여 평가하여야 하나, 의뢰인이 일괄경매 조건으로 평가의뢰하였으므로, 지상정착물의 영향을 고려치 않음.

2) 공시지가기준법에 의한 토지가치

① 비교표준지 선정 : 자연녹지, 답, 세로가 기준하여 <표준지 #3>

② 시점수정 : 2002.01.01. ~ 2002.03.31. 녹지지역(1.02000)

③ 지역요인 : 1.00

④ 개별요인 : 1.00

⑤ 부지조성비 : 3,000,000 ÷ 300 = @10,000

⑥ 공시지가기준가액 : (22,000 × 1.00200) + 10,000 = @32,000

(× 300 = 9,600,000원)

3) 분할토지 감정평가액 : 8,500 × 50 = 425,000원

4) 정착물 감정평가액(원가법) : (150,000 + 30,000) × 30 = 5,400,000원

5) 일괄 감정평가액 : 2) + 3) + 4) = <15,425,000원>

2. 제시 외 건물 타인 소유 시

1) 개요

제시 외 건물 부지(30 ÷ 60% = 50㎡)는 이용상 제약으로 30% 감가율 적용함.

2) 토지 감정평가액 : @32,000 × (250 + 50 × 70%) = 9,120,000원

3) 분할토지 감정평가액 : 425,000원

4) 정착물 감정평가액 : 평가제외

5) 일괄 감정평가액 : 2) + 3) + 4) = <9,545,000원>

【유형 14 특수토지 II 감정평가실무 제15회 3번】

문49 15점

I. [물음 1] 무허가건축물

1. 무허가건축물의 정의

무허가건축물이란 「건축법」 등 관계법령에 의한 허가 또는 신고를 받지 않은 건축물을 말한다.

2. 무허가건축물의 평가(「토지보상법」 제25조)

<u>사업인정고시일 이전</u>에 신축한 무허가건축물은 보상평가가 가능하나, 이후에 신축한 경우 토지보전의무에 위반되어 평가대상에서 제외된다.

3. 무허가건축물 부지의 평가(「토지보상법 시행규칙」 제24조)

① 1989.01.24. 이전에 신축한 무허가건축물의 부지는 <u>현황 평가</u>하나, ② 이후에 신축한 부지는 <u>건축될 당시의 이용상황</u>을 기준으로 평가한다.

4. 무허가건축물에서의 영업보상(「토지보상법 시행규칙」 제45조)

① 1989.01.24. 이전에 신축한 무허가건축물에서의 영업은 사업자등록 및 영업허가를 득한 경우 <u>영업보상</u> 대상이며, ② 이후의 영업은 사업인정고시일 1년 이전부터 사업자등록을 한 경우 <u>이전비 및 감손상당액을 제외하고 1천만원을 한도로 영업보상</u>한다.

③ 그 외에는 <u>영업보상에서 제외</u>된다.

5. 무허가건축물에서의 생활보상(「토지보상법 시행규칙」 제54조)

주거용으로 사용되는 무허가건축물의 경우 사업인정고시일 당시 1년 이상 거주한 세입자에 한하여 <u>주거이전비를</u> 보상한다.

II. (물음 2) 가설건축물

1. 가설건축물의 정의

가설건축물이란 임시로 설치한 건축물로서, 건축 시 관계법령에 따라 허가 또는 신고를 득해야 하며, 존치 기간 및 설치 기준을 준수해야 한다.

2. 가설건축물의 평가(「국토계획법」 제64조)

도시 · 군계획시설 내 가설건축물은 사업시행 시 3개월 전까지 소유자의 부담으로 철거 등 원상회복해야 하므로 평가대상에서 제외된다. 다만, 신고 대상인 가설건축물은 보상평가가 가능하다.

3. 가설건축물 부지의 평가

가설건축물 부지는 일시적인 이용상황으로 판단하여, <u>건축 당시의 이용상황을</u> 기준으로 평가한다. <끝>

【유형 14 특수토지 II 감정평가실무 제26회 4번】

문50 10점

I. 감정평가의 개요

1. 평가대상 : 복합부동산

2. 평가목적 : 경매

3. 기준시점 : 2015.09.19.

4. 평가방법 :「감정평가에 관한 규칙」제7조에 근거하여 개별평가하며, 토지는 공시

지가기준법, 건물은 원가법으로 평가함.

II. 복합부동산의 감정평가

1. 토지(공시지가기준법)

1) 개요

제시 외 건물 등이 있는 토지로서 정착물이 토지에 미치는 영향을 감안하여야 함.

제시 외 건물 ㉠의 경우 이용상황(보일러실)을 고려할 때 건물 기호 (가)의 부합물로

판단되어 영향이 미미하나, 제시 외 건물 ㉡의 경우 토지에 미치는 영향(12%)을 감

안하여 평가함.

2) 공시지가기준가액

6,530,000 × (1 - 12%) ≒ @5,750,000 (× 200 = 1,150,000,000원)

2. 정착물 [풀이생략]

　1) 건물 : 74,220,000원

　2) 제시 외 건물 : 13,216,000원

3. 최종 감정평가액

　1. + 2. = <1,237,436,000원>

【유형 14 특수토지 II 감정평가실무 제11회 2번】

문51 [25점]

Ⅰ. 감정평가의 개요

1. 평가대상 : 지하부분 사용료

2. 평가목적 : 보상

3. 기준시점 : 2000.08.01.

4. 평가방법 :「공익사업을 위한 토지 등의 취득 및 보상에 관한 법률 시행규칙」

제31조

Ⅱ. [물음 1] 지하부분 사용료의 감정평가

1. 기초가격의 결정 [풀이생략]

1) 공시지가기준법 : @2,630,000

2) 거래사례비교법 : @2,630,000

3) 기초가격 : @2,630,000

2. 입체이용저해율의 산정

1) 저해층수 및 한계심도

최유효층수는 지상 15층이나 하중제한으로 지상 8층까지 건축가능하므로, 저해층수

는 <지상 9층 ~ 15층>, 한계심도는 최유효층수(15층) 기준하여 <중층시가지 35m>

로 결정함.

2) 건물이용저해율(A형 기준)

$$0.75 \times (35 \times 7) \div (35 + 44 + 100 + \cdots + 35) ≒ 0.2595$$

3) 지하이용저해율

    0.1 × 0.571 ≒ 0.0571(지하 18m 기준)

4) 기타이용저해율

    0.15 × 1/2 ≒ 0.075(토피 18m 기준)

5) 입체이용저해율

    2) + 3) + 4) = 39.16%

3. 지하사용료 감정평가액

    (1. × 2.) × 500㎡ ≒ <515,000,000원>

III. [물음 2] 최유효건물층수 결정 시 참고사항

1. 최유효이용 판단기준

<최유효이용>이란 객관적으로 보아 양식과 통상의 사용능력을 가진 사람에 의한 합리적이고, 합법적인, 최고최선의 이용을 말한다. 최유효이용이 성립하기 위해서는 ① 물리적 타당성, ② 법적 타당성, ③ 경제적 타당성 및 최고수익성을 충족해야 한다. <최유효건물층수>란 최유효이용이 성립하기 위한 건물의 층수를 의미한다.

2. 최유효건물층수 결정 시 참고사항

  ① 물리적 타당성 : 대상토지의 지반구조(풍화토), 토피(18m) 고려 시 지상 15~18

     층이 타당하다.

  ② 법적 타당성 : 대상토지의 공법상 제한(일반상업지역 등)을 감안하여 판단한다.

  ③ 경제적 타당성 : 인근지역 내 최유효층수 고려 시 지상 11~15층이 타당하다.

IV. [물음 3] 저해층수

1. 저해층수의 정의

저해층수는 최유효이용 층수에서 건축가능층수를 뺀 것을 말한다.

2. 본건 적용 저해층수

① 최유효층수 : 지상 15층

② 건축가능층수 : 하중제한으로 지상 8층 건물의 건축만 가능함.

③ 저해층수 : 지상 9층 ~ 15층 <끝>

문52 30점

I. 감정평가의 개요

1. 평가대상 : 구분지상권

2. 평가목적 : 보상

3. 기준시점 : 2015.09.02.

II. [물음 1] 보상목적의 구분지상권 감정평가방법

1. 구분지상권의 정의

<구분지상권>이란 지하 또는 지상의 공간을 상하의 범위를 정해 건물 기타 공작물을 소유하기 위한 지상권의 일종을 말하며, 「민법」 제289조의2에 근거한다.

2. 구분지상권 감정평가방법

1) 「토지보상법 시행규칙」 제31조

당해 토지의 감정평가액에 당해 공간을 사용함으로 인하여 <u>토지의 이용이 저해되는 정도에 따른 적정한 비율(입체이용저해율)을 곱하여</u> 산정한다.

2) 그 외 이론적 감정평가방법

① <u>구분지상권 설정계약(지불임료, 계약기간)을 기준</u>으로 감정평가하는 방법은 시장 증거력이 존재하나, 시간 경과 시 적절한 보정이 어렵다. ② <u>구분지상권 설정사례를 기준</u>으로 감정평가하는 방법은 시장상황을 반영하나, 사례의 보정이 어렵다. ③ <u>구분지상권 유무에 따른 토지가격 격차율을 기준</u>으로 감정평가하는 방법은 시장상황을 반영하나, 구분지상권부 토지의 거래사례 포착이 어렵다.

Ⅲ. (물음 2) 구분지상권의 감정평가

1. 공시지가기준법 및 보정률에 의한 시산가액

1) 공시지가기준가액 : @475,000 [풀이생략]

2) 보정률

① 입체이용저해율 : 0.15 × 3/4 ≒ 11.25%

주택지대·택지후보지대 기준하며, 구분지상권 범위(지상 15~30m) 고려 시

건물 및 지하에 대한 이용상 제약은 없음.

② 추가보정률 : 7.5% + 10.0% + 10.0% = 27.5%

쾌적성 : 송전선 높이 15~30m, 전압 154kV 기준(7.5%)

시장성 : 면적비율 100%, 통과위치 중앙 기준(10.0%)

기타 : 존속기간 영구 기준(10.0%)

③ 보정률 : ① + ② = 38.75%

3) 공시지가기준법 및 보정률에 의한 시산가액

1) × 38.75% × 300 ≒ 55,218,000원

2. 구분지상권 설정계약 기준 시산가액

① 구분지상권 설정대가 : 32,000,000

② 시점수정 : 2010.03.03. ~ 2015.09.02. 자연녹지(1.13219)

③ 구분지상권 설정계약 기준 시산가액

① × ② ≒ 36,230,000원

3. 구분지상권 보상사례 기준 비준가액

① 사례 단가 : 37,400,000 ÷ 280 = @134,000

② 사정보정 : 1.00

③ 시점수정 : 2015.07.31. ~ 2015.09.02. 자연녹지(1.00079)

④ 지역요인 : 1.00/1.10

⑤ 개별요인 : 1.00

⑥ 비준가액

@134,000 × 1.00079 × (1.00/1.10) ≒ @122,000 × 300 = 36,600,000원

4. 시산가액 조정 및 최종 감정평가액 결정

① 설정계약 기준 시산가액은 <u>지가변동률에 의한 시점수정 등 정확성이 결여</u>되며

② 보상사례 기준 비준가액은 <u>입체이용저해율 간 비교가 미진</u>하여 부적절한 것으로

판단됨. 따라서 기준시점 토지가액의 적절성과 보정률 산정의 구체성이 있는 공시지가

기준법 및 보정률에 의한 시산가액을 최종 감정평가액으로 결정함.

<감정평가액 : 55,218,000원>

【유형 14 특수토지 II 감정평가실무 제29회 1번】

문53 40점

Ⅰ. [물음 1] 대상토지의 인근지역 [풀이생략]

Ⅱ. [물음 2] 대상토지의 적정가격 감정평가 [풀이생략]

<감정평가액 : 102,000,000원>

Ⅲ. [물음 3] 대상토지의 지하공간 사용 보상금 산정

1. 대상토지 적정가격 : 102,000,000원

2. 입체이용저해율

1) 지하이용률 : 0.025(농지·임지, 토피 20m 이하 기준)

2) 그 밖의 이용률 : 0.1 × (1/2) = 0.05

3) 입체이용저해율 : 1) + 2) = 0.075

3. 대상토지 지하공간 사용 보상금

1. × 2. = <7,650,000원>

Ⅳ. [물음 4] 지하공간 사용 보상금 감정평가기준의 문제점

1. 현행 감정평가기준

1) 「공익사업을 위한 토지 등의 취득 및 보상에 관한 법률 시행규칙」 제31조

① 영구적 사용 : 토지가격 × 입체이용저해율

② 일시적 사용 : 토지사용료 × 입체이용저해율

2) 「토지보상평가지침」 제50조 등

① 적용 순서 : 「도시철도법」 및 시·도 조례 우선

② 한계심도 이내 : 토지가격 × 입체이용저해율

③ 한계심도 초과 : 토지가격 × 저해율(0.2~1.0%)

2. 현행 감정평가기준의 문제점

① 입체이용저해율 산정방법에 대한 법적 규정이 미비하여, 법규성이 부족한 지침

또는 지역별로 일관성이 결여될 수 있는 조례에 의존하는 문제

② 입체이용저해율 산정 시 물리적 저해요인만을 기준하여, 기능적(지하주차장 미

확보에 따른 건물이용 저해) 및 경제적(시장성 하락) 저해요인이 반영되지 못하

는 문제

③ 입체이용저해율 적용 시 건물 규모(층수)만을 기준하여, 이용상황 등 용도지대

에 따른 이용률 격차, 층별효용의 격차가 반영되지 못하는 문제 <끝>

【유형 15 부동산통계 감정평가이론 제15회 2번】

문54 20점

Ⅰ. 서설

재화의 가치는 가치의 3면성에 근거하여 비용성, 시장성, 수익성에 근거하여 측정할 수 있다. 그러나 시장성이 없는 비시장재화 또는 비시장부동산이 가치는 시장성에 근거한 비교방식으로는 가치측정에 한계가 있어, 조건부가치측정법, 특성가격함수모형, 여행비용법 등 다양한 평가방법의 적용이 필요하다.

Ⅱ. 비시장부동산 및 비시장재화

1. 비시장부동산의 의의 및 종류

<비시장부동산>이란 부동산시장에서 매매가 이루어지지 못하는 부동산으로서 ① 공공시설, ② 문화·체육시설, ③ 보건위생시설, ④ 교통시설 등을 말한다.

2. 비시장재화의 의의 및 종류

<비시장재화>란 시장에서 매매가 이루어지지 못하는 재화를 말한다. 재화는 효용을 가진 물체 또는 물질로서, 배제성·경합성이 없어 시장에서 매매될 수 없는 경우 비시장재화로 분류한다. 비시장재화에는 배제성 또는 경합성이 존재하지 않는 ① 무형의 재화, ② 자연자원, 배제성과 경합성이 모두 존재하지 않는 ③ 공공재화가 있다.

Ⅲ. 비시장재화의 감정평가방법

1. 비시장재화의 가치이론

비시장재화는 배제성 또는 경합성에 제한이 있으므로, 그 가치는 개인의 만족도(소비자잉여)나 후생의 증대분(후생변화)에 근거하여 측정할 수 있다. <소비자잉여>란 소비

자가 재화를 소유하기 위한 지불의사금액과 실제지불금액과의 차이를 말하며, <후생변화>는 소비자가 후생수준을 변화시키지 않기 위해 지불하는 대가 또는 재화의 감소에 따른 보상을 말한다.

2. 비시장재화의 감정평가방법

1) 원가방식 및 수익방식

비시장재화의 경우 시장성이 제약되므로 비용성에 근거한 원가방식과 수익성에 근거한 수익방식을 적용할 수 있다. <원가방식>은 대상물건의 재조달원가에 감가수정을 하여 가격을 산정하고, <수익방식>은 대상물건의 장래 수익을 환원(할인)하여 대상물건의 가격을 산정한다.

2) 그 외 적용가능한 평가방법

(1) 조건부가치측정법(CVM, contingent value method)

<조건부가치측정법>은 비시장재화에 대해 실제로 시장이 존재하는 것처럼 가상적 상황을 설정하고 소비자들의 지불용의액을 설문하여 보상변화 및 보상잉여를 산출하고 이를 비시장재화의 가치로 간주하는 방법이다. 조건부가치측정법은 자연자원, 관광자원, 역사자원, 생태자원 등의 가치평가에 이용되고 있다.

(2) 특성가격함수모형(HPM, hedonic price model)

<특성가격함수모형>은 재화의 가치가 재화에 내포된 특성에 의해 결정된다는 가정하에 재화의 특성변수와 가격과의 관계를 분석하는 계량적 평가기법이다. 특성가격함수모형은 비시장재화와 관련된 특정 시장재화의 시장가격을 통해 비시장재

화의 가치를 평가한다. 특성가격함수모형은 주택 및 토지의 거래와 연관된 자연환경의 가치평가에 이용되고 있다.

(3) 여행비용법(TCM, travel cost method)

<여행비용법>은 여행비용의 증가분을 입장료 증가분의 대리변수로 인식하고, 여행거리에 따른 지역별 이용자수를 분석하여 위락지에 대한 수요곡선을 도출하여 비시장재화의 가치를 평가하는 방법이다. 여행비용법은 자연자원, 관광자원, 역사자원 등의 가치평가에 이용되고 있다.

(4) 보상가격평가법

<보상가격평가법>이란 자연자원 보전사업을 통해 나타나는 건강 또는 재산피해방지의 편익을 그 사업이 시행되지 못했을 때 자연자원의 경관을 훼손한 자가 피해자에게 지불하는 보상금으로 비시장재화의 가치를 평가하는 방법이다.

IV. 결어

비시장재화의 가치평가는 ① 공공투자의 타당성 분석, ② 공공서비스의 가격 산정, ③ 환경권 관련 분쟁의 해결 등을 위해 필요한 분야로서, 전통적 3방식과 더불어 이론적 평가방법을 종합한 평가방법의 정립을 통해 평가수요에 대응할 필요가 있다. <끝>

문55 30점

Ⅰ. 서설

감정평가업계에서는 전통적인 감정평가 3방식이 널리 활용되고 있으나, 2006년 도입된 실거래 신고제도에 의해 거래사례가 축적되면서 통계적 평가방법에 대한 수요가 증가하고 있다. 감정평가 시 전통적 감정평가 3방식의 한계를 인식하고, 통계적 평가방법을 활용하여 시장가치 추계의 실증성과 객관성을 향상시켜야 할 것이다.

Ⅱ. 감정평가 3방식과 통계적 평가방법

1. 감정평가 3방식

1) 원가방식

<원가방식>이란 비용성의 원리에 기초한 감정평가방식으로, 원가법과 적산법으로 분류할 수 있다. 원가법은 대상물건의 재조달원가에 감가수정을 하여 가격을 산정하는 감정평가방법을 말한다.

2) 비교방식

<비교방식>이란 시장성의 원리에 기초한 감정평가방식으로, 거래사례비교법과 임대사례비교법으로 분류할 수 있다. 거래사례비교법(임대사례비교법)이란 대상물건과 가치형성요인이 같거나 유사한 물건의 거래사례와 비교하여 사정보정, 시점수정, 가치형성요인의 비교 등의 과정을 거쳐 가격(임료)을 산정하는 감정평가방법이다.

3) 수익방식

<수익방식>이란 수익성의 원리에 기초한 감정평가방법으로, 수익환원법과 수익분석

법으로 분류할 수 있다. 수익환원법은 대상물건의 장래 수익을 환원(할인)하여 대상 물건의 가격을 산정하는 방법을 말한다.

2. 통계적 평가방법

1) 통계적 평가방법의 의의

<통계적 평가방법>이란 통계적 추정에 의해 부동산 가격을 평가하는 방법을 말한다. 통계적 평가방법은 다수의 매매(임대)사례를 통계적으로 분석하여 시장가치를 추계하므로, 평가주체의 주관적 판단에 의한 오류 가능성을 보완할 수 있다. 이하에서는 대표적인 통계적 평가방법인 특성가격함수모형을 기준으로 설명한다.

2) 통계적 평가방법의 절차

통계적 평가방법을 적용하기 위해서는 ① 매매사례표본의 선정, ② 특성변수의 설정, ③ 특성변수의 코드화, ④ 통계결과의 분석 및 투입자료에 대한 검토의 절차를 거친다. 평가모형이 완성되면 유사매매사례 중에서 표본에 포함되지 않은 사례를 대상으로 평가모형을 최종적으로 검증한 후 이를 적용한다.

3) 통계적 평가결과의 분석

통계결과의 분석은 통계치에 대한 검증을 통해 통계결과의 활용여부를 판단하는 것으로서 ① t-검증, ② 결정계수, ③ 다공선성, ④ 평균잔차 등을 통해 검증한다. t-검증이란 회귀계수의 통계적 유의미성을 확인하는 것이며, 결정계수는 평가모형의 정확도를, 다공선성은 특성변수 간의 상관관계를 확인하는 분석절차이다.

III. 통계적 평가방법과 시장가치와의 차이 발생 이유

1. 시장가치의 의의

<시장가치>란 통상적인 시장에서 충분한 기간 동안 거래를 위하여 공개된 후 그 대상 물건의 내용에 정통한 당사자 사이에 신중하고 자발적인 거래가 있을 경우 성립될 가능성이 가장 높다고 인정되는 대상물건의 가액을 말한다.

2. 시장가치와의 차이 발생 이유

1) 비교사례의 질적 차이

<감정평가 3방식>의 하나인 비교방식은 대상 부동산과 가치형성요인이 같거나 비슷한 부동산의 거래사례 중 가장 비교 가능성이 높은 사례를 선정하여 적용하나, <통계적 평가방법>은 다수의 매매사례를 적용한다. 비준가격은 매매사례의 선정에 큰 영향을 받으나, 통계적 평가방법은 특정 사례에 의한 영향력이 낮다.

2) 비교사례의 정상화 절차 부재

<감정평가 3방식>의 하나인 비교방식은 매매사례에 특수한 사정이나 개별적 동기가 반영되어 있거나, 매매 당사자가 시장에 정통하지 않은 경우 그러한 사정이 없었을 경우의 적절한 가격수준으로 정상화하여 적용하나, <통계적 평가방법>에는 별도의 사정보정 절차가 없으며 매매사례의 수집범위를 조정하거나 특정 매매사례를 배제하는 간접적인 방식을 사용한다.

3) 비용·수익적 측면의 고려 부재

<감정평가 3방식>은 대상 부동산의 시장성 외에도 비용성과 수익성을 고려하여 원

가방식, 수익방식을 적용한 평가가 가능하나, <통계적 평가방법>은 다수의 매매사례를 통해 평가하는 방법으로서, 비용성과 수익성에 대한 고려가 미흡하다.

4) 시산가액 조정절차의 부재

시산가액이란 감정평가 3방식에 의하여 산정된 가액이다. 시산가액 조정이란 각 시산가액 간 합리성이 인정되지 않는 경우에 이를 조정하여 최종 감정평가액을 결정하는 것을 말한다. <감정평가 3방식>은 시산가액 조정을 통해 대상 부동산의 비용성과 수익성을 평가결과에 반영하나, <통계적 평가방법>은 비용성, 수익성에 대한 고려 및 별도의 시산가액 조정절차가 부재하다.

5) 그 외 통계적 평가방법의 한계점

통계적 평가방법을 적용하기 위해서는 매매사례의 수가 충분해야 하므로 매매가 빈번하지 않은 부동산에 적용할 수 없으며, 수집된 매매사례가 정규분포에서 벗어나거나 가격차이가 심할 경우에는 평가결과의 정확성이 낮아질 수 있다.

IV. 결어

통계적 평가방법은 비용성, 수익성을 고려하지 않고, 시산가액 조정절차가 부재하여 시장가치와 괴리가 발생할 가능성이 있으나, 시장성 측면에서는 비교방식의 단점을 보완할 수 있는 실증적, 객관적 평가방법이다. 따라서 통계적 지식을 갖추고 통계적 평가방법에 대한 연구를 통해, 감정평가의 신뢰성과 전문성을 향상시킬 수 있을 것이다. <끝>

문56 10점

Ⅰ. 서설

외환위기 이후 감정평가 3방식 중 수익성에 근거한 수익방식의 중요성이 부각되었다. 대표적인 수익방식으로 할인현금수지분석법(DCF, Discounted Cash Flow)이 있으나, 현금흐름의 변동성 반영이 미흡하다는 한계가 있어 새로이 동적DCF가 주목받고 있다.

Ⅱ. 정적DCF의 한계 및 동적DCF의 의의

1. 정적DCF의 한계

<정적DCF>는 미래 현금흐름을 추정하고, 해당 현금흐름이 실현될 가능성을 할인율에 반영한다. 이 경우 ① 현금흐름 추정결과에 변동성이 반영되지 않으며, ② 할인율 추정 시 부동산의 개별성이 배제된다. ③ 현금흐름·할인율 모두에서 변동성을 고려해야 하므로 절차중복의 문제도 있다.

2. 동적DCF의 의의

<동적DCF>는 미래 환경의 변동성을 감안한 할인현금수지분석법을 말한다. 현금흐름의 구성요소인 임대수입, 기타수입, 공실률, 영업경비 등을 확률변수로 인식해 확률분포로 나타내며, 이를 무위험율로 할인하여 적정 수익가액을 일정 구간으로 제시한다. 동적DCF는 부동산 투자·개발 의사결정에서 다양하게 활용될 수 있다.

Ⅲ. 정적DCF와 동적DCF의 비교

1. 현금흐름의 추정방법

<정적DCF>는 한 가지 가정에 근거하여 단일한 현금흐름을 추정하지만, <동적DCF>는

임대수입, 기타수입, 공실률, 영업경비 등 각 항목에 대한 다양한 가정에 근거하여 현금흐름의 발생범위를 추정한다.

2. 할인율의 추정방법

<정적DCF>는 할인율 추정 시 무위험이자율에 일정한 위험률을 가산하며, 이는 예측한 현금흐름이 실현될 불확실성을 의미한다. 그러나 <동적DCF>는 현금흐름 추정 시 불확실성(변동성)을 반영하였으므로, 할인율은 무위험이자율을 적용한다.

3. 수익가액의 표현방법

<정적DCF>는 수익가액을 단일가격으로 결정하나, <동적DCF>는 이를 일정 구간으로 제시한다. 시장가치는 "성립될 가능성이 가장 높다고 인정되는 가격"으로, 확률분포로 표현된 동적DCF의 평가결과도 이에 부합할 것으로 판단된다. <끝>

문57 20점

Ⅰ. 서설

1998년 「자산유동화에 관한 법률」, 2001년 「부동산투자회사법」의 연이은 제정으로 부동산 증권화에 기초한 유동화가 시작되었다. 부동산시장은 자본시장과 결합되어 다양한 부동산금융상품으로 발전하였으나, 부동산의 개별성, 거래정보의 비공개성으로 인한 한계를 나타내고 있어, 부동산가격지수의 도입과 활용이 요청되고 있다.

Ⅱ. [물음 1] 부동산가격지수의 필요성 및 기능

1. 부동산가격지수의 의의

<지수>란 한 상황에서 다른 상황으로의 양적인 변화를 측정한 것으로서, <부동산가격지수>는 부동산가격의 변화에 대한 측정치를 말한다.

2. 부동산가격지수의 필요성

1) 부동산의 물리적 특성

부동산은 고정성과 개별성으로 인해 가격수준의 측정이 어려운 재화이다. 부동산가격지수를 통해 용도·규모·지역 등 부동산 특성에 따른 가격수준을 파악할 수 있다.

2) 부동산시장의 불균형성

부동산은 고가성으로 인해 거래규모 및 비용이 크며, 부동산시장은 정보의 비대칭으로 인해 적정가격의 형성과 자원의 효율적 배분에 실패하게 된다. 부동산가격지수를 통해 부동산시장에 가격정보를 제공하고 정보의 비대칭을 완화할 수 있다.

3. 부동산가격지수의 기능

1) 부동산시장의 가격정보 제공

부동산가격지수는 부동산시장에 가격정보를 제공함으로써, 부동산 개발, 투자, 금융 등 부동산 의사결정의 근거를 제공한다. 또한, 부동산투자회사, 저당채권담보부증권 등 부동산유동화상품 및 부동산파생상품의 기초가격이 된다.

2) 부동산정책 결정의 근거자료

부동산가격지수는 부동산시장 및 부동산경기를 진단하여, 정부가 직·간접적으로 개입하기 위한 부동산정책 결정의 근거자료로 활용된다. 또한, 부동산시장의 정보비공개성을 완화하고 부동산시장의 적정가격 형성과 자원의 효율적 배분에 기여한다.

Ⅲ. (물음 2) 부동산가격지수의 산정방법

1. 개요

부동산가격지수는 <표본의 동일성>에 따라 동일표본모형과 혼합표본모형, <가격산정방법>에 따라 실거래모형과 감정평가모형으로 분류할 수 있다. 대표적으로 특성가격함수모형과 반복매매모형이 있다.

2. 특성가격함수모형에 의한 부동산가격지수

1) 의의

<특성가격함수모형>은 재화의 가치가 재화에 내포된 특성에 의해 결정된다는 가정 하에 재화의 특성변수와 가격과의 관계를 분석하는 계량적 평가기법이다. 특성가격함수모형은 부동산 속성의 함수관계로 가격지수의 기초가격을 산정한다.

2) 원리 및 장·단점

특성가격함수모형은 동일표본모형, 실거래모형으로서, 기준시점에 거래된 사례의 집합과 비교시점에 거래된 사례의 집합을 상호 비교하여 가격지수를 측정한다. 특성가격함수모형은 부동산의 개별적 특성을 적절하게 반영하는 <장점>이 있으나, 특성변수의 선정에 따라 분석결과가 상이하고, 특성변수의 유의성이 지속적으로 변동하는 등 모형의 안정성이 낮다는 <단점>이 있다.

3. 반복매매모형에 의한 부동산가격지수

1) 의의

<반복매매모형>이란 개별 토지나 주택의 질에 변동이 없다는 가정하에 동일 목적물에 대한 반복거래가격을 관찰하여 부동산가격지수를 산정하는 방법이다. 대표적으로 한국감정원에서 발표하는 '공동주택 실거래가격지수'가 있다.

2) 원리 및 장·단점

반복매매모형은 혼합표본모형, 실거래모형으로서, 기준시점의 거래가격과 비교시점의 거래가격을 상호 비교하여 가격지수를 측정한다. 반복매매모형은 부동산의 개별적 특성들을 제거하여 오차발생을 최소화하는 <장점>이 있으나, 표본 확보의 한계, 보유기간 동안 부동산 내부특성 변화에 따른 가격변동을 반영하지 못하는 <단점>이 있다.

IV. 결어

특성가격함수모형 및 반복매매모형은 실거래가에 기반해 부동산가격지수를 산정하므로 실증적이고 객관적이나, 특정 거래가격에 의해 가격지수가 왜곡될 수 있다는 단점이 있다. 따라서 감정평가기반의 가격지수와의 병용이 필요할 것으로 판단된다. <끝>

문58 10점

I. 서설

감정평가는 가치의 3면성에 기반하여 재화의 가치를 추계한다. 이 중 시장성에 근거한 비교방식의 감정평가는 부동산 정보의 축적과 정보기술의 발전에 의한 계량적 평가기법에 의해 더욱 발전하고 있으므로, 양자의 장·단점을 이해하고 병용하여야 한다.

II. 특성가격함수모형의 의의 및 내용

1. 특성가격함수모형의 의의

<특성가격함수모형>은 재화의 가치가 재화에 내포된 특성에 의해 결정된다는 가정하에 재화의 특성변수와 가격과의 관계를 분석하는 다중회귀분석모형을 말한다.

2. 특성가격함수모형의 내용

특성가격함수모형은 ① 사례표본의 설정, ② 특성변수의 설정, ③ 특성의 코딩(coding), ④ 다중회귀통계치의 분석의 절차를 거친다. 다중회귀통계치는 ① t-검증을 통한 회귀계수의 통계적 유의성 검증, ② 결정계수에 의한 모형의 설명력 검증을 비롯하여 ③ 다공선성, 추정의 표준오차 등을 검증하여 사용한다.

III. 감정평가사의 주관적 평가와의 비교

1. 비교방식으로서의 공통점

감정평가 3방식 중 거래(임대)사례비교법은 시장사례와 대상물건의 비교를 통해 가치를 추계한다는 점에서 특성가격함수모형과 공통점이 있다. 대상과 사례의 비교항목(가격형성요인 또는 특성변수)의 결정에 평가자의 주관이 개입한다.

2. 시장증거력의 우수성 및 대량평가에의 활용성

시장사례 채택에 있어 감정평가 3방식은 경험과 훈련에 의해 대표성 있는 매매사례를 선택하는 반면, 후자는 다수의 매매사례를 통계학적으로 분석한다. 특성가격함수모형은 시장증거력에서 우수하며, 대량평가 시 시간과 비용을 절감할 수 있다.

3. 시산가액 조정과정의 부재

특성가격함수모형은 다수의 시장사례에 기반한 비교방식의 기법으로서, 재화의 비용성, 수익성 및 가치 3면성에 대한 고려가 부재하다는 단점이 있다. 시장사례의 수집이 곤란한 재화의 경우 적용 불가능하거나 설명력이 감소한다. <끝>

문59 10점

Ⅰ. 서설

개발, 투자 의사결정과 관련해 개발안(투자안)의 가치를 감정평가할 때, 전통적 감정평가 3방식은 해당 안의 현금흐름을 고정적인 것으로 추정한다. 그러나 부동산 경기가 침체되고 다양한 개발·투자안이 활용되면서, 고정적 현금흐름이 아닌 다양한 상황의 현금흐름을 반영할 수 있는 실물옵션평가법에 대한 수요가 증가하고 있다.

Ⅱ. 실물옵션

1. 실물옵션의 의의 및 종류

<실물옵션>이란 부동산과 같은 실물자산의 개발, 투자 의사결정과 관련된 선택권을 말한다. 실물옵션은 사업의 ① 연기, ② 축소, ③ 전환, ④ 포기, ⑤ 확대 등 개발(투자) 과정의 단계별 위험에 따라 다양한 선택권을 부여하며, 한 가지 선택권이 아닌 복수의 선택권을 부여할 수 있다.

2. 실물옵션의 활용분야

실물옵션은 ① 에너지·자원, ② 연구·개발, ③ 사회기반시설, ④ 기업가치 등에서 활용되고 있으며, 부동산과 관련하여 ① 대규모 부동산개발, ② 프로젝트파이낸싱, 담보유동화증권 등 부동산금융, ③ 그 외 투자 및 컨설팅 영역에서 다양하게 활용되고 있다.

Ⅲ. 실물옵션평가법

1. 실물옵션평가법의 의의

<실물옵션평가법>은 개발, 투자 의사결정과 관련된 선택권의 가치를 정량적으로 산정

하기 위한 평가방법이다. 실물옵션을 통한 선택권이 부여된 경우 개발안(투자안)의 가치는 증가될 수 있으므로, 실물옵션의 가치는 옵션을 고려한 개발안(투자안)의 가치에서 전통적 3방식에 의한 개발안(투자안)의 가치를 공제하여 산정할 수 있다.

2. 실물옵션평가법의 절차

실물옵션평가법을 적용하기 위해서는 ① 전통적 감정평가 3방식(할인현금수지분석법 등)에 의해 <대상사업의 가치>를 추정하고 ② 사업의 변동성 및 실물옵션의 내용을 반영하여 추정한 <옵션을 고려한 대상사업의 가치>에서 공제하여 ③ <실물옵션>의 가치를 평가한다.

3. 실물옵션평가법의 분류

실물옵션평가법으로는 ① 블랙-숄즈모형, ② 이항모형, ③ 몬테카를로 시뮬레이션, ④ 유한차분법 등이 활용된다. 각 모형은 기초자산의 가격변화행태에 따라 연속시간 모형과 이산시간 모형으로 구분할 수 있으며, 옵션가치를 표현하는 방법에 따라 분석적 모형과 수치적 모형으로 구분할 수 있다. <끝>

문60 15점

Ⅰ. 감정평가의 개요

1. 평가대상 : 건물

2. 평가목적 : 일반시가

3. 기준시점 : 2002.07.01.

4. 평가방법 : 「감정평가에 관한 규칙」 제12조에 근거하여 회귀분석법으로 평가함.

Ⅱ. 건물 감정평가액

1. 독립변수(경과연수) : 1년

2. 회귀계수

① $\sum x$: 3 + 10 + 7 + 5 + 0 = 25

② $\sum y$: (580 + 500 + 520 + 560 + 600) × 1,000 = 2,810,000

③ $\sum x^2$: 9 + 100 + 49 + 25 = 183

④ $\sum xy$: (580 × 3 + 500 × 10 + 520 × 7 + 560 × 5) × 1,000 = 13,180,000

⑤ 회귀상수 a : 605,448

⑥ 회귀상수 b : -10,690

3. 건물 감정평가액

(605,448 - 10,690 × 1) × 200 = <118,951,600원>

【유형 15 부동산통계 감정평가실무 제15회 2번】

문61 [25점]

Ⅰ. [물음 1] 자기지분환원율과 표준편차

1. 자기지분환원율

1) 자기지분 : 450,000,000원

2) 지분수익

① 비관적인 경우 : 500,000,000 × (1 – 8%) × (1 – 42%) – 255,000,000

② 일반적인 경우 : 530,000,000 × (1 – 6%) × (1 – 38%) – 255,000,000

③ 낙관적인 경우 : 560,000,000 × (1 – 5%) × (1 – 35%) – 255,000,000

④ 확률을 고려한 지분수익

(① × 25%) + (② × 50%) + (③ × 25%) = 52,592,000

3) 자기지분환원율

2) ÷ 1) ≒ <11.69%>

2. 표준편차

① 비관적인 경우 지분환원율 : 11,800,000 ÷ 450,000,000 ≒ 2.62%

② 일반적인 경우 지분환원율 : 53,884,000 ÷ 450,000,000 ≒ 11.97%

③ 낙관적인 경우 지분환원율 : 90,800,000 ÷ 450,000,000 ≒ 20.18%

④ 평균 지분환원율 : 11.69%

⑤ 분산

{(④ – ①) × 25%} + {(④ – ②) × 50%} + {(④ – ③) × 25%} = 0.0039

⑥ 표준편차

√⑤ ≒ <6.25%>

II. [물음 2] 투자타당성 분석

1. 투자안 선택 기준

부동산 B는 부동산 C 대비 투자수익률(평균)이 낮은 반면 투자위험(표준편차)도 낮으므로, 변동계수(표준편차/평균)에 의해 투자안을 선택한다.

2. 투자안별 변동계수

① 부동산 B : 4.5% ÷ 11.6% ≒ 0.38

② 부동산 C : 6.2% ÷ 12.5% ≒ 0.49

3. 투자안 선택

<부동산 B>가 변동계수(단위 수익당 감당해야 할 위험)가 낮으므로 더 타당하다.

【유형 15 부동산통계 감정평가실무 제19회 2번】

문62 [35점]

Ⅰ. 투자타당성 분석

1. 투자조건

소득수익률 15% 이상

2. 예상 순영업소득

1) 가능총소득 : (800,000 + 10,000) × 30객실 × 12개월 = 291,600,000원

2) 유효총소득 : 1) × 78.8% = 229,780,800원

유사 규모의 숙박시설 객실점유율이 78~82% 수준이므로, 기준시점과 가장 근접한 객실점유율 적용

3) 영업경비 : 1,200,000 + 0.4 × 291,600,000 = 117,840,000원

4) 순영업소득 : 2) - 3) = 111,940,800원

3. 투자타당성

① 소득수익률 : 111,940,800 ÷ 691,200,000 ≒ 16.2%

② 투자타당성 : 예상 소득수익률이 목표 소득수익률을 상회하여 <타당>함.

문63 10점

I. 기술통계에 의한 적정가격의 결정

1. [물음 1] 범위 및 평균

① 범위 : 180,000 ~ 238,000원

② 평균 : (190,000 + ⋯ + 210,000) ÷ 12 = 204,000원

2. [물음 2] 중위값 및 최빈치

① 중위값 : (200,000 + 210,000) ÷ 2 = 205,000원

② 최빈치 : 210,000원

3. [물음 3] 적정가격 결정

① 적정가격 결정 : 210,000원

② 결정 사유 : 평균은 특정 가격자료에 의해 왜곡될 가능성이 있고, 중위값은 가격자료의 수에 영향을 받으므로, '성립될 가능성'에 가장 부합하는 <최빈치>로 결정함.

【유형 15 부동산통계 감정평가실무 제25회 4번】

문64 10점

1. 기하평균과 산술평균

산술평균은 단일기간의 수익률을 단순평균한 수치로서, 연속된 기간의 재투자 수익률을 반영하지 않아 기하평균보다 과대산정될 가능성이 있다. 따라서 20년간의 수익률의 중심경향측도로는 <기하평균>이 합리적이라고 판단된다.

2. 감정평가액에 의한 수익률 추이의 특징

감정평가액은 ① 시장가치를 기준하므로 실거래가격 대비 변동성(표준편차)이 낮으며, ② 과거 평가선례의 영향을 받으므로 시계열 상관계수가 높다.

【유형 15 부동산통계 감정평가실무 제26회 1번】

문65 40점

1. 헤도닉가격모형의 의의

헤도닉가격모형이란 다중회귀분석을 이용한 통계적 추론모형으로, 특정한 독립변수가

종속변수에 미치는 영향을 분석하여 종속변수(가격)를 추정하는 모형을 말한다.

2. 헤도닉가격모형의 통계적 유의성

1) 수정된 R^2

수정된 R^2은 헤도닉가격모형의 설명력을 의미한다. 1에 가까울수록 모형의 설명력이

상승한다.

2) 유의수준

유의수준이란 통계적 추론결과가 우연에 의해 발생했을 가능성(1종 오류)을 말하며,

헤도닉가격모형의 통계적 유의성을 의미한다. 사전에 설정한 유의수준보다 작아야 통

계적 유의성이 확보된다.

3. 자료의 해석

1) 모형1 : 면적과 토지가격

5,000~16,500㎡ 토지가 5,000㎡ 미만의 토지보다 10% 우세

2) 모형2 : 지하철역과의 거리와 토지가격

① 0.5~1km 토지가 0.5km 미만의 토지보다 3% 열세

② 1km 초과 토지의 열세 정도는 알 수 없음.

3) 모형3 : 층수와 업무시설가격

① 지하 1층은 1층 대비 880,000원/㎡ 낮음.

② 지상 2층은 410,000원/㎡, 3층은 295,000원/㎡, 4층은 385,000원/㎡,

   5층은 350,000원/㎡, 6층 이상은 400,000원/㎡ 낮음.

4) 모형4 : 지하철역과의 거리와 업무시설가격

지하철역에서 멀어질수록 가격 하락

5) 모형5 : 전용률과 업무시설가격

① 전용률 45% 미만은 45% 이상보다 3% 열세

② 공용면적이 가격에 미치는 영향은 알 수 없음.

6) 모형6 : 면적과 업무시설가격

4,000~8,000㎡ 면적의 업무시설은 4,000㎡ 미만의 업무시설보다 5% 열세

박문각
감정평가사

오성범
감정평가이론

2차 | 물건별 평가 단권화

제1판 인쇄 2024. 4. 25. | **제1판 발행** 2024. 4. 30. | **편저자** 오성범

발행인 박 용 | **발행처** (주)박문각출판 | **등록** 2015년 4월 29일 제2015-000104호

주소 06654 서울시 서초구 효령로 283 서경 B/D 4층 | **팩스** (02)584-2927

전화 교재 문의 (02)6466-7202

저자와의
협의하에
인지생략

정가 30,000원
ISBN 979-11-6987-564-6